AF469561

VILLE DE PARIS

RECUEIL DES CLAUSES

CONNUES SOUS LE NOM DE

RÉSERVES DOMANIALES

IMPOSÉES AUX ACQUÉREURS DE BIENS NATIONAUX

OU HOSPITALIERS

ET DE CELLES CONSENTIES PAR DIVERS PROPRIÉTAIRES, POUR L'ÉLARGISSEMENT OU LE PERCEMENT
DES VOIES PUBLIQUES DANS LA VILLE DE PARIS, DEPUIS L'ANNÉE 1790,

SUIVI D'UN

ATLAS INDIQUANT LA SITUATION DES IMMEUBLES GREVÉS.

TROISIÈME ÉDITION

Publiée d'après les ordres de M. DE SELVES

COMMANDEUR DE LA LÉGION D'HONNEUR
PRÉFET DU DÉPARTEMENT DE LA SEINE.

RECONSTITUTION COMMENCÉE EN 1878,

TROISIÈME ÉDITION achevée sous la direction de M. HUET

OFFICIER DE LA LÉGION D'HONNEUR, INSPECTEUR GÉNÉRAL DES PONTS ET CHAUSSÉES,
DIRECTEUR ADMINISTRATIF DES TRAVAUX DE PARIS

Par A. BERNARD

Géomètre en chef de la Ville de Paris,

AVEC LE CONCOURS

De MM. TAXIL, Géomètre principal, SCHATTÉ et TELLIER, Géomètres du Plan de Paris.

1er JUILLET 1896.

PARIS

IMPRIMERIE CHAIX

IMPRIMERIE ET LIBRAIRIE CENTRALES DES CHEMINS DE FER
SOCIÉTÉ ANONYME

Rue Bergère, 20, près du boulevard Montmartre

1897

AVERTISSEMENT

Le recueil des clauses insérées dans les actes de vente des immeubles nationaux ou hospitaliers, situés dans Paris, et généralement connues sous le nom de « Réserves en faveur de la voie publique », avait été établi en Atlas, par quartiers, vers 1840. On avait aussi formé tous les dossiers d'immeubles, grevés de l'obligation de céder gratuitement les terrains nécessaires au « percement de voies nouvelles » ou à « l'élargissement des rues ».

C'est l'ensemble de ces documents, détruits par l'incendie en 1871, dont on a reformé la collection. Elle est aujourd'hui à très peu près complète.

La première édition, imprimée en 1883, contenait 724 articles. La deuxième, faite en 1887, en avait 1158. Depuis cette époque on en a retrouvé 393.

On avait pensé d'abord à ne publier qu'un volume complémentaire, mais le premier tirage étant épuisé et d'assez nombreuses clauses ayant été exécutées, on a cru préférable d'établir une nouvelle édition comprenant la totalité des 1551 clauses reconstituées.

On a mis à la fin de chaque arrondissement, et sous le même numéro que l'article primitif, les changements et renseignements complémentaires survenus de 1887 à ce jour.

Les recherches faites aux Archives nationales en 1888, ont amené la découverte des procès-verbaux des Commissions réunies des Ponts et Chaussées et des Bâtiments civils, qui ont approuvé, en l'an IV, les projets de percements de la Commission des Artistes.

On sait donc maintenant, avec exactitude, à quels projets se réfèrent les clauses de percements.

De 1790 à la fin de l'an III, les réserves mises dans les actes de vente par le Domaine, sont rares. Mais, à partir de cette dernière époque, elles sont régulièrement introduites, quand il y a lieu, dans les procès-verbaux de cessions, en vertu de dispositions spéciales pour la Ville de Paris *(limitée alors par l'enceinte dite des Fermiers généraux)* insérées dans diverses lois, notamment dans l'article 2 de celle du 19 vendémiaire an III.

Les procès-verbaux de vente par adjudication des biens des Hospices, depuis le 1ᵉʳ février 1807 jusqu'au 1ᵉʳ novembre 1833, contiennent un article 15 imprimé ainsi conçu :

« L'adjudicataire sera tenu, lors des reconstructions ou réconfortations, de livrer le terrain nécessaire pour l'élargissement de la rue, et de se conformer à tous alignements et retranchements qui pourront lui être prescrits par le Conseil des Bâtiments civils, sans pouvoir prétendre à aucune indemnité. » (Voir *Code administratif des Hospices*, par VALDRUCHE, 1824. Imp. chez Huzard. T. I., p. 174.)

Il n'y a pas à s'occuper des biens situés dans les communes annexées à Paris en 1860, aucune stipulation n'ayant eu lieu en faveur de la voirie de ces communes.

L'atlas ne comprend, par conséquent, que les arrondissements ou les parties d'arrondissement compris dans l'enceinte de la Ferme générale. Il forme onze planches, savoir :

1ʳᵉ Planche.	1ᵉʳ arrondissement.		6ᵉ planche.	8ᵉ arrondissement.	
	2ᵉ —		7ᵉ —	9ᵉ —	
2ᵉ —	3ᵉ —		8ᵉ —	10ᵉ —	
	4ᵉ —		9ᵉ —	11ᵉ arrondissement et partie du 20ᵉ.	
3ᵉ —	5ᵉ et 13ᵉ arrondissements *(partie)*.		10ᵉ —	12ᵉ arrondissement.	
4ᵉ —	6ᵉ arrondissement et partie du 14ᵉ.		11ᵉ —	15ᵉ — *(partie)*.	
5ᵉ —	7ᵉ arrondissement.			16ᵉ arrondissement *(partie)*.	

Les immeubles sont indiqués sur les plans à leur place exacte. A cause de la petitesse de l'échelle, on s'est borné à mettre un numéro d'ordre permettant de se reporter à l'article de l'arrondissement concernant chaque immeuble.

On a indiqué à chaque article la situation de la propriété, le nom de l'adjudicataire primitif, la date de la vente domaniale ou hospitalière, et la *Réserve* qui grève l'immeuble; les autres renseignements relatifs à son application devant être, comme autrefois, réunis dans un dossier spécial à chaque propriété.

PREMIER ARRONDISSEMENT

Voir pour la situation et l'étendue des propriétés, la première carte.

1 et 2. — Rues Duphot et Richepanse.

1° Jardin du Couvent de la Conception. — Vente nationale du 8 messidor an IV. — Devinck, adjudicataire;

2° Lieu claustral de la Conception. — Vente nationale du 5 fructidor an IV. — Devinck et Taffin, adjudicataires.

Clause. — Fournir les terrains nécessaires pour l'ouverture de deux nouvelles rues, et ce sans prétendre d'indemnité de la République.

Arrêté du 3 frimaire an XI. — Le Ministre de l'Intérieur, après un nouvel examen du plan approuvé le 3 prairial an VIII, pour l'ouverture de quatre nouvelles rues, à travers les terrains du ci-devant couvent de la Conception,

Arrête ce qui suit :

« Article premier. — Les deux rues à percer sur les terrains du ci-devant couvent de
» la Conception, et qui sont obligatoires aux termes du contrat d'acquisition du citoyen
» Devinck, recevront leur exécution :
» La première, sur la direction et la largeur de la rue Saint-Florentin allant aboutir au
» boulevard, la deuxième, en ligne droite et jusqu'au même boulevard, en suivant la
» direction du petit axe de la place Vendôme.
» Art. 2. — Il sera substitué aux deux autres rues qui n'étaient devenues obligatoires
» que par l'approbation donnée au plan, une seule rue diagonale qui prendra de la rue
» Saint-Honoré, près de celle de Luxembourg, et aboutira perpendiculairement sur le bou-
» levard de la Madeleine. »
(Une délibération du Conseil municipal du 29 mars 1882, déclare la clause exécutée en ce qui concerne la propriété Dupré, rue Richepanse, n° 6.)

---

2 bis. — Boulevard de la Madeleine, 21 et 23, et rue Duphot, 24 et 26.

M. Tabourier, propriétaire en 1880, acquéreur de Gallois, par acte du 4 avril 1886. Mᵉ Beau, notaire.

Clause — Dans l'acte susénoncé du 4 avril 1866, on déclare que la permission de construire du 14 pluviôse an XI, n'avait été délivrée à M. Trabuchi qu'aux considérations suivantes : 1°. . . . .
2° Démolir lesdites constructions lors de la démolition de la maison Devinck pour la formation de la place et du débouché de la rue Championnet, et ce sans aucune indemnité pour raison desdites démolitions.

Extrait de la délibération du Conseil municipal du 15 juillet 1864. — « Il y a lieu
» de considérer comme éteinte et désormais sans objet la clause portant réserve en faveur
» de la voie publique, insérée dans la permission de voirie délivrée le 14 pluviôse an XI
» et rappelée au procès-verbal susvisé de l'audience des criées du Tribunal civil de la
» Seine, en ce qui concerne l'immeuble situé boulevard de la Madeleine, nᵒˢ 21 et 23, à l'angle
» de la rue Duphot. »

---

3. — Rues Saint-Honoré et Cambon. (Anciennement rue de Luxembourg.) (Provenant de l'Assomption.)

Vente nationale du 3 floréal an XI. — Delpont, adjudicataire. — M. Roquencourt propriétaire en 1880 du n° 259, rue Saint-Honoré (ancien 367).

Clause. — Se conformer aux alignements arrêtés par le Ministre de l'Intérieur, tant sur la rue Saint-Honoré que sur celle projetée.

---

4. — Rue Molière, 41. (Anciennement rue de la Fontaine-Molière, plus anciennement rue Traversière.)

Vente nationale du 31 octobre 1807. — Lafontaine, adjudicataire. — M. Perrotin, propriétaire en 1877.

Clause. — L'adjudicataire sera tenu de se conformer aux alignements qui lui seront prescrits par le Conseil des bâtiments, et ce sans indemnité.

---

5. — Rue de la Sourdière, 3.

Vente nationale du 19 germinal an VII. — Deschamps, adjudicataire. — M. Bigaux, propriétaire en 1877.

Clause. — L'acquéreur du présent domaine sera tenu de se conformer aux alignements qui pourraient lui être donnés par la Commission des travaux publics lorsqu'il en sera requis, et ce sans pouvoir prétendre aucune espèce d'indemnité.

---

6. — Rue Saint-Honoré, 282.

Vente par l'Administration des Hospices du 8 octobre 1813. — Dutemple, adjudicataire. — M. Patissier, propriétaire en 1877.

Clause. — Art. 15. — L'adjudicataire sera tenu, lors des reconstructions ou reconfortations, de livrer le terrain nécessaire pour l'élargissement de la rue et de se conformer à tous alignements et retranchements qui pourront lui être prescrits par le Conseil des bâtiments civils, sans pouvoir prétendre aucune indemnité.
(Démoli.) (N'a plus d'objet.)

7. — Rue Jean-Jacques Rousseau, 59. (Ancien numéro 13.)

Vente par l'Administration des Hospices du 30 août 1811. — Caée, adjudicataire. — Mᵐᵉ Cuénon, propriétaire en 1879.

Clause. — Art. 15. — L'adjudicataire sera tenu, lors des reconstructions ou reconfortations, de livrer le terrain nécessaire pour l'élargissement de la rue et de se conformer à tous alignements et retranchements qui pourront lui être prescrits par le Conseil des bâtiments civils, sans pouvoir prétendre aucune indemnité.
(Exproprié pour l'agrandissement de l'Hôtel des Postes.) (N'a plus d'objet.)

8. — Rues des Lavandières Ste-Opportune, Jean Lantier et des Orfèvres. (Provenant de la Communauté des Orfèvres.)

Vente nationale du 11 brumaire an VI. — Aubay, adjudicataire. — Héritiers Merlin, propriétaires en 1882.

Clause. — Il (l'adjudicataire) sera pareillement tenu, dès qu'il en sera requis, de se conformer aux alignements arrêtés par la Commission des travaux publics, et ce sans indemnité. (Arrêté de sursis du 12 juillet 1882.)

9. — Rues Saint-Germain-l'Auxerrois et des Orfèvres. (Ancien grenier à sel.)

Vente nationale du 6 janvier 1818. — Guillemot, adjudicataire. — MM. Guillemot, propriétaires en 1880.

Clause. — Le présent domaine étant sujet à un retranchement, sur la rue Saint-Germain-l'Auxerrois, d'un mètre vingt-sept centimètres (3 pieds 11 pouces) environ, et sur la rue des Orfèvres d'environ un mètre quarante centimètres réduit au milieu (ou 4 pieds 4 pouces), l'adjudicataire sera tenu, en cas de reconstruction ou de reconfortation de la façade, de se conformer audit alignement, et tel qu'il est tracé et indiqué au plan par une ligne rouge, et de fournir le terrain nécessaire à la voie publique, et ce sans pouvoir prétendre à aucune indemnité.

10. — Rue des Orfèvres. (Maison dite Royale.)

Vente nationale du 11 ventôse an XIII. — Guillemot, adjudicataire. — MM. Guillemot frères, propriétaires en 1879.

Clause : —
(L'alignement Ministériel du 12 fructidor an V, soumet l'immeuble à un retranchement de 1ᵐ,00.)

11. — Rue de Richelieu, 19.

Vente par l'Administration des Hospices du 20 septembre 1811. — Vilquin, adjudicataire. — Mᵐᵉ Archedeacon, propriétaire en 1881.

Clause. — Art. 15. — L'adjudicataire sera tenu, lors des reconstructions ou reconfortations, de livrer le terrain nécessaire pour l'élargissement de la rue et de se conformer à tous alignements et retranchements qui pourront lui être prescrits par le Conseil des bâtiments civils, sans pouvoir prétendre aucune indemnité.

Dans le dire qui précède l'adjudication du 13 février 1844, à François Gaillard, auteur de la propriété actuelle, on lit l'extrait littéral suivant du procès-verbal dressé à la requête de l'Administration des Hospices.

« Cette maison est susceptible d'un retranchement dont les mesures réduites
» sont de 0ᵐ,16 . . . . »

12. — Rue Saint-Roch. (Anciennement rue du Dauphin, 10, plus anciennement rue de la Convention, 580.)

Vente nationale du 15 vendémiaire an XII. — M. Bertinot, adjudicataire.

Clause. — L'adjudicataire sera, en outre, tenu de se conformer aux alignements qui pourraient lui être donnés par le Conseil des bâtiments civils, sans pouvoir, pour ce, prétendre à aucune indemnité.
(La propriété est retranchable d'environ 0ᵐ,23.)

13. — Rue Saint-Denis, 129. (Ancien 185.)

Vente par l'Administration des Hospices du 21 août 1812. — Yenvecx, adjudicataire. — M. Blanchemain, propriétaire en 1880.

Clause. — Art. 15. — L'adjudicataire sera tenu, lors des reconstructions ou reconfortations, de livrer le terrain nécessaire pour l'élargissement de la rue et de se conformer à tous alignements et retranchements qui pourront lui être prescrits par le Conseil des bâtiments civils, sans pouvoir prétendre aucune indemnité.

14. — Rue Saint-Denis, 133. (Anciens 189 et 191.)

Vente par l'Administration des Hospices du 15 juillet 1814. — Vérax-Dubreuil, adjudicataire. — M. Simon, propriétaire en 1881.

Clause. — Art. 15. — L'adjudicataire sera tenu, lors des reconstructions ou reconfortations, de livrer le terrain nécessaire pour l'élargissement de la rue et de se conformer à tous alignements et retranchements qui pourront lui être prescrits par le Conseil des bâtiments civils, sans pouvoir prétendre aucune indemnité.

(Aligné.)

———

15. — Rue Saint-Denis, 133 bis. (Ancien 191 bis.)

Vente par l'Administration des Hospices des 25 février et 4 mars 1817. — Fontaine, Couture, Fleury et Parent, adjudicataires. — Mmes Girault, propriétaire en 1881.

Clause. — Art. 15. — L'adjudicataire sera tenu, lors des reconstructions ou reconfortations, de livrer le terrain nécessaire pour l'élargissement de la rue et de se conformer à tous alignements et retranchements qui pourront lui être prescrits par le Conseil des bâtiments civils, sans pouvoir prétendre aucune indemnité.

(Aligné.)

———

16. — Rue Saint-Denis, 133 ter. (Ancien 193, à l'angle de la rue Étienne-Marcel.)

Vente par l'Administration des Hospices du 28 août 1812. — Janicaud, Dalangre, Dupuy et Jubert, adjudicataires. — M. Traallier, propriétaire en 1881.

Clause. — Art. 15. — L'adjudicataire sera tenu, lors des reconstructions ou reconfortations, de livrer le terrain nécessaire pour l'élargissement de la rue et de se conformer à tous alignements et retranchements qui pourront lui être prescrits par le Conseil des bâtiments civils, sans pouvoir prétendre aucune indemnité.

(Était aligné lors de la vente.)

———

17. — Rue Saint-Denis, 40. (Ancien 96.)

Vente par l'Administration des Hospices du 30 août 1811. — Simonet-Maisonneuve, adjudicataire.

Clause. — Art. 15. — L'adjudicataire sera tenu, lors des reconstructions ou reconfortations, de livrer le terrain nécessaire pour l'élargissement de la rue et de se conformer à tous alignements et retranchements qui pourront lui être prescrits par le Conseil des bâtiments civils, sans pouvoir prétendre aucune indemnité.

(Exproprié pour le percement du boulevard Sébastopol, sur Auguste Denuelle. — Revendu par la Ville, le 11 juillet 1857.)

(Clause sans objet.)

———

18. — Rue Baillet, 8. (Ancien 10.)

Vente par l'Administration des Hospices du 4 septembre 1812. — Gauthereau, adjudicataire. — M. Lafage, propriétaire en 1881.

Clause. — Art. 15. — L'adjudicataire sera tenu, lors des reconstructions ou reconfortations, de livrer le terrain nécessaire pour l'élargissement de la rue et de se conformer à tous alignements et retranchements qui pourront lui être prescrits par le Conseil des bâtiments civils, sans pouvoir prétendre aucune indemnité.

———

19. — Rue Saint-Honoré, 37.

Vente par l'Administration des Hospices du 13 décembre 1811. — Sallembien, adjudicataire. — M. Vilin, propriétaire en 1881.

Clause. — Art. 15. — L'adjudicataire sera tenu, lors des reconstructions ou reconfortations, de livrer le terrain nécessaire pour l'élargissement de la rue et de se conformer à tous alignements et retranchements qui pourront lui être prescrits par le Conseil des bâtiments civils, sans pouvoir prétendre aucune indemnité.

Dans une transcription du 21 juin 1823, vol. 760, n° 20, il est dit :

« Elle (la maison) est susceptible d'un retranchement de 0m,97 (2 pieds » 11 pouces 10 lignes) . . . . »

———

20. — Rue Sauval, 4. (Anciennement rue des Vieilles-Étuves, 4.)

Vente par l'Administration des Hospices du 2 avril 1813. — Baûnle, adjudicataire. — M. Bamcand, propriétaire en 1881.

Clause. — Art. 15. — L'adjudicataire sera tenu, lors des reconstructions ou reconfortations, de livrer le terrain nécessaire pour l'élargissement de la rue et de se conformer à tous alignements et retranchements qui pourront lui être prescrits par le Conseil des bâtiments civils, sans pouvoir prétendre aucune indemnité.

Dans l'acte d'adjudication à Foubert (transcription du 30 avril 1850, vol. 2203, n 4), il est dit à la suite de l'établissement de propriété :

« Le cahier des charges de ladite adjudication (l'adjudication hospitalière) » portait entre autres choses que la maison mise en vente était sujette à un » retranchement dont les mesures réduites étaient de deux mètres quarante- » cinq centimètres. »

———

21. — Rue Saint-Honoré, 135.

Adjudication par la Ville de Paris du 24 juin 1879. — MM. Dabblay et Béranger, adjudicataires.

Conditions particulières. — Il est expressément stipulé que l'immeuble est sujet à reculement et qu'en cas où le propriétaire viendrait à démolir, il devra céder à la voie publique, et sans pouvoir réclamer aucune indemnité, le terrain nécessaire au nouvel alignement de la rue Saint-Honoré.

(Clause exécutée en vertu d'une permission d'alignement du 24 juillet 1882.)

———

22. — Rue Jean-Jacques Rousseau, 35. (Anciennement rue de Grenelle-Saint-Honoré, 45.)

Vente par l'Administration des Hospices du 6 novembre 1812. — Lepaincs, adjudicataire. — Les Hospices civils, propriétaires en 1883.

Clause. — Art. 15. — L'adjudicataire sera tenu, lors des reconstructions ou reconfortations, de livrer le terrain nécessaire pour l'élargissement de la rue et de se conformer à tous alignements et retranchements qui pourront lui être prescrits par le Conseil des bâtiments civils, sans pouvoir prétendre aucune indemnité.

———

23. — Rue Saint-Honoré, 191. (Ancien 301.)

Vente nationale du 15 vendémiaire an XII. — Chéronnet, adjudicataire. — Les héritiers Hachette, propriétaires en 1883.

Clause. — L'adjudicataire sera en outre tenu de se conformer aux alignements qui pourront lui être donnés par le Conseil des bâtiments civils, sans pour ce pouvoir prétendre à aucune indemnité. (Extrait de l'acte domanial.)

(La propriété est alignée.)

———

24. — Rue Saint-Honoré, 193. (Ancien 303.)

Vente nationale du 15 vendémiaire an XII. — Roux-Maillon, adjudicataire. — Mme Vve Tissor, propriétaire en 1883.

Clause. — Il (l'adjudicataire) sera en outre tenu de se conformer aux alignements qui pourraient lui être donnés par le Conseil des bâtiments civils, sans qu'il puisse prétendre aucune indemnité.

(La propriété est alignée.)

———

25. — Rue du Bouloi, 14. (Provenant du chapitre Saint-Honoré.)

Vente nationale du 27 août 1791. — Dodé, adjudicataire. — Mme Vve Miserroole et Mlle Couteux, propriétaires en 1880.

Clause. — Maison...... ayant son entrée par une allée régnant le long de la maison dans toute sa profondeur, et aboutissant à un ancien jeu de paume qui forme aujourd'hui l'établissement dit « le Tivoli d'Hiver ». Cette servitude de passage a été créée au profit de l'Hôtel-Dieu de Paris (Tivoli), dans le procès-verbal du 27 août 1791, dressé par la municipalité au profit de Dodé Jérome.

Cette servitude est *soumise à la clause du n° 22*, (rue Jean-Jacques Rousseau, 35, M. Leprince).

———

26. — Rues Saint-Denis, 81 (ancien 129) **et des Prêcheurs, 3.**

Vente nationale du 9 floréal an VI. — Gattet, adjudicataire. — Mme Vve Dulaubier, propriétaire en 1884.

Clause. — L'adjudicataire sera tenu, dès qu'il en sera requis, de livrer le retranchement indiqué au plan par une ligne hachée rouge, et ce sans indemnité.

(Retranchement : Rue Saint-Denis, 1m,60 ; rue des Prêcheurs, 3m,50 aligné en partie.)

———

27. — 1° Rue de Castiglione, 9 ; 2° Rues de Castiglione, 11, et Saint-Honoré, 237 (angle). (1er lot du Couvent des Capucins.)

Vente nationale du 18 septembre 1821. — Becdot, adjudicataire. — 1° Mme Vve Pérot ; 2° MM. Pierre et Alfred de Montesquiou, propriétaires en 1883.

Clause. — L'adjudicataire sera tenu de supporter cette fontaine telle qu'elle existe maintenant, et d'en faciliter l'accès, soit pour assurer le service auquel elle est affectée, soit pour confectionner les travaux que son entretien pourrait occasionner : à cet effet, il pratiquera dans le mur de face, sur la rue Saint-Honoré, une baie (indiquée au plan par la lettre A) d'environ 2m.10 de hauteur sur 0m,81 de largeur entre les tableaux, avec porte en chêne de 35 millimètres d'épaisseur, garnie de ses ferrures, laquelle donnera entrée à un petit passage formant quart de cercle d'un mètre environ de rayon, et dont le mur de séparation avec le terrain montera jusqu'au plancher haut du rez-de-chaussée....

28. — Rue Saint-Honoré, 239, 241, 243, 245. (2e lot du Couvent des Capucins.)

Vente nationale du 3 floréal an XI. — Delpont, adjudicataire. — Mme de Nicolay, pour le n° 239 ; M. Panckouke, pour le n° 241 ; M. Terre, pour le n° 243, et M. Joret, pour le n° 245, propriétaires en 1883.

Clause. — Il (l'adjudicataire) sera, de plus, tenu de se conformer aux alignements arrêtés par le Ministre de l'Intérieur sur la rue Saint-Honoré.

29. — Rue Saint-Honoré, 247, 249 *(Partie).* (3e lot du Couvent des Capucins.)

Vente nationale du 6 prairial an XII. — Delpont, adjudicataire. — Mme de Ladoucette, pour le n° 247 ; et M. Fessart, pour le n° 249, propriétaires en 1883.

Clause. — Il (l'adjudicataire) sera, de plus, tenu de se conformer aux alignements prescrits par le Ministre de l'Intérieur sur la rue Saint-Honoré, et ce sans indemnité.

30. — Rue Saint-Honoré, 249 *(Partie).* (4e lot du Couvent des Capucins.)

Vente nationale du 6 prairial an XII. — Delpont, adjudicataire.

Clause. — Il (l'adjudicataire) sera de plus tenu de se conformer aux alignements arrêtés par le Ministre de l'Intérieur, et ce sans indemnité.

31. — Rue Saint-Honoré, 251. (5e lot du Couvent des Capucins.)

Vente nationale du 3 floréal an XI. — Delpont, adjudicataire.

Clause. — Il (l'adjudicataire) sera, de plus, tenu de se conformer aux alignements arrêtés par le Ministre de l'Intérieur.

32. — Rue du Mont-Thabor, 36. (14e lot du Couvent des Capucins.)

Vente nationale du 22 thermidor an XIII. — Delpont, adjudicataire. — Mme Charmet, propriétaire en 1883.

Clause. — L'acquéreur sera tenu, en outre, de se conformer, sans indemnité, aux alignements et retranchements qui pourraient lui être donnés par le Conseil des bâtiments civils.
(Aligné.)

33. — Rue du Mont-Thabor, 32, 34. (15e lot du Couvent des Capucins.)

Vente nationale du 22 thermidor an XIII. — M. Pigache, pour le n° 32, et M. Bulla, pour le n° 34, propriétaires en 1883.

Clause. — L'acquéreur sera tenu, en outre, de se conformer, et ce sans indemnité, aux alignements et retranchements qui pourront lui être donnés par le Conseil des bâtiments civils.
(Aligné.)

34. — Rue du Mont-Thabor, 28, 30. (16e lot du Couvent des Capucins.)

Vente nationale du 22 thermidor an XIII. — Delpont, adjudicataire. — Mme Vve Grouvelle, pour le n° 28, et M. Foussier, pour le n° 30, propriétaires en 1883.

Clause. — L'acquéreur sera tenu, en outre, de se conformer, sans indemnité, aux alignements et retranchements qui pourront lui être donnés par le Conseil des bâtiments civils.
(Aligné.)

35. — Rue du Mont-Thabor, 24, 26. (17e lot du Couvent des Capucins.)

Vente nationale du 8 thermidor an XIII. — Aubinet, adjudicataire. — M. Demaille, pour le n° 24 ; et M. Bruzard, pour le n° 26, propriétaires en 1883.

Clause. — L'acquéreur sera tenu, en outre, de se conformer, et ce sans indemnité, aux alignements et retranchements qui pourront lui être donnés par le Conseil des bâtiments civils.
(Aligné.)
(Délibération du Conseil municipal du 13 mai 1859, constatant l'exécution de la réserve.)

36. — Rue Cambon, 12. (Anciennement rue de Luxembourg, 8.) (9e lot du Couvent des Dames de l'Assomption.)

Vente nationale du 30 thermidor an XII. — Horn, adjudicataire.

Clause. — L'acquéreur du présent lot sera tenu de fournir le terrain nécessaire pour l'ouverture de la rue projetée, et ce sans indemnité et diminution de prix.
(Aligné.)

37. — Rue Cambon, 10, anciennement rue de Luxembourg, 6. (10e lot du Couvent des Dames de l'Assomption.)

Vente nationale du 30 thermidor an XII. — Royer, adjudicataire. — Mme Vve Vincent, propriétaire en 1883.

Clause. — L'acquéreur du présent lot sera tenu de fournir le terrain nécessaire pour l'ouverture de la rue projetée, et ce sans indemnité et diminution de prix.
(Aligné.)

38. — Rues Cambon, 8 (anciennement rue de Luxembourg) **et du Mont-Thabor 42** (angle). (11e lot du Couvent des Dames de l'Assomption.)

Vente nationale du 14 floréal au XIII. — Huart, adjudicataire.

Clause. — L'adjudicataire sera également tenu de se conformer aux alignements arrêtés et fixés par le plan.
(Aligné.)

39. — Rues Cambon (anciennement rue de Luxembourg) **et du Mont-Thabor** (angle). (32e lot du Couvent des Dames de l'Assomption.)

Vente nationale du 14 floréal au XIII. — Séguin, adjudicataire.

Clause. — L'adjudicataire sera également tenu de se conformer aux alignements arrêtés et fixés par le plan.
(Aligné.)
(Acquis pour le Ministère des Finances et revendu par l'État le 1er mai 1876.)
(Sans objet).

40. — Rue Cambon. (Anciennement rue de Luxembourg.) (31e lot du Couvent des Dames de l'Assomption.)

Vente nationale du 14 floréal an XIII. — Soissons, adjudicataire.

Clause. — Ledit acquéreur sera aussi tenu de se conformer aux alignements arrêtés et fixés par le plan.)
(Sans objet.) — (Acquis par l'État pour le Ministère des Finances).

41. — Rue du Doyenné, 1. (Provenant du Chapitre Saint-Thomas du Louvre.)

Vente nationale du 13 prairial au XI. — De la Rue, adjudicataire.

Clause. — Il (l'adjudicataire) sera, en outre, tenu de se conformer aux alignements arrêtés par le Ministre de l'Intérieur sur la rue du Doyenné, sans, pour ce, prétendre à aucune indemnité,
(Démoli.)

42. — Rue Saint-Roch, 6. (Anciennement rue du Dauphin, plus anciennement rue de la Convention.)

Vente nationale du 15 vendémiaire an XII. — Vve Mélin, adjudicataire.

Clause. — Comme aussi il (l'adjudicataire) sera également obligé de se conformer aux alignements qui pourraient lui être prescrits par le Conseil des bâtiments civils, sans, pour ce, prétendre à aucune indemnité.
(Aligné.)

43. — Rue Jeannisson, 8. (Anciennement rue des Boucheries.)

Vente par l'Administration des Hospices du 16 juillet 1813. — Pseaume, adjudicataire.

Clause. — Art. 15. — L'adjudicataire sera tenu, lors des reconstructions ou reconfortations, de livrer le terrain nécessaire pour l'élargissement de la rue et de se conformer à tous alignements et retranchements qui pourront lui être prescrits par le Conseil des bâtiments civils, sans pouvoir prétendre aucune indemnité.
(Exproprié et démoli.)

44. — Rue d'Argenteuil, 37.

Vente par l'Administration des Hospices du 11 décembre 1812. — Moreau, adjudicataire.

Clause. — Art. 15. — L'adjudicataire sera tenu, lors des reconstructions ou reconfortations, de livrer le terrain nécessaire pour l'élargissement de la rue et de se conformer à tous alignements et retranchements qui pourront lui être prescrits par le Conseil des bâtiments civils, sans pouvoir prétendre aucune indemnité.
(Exproprié sur Mme Vve Moreau, pour le prolongement de la rue des Pyramides. — Jugement d'expropriation du 22 mars 1877.)

45. — Rues des Orties et Saint-Thomas-du-Louvre.

Vente nationale du 25 janvier 1806. — Robert Morel, adjudicataire.

Clause. — L'ajudicataire sera tenu de se conformer aux alignements et retranchements qui pourront lui être prescrits par le Conseil des bâtiments civils, et ce sans indemnité.

(Démoli.)

---

46. Rue Saint-Roch, 9. (*Partie*.) (Anciennement rue du Dauphin, 11, plus anciennement rue de la Convention.)

Vente nationale du 23 novembre 1810. — Pizé, adjudicataire.

Clause. — Attendu que la présente maison est sujette à un retranchement de 3 mètres 40 centimètres environ (ou 10 pieds 6 pouces), ainsi qu'il est indiqué par une ligne tracée en rouge sur le plan joint audit procès-verbal d'estimation, l'adjudicataire d'icelle ne pourra, en cas de vétusté, faire à la façade aucune réparation ou reconfortation qui puisse la consolider; il sera, au contraire, tenu de se conformer à l'alignement prescrit, et ce sans pouvoir exiger aucune indemnité.

(Clause exécutée.)

---

47. — Rue Montmartre, 32, et rue Étienne-Marcel, 39.

Vente nationale du 13 thermidor an VI, — Vavin adjudicataire. — La Compagnie Foncière de France, propriétaire en 1885.

Clause. — L'adjudicataire sera tenu, dès qu'il en sera requis, de se conformer aux alignements arrêtés par la Commission des travaux publics et ce sans indemnité.

(Arrêt du Conseil d'État du 27 juillet 1850.)

(Aligné.)

---

48. — Rues Montesquieu, 1, 3, Croix-des-Petits-Champs, 11, et cloître Saint-Honoré, 13, 15.

Vente nationale du 25 messidor an IV, — Focard-Chateau, adjudicataire. — La Rente Foncière Parisienne, propriétaire en 1884.

Clause. — L'acquéreur sera tenu : 1° d'ouvrir, dans le plus bref délai possible, une rue depuis celle des Bons-Enfants, en face de la porte de la Cour des Fontaines, jusqu'au carrefour de la rue Croix-des-Petits-Champs aboutissant à la rue du Bouloy, en se conformant aux plan et alignement mentionnés audit procès-verbal de vente; 2° de donner trente pieds de large au moins à cette rue et de se conformer, pour l'élévation des nouveaux bâtiments à construire, à la hauteur prescrite par les règlements.

(Exécutée.)

---

49. — Rues Montesquieu, 8, et des Bons-Enfants, 18. (Angle.)

Vente nationale du 25 messidor an IV. — Focard-Chateau, adjudicataire, — M₋₋ Vᵉ Renouard, dit Larivière, propriétaire en 1880.

Clause. — L'acquéreur sera tenu : 1° d'ouvrir, dans le plus bref délai possible, une rue depuis celle des Bons-Enfants, en face de la porte de la cour des Fontaines, jusqu'au carrefour de la rue Croix-des-Petits-Champs, aboutissant à la rue du Bouloy, en se conformant aux plan et alignement mentionnés audit procès-verbal de vente; 2° de donner trente pieds de large au moins à cette rue et de se conformer, pour l'élévation des nouveaux bâtiments à construire, à la hauteur prescrite par les règlements.

(Exécutée.)

---

50. — Rue Tirechappe, 13.

Vente par l'Administration des Hospices du 7 mars 1807. — Haize, adjudicataire. — Vᵉ Ernault exproprié suivant jugement du 2½ novembre 1865.

Clause. — Art. 15. — L'adjudicataire sera tenu, lors des reconstructions ou reconfortations, de livrer le terrain nécessaire pour l'élargissement de la rue et de se conformer à tous alignements et retranchements qui pourront lui être prescrits par le Conseil des bâtiments civils, sans pouvoir prétendre aucune indemnité.

(Démoli.)

---

51 — Rues Saint-Denis, 70, et des Lombards, 57. (Angle.)

Vente par l'Administration des Hospices du 8 mai 1812. — Locus, adjudicataire.

Clause. — Art. 15. — L'adjudicataire sera tenu, lors des reconstructions ou reconfortations, de livrer le terrain nécessaire pour l'élargissement de la rue et de se conformer à tous alignements et retranchements qui pourront lui être prescrits par le Conseil des bâtiments civils, sans pouvoir prétendre aucune indemnité.

Exproprié et démoli.)

---

52. — Rue de la Cordonnerie, 28.

Vente par l'Administration des Hospices du 3 novembre 1809. — Robert Morel, adjudicataire. — Dufour, exproprié suivant jugement du 16 février 1854.

Clause. — Art. 15. — L'adjudicataire sera tenu, lors des reconstructions ou reconfortations, de livrer le terrain nécessaire pour l'élargissement de la rue et de se conformer à tous alignements et retranchements qui pourront lui être prescrits par le Conseil des bâtiments civils, sans pouvoir prétendre aucune indemnité.

(Démoli.)

---

53. — Rue des Piliers-aux-Potiers-d'Étain, 12.

Vente par l'Administration des Hospices du 1ᵉʳ octobre 1816. — Theorlot, adjudicataire. — Les héritiers Demars, expropriés suivant jugement du 25 juin 1852.

Clause. — Art. 15. — L'adjudicataire sera tenu, lors des reconstructions ou reconfortations, de livrer le terrain nécessaire pour l'élargissement de la rue et de se conformer à tous alignements et retranchements qui pourront lui être prescrits par le Conseil des bâtiments civils, sans pouvoir prétendre aucune indemnité.

(Démoli.)

---

54. — Rue de la Cossonnerie, 26.

Vente par l'Administration des Hospices du 1ᵉʳ octobre 1816. — Cousté, adjudicataire.

Clause. — Art. 15. — L'adjudicataire sera tenu, lors des reconstructions ou reconfortations, de livrer le terrain nécessaire pour l'élargissement de la rue et de se conformer à tous alignements et retranchements qui pourront lui être prescrits par le Conseil des bâtiments civils, sans pouvoir prétendre aucune indemnité.

(Démoli.)

---

55. — Rue de la Cossonnerie, 22, 24.

Vente par l'Administration des Hospices du 19 mars 1822. — Demarquay, adjudicataire. — Verneaux, exproprié suivant jugement du 2½ juin 1852.

Clause. — Art. 15. — L'adjudicataire sera tenu, lors des reconstructions ou reconfortations, de livrer le terrain nécessaire pour l'élargissement de la rue et de se conformer à tous alignements et retranchements qui pourront lui être prescrits par le Conseil des bâtiments civils, sans pouvoir prétendre aucune indemnité.

(Démoli.)

---

56. — Rue des Deux-Boules, 6.

Vente par l'Administration des Hospices du 29 novembre 1816. — Gouzon, adjudicataire. — Lucus, exproprié suivant jugement du 20 février 1852.

Clause. — Art. 15. — L'adjudicataire sera tenu, lors des reconstructions ou reconfortations, de livrer le terrain nécessaire pour l'élargissement de la rue et de se conformer à tous alignements et retranchements qui pourront lui être prescrits par le Conseil des bâtiments civils, sans pouvoir prétendre aucune indemnité.

(Démoli pour l'ouverture de la rue de Rivoli.)

---

57. — Rues Saint-Germain-l'Auxerrois, 31, et de l'Arche-Pépin, 5 (angle).

Vente par l'Administration des Hospices du 17 juillet 1812. — Somers, adjudicataire. — Les héritiers Somers, expropriés suivant jugement du 14 mars 1855.

Clause. — Art. 15. — L'adjudicataire sera tenu, lors des reconstructions ou reconfortations, de livrer le terrain nécessaire pour l'élargissement de la rue et de se conformer à tous alignements et retranchements qui pourront lui être prescrits par le Conseil des bâtiments civils, sans pouvoir prétendre aucune indemnité.

(Démoli.)

---

58. — Rue de la Saunerie, 5.

Vente par l'Administration des Hospices du 3 juillet 1812. — Fraxou, adjudicataire. — Les héritiers Fraxou, expropriés suivant jugement du 29 septembre 1850.

Clause. — Art. 15. — L'adjudicataire sera tenu, lors des reconstructions ou reconfortations, de livrer le terrain nécessaire pour l'élargissement de la rue et de se conformer à tous alignements et retranchements qui pourront lui être prescrits par le Conseil des bâtiments civils, sans pouvoir prétendre aucune indemnité.

(Démoli.)

---

59. — Rues aux Ours, 35, et Salle-au-Comte, 24.

Vente par l'Administration des Hospices du 2 août 1811. — De Berry, adjudicataire. — Renouvrier, exproprié suivant jugement du 6 septembre 1856.

Clause. — Art. 15. — L'adjudicataire sera tenu, lors des reconstructions ou reconfortations, de livrer le terrain nécessaire pour l'élargissement de la rue et de se conformer à tous alignements et retranchements qui pourront lui être prescrits par le Conseil des bâtiments civils, sans pouvoir prétendre aucune indemnité.

(Démoli pour l'ouverture du boulevard de Sébastopol.)

60. — Rue Saint-Denis, 66, 68.

Vente par l'Administration des Hospices du 29 mai 1812. — Aubé et Beuvart, adjudicataires. — V⁰ Fraté (pour le n⁰ 66) et Beuvart (pour le n⁰ 68), expropriés suivant jugement du 11 mars 1853.

Clause. — Art. 15. — L'adjudicataire sera tenu, lors des reconstructions ou reconfortations, de livrer le terrain nécessaire pour l'élargissement de la rue et de se conformer à tous alignements et retranchements qui pourront lui être prescrits par le Conseil des bâtiments civils, sans pouvoir prétendre aucune indemnité.

(Démoli.)

61. — Rue Saint-Denis, 64.

Vente par l'Administration des Hospices du 10 avril 1812. — Morchoine, adjudicataire.

Clause. — Art. 15. — L'adjudicataire sera tenu, lors des reconstructions ou reconfortations, de livrer le terrain nécessaire pour l'élargissement de la rue et de se conformer à tous alignements et retranchements qui pourront lui être prescrits par le Conseil des bâtiments civils, sans pouvoir prétendre aucune indemnité.

Il est dit en outre à l'article « Désignation » : « Cette maison est sujette à un retranchement de 4ᵐ,38 ».

(Démoli.)

62. — Rue Saint-Denis, 62.

Vente par l'Administration des Hospices du 16 avril 1813. — Morchoine, adjudicataire.

Clause. — Art. 15. — L'adjudicataire sera tenu, lors des reconstructions ou reconfortations, de livrer le terrain nécessaire pour l'élargissement de la rue et de se conformer à tous alignements et retranchements qui pourront lui être prescrits par le Conseil des bâtiments civils, sans pouvoir prétendre aucune indemnité.

Il est dit en outre à l'article « Désignation » : « Cette maison est sujette à un retranchement de 4ᵐ,54 ».

(Démoli.)

63. — Rue Saint-Denis, 58.

Vente par l'Administration des Hospices du 8 mai 1812. — Roger, adjudicataire. — Petit, exproprié suivant jugement du 11 mars 1853.

Clause. — Art. 15. — L'adjudicataire sera tenu, lors des reconstructions ou reconfortations, de livrer le terrain nécessaire pour l'élargissement de la rue et de se conformer à tous alignements et retranchements qui pourront lui être prescrits par le Conseil des bâtiments civils, sans pouvoir prétendre aucune indemnité.

(Démoli.)

64. — Rue des Lombards, 37, 39.

Vente par l'Administration des Hospices du 24 avril 1812. — Mozard, adjudicataire. — Louisnet, exproprié suivant jugement du 15 novembre 1854.

Clause. — Art. 15. — L'adjudicataire sera tenu, lors des reconstructions ou reconfortations, de livrer le terrain nécessaire pour l'élargissement de la rue et de se conformer à tous alignements et retranchements qui pourront lui être prescrits par le Conseil des bâtiments civils, sans pouvoir prétendre aucune indemnité.

(Démoli.)

65. — Rue des Lombards, 41.

Vente par l'Administration des Hospices du 15 mai 1812. — Landrin adjudicataire. — Périlleux, exproprié suivant jugement du 15 novembre 1854.

Clause. — Art. 15. — L'adjudicataire sera tenu, lors des reconstructions ou reconfortations, de livrer le terrain nécessaire pour l'élargissement de la rue et de se conformer à tous alignements et retranchements qui pourront lui être prescrits par le Conseil des bâtiments civils, sans pouvoir prétendre aucune indemnité.

(Démoli.)

66. — Rue des Lombards, 43, 45, 47.

Vente par l'Administration des Hospices du 3 juillet 1812. — Loors, adjudicataire, exproprié suivant jugement du 15 novembre 1854.

Clause. — Art. 15. — L'adjudicataire sera tenu, lors des reconstructions ou reconfortations, de livrer le terrain nécessaire pour l'élargissement de la rue et de se conformer à tous alignements et retranchements qui pourront lui être prescrits par le Conseil des bâtiments civils, sans pouvoir prétendre aucune indemnité.

(Démoli.)

67. — Rue Saint-Denis, 26.

Vente par l'Administration des Hospices du 19 juillet 1811. — Duvry (Étienne), adjudicataire. — Michel Duvry, exproprié suivant jugement du 25 février 1854.

Clause. — Art. 15. — L'adjudicataire sera tenu, lors des reconstructions ou reconfortations, de livrer le terrain nécessaire pour l'élargissement de la rue et de se conformer à tous alignements et retranchements qui pourront lui être prescrits par le Conseil des bâtiments civils, sans pouvoir prétendre aucune indemnité.

(Démoli.)

68. — Rues Montmartre, 44, et Tiquetonne, 27 (angle).

Vente par l'Administration des Hospices du 6 septembre 1811. — Canaple, adjudicataire. — Durand Fonras, exproprié suivant jugement du 17 juillet 1847.

Clause. — Art. 15. — L'adjudicataire sera tenu, lors des reconstructions ou reconfortations, de livrer le terrain nécessaire pour l'élargissement de la rue et de se conformer à tous alignements et retranchements qui pourront lui être prescrits par le Conseil des bâtiments civils, sans pouvoir prétendre aucune indemnité.

(Démoli.)

69. — Rues Montmartre, 42, et Tiquetonne, 23, 25.

Vente par l'Administration des Hospices du 28 août 1812. — Canaple, adjudicataire. — Durand Fonras, exproprié suivant jugement du 17 juillet 1847.

Clause. — Art. 15. — L'adjudicataire sera tenu, lors des reconstructions ou reconfortations, de livrer le terrain nécessaire pour l'élargissement de la rue et de se conformer à tous alignements et retranchements qui pourront lui être prescrits par le Conseil des bâtiments civils, sans pouvoir prétendre aucune indemnité.

(Démoli.)

70. — Rue des Orties, 7.

Vente par l'Administration des Hospices du 13 septembre 1811. — Bourry, adjudicataire. — Fontange, exproprié suivant jugement du 26 mai 1859.

Clause. — Art. 15. — L'adjudicataire sera tenu, lors des reconstructions ou reconfortations, de livrer le terrain nécessaire pour l'élargissement de la rue et de se conformer à tous alignements et retranchements qui pourront lui être prescrits par le Conseil des bâtiments civils, sans pouvoir prétendre aucune indemnité.

(Démoli.)

71. — Cour Lamoignon, 1.

Vente par l'Administration des Hospices du 11 janvier 1812. — Renault, adjudicataire. — Les héritiers Quest, expropriés suivant jugement du 5 mai 1854.

Clause. — Art. 15. — L'adjudicataire sera tenu, lors des reconstructions ou reconfortations, de livrer le terrain nécessaire pour l'élargissement de la rue et de se conformer à tous alignements et retranchements qui pourront lui être prescrits par le Conseil des bâtiments civils, sans pouvoir prétendre aucune indemnité.

(Démoli.)

72. — Cour Lamoignon, 4.

Vente par l'Administration des Hospices du 6 mars 1812. — Lainé, adjudicataire. — Lefort, exproprié suivant jugement du 5 mai 1854

Clause. — Art. 15. — L'adjudicataire sera tenu, lors des reconstructions ou reconfortations, de livrer le terrain nécessaire pour l'élargissement de la rue et de se conformer à tous alignements et retranchements qui pourront lui être prescrits par le Conseil des bâtiments civils, sans pouvoir prétendre aucune indemnité.

(Démoli.)

73. — Rue de Harlay, 7.

Vente par l'Administration des Hospices du 6 septembre 1811. — Henry, adjudicataire. — Mme Ve de Ploeuc, expropriée suivant jugement du 5 mai 1854.

Clause. — Art. 15. — L'adjudicataire sera tenu, lors des reconstructions ou reconfortations, de livrer le terrain nécessaire pour l'élargissement de la rue et de se conformer à tous alignements et retranchements qui pourront lui être prescrits par le Conseil des bâtiments civils, sans pouvoir prétendre aucune indemnité.

(Démoli.)

74. — Rue de Harlay, 9.

Vente par l'Administration des Hospices du 13 décembre 1811. — Aumont, adjudicataire. — Mme Ve Aumont, expropriée suivant jugement du 5 mai 1854.

Clause. — Art. 15. — L'adjudicataire sera tenu, lors des reconstructions ou reconfortations, de livrer le terrain nécessaire pour l'élargissement de la rue et de se conformer à tous alignements et retranchements qui pourront lui être prescrits par le Conseil des bâtiments civils, sans pouvoir prétendre aucune indemnité.

(Démoli.)

75. — Cours de Harlay, 5 bis et 6, et de Lamoignon, 39.

Vente par l'Administration des Hospices du 16 avril 1813. — André, adjudicataire. — Jalquin, exproprié suivant jugement du 5 mai 1854.

Clause. — Art. 15. — L'adjudicataire sera tenu, lors des reconstructions ou reconfortations, de livrer le terrain nécessaire pour l'élargissement de la rue et de se conformer à tous alignements et retranchements qui pourront lui être prescrits par le Conseil des bâtiments civils, sans pouvoir prétendre aucune indemnité.

(Démoli.)

76. — Rue de Harlay, 21.

Vente par l'Administration des Hospices du 6 septembre 1811. — Contour, adjudicataire. — Mme Ve Contour, expropriée suivant jugement du 6 septembre 1856.

Clause. — Art. 15. — L'adjudicataire sera tenu, lors des reconstructions ou reconfortations, de livrer le terrain nécessaire pour l'élargissement de la rue et de se conformer à tous alignements et retranchements qui pourront lui être prescrits par le Conseil des bâtiments civils, sans pouvoir prétendre aucune indemnité.

(Démoli.)

77. — Boulevard de la Madeleine, 5, et rue Cambon, 49. (Ancienne rue de Luxembourg.) (Provenant de Toulougeon, émigré.)

Vente nationale du 19 germinal an VI. — Veuve de Toulougeon, adjudicataire. — M. Gripon, propriétaire en 1889.

Clause. — L'adjudicataire sera tenu, dès qu'il en sera requis, de se conformer aux alignements arrêtés par la Commission des Travaux publics et ce, sans indemnité.

78. — Rue d'Argenteuil, 46. (Provenant de la succession de Mme veuve Grattier.)

Vente nationale du 11 brumaire an XIV. — Périer, adjudicataire. — Les héritiers Barbé, propriétaires en 1876.

Clause. — L'adjudicataire de ladite maison sera tenu de se conformer aux alignements et retranchements qui pourront lui être donnés par le Conseil des bâtiments civils, et ce sans indemnité.

(Exproprié et démoli pour l'ouverture de la rue des Pyramides). (Jugement du 28 juin 1876.)

79. — Place du Chevalier-du-Guet, 4.

Vente nationale du 14 juillet 1809. — Robert Morel, adjudicataire. — La Ville de Paris (Mairie du 4e arrondissement), propriétaire en 1854.

Clause. — Attendu que la présente maison est sujette à retranchement sur la place du Chevalier-du-Guet, l'adjudicataire ne pourra, en cas de vétusté, faire à ladite façade aucune réparation ni reconfortation qui puissent la consolider, mais il sera tenu de se conformer à l'alignement indiqué au plan par une ligne rouge, et ce sans pouvoir exiger aucune indemnité.

(Démoli en 1854 pour l'ouverture de la rue Jean-Lantier.)

80. — Places du Cloître Saint-Germain-l'Auxerrois, 37, 39, et du Louvre 4. (Ancienne rue des Poulies.) (Provenant du Chapitre Notre-Dame.)

Vente nationale du 2 pluviôse an IX. — Dangis et Mme Boudin, adjudicataires. — Messager, propriétaire en 1855.

Clause. — Il (l'adjudicataire) sera aussi tenu de faire à la première réquisition qui lui en sera faite, et ce sans aucune répétition de sa part, ni indemnité, l'abandon de la portion de terrain sur la rue des Poulies, qui sera jugée nécessaire pour son élargissement relativement au projet de la place du Museum, ainsi que de se conformer à tous autres alignements ou retranchements qui pourraient être arrêtés par les Travaux, et ce pareillement sans indemnité.

(Exproprié et démoli. — Jugement du 12 septembre 1855).

81. — Rues de la Cossonnerie, 1, et Saint-Denis, 113. (Angle.) (Provenant du Chapitre du Saint-Sépulcre.)

Vente nationale du 29 frimaire an VI. — Lamoureux, adjudicataire. — M. Blandin, propriétaire en 1852.

Clause. — L'adjudicataire sera tenu de livrer, quand il en sera requis, et ce sans indemnité, le terrain nécessaire pour l'élargissement de la rue de la Cossonnerie, conformément aux alignements arrêtés par la Commission des Travaux Publics.

(Exproprié et démoli.) (Jugement du 25 juin 1852.)

82. — Rues Saint-Denis, 49 et de la Tabletterie, 2. (Angle.) (Bien d'émigré.)

Vente nationale du 23 Germinal an VII. — Prévost, adjudicataire. — Marchais, propriétaire en 1836.

Clause. — L'adjudicataire sera tenu de souffrir, s'il y a lieu, et ce sans indemnité, tous alignements et retranchements qui pourront lui être donnés par les Travaux publics.

(Exproprié et démoli. — Jugement du 10 août 1836.)

83. — Rues du Cloître-Saint-Honoré, 14-16. (Provenant de l'église Saint-Honoré.)

Vente nationale du 8 février 1792. — Coedès, Rousselle, Lanchère, et Fontenay, adjudicataires. — MM. Gourdin (pour le n° 14), et Arachequesne (pour le n° 16), propriétaires en 1836.

Clause. — La rue qui sera formée dans le Cloître Saint-Honoré aura trente-six pieds de largeur, et l'adjudicataire ne pourra ériger les murs de face des bâtiments qui seront construits, que d'après l'alignement qui lui sera donné par les commissaires de la voirie.

84. — Rue Verderet, 12. (En 1865). (Premier lot du cloître Saint-Jacques-l'Hôpital.)

Vente par l'Administration des Hospices, du 16 juin 1815. — Delaize, adjudicataire. — Thiébault et consorts expropriés suivant jugement du 28 décembre 1865.

Clause. — Art. 15. — L'adjudicataire sera tenu, lors des reconstructions, etc. . . (Démoli pour l'ouverture de la rue de Turbigo.)

85. — Rue Mondétour, 31. (En 1865.) (Deuxième lot du Cloître-Saint-Jacques-l'Hôpital.)

Vente par l'Administration des Hospices du 8 juillet 1814. — Duval, adjudicataire. — Mme Ve Duval, expropriée suivant jugement du 28 décembre 1865.

Clause. — Art. 15. — L'adjudicataire sera tenu, lors des reconstructions, etc. . . (Démoli pour l'ouverture de la rue de Turbigo.)

86. — Rues Mauconseil, 13 et 15, et Mondétour, 33. (En 1865.) (Angle.) (Troisième lot du cloître Saint-Jacques-l'Hôpital.)

Vente par l'Administration des Hospices du 18 juin 1813. — Camichon, adjudicataire. — M. Guizot (pour le n° 15) et les héritiers Burnouf (pour les n°s 13, rue Mauconseil, et 33, rue Mondétour) expropriés suivant jugement du 28 décembre 1865.

Clause. — Art. 15. — L'adjudicataire sera tenu lors des reconstructions, etc. . . (Démoli pour l'ouverture de la rue de Turbigo.)

87. — **Rue Mauconseil, 11.** *(Partie.)* (En 1863.) (A l'angle de la rue Mondétour.) (Quatrième lot du cloître Saint-Jacques-l'Hôpital.)

Vente par l'Administration des Hospices du 18 juin 1813. — SCHNETZ, adjudicataire. — GARNIER, exproprié suivant jugement du 28 décembre 1865.

CLAUSE. — Art. 15. — L'adjudicataire sera tenu, etc . . . . (Démoli pour l'ouverture de la rue de Turbigo.)

88. — **Rues Mauconseil, 11,** *(Partie)* **et des Pèlerins-Saint-Jacques, 4.** *(Partie.)* (En 1865.) (Cinquième lot du cloître Saint-Jacques-l'Hôpital.)

Vente par l'Administration des Hospices du 18 juin 1813. — SCHNETZ, adjudicataire. — GARNIER, exproprié suivant jugement du 28 décembre 1865.

CLAUSE. — Art. 15. — L'adjudicataire sera tenu, etc. . . . . (Démoli pour l'ouverture de la rue de Turbigo.)

89. — **Rues Mauconseil, 9, des Pèlerins-Saint-Jacques, 2, et du Cloître-Saint-Jacques, 9.** (En 1865.) (Sixième lot du cloître Saint-Jacques-l'Hôpital.)

Vente par l'Administration des Hospices du 18 juin 1813. — SCHNETZ, adjudicataire. — BARMIER et VAUDREUX, expropriés suivant jugement du 28 décembre 1865.

CLAUSE. — Art. 15. — L'adjudicataire sera tenu, etc. . . . . (Démoli pour l'ouverture de la rue de Turbigo.)

90. — **Rue Étienne-Marcel, 15** *(Partie)* **et 17** (Anciennement rue Mauconseil, 3.) *(Partie.)* 5 et 7. (Septième lot du cloître Saint-Jacques-l'Hôpital.)

Vente par l'Administration des Hospices du 25 juin 1813. — JAMICAUD, DUPUY, et DELANGRE, adjudicataires. — M. VACOROIS, propriétaire en 1891.

CLAUSE. — Art. 15. — L'adjudicataire sera tenu, etc. *(Voir l'avertissement).* (Réserve sans objet en ce qui concerne la maison n° 17.)

91. — **Rue Pierre-Lescot, 30.** *(Partie.)* (Anciennement rue Saint-Jacques-l'Hôpital, 10.) *(Partie.)* (Neuvième lot du cloître Saint-Jacques-l'Hôpital.)

Vente par l'Administration des Hospices du 4 mars 1817. — COUTURE, FLEURY, PARENT, adjudicataires. — Mᵐᵉ Vᵉ ALLEAUME, propriétaire en 1887.

CLAUSE. — Art. 15. — L'adjudicataire sera tenu, etc. *(Voir l'avertissement).*

92. — **Rue Pierre-Lescot, 30.** *(Partie.)* (Anciennement rue Saint-Jacques-l'Hôpital, 19.) *(Partie.)* (Douzième lot du cloître Saint-Jacques-l'Hôpital.)

Vente par l'Administration des Hospices du 16 septembre 1814. — LÉCUYER, adjudicataire. — Mᵐᵉ Vᵉ ALLEAUME, propriétaire en 1887.

CLAUSE. — Art. 15. — L'adjudicataire sera tenu, lors, etc. *(Voir l'avertissement).*

93. — **Rues Pierre-Lescot, 28** (Anciennement rue du Cloître-Saint-Jacques, 8) **et du Cygne, 10.** (Ancien 6.) (Angle.) (Treizième lot du cloître Saint-Jacques-l'Hôpital.)

Vente par l'Administration des Hospices du 24 juillet 1821. — SANEJOUAND, adjudicataire. — MM. DE GONCOURT et BECQUEY, propriétaires en 1887.

CLAUSE. — Art. 15. — L'adjudicataire sera tenu, lors, etc. *(Voir l'avertissement).*

94. — **Rues du Cloître-Saint-Jacques, 7 et des Pèlerins-Saint-Jacques, 1.** (En 1865.) (Angle.) (Quatorzième lot du cloître Saint-Jacques-l'Hôpital.)

Vente par l'Administration des Hospices du 16 septembre 1814. — TRIQUENOT, adjudicataire. — M. RÉVÉREND, exproprié suivant jugement du 28 décembre 1865.

CLAUSE. — Art. 15. — L'adjudicataire sera tenu, lors, etc. . . . . (Démoli pour l'ouverture de la rue de Turbigo.)

95. — **Rues Mondétour, 30 et des Pèlerins-Saint-Jacques, 3.** (En 1865.) (Angle.) (Quinzième lot du cloître Saint-Jacques-l'Hôpital.)

Vente par l'Administration des Hospices du 9 juillet 1813. — BRIDEN, adjudicataire. — GAMICHON et MAIRE, expropriés suivant jugement du 28 décembre 1865.

CLAUSE. — Art. 15. — L'adjudicataire sera tenu, etc. . . . . (Démoli pour l'ouverture de la rue de Turbigo.)

96. — **Rues du Cygne, 10 et Mondétour, 28.** (En 1865.) (Angle.) (Seizième lot du cloître Saint-Jacques-l'Hôpital.)

Vente par l'Administration des Hospices du 4 mars 1817. — LOYRE et DOUAUD, adjudicataires. — BEAURAIN, exproprié suivant jugement du 28 décembre 1865.

CLAUSE. — Art. 15. — L'adjudicataire sera tenu, etc. . . . . (Démoli pour l'ouverture de la rue de Turbigo.)

97. — **Rues du Cygne, 12** (Ancien 8.) **et Pierre-Lescot, 19.** (Anciennement rue Saint-Jacques-l'Hôpital, 5.) (Angle.) (Dix-septième lot du cloître Saint-Jacques-l'Hôpital.)

Vente par l'Administration des Hospices du 22 avril 1817. — GEFFROY et MESLIER, adjudicataires. — M. RIVAL, propriétaire en 1887.

CLAUSE. — Art. 15. — L'adjudicataire sera tenu, lors, etc. *(Voir l'avertissement).* (La maison a été reconstruite en vertu d'une permission de voirie du 4 avril 1818.

98. — **Rue du Cygne, 17.** *(Partie.)* (Ancien 25.) (Dix-huitième lot du cloître Saint-Jacques-l'Hôpital.)

Vente par l'Administration des Hospices du 4 mars 1817. — DUVEY, adjudicataire. — M. LEROUX, propriétaire en 1887.

CLAUSE. — Art. 15. — L'adjudicataire sera tenu, etc. *(Voir l'avertissement).* (La maison a été reconstruite en vertu d'une permission de voirie du 18 juillet 1872.

99. — **Rue du Cygne, 15.** *(Partie.)* (Dix-neuvième lot du cloître Saint-Jacques-l'Hôpital.)

Vente par l'Administration des Hospices du 4 mars 1817. — Mᵐᵉ Vᵉ LAURENS, adjudicataire. — Mᵐᵉ Vᵉ LELOIR, propriétaire en 1887.

CLAUSE. — Art. 15. — L'adjudicataire sera tenu, etc. *(Voir l'avertissement).*

100. — **Rues du Cygne, 15,** *(Partie.)* **et Pierre-Lescot, 17.** *(Partie.)* (Angle.) (Vingtième lot du cloître Saint-Jacques-l'Hôpital.)

Vente par l'Administration des Hospices du 4 mars 1817. — GOUJON, adjudicataire. — Mᵐᵉ Vᵉ LELOIR, propriétaire en 1887.

CLAUSE. — Art. 15. — L'adjudicataire sera tenu, lors, etc. *(Voir l'avertissement).*

101. — **Rue Pierre-Lescot, 17.** *(Partie.)* (Anciennement rue Saint-Jacques-l'Hôpital, 3.) *(Partie.)* (Vingt et unième lot du cloître Saint-Jacques-l'Hôpital.)

Vente par l'Administration des Hospices du 4 mars 1817. — LOUTIN, adjudicataire. — Mᵐᵉ Vᵉ LELOIR, propriétaire en 1887.

CLAUSE. — Art. 15. — L'adjudicataire sera tenu, etc. *(Voir l'avertissement).*

102. — **Rues Pierre-Lescot, 26** (Anciennement rue Saint-Jacques-l'Hôpital, 6.) **et du Cygne, 13.** (Angle.) (Vingt-deuxième lot du cloître Saint-Jacques-l'Hôpital.)

Vente par l'Administration des Hospices du 8 octobre 1813. — ERTAULT, adjudicataire. — M. GERFAUT, propriétaire en 1889.

CLAUSE. — Art. 15. — L'adjudicataire sera tenu, etc. *(Voir l'avertissement).*

103. — **Rues de la Grande-Truanderie, 22, et Pierre-Lescot, 15.** (Anciennement rue Saint-Jacques-l'Hôpital, 1.) (Angle.) (Vingt-quatrième lot du cloître Saint-Jacques-l'Hôpital.)

Vente par l'Administration des Hospices du 4 mars 1817. — SANEJOUAND, adjudicataire. — M. CHABAMOND, propriétaire en 1887.

CLAUSE. — Art. 15. — L'adjudicataire sera tenu, lors, etc. *(Voir l'avertissement).*

104. — **Rue Saint-Denis, 60.** (En 1853.)

Vente par l'Administration des Hospices du 9 avril 1813. — ROCHE, adjudicataire. — DELAMARRE, exproprié suivant jugement du 11 mars 1853.

CLAUSE. — Art. 15. — L'adjudicataire sera tenu, lors etc.. . . . . (Démoli pour le dégagement des abords des Halles.)

105. — **Rue Jean-Lantier, 16.** (Ancien 2.)

Vente par l'Administration des Hospices du 25 septembre 1812. — TÉTARD, adjudicataire. — M. LESEURE, propriétaire en 1891.

CLAUSE. — Art. 15. — L'adjudicataire sera tenu, lors, etc. *(Voir l'avertissement).*

106. — **Rues de la Grande-Friperie, 1, de la Petite-Friperie, 2 et Jean-de-Bauce.**

Vente nationale du 2 fructidor an V. — LESYRET, adjudicataire. — LOUIS THÉRY, exproprié suivant jugement du 16 février 1854.

CLAUSE. — L'acquéreur aura la propriété de la maison présentement vendue, tant que l'exécution du plan projeté pour l'agrandissement de la halle ne sera par effectué, mais à cette époque ledit acquéreur sera tenu de remettre au Gouvernement ladite maison ainsi que les augmentations qu'il pourrait y avoir faites sans qu'il puisse pour raison de ce répéter d'autre indemnité que la somme qu'il aura payée pour le montant de son acquisition dans la proportion déterminée par la loi pour la portion du prix payé en mandats. (Démoli.)

107. — Passage Saint-Roch, 20. (Provenant de la Fabrique Saint-Roch.)

Vente nationale du 1ᵉʳ nivôse an VI — DELESTRE, adjudicataire. — Les HOSPICES CIVILS DE PARIS, expropriés suivant jugement du 22 mars 1877.

CLAUSE. — L'adjudicataire sera tenu de se conformer, et ce sans indemnité, quand il en sera requis, aux alignements arrêtés par la Commission des Travaux publics.

(Démoli pour l'ouverture de la rue des Pyramides.)

108. — Passage Saint-Roch, 40, 41. (Provenant de la Fabrique Saint-Roch.)

Vente nationale du 1ᵉʳ fructidor an VI. — PAUNET, adjudicataire. — M. BOULLY, exproprié suivant jugement du 22 mars 1877.

CLAUSE. — L'adjudicataire sera tenu de se conformer, et ce sans indemnité, quand il en sera requis, aux alignements arrêtés ou qui pourront l'être par la Commission des Travaux publics.

(Démoli pour l'ouverture de la rue des Pyramides.)

109. — Rue de l'Arbre-Sec, 25 et impasse Courbaton. (Angle.) (Provenant de la Fabrique de Saint-Germain-l'Auxerrois.)

Vente nationale du 24 thermidor an V. — MAURY, adjudicataire. — Mᵐᵉ veuve BRICHET, propriétaire en 1894.

CLAUSE. — L'adjudicataire sera tenu de fournir le terrain nécessaire, en cas de reconstruction, pour le redressement des rues, conformément au nouveau plan de Paris.

110. — Rue Baillif, 7. (En 1809.) (Provenant de la succession de Penthièvre.)

Vente nationale du 29 prairial an VI. — TRUMEAU DE VOZELLE, adjudicataire. — LA BANQUE DE FRANCE, propriétaire.

CLAUSE. — Il *(l'adjudicataire)* sera également tenu, dès qu'il en sera requis, de se conformer aux alignements arrêtés par le Conseil des Travaux publics, et ce, sans indemnité.

(Démoli pour l'agrandissement de la Banque de France.)

111. — Rue Baillif, 11. (En 1811.) (Provenant de la succession de Penthièvre.)

Vente nationale du 21 pluviôse an VI. — DAGOBERT, adjudicataire. — LA BANQUE DE FRANCE, propriétaire.

CLAUSE. — Il *(l'adjudicataire)* sera également tenu, dès qu'il en sera requis, de se conformer aux alignements arrêtés par la Commission des Travaux publics, et ce, sans indemnité.

(Démoli pour l'agrandissement de la Banque de France.)

112. — Rue Baillif, 13. (En 1811.) (Provenant de la succession de Penthièvre.)

Vente nationale du 25 nivôse an VI. — Mᵐᵉ ALZIARI, adjudicataire. — LA BANQUE DE FRANCE, propriétaire.

CLAUSE. — Ledit adjudicataire sera enfin tenu, dès qu'il en sera requis, de se conformer aux alignements arrêtés par la Commission des Travaux publics, et ce, sans indemnité.

(Démoli pour l'agrandissement de la Banque de France.)

113. — Rue Croix-des-Petits-Champs, 57. (En 1809.) (Provenant de la succession de Penthièvre.)

Vente nationale du 25 nivôse an VI. — LE BRET DE SAINT-MARTIN, PRIEUR ET GRANDJEAN DEVELLE, adjudicataires. — LA BANQUE DE FRANCE, propriétaire.

CLAUSE. — L'adjudicataire sera tenu, dès qu'il en sera requis, de se conformer aux alignements arrêtés par la Commission des Travaux publics, et ce, sans indemnité.

(Démoli pour l'agrandissement de la Banque de France.)

114. — Rue Sainte-Anne, 3 et 4 et cour de la Sainte-Chapelle, 11.

Vente nationale du 13 septembre 1791. — NIVELEAU, adjudicataire.

CLAUSE. — L'adjudicataire sera tenu de conserver, tant que la maison existera, les colonnes et massifs formant le portail de l'arcade en avant-corps, mais lors de la reconstruction de ce portail, de faire rentrer le mur de face à l'alignement qui sera donné.

(Exproprié et démoli pour l'agrandissement du Palais de Justice.)

115. — Rue Étienne-Marcel, 15. *(Partie.)* (Anciennement rue Mauconseil, 3.) *(Partie.)* (Huitième lot du cloître Saint-Jacques-l'Hôpital.)

Vente par l'Administration des Hospices du 28 août 1812. — JANICAUD, DELANDRE, DUPUY ET JUBERT, adjudicataires. — M. VAUGEOIS, propriétaire en 1891.

CLAUSE. — Art. 13. — L'adjudicataire sera tenu, lors, etc. *(Voir l'avertissement).*

116. — Rue Saint-Honoré, 123. *(Partie à droite de la cour principale.)* (Bien d'émigré.)

Vente nationale du 9 prairial an VI. — LEFEBVRE DE COURCHAMP, adjudicataire. — LA COMPAGNIE GÉNÉRALE DES OMNIBUS, propriétaire en 1895.

CLAUSE. — L'acquéreur sera tenu, si le cas y était, de se conformer, quand il en sera requis, et ce, sans indemnité, aux alignements arrêtés ou qui pourraient l'être par la Commission des Travaux publics.

Les renseignements qui suivent, établis postérieurement au 1ᵉʳ janvier 1887, complètent les articles précédents ayant le même numéro.

3. — Rues Saint-Honoré, 259, 261, et Cambon, 14 et 16.

M. BOQUENCOURT (rue Saint-Honoré, 259), Mᵐᵉ Vᵉ BULAND (rue Cambon, 14), et les héritiers DEVILLERS (pour le surplus), propriétaires.

8. — Rues des Lavandières-Sainte-Opportune, 13, Jean-Lantier et des Orfèvres.

M. DUVAL (rue des Lavandières, 13), la VILLE DE PARIS (pour le surplus), propriétaires.

Nouvel arrêté de sursis du 20 mars 1892.

(Arrêt Gavet. Conseil d'État, 21 juillet 1853.)

10. — Rue des Orfèvres, 6. (Ancien 8.)

M. PACAUD, propriétaire en 1890.

CLAUSE. — L'adjudicataire sera tenu, dès qu'il en sera requis, de se conformer à tous alignements arrêtés ou qui pourront l'être par le Conseil des bâtiments civils, et ce, sans indemnité.

(Cette clause est rappelée dans l'acte d'adjudication à M. Pacaud, du 21 décembre 1889.)

DEUXIÈME ARRONDISSEMENT

Voir pour la situation et l'étendue des propriétés, la première carte.

1. — Rue de Grammont et impasse de la Glacière.

Vente nationale du 27 thermidor an VII. — Cousin et Gechter, adjudicataires. — La Société du Crédit Lyonnais, propriétaire en 1880.

Clause. — L'adjudicataire de la présente maison sera tenu de se conformer aux charges d'usage et à tous alignements, redressements et de fournir le terrain nécessaire, s'il y a lieu, sans pouvoir prétendre à aucune indemnité.

2. — Place de la Bourse (Anciennement rues Bonnier et Robergeot.) (Enclos des Filles-Saint-Thomas.)

Contrat d'échange du 18 messidor an VII, entre le Domaine national et Mᵐᵉ Vᵉ Gérard Sémonin, née Madeleine Jouvencel.

Clause. — Ladite citoyenne Sémonin ou ses représentants, sera tenue de souffrir le percement de la nouvelle rue transversale de Bonnier à établir dans l'étendue dudit domaine, lequel devra avoir lieu dans l'espace des six mois au plus qui suivront le jour de l'adjudication des autres portions restantes du même domaine à l'enchère. . . . .
Elle consultera immédiatement après la ratification de cet échange le Conseil des bâtiments civils chez le Ministre de l'Intérieur et le bureau de la Voyerie et des alignements séant au département, à l'effet d'obtenir de la manière la plus précise et au millimètre près les points de départ et de démarcation de chacune des lignes dans lesquelles doivent être circonscrites les portions données en échange. (Extrait de l'acte d'échange.)

Clause sans objet. — Les rues Bonnier et Robergeot n'existent plus; elles ont été comprises dans le périmètre de la place de la Bourse.

3. — Rue La Feuillade, 2.

Vente nationale du 19 floréal an VII. — Delpont, adjudicataire. — M. le comte Vigier, propriétaire en 1877.

Clause. — L'adjudicataire de ce domaine sera tenu de se conformer aux alignements qui seraient ou pourraient être projetés pour l'embellissement et l'assainissement de cette commune par la Commission des travaux publics lorsqu'il en sera requis et ce sans indemnité.
(Arrêté de sursis du 24 juillet 1882.)

4. — Rue Montorgueil (Partie du n° 37.) (Provenant du sieur Lieudé, émigré.)

Vente nationale du 2 vendémiaire an IX. — Héritiers Lieudé, adjudicataires. — M. Patin, propriétaire en 1880.

Clause. — L'adjudicataire sera tenu de se conformer aux charges d'usage et à tous alignements, redressements et de fournir tous terrains nécessaires s'il y a lieu, sans pouvoir prétendre aucune indemnité.
(Exproprié pour la rue aux Ours.)

5. — Rue Vivienne, 8. (Ancien 40.) (Provenant de l'émigré Saint-Mouy.)

Vente nationale du 25 frimaire an VI. — Baraumont, adjudicataire.

Clause. — L'adjudicataire sera tenu de se conformer, dès qu'il en sera requis, aux alignements arrêtés par la Commission des travaux publics, et ce sans indemnité.

6. — Rue Tiquetonne, 37. (Anciennement rue Pavée-Saint-Sauveur, 44.) (Bien d'émigré.)

Vente nationale du 25 janvier 1806. — Boisson, adjudicataire. — M. Baudy, propriétaire en 1882.

Clause. — L'adjudicataire sera tenu de se conformer, et ce sans indemnité, aux alignements et retranchements qui pourront lui être prescrits par le Conseil des bâtiments civils.

7. — Rue du Caire, cour des Miracles.

Vente nationale du 28 pluviôse an V. — Tinancourt, adjudicataire. — Mᵐᵉ Vᵉ Aubry-Vitet, propriétaire en 1875.

Clause. — On voit dans la désignation d'un acte de vente du 16 ventôse an IX, que la propriété « tient à une rue projetée. » — (Cette rue devait être exécutée en prolongement de la rue Phelippeaux, jusqu'à celle des Petits-Carreaux.)

8. — Rue de Cléry, 35. (Provenant de la succession vacante Vᵉ Defèvres.)

Vente nationale du 15 nivôse an VI. — Mᵐᵉ Vᵉ Delasalle, adjudicataire. — Mᵐᵉ Vᵉ Lanquest, propriétaire en 1877.

Clause. — L'adjudicataire sera tenu, dès qu'il en sera requis, de se conformer aux alignements arrêtés par la Commission des travaux publics, et ce sans indemnité. (Arrêté de sursis du 30 juin 1877.)

9. — Rue Saint-Denis, 182. (Ancien 306.) (Provenant de l'enclos de la Trinité.)

Vente par l'Administration des Hospices du 24 juillet 1812. — Delamarre, adjudicataire. — M. Joanne, propriétaire en 1879.

Clause. — Art. 15. — L'adjudicataire sera tenu, lors des reconstructions ou reconfortations, de livrer le terrain nécessaire pour l'élargissement de la rue et de se conformer à tous alignements et retranchements qui pourront lui être prescrits par le Conseil des bâtiments civils, sans pouvoir prétendre aucune indemnité.
(Dans le procès-verbal d'adjudication, il est déclaré que la maison est sujette à un retranchement de 0ᵐ,90.)

10. — Passage Basfour, 5. (Provenant de l'enclos de la Trinité.)

Vente par l'Administration des Hospices du 24 juillet 1812. — Delamarre, adjudicataire. — Mˡˡᵉ Levant et M. Douchez, propriétaires en 1879.

Clause. — Art. 15. — L'adjudicataire sera tenu, lors des reconstructions ou reconfortations, de livrer le terrain nécessaire pour l'élargissement de la rue et de se conformer à tous alignements et retranchements qui pourront lui être prescrits par le Conseil des bâtiments civils, sans pouvoir prétendre aucune indemnité.
(Maison démolie et reconstruite.)

11. — Passage Basfour, 7. (Provenant de l'enclos de la Trinité.)

Vente par l'Administration des Hospices du 17 septembre 1813.

Clause. — Art. 15. — L'adjudicataire sera tenu, lors des reconstructions ou reconfortations, de livrer le terrain nécessaire pour l'élargissement de la rue et de se conformer à tous alignements et retranchements qui pourront lui être prescrits par le Conseil des bâtiments civils, sans pouvoir prétendre aucune indemnité.
(Exproprié pour la rue de Palestro.)

12. — Rue Saint-Denis, 176 (Ancien 300) et **Passage Basfour, 2.** (Provenant de l'enclos de la Trinité.)

Vente par l'Administration des Hospices du 31 juillet 1812. — Sauvé, adjudicataire. — M. Millot, propriétaire en 1879.

Clause. — Art. 15. — L'adjudicataire sera tenu, lors des reconstructions ou reconfortations, de livrer le terrain nécessaire pour l'élargissement de la rue et de se conformer à tous alignements et retranchements qui pourront lui être prescrits par le Conseil des bâtiments civils, sans pouvoir prétendre aucune indemnité.

13. — Rue Saint-Denis, 174. (Ancien 298.) (Provenant de l'enclos de la Trinité.)

Vente par l'Administration des Hospices du 31 juillet 1812. — Bégason, adjudicataire. — Mˡˡᵉ Bégason, propriétaire en 1879.

Clause. — Art. 15. — L'adjudicataire sera tenu, lors des constructions ou reconfortations, de livrer le terrain nécessaire pour l'élargissement de la rue et de se conformer à tous alignements et retranchements qui pourront lui être prescrits par le Conseil des bâtiments civils, sans pouvoir prétendre aucune indemnité.
(Il est dit, dans la désignation : « cette propriété est susceptible d'un retranchement de 1ᵐ,45 ».)

14. — Passage Basfour, 4. (Provenant de l'enclos de la Trinité.)

Vente par l'Administration des Hospices du 26 novembre 1816. — Destors, adjudicataire. — Mᵐᵉ Fleury, née Henriette Sauvée, propriétaire en 1879.

Clause. — Art. 15. — L'adjudicataire sera tenu, lors des reconstructions ou reconfortations, de livrer le terrain nécessaire pour l'élargissement de la rue et de se conformer à tous alignements et retranchements qui pourront lui être prescrits par le Conseil des bâtiments civils, sans pouvoir prétendre aucune indemnité.

15. — Passage Basfour, 6, 8, 10. (Provenant de l'enclos de la Trinité.)

Vente par l'Administration des Hospices du 17 septembre 1813. — N..., adjudicataire.

Clause. — Art. 15. — L'adjudicataire sera tenu, lors des reconstructions ou reconfortations, de livrer le terrain nécessaire pour l'élargissement de la rue et de se conformer à tous alignements et retranchements qui pourront lui être prescrits par le Conseil des bâtiments civils, sans pouvoir prétendre aucune indemnité.
(Exproprié pour la rue de Palestro.)

16. — Passage Basfour. (Provenant de l'enclos de la Trinité.)

Vente par l'Administration des Hospices du 26 novembre 1816. — Destors, adjudicataire. — M. Avard, propriétaire en 1879.

Clause. — Art. 15. — L'adjudicataire sera tenu, lors des reconstructions ou reconfortations, de livrer le terrain nécessaire pour l'élargissement de la rue et de se conformer à tous alignements et retranchements qui pourront lui être prescrits par le Conseil des bâtiments civils, sans pouvoir prétendre aucune indemnité.

---

17. — Rue Saint-Denis, 170. (Ancien 294.) (Provenant de l'enclos de la Trinité.)

Vente par l'Administration des Hospices du 13 janvier 1815. — Lemaistre, adjudicataire. — M. Avard, propriétaire en 1879.

Clause. — Art. 15. — L'adjudicataire sera tenu, lors des reconstructions ou reconfortations, de livrer le terrain nécessaire pour l'élargissement de la rue et de se conformer à tous alignements et retranchements qui pourront lui être prescrits par le Conseil des bâtiments civils, sans pouvoir prétendre aucune indemnité.

---

18. — Rue Saint-Denis, 168. (Ancien 290.) (Provenant de l'enclos de la Trinité.)

Vente par l'Administration des Hospices du 23 juillet 1813. — Lemaistre, adjudicataire. — M. Avard, propriétaire en 1881.

Clause. — Art. 15. — L'adjudicataire sera tenu, lors des reconstructions ou reconfortations, de livrer le terrain nécessaire pour l'élargissement de la rue et de se conformer à tous alignements et retranchements qui pourront lui être prescrits par le Conseil des bâtiments civils, sans pouvoir prétendre aucune indemnité.

---

19. — Rue Saint-Denis, 166. (Ancien 288.) (Provenant de l'enclos de la Trinité.)

Vente par l'Administration des Hospices du 9 octobre 1812. — Marny, adjudicataire. — M. Deville, propriétaire en 1879.

Clause. — Art. 15. — L'adjudicataire sera tenu, lors des reconstructions ou reconfortations, de livrer le terrain nécessaire pour l'élargissement de la rue et de se conformer à tous alignements et retranchements qui pourront lui être prescrits par le Conseil des bâtiments civils, sans pouvoir prétendre aucune indemnité

---

20. — Rue Saint-Denis, 162. (Ancien 284.) (Provenant de l'enclos de la Trinité.)

Vente par l'Administration des Hospices du 23 avril 1813. — Cléaisseau, adjudicataire. — M. Desaubliaux, propriétaire en 1881.

Clause. — Art. 15. — L'adjudicataire sera tenu, lors des reconstructions ou reconfortations, de livrer le terrain nécessaire pour l'élargissement de la rue et de se conformer à tous alignements et retranchements qui pourront lui être prescrits par le Conseil des bâtiments civils, sans pouvoir prétendre aucune indemnité.

---

21. — Rue Saint-Denis, 156. (Ancien 278.) (Provenant de l'enclos de la Trinité.)

Vente par l'Administration des Hospices du 28 mai 1813. — Triveau, adjudicataire. — M. Duval, propriétaire en 1879.

Clause. — Art. 15. — L'adjudicataire sera tenu, lors des reconstructions ou reconfortations, de livrer le terrain nécessaire pour l'élargissement de la rue et de se conformer à tous alignements et retranchements qui pourront lui être prescrits par le Conseil des bâtiments civils, sans pouvoir prétendre aucune indemnité.

---

22. — Rue Saint-Denis, 148. (Ancien 270.) (Provenant de l'enclos de la Trinité.)

Vente par l'Administration des Hospices du 20 novembre 1812. — M. Trochon, adjudicataire. — M. Maingot, propriétaire en 1879.

Clause. — Art. 15. — L'adjudicataire sera tenu, lors des reconstructions ou reconfortations, de livrer le terrain nécessaire pour l'élargissement de la rue et de se conformer à tous alignements et retranchements qui pourront lui être prescrits par le Conseil des bâtiments civils, sans pouvoir prétendre aucune indemnité.

---

23. — 1° Rue de Palestro, 15, cour des Bleus et rue Saint-Denis, 146, (Ancien 268); **2° Rue Saint-Denis, 148** *(Partie)*, (Ancien 270); **3° Rue Saint-Denis, 156** *(Partie)*, (Ancien 278.) (Provenant de l'enclos de la Trinité.)

Vente par l'Administration des Hospices du 27 novembre 1812. — Triveau et Trochon, adjudicataires. — 1° Lapêche, 2° Maingot, 3° Duval, propriétaires en 1879.

Clause. — Art. 15. — L'adjudicataire sera tenu, lors des reconstructions ou reconfortations, de livrer le terrain nécessaire pour l'élargissement de la rue et de se conformer à tous alignements et retranchements qui pourront lui être prescrits par le Conseil des bâtiments civils, sans pouvoir prétendre aucune indemnité.

---

24. — Rue Saint-Denis, 144. (Ancien 266.) (Provenant de l'enclos de la Trinité.)

Vente par l'Administration des Hospices du 20 novembre 1812. — Vautier, adjudicataire. — M. de Butignières, propriétaire en 1879.

Clause. — Art. 15. — L'adjudicataire sera tenu, lors des reconstructions ou reconfortations, de livrer le terrain nécessaire pour l'élargissement de la rue et de se conformer à tous alignements et retranchements qui pourront lui être prescrits par le Conseil des bâtiments civils, sans pouvoir prétendre aucune indemnité.

---

25. — Rue Greneta, 26. (Ancien 52.) (Provenant de l'enclos de la Trinité.)

Vente par l'Administration des Hospices du 25 septembre 1812. — Moynet, adjudicataire. — Mme Barbier, propriétaire en 1879.

Clause. — Art. 15. — L'adjudicataire sera tenu, lors des reconstructions ou reconfortations, de livrer le terrain nécessaire pour l'élargissement de la rue et de se conformer à tous les alignements et retranchements qui pourront lui être prescrits par le Conseil des bâtiments civils, sans pouvoir prétendre aucune indemnité.

(Par suite de la modification de l'alignement de la rue Greneta, approuvée par décret du 23 août 1858 (U. P.), la propriété dont il s'agit est sensiblement alignée.)

---

26. — Rue Greneta, 24. (Ancien 50.) (Provenant de l'enclos de la Trinité).

Vente par l'Administration des Hospices du 7 août 1812. — Guillemard, adjudicataire. — M. Larousse, propriétaire en 1879.

Clause. — Art. 15. — L'adjudicataire sera tenu, lors des reconstructions ou reconfortations, de livrer le terrain nécessaire pour l'élargissement de la rue et de se conformer à tous les alignements et retranchements qui pourront lui être prescrits par le Conseil des bâtiments civils, sans pouvoir prétendre aucune indemnité.

(Par suite de la modification de l'alignement de la rue Greneta, approuvée par décret du 23 août 1858 (U. P.), la propriété dont il s'agit est sensiblement alignée.)

---

27. — Rue Greneta, 22. (Ancien 48.) (Provenant de l'enclos de la Trinité.)

Vente par l'Administration des Hospices du 9 octobre 1812. — Givelet, adjudicataire. — M. Guillot, propriétaire en 1879.

Clause. — Art. 15. — L'adjudicataire sera tenu, lors des reconstructions ou reconfortations, de livrer le terrain nécessaire pour l'élargissement de la rue et de se conformer à tous les alignements et retranchements qui pourront lui être prescrits par le Conseil des bâtiments civils, sans pouvoir prétendre aucune indemnité.

(Par suite de la modification de l'alignement de la rue Greneta, approuvée par décret du 23 août 1858 (U. P.), la propriété dont il s'agit est sensiblement alignée.)

---

28. — Rue Greneta, 20. (Ancien 46.) (Provenant de l'enclos de la Trinité.)

Vente par l'Administration des Hospices du 7 août 1812. — Morizot, adjudicataire. — M. de Butignières, propriétaire en 1879.

Clause. — Art. 15. — L'adjudicataire sera tenu, lors des reconstructions ou reconfortations, de livrer le terrain nécessaire pour l'élargissement de la rue et de se conformer à tous les alignements et retranchements qui pourront lui être prescrits par le Conseil des bâtiments civils, sans pouvoir prétendre aucune indemnité.

(Par suite de la modification de l'alignement de la rue Greneta, approuvée par décret du 23 août 1858 (U. P.), la propriété dont il s'agit est sensiblement alignée.)

---

29. — Rue Greneta, 18. (Ancien 44.) (Provenant de l'enclos de la Trinité.)

Vente par l'Administration des Hospices du 21 août 1812. — Boutté, adjudicataire. — M. Bréchet, propriétaire en 1879.

Clause. — Art. 15. — L'adjudicataire sera tenu, lors des reconstructions ou reconfortations, de livrer le terrain nécessaire pour l'élargissement de la rue et de se conformer à tous les alignements et retranchements qui pourront lui être prescrits par le Conseil des bâtiments civils, sans pouvoir prétendre aucune indemnité.

Dans un procès-verbal d'adjudication aux criées du 2 août 1856, on déclare que dans l'acte d'adjudication par les Hospices, il est dit que:

« La maison est susceptible d'un retranchement de 1m,30 . . . . »

(Par suite de la modification de l'alignement de la rue Greneta, approuvée par décret du 23 août 1858 (U. P.), la propriété dont il s'agit est sensiblement alignée.)

---

30. — Rue Greneta, 16. (Ancien 42) (Provenant de l'enclos de la Trinité.)

Adjudication par l'Administration des Hospices du 3 avril 1812. — Vié, adjudicataire. — M. Pagès, propriétaire en 1879.

Clause. — Art. 15. — L'adjudicataire sera tenu, lors des reconstructions ou reconfortations de livrer le terrain nécessaire pour l'élargissement de la rue et de se conformer à tous les alignements et retranchements qui pourront lui être prescrits par le Conseil des bâtiments civils, sans pouvoir prétendre aucune indemnité.

Dans un procès-verbal d'adjudication aux criées du 6 novembre 1851, on déclare que, d'après l'acte d'adjudication par les Hospices :

« La maison dont il s'agit est sujette à reculement. »

(Par suite de la modification de l'alignement de la rue Greneta, approuvée par décret du 23 août 1858 (U. P.), la propriété dont il s'agit est sensiblement alignée).

31. — Rues Greneta, 14, et de Palestro, 13. (Anciennement rue Greneta, 40.) (Provenant de l'enclos de la Trinité.)

Vente par l'Administration des Hospices du 7 août 1813. — Vᵉ Rahout, adjudicataire.

Clause. — Art. 15. — L'adjudicataire sera tenu, lors des reconstructions ou reconfortations, de livrer le terrain nécessaire pour l'élargissement de la rue et de se conformer à tous les alignements et retranchements qui pourront lui être prescrits par le Conseil des bâtiments civils, sans pouvoir prétendre aucune indemnité.

(Maison démolie pour le passage de la rue de Palestro.)

32. — Rue de Palestro, 23. (Anciennement cour du Commerce, 19.) (Provenant de l'enclos de la Trinité.)

Vente par l'Administration des Hospices du 30 octobre 1812. — Surean, adjudicataire. — M. Moreau, propriétaire en 1879.

Clause. — Art. 15. — L'adjudicataire sera tenu, lors des reconstructions ou reconfortations, de livrer le terrain nécessaire pour l'élargissement de la rue et de se conformer à tous les alignements et retranchements qui pourront lui être prescrits par le Conseil des bâtiments civils, sans pouvoir prétendre aucune indemnité.

Une délibération du Conseil municipal, en date du 5 février 1869, a classé cette clause dans la 6ᵉ catégorie des réserves domaniales, comme étant désormais sans objet en ce qui concerne la propriété de la rue de Palestro, n° 23.

33. — Rue de Palestro, 21, et passage de la Trinité. (Provenant de l'enclos de la Trinité.)

Vente par l'Administration des Hospices du 9 octobre 1812. — N....., adjudicataire.

Clause. — Art. 15. — L'adjudicataire sera tenu, lors des reconstructions ou reconfortations, de livrer le terrain nécessaire pour l'élargissement de la rue et de se conformer à tous alignements et retranchements qui pourront lui être prescrits par le Conseil des bâtiments civils, sans pouvoir prétendre aucune indemnité.

(Clause sans objet; la propriété est en arrière de l'alignement.)

34. — Rue de Palestro, 17 et 19. (Provenant de l'enclos de la Trinité.)

Vente par l'Administration des Hospices du 6 novembre 1812. — Jolly et Lefèvre, adjudicataires.

Clause. — Art. 15. — L'adjudicataire sera tenu, lors des reconstructions ou reconfortations, de livrer le terrain nécessaire pour l'élargissement de la rue et de se conformer à tous alignements et retranchements qui pourront lui être prescrits par le Conseil des bâtiments civils, sans pouvoir prétendre aucune indemnité.

(Clause sans objet; le n° 17 est aligné, et le n° 19 est en arrière de l'alignement.)

35. — Passage de la Trinité. (Provenant de l'enclos de la Trinité.)

Vente par l'Administration des Hospices du 9 octobre 1812. — N....., adjudicataire.

Clause. — Art. 15. — L'adjudicataire sera tenu, lors des reconstructions ou reconfortations, de livrer le terrain nécessaire pour l'élargissement de la rue et de se conformer à tous alignements et retranchements qui pourront lui être prescrits par le Conseil des bâtiments civils, sans pouvoir prétendre aucune indemnité.

36. — Passage de la Trinité. (Provenant de l'enclos de la Trinité.)

Vente par l'Administration des Hospices du 2 octobre 1812. — Touvoy, adjudicataire. — M. Vieillebent, propriétaire en 1879.

Clause. — Art. 15. — L'adjudicataire sera tenu, lors des reconstructions ou reconfortations, de livrer le terrain nécessaire pour l'élargissement de la rue et de se conformer à tous alignements et retranchements qui pourront lui être prescrits par le Conseil des bâtiments civils, sans pouvoir prétendre aucune indemnité.

37. — Rue Saint-Denis, 178 (Ancien 302), **et passage Basfour.** (Provenant de l'enclos de la Trinité.)

Vente par l'Administration des Hospices du 24 juillet 1812. — Darantière, adjudicataire. — Jamet, propriétaire en 1879.

Clause. — Art. 15. — L'adjudicataire sera tenu, lors des reconstructions ou reconfortations, de livrer le terrain nécessaire pour l'élargissement de la rue et de se conformer à tous alignements et retranchements qui pourront lui être prescrits par le Conseil des bâtiments civils, sans pouvoir prétendre aucune indemnité.

38. — Rue Saint-Sauveur, 46 et 48. (Anciennement rue du Cadran, 10 et 12.)

Vente par l'Administration des Hospices du 31 mai 1811. — Aumont, adjudicataire. — Les héritiers Aumont, propriétaires en 1881.

Clause. — Art. 15. — L'adjudicataire sera tenu, lors des reconstructions ou reconfortations, de livrer le terrain nécessaire pour l'élargissement de la rue et de se conformer à tous alignements et retranchements qui pourront lui être prescrits par le Conseil des bâtiments civils, sans pouvoir prétendre aucune indemnité.

39. — Rue des Petits-Carreaux, 3.

Vente par l'Administration des Hospices du 24 mai 1811. — Giraud, adjudicataire. — M. Madiot, propriétaire en 1881.

Clause. — Art. 15. — L'adjudicataire sera tenu, lors des reconstructions ou reconfortations, de livrer le terrain nécessaire pour l'élargissement de la rue et de se conformer à tous alignements et retranchements qui pourront lui être prescrits par le Conseil des bâtiments civils, sans pouvoir prétendre aucune indemnité.

Dans l'acte de vente par Mᵐᵉ Decreps à M. Madiot, propriétaire actuel (contrat du 12 avril 1866) on déclare que, dans le procès-verbal d'adjudication par les Hospices, il est dit que :

« Ladite maison est susceptible d'un retranchement de 0ᵐ,36, mesure réduite. »

40. — Rue Montmartre, 114. (Ancien 118.)

Vente par l'Administration des Hospices du 13 septembre 1811. — Guillot, adjudicataire. — M. Chavanne, propriétaire en 1881.

Clause. — Art. 15. — L'adjudicataire sera tenu, lors des reconstructions ou reconfortations, de livrer le terrain nécessaire pour l'élargissement de la rue et de se conformer à tous alignements et retranchements qui pourront lui être prescrits par le Conseil des bâtiments civils, sans pouvoir prétendre aucune indemnité.

41. — Rue Montmartre, 101. (Ancien 109.)

Convention entre la Ville de Paris et la Compagnie des Messageries. La Société Foncière Lyonnaise, propriétaire en 1881 (acquéreur de la Compagnie des chemins de fer d'Orléans).

Clause. — Dans l'acte de vente par la Compagnie d'Orléans à la Société Foncière Lyonnaise (acte des 22 et 24 mars 1881), il est dit :

» 1° Les immeubles vendus sont sujets à reculement pour l'alignement des rues
» Montmartre et Paul-Lelong ;
» 2° Lors de la consolidation de la maison, rue Montmartre, 101, la Ville de Paris
» a imposé à la Société des Messageries, précédente propriétaire, qui s'y est
» soumise, l'obligation de démolir cette maison à sa première réquisition, et la
» Compagnie d'Orléans, par suite de son acquisition résultant du contrat sus-
» énoncé du 17 mai 1856, s'est trouvée soumise à la même obligation. »

42. — Impasse Saint-Pierre.

Vente par l'Administration des Hospices du 31 mai 1811. — Bocage, adjudicataire.

Clause. — Art. 15. — L'adjudicataire sera tenu, lors des reconstructions ou reconfortations, de livrer le terrain nécessaire pour l'élargissement de la rue et de se conformer à tous alignements et retranchements qui pourront lui être prescrits par le Conseil des bâtiments civils, sans pouvoir prétendre aucune indemnité.

43. — Rue Saint-Denis, 143. (Ancien 235.)

Vente par l'Administration des Hospices du 23 avril 1813. — De la Marlière, adjudicataire.

Clause. — Art. 15. — L'adjudicataire sera tenu, lors des reconstructions ou reconfortations, de livrer le terrain nécessaire pour l'élargissement de la rue et de se conformer à tous alignements et retranchements qui pourront lui être prescrits par le Conseil des bâtiments civils, sans pouvoir prétendre à aucune indemnité.

44. — Rue Saint-Denis, 145. (Ancien 237.)

Vente par l'Administration des Hospices du 10 avril 1812. — Hermain, adjudicataire. — L'Assistance publique, propriétaire en 1881.

Clause. — Art. 15. — L'adjudicataire sera tenu, lors des reconstructions ou reconfortations, de livrer le terrain nécessaire pour l'élargissement de la rue et de se conformer à tous alignements et retranchements qui pourront lui être prescrits par le Conseil des bâtiments civils, sans pouvoir prétendre aucune indemnité.

————————

45. — Rue des Deux-Portes, 8 et 10. (Passage du Grand-Cerf.)

Vente par l'Administration des Hospices du 13 janvier 1815. — Morize, adjudicataire. — L'Assistance publique, propriétaire en 1881.

Clause. — Art. 15. — L'adjudicataire sera tenu, lors des reconstructions ou reconfortations, de livrer le terrain nécessaire pour l'élargissement de la rue et de se conformer à tous alignements et retranchements qui pourront lui être prescrits par le Conseil des bâtiments civils, sans pouvoir prétendre aucune indemnité.

————————

46. — Rue Saint-Denis, 147. (Ancien 239.)

Vente par l'Administration des Hospices du 3 avril 1812. — Decauville, adjudicataire. — Mme Petite, propriétaire en 1881.

Clause. — Art. 15. — L'adjudicataire sera tenu, lors des reconstructions ou reconfortations, de livrer le terrain nécessaire pour l'élargissement de la rue et de se conformer à tous alignements et retranchements qui pourront lui être prescrits par le Conseil des bâtiments civils, sans pouvoir prétendre aucune indemnité.

Dans l'acte d'adjudication (25 novembre 1851) à Blottas (premier mari de Mme Petite, propriétaire actuelle) sur les héritiers Decauville, il est dit, à la suite du cahier d'enchères :

« Cette maison est susceptible d'un retranchement de 0m,97 . . . . . »

————————

47. — Rue Saint-Denis, 219. (Fond de la propriété.)

Vente par l'Administration des Hospices du 15 octobre 1816. — David et Douaud, adjudicataires. — M. Novario, propriétaire en 1881.

Clause. — Art. 15. — L'adjudicataire sera tenu, lors des reconstructions ou reconfortations, de livrer le terrain nécessaire pour l'élargissement de la rue et de se conformer à tous alignements et retranchements qui pourront lui être prescrits par le Conseil des bâtiments civils, sans pouvoir prétendre aucune indemnité.

————————

48. — Rue Montmartre, 109. (Ancien 119.)

Vente par l'Administration des Hospices du 2 novembre 1811. — Auger, adjudicataire. — Les Héritiers Bérard des Glajeux, propriétaires en 1881.

Clause. — Art. 15. — L'adjudicataire sera tenu, lors des reconstructions ou reconfortations, de livrer le terrain nécessaire pour l'élargissement de la rue et de se conformer à tous alignements et retranchements qui pourront lui être prescrits par le Conseil des bâtiments civils, sans pouvoir prétendre aucune indemnité.)

————————

49. — Rue Montmartre, 76. (Ancien 82.)

Vente par l'Administration des Hospices du 13 décembre 1811. — Petit, adjudicataire. — M. Petit, propriétaire en 1881.

Clause. — Art. 15. — L'adjudicataire sera tenu, lors des reconstructions ou reconfortations, de livrer le terrain nécessaire pour l'élargissement de la rue et de se conformer à tous alignements et retranchements qui pourront lui être prescrits par le Conseil des bâtiments civils, sans pouvoir prétendre aucune indemnité.

Dans l'acte d'adjudication du 17 avril 1860, sur Charton et Petit, il est dit :

« L'acte de vente administrative du 13 décembre 1811... contient entre autres choses ce qui suit : elle (la propriété) est susceptible d'un retranchement dans les mesures réduites de 0c 97 . . . . »

————————

50. — Rue Saint-Joseph, 9.

Vente par l'Administration des Hospices du 7 janvier 1814. — Hersant, adjudicataire. — Mme de Saint-Vallier, propriétaire en 1881.

Clause. — Art. 15. — L'adjudicataire sera tenu, lors des reconstructions ou reconfortations, de livrer le terrain nécessaire pour l'élargissement de la rue et de se conformer à tous alignements et retranchements qui pourront lui être prescrits par le Conseil des bâtiments civils, sans pouvoir prétendre aucune indemnité.

————————

51. — Rue du Caire. (Entre la rue Saint-Denis et la place du Caire.) (Couvent des Filles-Dieu).

Vente nationale des 11 et 14 vendémiaire an VI. — La Caisse des Rentiers, adjudicataire.

Clause. — Il sera obligé de livrer le terrain nécessaire pour former la rue projetée de dix mètres de largeur, depuis la rue Saint-Denis jusqu'au marché du Petit-Carreau, lorsque cette ouverture sera jugée nécessaire, à la charge, par le Gouvernement, d'opérer le débouché de cette rue en ladite largeur de dix mètres, à travers le marché, jusqu'à la rue Neuve-Égalité; la terrasse, pavage, etc..., de ladite rue à travers le ci-devant couvent, ainsi que toutes démolitions que son percement exigera, sont à la charge de l'acquéreur, sans indemnité, excepté pour la partie contiguë à la maison du citoyen Josse qui sera chargé seul de toutes les démolitions, pavage, etc., en la moitié de la largeur de ladite rue, vis-à-vis sa maison.

Le terrain qu'emportera la rue projetée est d'environ 532 toises carrées.

Une délibération du Conseil municipal du 23 mai 1883 a reconnu ladite clause exécutée en ce qui concerne le n° 23 de la rue du Caire, M. Hautefeuille, propriétaire.

————————

52. — Rue Saint-Sauveur, 24. (Ancien 28.)

Vente par l'Administration des Hospices du 16 avril 1813. — Devoos, adjudicataire. — Mme Vve Chauvelot, propriétaire en 1883.

Clause. — Art. 15. — L'adjudicataire sera tenu, lors des reconstructions ou reconfortations, de livrer le terrain nécessaire pour l'élargissement de la rue et de se conformer à tous alignements et retranchements qui pourront lui être prescrits par le Conseil des bâtiments civils, sans pouvoir prétendre aucune indemnité.

La désignation porte que la propriété est soumise à un retranchement de 1m,62.

————————

53. — Rues de Grammont, 1, et Saint-Augustin, 14.

Vente par l'Administration des Hospices du 29 septembre 1818. — Galès, adjudicataire. — M. Verzinay, propriétaire en 1883.

Clause. — Art. 15. — L'adjudicataire sera tenu, lors des reconstructions ou reconfortations, de livrer le terrain nécessaire pour l'élargissement de la rue et de se conformer à tous alignements et retranchements qui pourront lui être prescrits par le Conseil des bâtiments civils, sans pouvoir prétendre aucune indemnité.

————————

54. — Rues des Capucines, 2, et de la Paix, 1.
(Provenant du Couvent des Capucines.)

Vente nationale du 17 mai 1806. — Bénard, adjudicataire. — Mme Vve Marjolin, propriétaire en 1883.

Clause. — Il (l'adjudicataire) sera tenu de se conformer, lors des reconstructions, au nouvel alignement établi par le Conseil des bâtiments du Ministre de l'Intérieur, et tracé au plan par une ligne rouge.

————————

55. — 1° Boulevard des Capucines, 29, et rue Daunou, 24. (Anciennement rue Neuve-Saint-Augustin, 64), (angle); **2° Boulevard des Capucines, 27, et rue Daunou, 22.** — (Anciennement rue Neuve-Saint-Augustin, 62.)

Vente nationale du 6 juin 1807. — Grosjean, adjudicataire. — Mmes Langlet et Bollot, propriétaires en 1883 de la propriété boulevard des Capucines, 29, à l'angle de la rue Daunou, 24.

Clause. — L'adjudicataire du présent terrain sera tenu de fournir la superficie nécessaire pour former le pan coupé à l'angle du boulevard et de la rue Neuve-Saint-Augustin prolongée, suivant les dimensions qui seront données par les Commissaires voyers, et ce sans pouvoir exiger aucune indemnité.
(Aligné.)

————————

56. — Rues de la Lune, 26, Portalès (Anciennement Sainte-Barbe) **et boulevard Bonne-Nouvelle.**

Vente nationale du 27 fructidor an VI. — Antoine, adjudicataire. — Mme Vve Desfontaines, propriétaire en 1883.

Clause. — . . . . et aussi sans garantie des alignements actuellement existants.

————————

57. — Rues du Caire, 51 (Ancien 35), **des Forges et Damiette** (Anciennement rue Neuve-Saint-Sauveur.)

Vente nationale du 27 messidor an VI. — Patruel, adjudicataire.

Clause. — Les parties observent que le terrain présentement vendu a été diminué du côté de la rue Neuve-Saint-Sauveur et de la place du Caire et ne contient plus qu'environ 216 mètres.

————————

58. — Rues Saint-Sauveur, 2, 4, 4 *bis* et Saint-Denis, 183 (Ancien 277).
(Ancienne église Saint-Sauveur.)

Vente nationale du 13 pluviôse an VIII. — CAILLAT, adjudicataire. — Mmes Vve PRUDHOMME, ROUSSEAU et Vve VARIN, propriétaires en 1885.

CLAUSE. — L'acquéreur sera tenu, et ce sans indemnité, à tous les alignements et retranchements qui pourraient être arrêtés par les Travaux publics.

Une délibération du Conseil municipal, en date du 23 mai 1862, a classé cette clause dans la 6e catégorie des réserves domaniales comme étant désormais sans objet, en ce qui concerne l'immeuble situé à l'angle des rues Saint-Denis, 277, et Saint-Sauveur, 2 et 4.

---

59. — Rue de Cléry, 66.

Vente par l'Administration des Hospices du 29 novembre 1811. — PÉLARD, adjudicataire. — M. COSTES, propriétaire en 1883.

CLAUSE. — Art. 15. — L'adjudicataire sera tenu, lors des reconstructions ou reconfortations, de livrer le terrain nécessaire pour l'élargissement de la rue et de se conformer à tous les alignements et retranchements qui pourront lui être prescrits par le Conseil des bâtiments civils, sans pouvoir prétendre aucune indemnité.

(Dans la désignation faite au cahier des charges, dressé le 15 novembre 1811, il est dit que cette maison était susceptible d'un retranchement de 0^m,20.)

---

60. — Rues du Petit-Hurleur, 1, 3, 5, et du Bourg-l'Abbé. (Angle.)

Vente nationale du 29 mars 1791. — BILLARD, adjudicataire.

CLAUSE. — L'emplacement de cette maison contient 62 toises 1/2 12 pieds...... ......, déduction faite des retranchements à faire pour l'alignement sur la rue du Petit-Hurleur, lors de la reconstruction du corps de logis faisant l'encoignure.

(Démoli.)

---

61. — Enclos de la Trinité, 74.

Vente par l'Administration des Hospices du 20 novembre 1812. — SIROT, adjudicataire. — ROBINET, exproprié suivant jugement du 29 avril 1857.

CLAUSE. — Art. 15. — L'adjudicataire sera tenu, lors des reconstructions ou reconfortations, de livrer le terrain nécessaire pour l'élargissement de la rue et de se conformer à tous alignements et retranchements qui pourront lui être prescrits par le Conseil des bâtiments civils, sans pouvoir prétendre aucune indemnité.

(Démoli.)

---

62. — Enclos de la Trinité, 77, 78, 80, 85, 90, 92.

Vente par l'Administration des Hospices du 16 juillet 1813. — RONESSE, adjudicataire. — Les héritiers LEFÈVRE, expropriés suivant jugement du 29 avril 1857.

CLAUSE. — Art. 15. — L'adjudicataire sera tenu, lors des reconstructions ou reconfortations, de livrer le terrain nécessaire pour l'élargissement de la rue et de se conformer à tous alignements et retranchements qui pourront lui être prescrits par le Conseil des bâtiments civils, sans pouvoir prétendre aucune indemnité.

(Démoli.)

---

63. — Enclos de la Trinité, 57, 62, 65, 71, 72.

Vente par l'Administration des Hospices du 9 avril 1813. — RONESSE, adjudicataire. — Les héritiers MALARD (n° 57) et M. NAUTIER (n° 65), expropriés suivant jugement du 29 avril 1857.

CLAUSE. — Art. 15. — L'adjudicataire sera tenu, lors des reconstructions ou reconfortations, de livrer le terrain nécessaire pour l'élargissement de la rue et de se conformer à tous alignements et retranchements qui pourront lui être prescrits par le Conseil des bâtiments civils, sans pouvoir prétendre aucune indemnité.

(Démoli.)

---

64. — Enclos de la Trinité, 38, 42, 48, 50.

Vente par l'Administration des Hospices du 17 septembre 1813. — RONESSE, adjudicataire. — Les héritiers TRICHOT, propriétaires du n° 50, expropriés suivant jugement du 29 avril 1857.

CLAUSE. — Art. 15. — L'adjudicataire sera tenu, lors des reconstructions ou reconfortations, de livrer le terrain nécessaire pour l'élargissement de la rue et de se conformer à tous alignements et retranchements qui pourront lui être prescrits par le Conseil des bâtiments civils, sans pouvoir prétendre aucune indemnité.

(Démoli.)

---

65. — Rue Greneta, 30 (*Partie*). (Ancien 30.)

Vente par l'Administration des Hospices du 14 mai 1813. — BÉNARD, adjudicataire. — JOLLY, exproprié suivant jugement du 29 avril 1857.

CLAUSE. — Art. 15. — L'adjudicataire sera tenu, lors des reconstructions ou reconfortations, de livrer le terrain nécessaire pour l'élargissement de la rue et de se conformer à tous alignements et retranchements qui pourront lui être prescrits par le Conseil des bâtiments civils, sans pouvoir prétendre aucune indemnité.

(Démoli.)

---

66. — Rue Greneta, 30 (*Partie*). (Ancien 28.)

Vente par l'Administration des Hospices du 25 juin 1813. — BÉNARD, adjudicataire. — JOLLY, exproprié suivant jugement du 29 avril 1857.

CLAUSE. — Art. 15. — L'adjudicataire sera tenu, lors des reconstructions ou reconfortations, de livrer le terrain nécessaire pour l'élargissement de la rue et de se conformer à tous alignements et retranchements qui pourront lui être prescrits par le Conseil des bâtiments civils, sans pouvoir prétendre aucune indemnité.

(Démoli.)

---

67. — Rue Greneta, 34, et impasse Greneta.

Origine en deux parties :

1° Rue Greneta.

Vente par l'Administration des Hospices du 4 juin 1813. — LIVER, adjudicataire.

2° Impasse Greneta.

Vente par l'Administration des Hospices du 30 octobre 1812. — MOREL, adjudicataire. — Ces deux parties ont été expropriées sur les héritiers LIVER par jugement du 29 avril 1857.

CLAUSE. — Art. 15. — L'adjudicataire sera tenu, lors des reconstructions ou reconfortations, de livrer le terrain nécessaire pour l'élargissement de la rue et de se conformer à tous alignements et retranchements qui pourront lui être prescrits par le Conseil des bâtiments civils, sans pouvoir prétendre aucune indemnité.

(Démoli.)

---

68. — Rue Greneta, 36 et impasse Greneta.

Origine en deux parties :

1° Rue Greneta.

Vente par l'Administration des Hospices du 11 juin 1813. — FRÉNOT, adjudicataire.

2° Impasse Greneta.

Vente par l'Administration des Hospices du 30 octobre 1812. — MOREL, adjudicataire. — Ces deux parties ont été expropriées sur Alexandre FRÉNOT par jugement du 26 décembre 1857.

CLAUSE. — Art. 15. — L'adjudicataire sera tenu, lors des reconstructions ou reconfortations, de livrer le terrain nécessaire pour l'élargissement de la rue et de se conformer à tous alignements et retranchements qui pourront lui être prescrits par le Conseil des bâtiments civils, sans pouvoir prétendre aucune indemnité.

(Démoli.)

---

69. — Rue Greneta, 38.

Vente par l'Administration des Hospices du 7 mai 1813. — Vve OFFNOY, adjudicataire. — PIROELLE, exproprié suivant jugement du 26 décembre 1857.

CLAUSE. — Art. 15. — L'adjudicataire sera tenu, lors des reconstructions ou reconfortations, de livrer le terrain nécessaire pour l'élargissement de la rue et de se conformer à tous les alignements et retranchements qui pourront lui être prescrits par le Conseil des bâtiments civils, sans pouvoir prétendre aucune indemnité.

(Démoli.)

---

70. — Enclos de la Trinité, 34.

Vente par l'Administration des Hospices du 30 octobre 1812. — BOURDON, adjudicataire. — WAVIN ET SON FILS, exproprié suivant jugement du 29 avril 1857.

CLAUSE. — Art. 15. — L'adjudicataire sera tenu, lors des reconstructions ou reconfortations, de livrer le terrain nécessaire pour l'élargissement de la rue et de se conformer à tous alignements et retranchements qui pourront lui être prescrits par le Conseil des bâtiments civils, sans pouvoir prétendre aucune indemnité.

(Démoli.)

71. — Enclos de la Trinité, 94 à 101.

Vente par l'Administration des Hospices du 30 octobre 1812. — LEPÈRE, adjudicataire. — QUÉDAY, exproprié suivant jugement du 29 avril 1857.

CLAUSE. — Art. 15. — L'adjudicataire sera tenu, lors des reconstructions ou reconfortations, de livrer le terrain nécessaire pour l'élargissement de la rue et de se conformer à tous alignements et retranchements qui pourront lui être prescrits par le Conseil des bâtiments civils, sans pouvoir prétendre à aucune indemnité.

(Démoli.)

---

72. — Rue Greneta, 32.

Vente par l'Administration des Hospices du 21 août 1812. DARANTIÈRE, adjudicataire. — DE LA PLANE, exproprié suivant jugement du 29 avril 1857.

CLAUSE. — Art. 15. — L'adjudicataire sera tenu, lors des reconstructions ou reconfortations de livrer le terrain nécessaire pour l'élargissement de la rue et de se conformer à tous alignements et retranchements qui pourront lui être prescrits par le Conseil des bâtiments civils, sans pouvoir prétendre aucune indemnité.

(Démoli.)

---

73. — Passage Basfour, 9, 11, 13.

Vente par l'Administration des Hospices du 21 mai 1813. — DUBOIS-LAMBERT, adjudicataire, exproprié suivant jugement du 29 avril 1857.

CLAUSE. — Art. 15. — L'adjudicataire sera tenu, lors des reconstructions ou reconfortations, de livrer le terrain nécessaire pour l'élargissement de la rue et de se conformer à tous alignements et retranchements qui pourront lui être prescrits par le Conseil des bâtiments civils, sans pouvoir prétendre aucune indemnité.

(Démoli.)

---

74. — Passage Basfour, 12, 14, 15.

Vente par l'Administration des Hospices du 17 septembre 1813. — DUBOIS-LAMBERT, adjudicataire, exproprié suivant jugement du 29 avril 1857.

CLAUSE. — Art. 15. — L'adjudicataire sera tenu, lors des reconstructions ou reconfortations, de livrer le terrain nécessaire pour l'élargissement de la rue et de se conformer à tous alignements ou retranchements qui pourront lui être prescrits par le Conseil des bâtiments civils, sans pouvoir prétendre aucune indemnité.

(Démoli.)

---

75. — Rue de la Laiterie, 25, 27, 30, 32.

Vente par l'Administration des Hospices du 30 octobre 1812. — N...., adjudicataire.

CLAUSE. — Art. 15. — L'adjudicataire sera tenu, lors des reconstructions ou reconfortations, de livrer le terrain nécessaire pour l'élargissement de la rue et de se conformer à tous alignements et retranchements qui pourront lui être prescrits par le Conseil des bâtiments civils, sans pouvoir prétendre aucune indemnité.

(Démoli.)

---

76. — Rue Mauconseil, 4.

Vente par l'Administration des Hospices du 14 février 1812. — JULLIET, adjudicataire. — LES HÉRITIERS JULLIET, expropriés suivant jugement du 28 décembre 1845.

CLAUSE. — Art. 15. — L'adjudicataire sera tenu, lors des reconstructions ou reconfortations, de livrer le terrain nécessaire pour l'élargissement de la rue et de se conformer à tous alignements et retranchements qui pourront lui être prescrits par le Conseil des bâtiments civils, sans pouvoir prétendre aucune indemnité.

(Démoli.)

---

77. — Rue Feydeau, 22. (Ancien 20) (A l'angle de la rue Vivienne, 33) (Provenant de la succession Boulainvilliers).

Vente nationale du 29 pluviôse, an VII. — THOMAS, adjudicataire. — M. SOUMBAY, propriétaire en 1889.

CLAUSE. — Il (l'adjudicataire) sera tenu de se conformer, quand il en sera requis, et ce sans indemnité quelconque, aux alignements arrêtés ou qui pourront l'être par la Commission des Travaux publics.

Le Conseil municipal, par une délibération du 12 août 1870, a déclaré la clause exécutée, et l'a classée dans la sixième catégorie.

---

78. — Rues des Filles-Saint-Thomas, 2. (Ancien 10) **et du Quatre-Septembre, 1.**

Vente par l'Administration des Hospices du 9 janvier 1821. — PANDIN DE NARCILLAC, adjudicataire. — M. DE NARCILLAC, propriétaire en 1891.

CLAUSE. — Art. 15. — L'adjudicataire sera tenu, lors des reconstructions ou reconfortations, de livrer le terrain nécessaire pour l'élargissement de la rue et de se conformer à tous alignements et retranchements qui pourront lui être prescrits par le Conseil des bâtiments civils, sans pouvoir prétendre aucune indemnité.

---

79. — Rues Sainte-Anne, 79 et Saint-Augustin, 15. (Ancien 11) (angle)
(Provenant de la succession Conflans.)

Vente nationale du 27 thermidor, an VI. — Mme Ve CONFLANS, adjudicataire. — Mme Ve DE LABOUCHÈRE, propriétaire, en 1889.

CLAUSE. — L'adjudicataire sera tenu, dès qu'il en sera requis, de se conformer aux alignements arrêtés par la Commission des Travaux publics et ce sans indemnité.

(Clause exécutée.)

---

80. — Rues Sainte-Anne, 77, et Saint-Augustin, 17. (Ancien 13.) (Provenant de la succession Conflans.)

Vente nationale du 27 thermidor an VI. — Mme veuve CONFLANS, adjudicataire. — Mme veuve BOYER propriétaire en 1889.

CLAUSE. — L'adjudicataire sera tenu, dès qu'il en sera requis, de se conformer aux alignements arrêtés par la Commission des Travaux publics et ce sans indemnité.

---

81. — Rue Notre-Dame-des-Victoires, 21, et place de la Bourse, 2.
(Provenant des Religieuses de Saint-Thomas.)

Vente nationale du 7 pluviôse an V. — BARRIER ET JOCHIN, adjudicataires. — La VILLE DE PARIS, propriétaire.

CLAUSE. — L'adjudicataire sera tenu de fournir gratuitement l'emplacement nécessaire à l'ouverture d'une rue projetée en prolongement de la partie de la rue Notre-Dame-des-Victoires qui débouche dans la rue Montmartre.

---

82. — Rue Tiquetonne, 21. (Anciennement rue Pavée-Saint-Sauveur, 1.

Vente par l'Administration des Hospices du 13 janvier 1815. — TESSON, adjudicataire. — La VILLE DE PARIS, propriétaire.

CLAUSE. — Article 15. — L'adjudicataire sera tenu, lors etc...

(Démoli pour l'agrandissement de l'école communale.)

---

83. — Rue Saint-Sauveur, 66. (Anciennement rue du Cadran, 32. Plus anciennement rue du Bout-du-Monde, 28.)

Vente nationale du 27 germinal an VII. — BOURSON, adjudicataire. — M. TICHET, propriétaire en 1896.

CLAUSE. — L'adjudicataire sera tenu de souffrir tous les alignements et retranchements sans indemnité.

(Extrait de l'acte de vente par Lemaire à Amourousman. — Contrat des 16-17 janvier 1861. — Me Cottin, notaire.)

(Aligné par permission du 1er août 1896.)

---

84. — Rue Saint-Sauveur, 33. (Ancien 37.) (Provenant de la fabrique de Saint-Sauveur.)

Vente nationale du 5 frimaire an VI. — ALEXANDRE, adjudicataire. — M. HUDAY, propriétaire en 1887.

CLAUSE. — L'adjudicataire sera tenu, dès qu'il en sera requis, de se conformer aux alignements arrêtés par la Commission des Travaux publics, et ce sans indemnité.

(Clause exécutée.)

---

85. — Rues Greneta 42 et Dussoubs, 11. (Partie). (Anciennement rues Beaurepaire, 2, et des Deux-Portes-Saint-Sauveur, 11.) — (Provenant de la Fabrique de Saint-Sauveur.)

Vente nationale du 21 vendémiaire an VI. AUGUSTIN ET CHARLES DUHIN ET POLISSARD, adjudicataires. — M. ANGER, propriétaire en 1892.

CLAUSE. — L'adjudicataire se conformera, s'il est jugé nécessaire, à l'alignement des rues, tel qu'il peut avoir été arrêté par la Commission des Travaux publics.

(Aligné après retranchement.)

---

86. — Rue Saint-Denis, 134.

Mᵐᵉ veuve CARRON, propriétaire.

Délibération du Conseil municipal du 1ᵉʳ avril 1895, autorisant Mᵐᵉ veuve Carron à conserver les travaux confortatifs exécutés à la façade retranchable de sa propriété, à la charge par elle :

1° De mettre cet immeuble à l'alignement, au plus tard le 1ᵉʳ octobre 1904;

2° De payer à la ville de Paris, depuis le 1ᵉʳ octobre 1894, jusqu'à la mise à l'alignement de sa propriété, une redevance de 400 francs par an.

87. — Rue Saint-Marc, 10. (Grand hôtel de Montmorency.)

Vente nationale du 23 frimaire an VII. — DESCRETOT, adjudicataire. — LA SOCIÉTÉ CIVILE DES PASSAGES DES PANORAMAS, propriétaire.

CLAUSE. — L'adjudicataire sera tenu, quand il en sera requis et sans indemnité, de se conformer aux alignements arrêtés par la Commission des Travaux publics.

88. — Rue Saint-Marc, 8. (Petit hôtel de Montmorency.)

Vente nationale du 13 nivôse an VII. — ARÉNA, adjudicataire. — LA SOCIÉTÉ CIVILE DES PASSAGES DES PANORAMAS, propriétaire.

CLAUSE. — L'adjudicataire sera tenu, quand il en sera requis et sans indemnité, de se conformer aux alignements arrêtés par la Commission des Travaux publics.

89. — Rue des Forges, 2, et cour des Miracles, 8. (*Partie*).

Vente nationale du 2 vendémaire an V. — CORBIÈRE, adjudicataire. — Mᵐᵉ veuve LAFISSE, propriétaire en 1895.

CLAUSE. — Dans l'acte d'adjudication à Alexandre Lafisse, du 20 août 1839, sur les héritiers Corbière, la propriété vendue est ainsi désignée : « Deux maisons contiguës cour des Miracles, 6 et 8, et dépendances, ensemble une portion de terrain de 121ᵐ,55 à prendre dans la cour des Miracles, que les propriétaires des bâtiments au pourtour de ladite cour, sont convenus de laisser en commun jusqu'à l'ouverture d'une rue projetée, il y a quarante-cinq ans environ, pour communiquer de la rue du Petit-Carreau à la rue Saint-Denis.

90. — Cour des Miracles, 6 et 8. (*Partie*).

Vente nationale du 23 fructidor an IV. — ANDRUETTE adjudicataire. — Mᵐᵉ veuve LAFISSE, propriétaire en 1895.

CLAUSE. — Aux termes du procès-verbal du 23 fructidor an IV, il a été dit que M. Andrenette serait tenu de perdre et abandonner 160ᵐ,55 ou 32 toises, lors du percement de la rue projetée qui doit couper ce bâtiment en deux,... ainsi qu'il est indiqué au plan annexé aux présentes.

(Extrait de l'acte d'adjudication à Alexandre Lafisse, sur les héritiers Corbière, du 20 août 1839.)

91. — Cour des Miracles, 9.

Vente nationale du 27 fructidor an IV. — ANDRUETTE, adjudicataire. — Mᵐᵉ veuve DESPRÉAUX, propriétaire en 1895.

CLAUSE. — Souffrir, sans recours contre les vendeurs, l'ouverture, si elle a lieu, de la rue projetée telle qu'elle est indiquée sur le plan qui sera ci-après remis audit sieur Corbière, et conséquemment le retranchement qui aurait lieu de partie de la propriété présentement vendue.

(Extrait de l'acte de vente par Cramaille à Corbière, du 4 août 1818.)

92. — Rue Montmartre, 126. (Ancien 128.)

Vente nationale du 15 ventôse an VI. — GUILLAUME, adjudicataire de la moitié indivise. — Mᵐᵉˢ veuve VIDELOUP et M. LOUIS VIDELOUP, propriétaires en 1883.

CLAUSE. — L'adjudicataire sera tenu, dès qu'il en sera requis, de se conformer aux alignements arrêtés par la Commission des Travaux publics, et ce sans indemnité.

(Exproprié suivant jugement du 15 mai 1895, et démoli pour l'ouverture de la rue Réaumur.)

Les renseignements qui suivent, établis postérieurement au 1ᵉʳ janvier 1887, complètent les articles précédents ayant le même numéro:

8. — Rue de Cléry, 35.

Nouvel arrêté de sursis du 14 mars 1888.

11. — Passage Basfour, 7.

DUBOIS-LAMBERT, adjudicataire.

15. — Passage Basfour, 6, 8, 10.

DUBOIS-LAMBERT, adjudicataire.

31. — Rues Greneta, 14, et de Palestro, 13.

Vente par l'Administration des Hospices du 7 août 1812 (au lieu de 7 août 1813).

33. — Rue de Palestro, 21, et passage de la Trinité.

GUALIELMI, adjudicataire.

35. — Passage de la Trinité, 5.

NOIRET, adjudicataire.

36. — Passage de la Trinité, 3.

40. — Rue Montmartre, 114.

M. LÉVY, dit JAVAL, propriétaire en 1893.

Jugement de première instance du 17 novembre 1893, confirmé en appel qui décide que la clause grève toujours l'immeuble.

41. — Rue Montmartre, 101.

Exproprié et démoli pour l'ouverture de la rue Réaumur.

51. — Rue du Caire.

Le Conseil municipal, par une délibération du 27 avril 1888, a reconnu la clause exécutée en ce qui concerne l'immeuble de Mᵐᵉ Legrand, rue des Filles-Dieu, 33, et passage du Caire, 131 à 137.

75. — Rue de la Laiterie, 25, 27, 30, 32.

SUSAN et MAILLET, adjudicataires.

TROISIÈME ARRONDISSEMENT

Voir pour la situation et l'étendue des propriétés, la deuxième carte.

1. — Rues aux Ours et Saint-Martin. (Angle.)

Vente nationale du 12 avril 1791. — Chardin, adjudicataire. — M. Broyenne, propriétaire, en 1878.

Clause. — La partie du troisième berceau de cave qui est en saillie sous le pavé de la rue aux Ours et qui forme environ moitié de sa largeur, ne fait point partie de la maison présentement vendue et n'est point comprise dans la vente d'icelle; en conséquence, l'adjudicataire sera tenu, à la première réquisition qui lui en sera faite par les officiers municipaux, de retrancher ladite cave jusqu'à l'aplomb du pan de bois qui forme la façade de la maison dont il s'agit sur ladite rue aux Ours, et, pour cet effet, de construire dans ladite cave un mur de maçonnerie d'épaisseur suffisante pour porter ledit pan de bois et soutenir les terres du côté de ladite rue, sans que, pour raison dudit retranchement et de la construction dudit mur, ledit adjudicataire puisse prétendre ni exercer aucun recours et répétitions quelconques.

2. — Rue de Picardie, 14. (Anciennement place de la Rotonde-du-Temple.) (Provenant de l'Ordre de Malte.)

Vente nationale du 16 mars 1810. — Chapplet, adjudicataire. — La Ville de Paris, propriétaire en 1886.

Clause. — On dit, dans la désignation du cahier des charges de l'adjudication : « Le terrain tient d'un bout à la rue Du Petit-Thouars. »

(1882. — Exproprié et aligné. — N'a plus d'objet.)

3. — Rue de Picardie, 12. (Anciennement place de la Rotonde-du-Temple.) (Provenant de l'Ordre de Malte.)

Vente nationale du 18 vendémiaire an VII. — Chapplet, adjudicataire. — M. de Marcilly, propriétaire en 1878.

Clause. — L'acquéreur se conformera aux alignements qui seront donnés pour la forme et de l'étendue de la place qu'on pourrait faire au pourtour de la Rotonde, sans que pour ce l'acquéreur puisse prétendre aucune indemnité.

(1882. — Aligné. — N'a plus d'objet.)

4. — Rue Du Petit-Thouars, à l'angle de la cité **Du Petit-Thouars.** (Ancienne cité Boufflers.) (Provenant de l'Ordre de Malte.)

Vente nationale du 21 pluviôse an VI. — Barrucand, adjudicataire.

Clause. — L'acquéreur du présent domaine sera tenu de se conformer, lorsqu'il en sera requis et ce sans indemnité, aux alignements arrêtés par la Commission des travaux publics.

(La propriété est alignée.)

5. — Rues de Saintonge, 56, et de Normandie. (Provenant de la succession de Thérèse Leroy, Vᵉ Mesnet.)

Vente nationale du 15 juillet 1808. — Gorget, adjudicataire. — M. Rougier, propriétaire en 1879.

Clause. — L'adjudicataire sera tenu de se conformer à tous alignements ou retranchements qui pourront lui être prescrits par la Commission des bâtiments civils, et ce sans pouvoir exiger aucune indemnité.

(Cette clause est maintenant sans objet, la propriété étant alignée sur les deux voies.)

6. — Rue Chapon, 14. (Anciens nᵒˢ 6 et 8.)

Vente par l'Administration des Hospices du 20 novembre 1812. — Didon, adjudicataire. — M. Hallot, propriétaire en 1877.

Rue Chapon, 14. (Ancien nᵒ 10.)

Vente par l'Administration des Hospices du 10 avril 1812. — Herbel, adjudicataire. — M. Hallot, propriétaire en 1877.

Clause. — Art. 15. — L'adjudicataire sera tenu, lors des reconstructions ou reconfortations, de livrer le terrain nécessaire pour l'élargissement de la rue et de se conformer à tous alignements et retranchements qui pourront lui être prescrits par le Conseil des bâtiments civils, sans pouvoir prétendre aucune indemnité.

(D'après les actes de vente ci-dessus, la propriété était susceptible de retranchement, savoir : 0ᵐ,24 pour les nᵒˢ 6 et 8, et 0ᵐ,73 pour le nᵒ 10.)

(Par suite d'une permission de bâtir, délivrée le 22 janvier 1877, la propriété est alignée.)

7. — Rue Du Petit-Thouars, 20. (Provenant de l'Ordre de Malte.)

Vente nationale du 19 ventôse an X. — Péclet, adjudicataire. — Mᵐᵉ Vᵛᵉ Sédille, propriétaire en 1879.

Clause. — L'adjudicataire sera tenu. . . . . de se conformer, et ce sans indemnité, à tous alignements et retranchements qui pourront être arrêtés par les Travaux publics.

8. — Rue Neuve-Saint-Laurent.

Vente nationale du 31 octobre 1807. — Gadiffert, adjudicataire. — M. Guérault, propriétaire en 1860.

Clause. — Attendu que la présente maison est sujette à un retranchement d'environ 1ᵐ,50 réduits, dans le milieu de la longueur de la façade, indiqué sur le plan par une ligne, l'adjudicataire ne pourra, en cas de vétusté, faire à la façade de la dite maison aucunes réparations ni réconfortations qui puissent la consolider, mais il sera tenu de se conformer à l'alignement prescrit et de fournir à la voye publique tout le terrain nécessaire, et ce sans indemnité.

(Cette propriété a été expropriée en 1865 pour l'ouverture de la rue de Turbigo.)

9. — Rue Neuve-Saint-Laurent, 8.

Vente nationale du 8 août 1807. — Laurain et Baillot, adjudicataires.

Clause. — Le dit adjudicataire sera tenu de fournir, sans indemnité et à la première réquisition, le terrain nécessaire pour l'élargissement de la rue Neuve-Saint-Laurent, et de se conformer aux alignements qui lui seront donnés; l'alignement est indiqué au plan par une ligne rouge.

(Cette propriété a été expropriée pour l'ouverture de la rue de Turbigo.)

10. — Rues des Fontaines et de la Croix, 38, 42, 43, 44.

Vente nationale du 3 février 1791. — Guimon de Montelevaux, adjudicataire.

Clause. — Immédiatement après l'expiration des baux, l'adjudicataire sera tenu de livrer, à travers la maison nᵒ 38, un passage de cinq pieds de largeur, et de faire à la dite maison, à ses frais, tous les changements nécessaires pour cet objet.

Dans le cas où il serait ouvert une nouvelle rue dans les six ans qui suivront son adjudication, il sera tenu de rendre la dite maison nᵒ 38 pour le prix pour lequel elle sera entrée dans l'adjudication, lequel prix sera calculé dans les proportions de chaque estimation, mais après les dites six années, l'adjudicataire pourra disposer de la dite maison comme il jugera à propos.

(Exproprié pour l'ouverture de la rue de Turbigo.)

11. — Rue du Grenier-Saint-Lazare, 7.

Vente nationale du 4 janvier 1791. — Nicolet, adjudicataire. — Mˡˡᵉ Hommey, propriétaire des constructions. — Mᵐᵉ Vᵛᵉ Verneaux, propriétaire du sol.

Extrait de la désignation. — L'emplacement de cette maison contient en superficie 208 toises ou environ, y compris la demi-épaisseur des murs mitoyens, et le retranchement à faire pour l'alignement, en cas de reconstruction suivant la ligne tracée en rouge sur le plan annexé au rapport fait par les experts.

Clause. — En cas de reconstruction de la dite maison, l'adjudicataire sera tenu de supporter le retranchement indiqué par la ligne tracée en rouge sur le plan qui en a été dressé, sans pouvoir prétendre à ce sujet aucune indemnité.

12. — Rue Beaubourg, 38. (Ancien 276.) (Provenant de Duluc, émigré.)

Vente nationale du 11 ventôse an XII. — Travers, adjudicataire. — M. Groisil, propriétaire en 1878.

Clause. — L'adjudicataire sera tenu, dès qu'il en sera requis, de se conformer aux alignements arrêtés ou qui pourront l'être par la Commission des travaux publics, et ce sans indemnité.

Clause exécutée. (Permission du 23 août 1849.)

13. — Rue Portefoin, 7. (Ancien 10.) (Bien d'émigré.)

Vente nationale du 20 ventôse an XI. — Fournier, adjudicataire. — Mᵐᵉ Vᵛᵉ Dumont, propriétaire en 1878.

Clause. — L'acquéreur sera tenu de se conformer, quand il en sera requis, et ce sans indemnité, aux alignements qui pourraient être arrêtés par la Commission des travaux publics.

14. — **Rue Portefoin, 9.** (Ancien 11.) (Provenant de l'Ordre de Malte.)

Vente nationale du 4 thermidor an XI. — Lecoffre frères, adjudicataires. — M. Leblanc, propriétaire en 1878.

Clause. — A cette époque (expiration du bail emphytéotique du 26 octobre 1722) l'adjudicataire sera en outre tenu de fournir, sans indemnité, le terrain qui pourra être requis par le Conseil des bâtiments civils pour l'alignement ou l'agrandissement de la rue Portefoin.

(La propriété est alignée.)

---

15. — **Rue des Quatre-Fils, 13.** (Ancien 11.) (Provenant de la succession du C^{on} Toussaint Noblet, père d'émigré.)

Vente nationale du 3 vendémiaire an XI. — Panton, adjudicataire. — L'État, propriétaire actuel.

Clause. — L'adjudicataire de ce domaine sera tenu de se conformer aux alignements qui seraient ou pourraient être projetés pour l'embellissement et l'assainissement de cette commune, par la Commission des travaux publics, lorsqu'il en sera requis, et ce sans pouvoir prétendre aucune indemnité.

(La propriété est alignée. — Arrêté de sursis du 16 mai 1874. — Arrêté du 17 décembre 1877, dispensant de recouvrer la redevance de sursis du 16 mai 1874, la clause étant exécutée.)

---

16. — **Rues du Temple 158, et de Bretagne.** (Angle.)

Vente par l'Administration des Hospices du 22 septembre 1809. — Pourchel, adjudicataire. — M. Van Steenbrugge, propriétaire en 1877.

Clause. — Art. 15. — L'adjudicataire sera tenu, lors des reconstructions ou reconfortations, de livrer le terrain nécessaire pour l'élargissement de la rue et de se conformer à tous les alignements et retranchements qui pourront lui être prescrits par le Conseil des bâtiments civils, sans pouvoir prétendre aucune indemnité.

---

17. — **Rues Charlot, 24, et de Saintonge, 19.**

Vente nationale du 17 pluviôse an VII. — Lejay, adjudicataire. — M. Ravet, propriétaire en 1877.

Clause. — L'acquéreur sera tenu de se conformer, quand il en sera requis, et ce sans indemnité, aux alignements arrêtés ou qui pourront l'être par la Commission des travaux publics.

(Arrêté de sursis du 24 décembre 1881.)

---

18. — **Rue Chapon, 13.**

Vente nationale du 19 germinal an VI. — Héritiers Maussion de Condé, adjudicataires. — M. Jamin, propriétaire en 1879.

Clause. — L'adjudicataire sera tenu, dès qu'il en sera requis, de se conformer aux alignements arrêtés par la Commission des travaux publics, et ce sans indemnité.

(Arrêté de sursis du 30 mars 1833.)

---

19. — **Rue des Archives, 33.** (Anciennement rue des Enfants-Rouges, 9.)

Vente nationale du 23 germinal an VI. — Lessour, adjudicataire. — M. Lecheux, propriétaire en 1879.

Clause. — L'adjudicataire sera tenu, dès qu'il en sera requis, de se conformer aux alignements arrêtés par la Commission des travaux publics, et ce sans indemnité.

(Arrêté de sursis du 11 juillet 1882.)

---

20. — **Rue du Grenier-Saint-Lazare, 23.**

Vente par l'Administration des Hospices du 5 juillet 1811. — Main, adjudicataire. — Mme Vve Bernard, propriétaire en 1879.

Clause. — Art. 15. — L'adjudicataire sera tenu, lors des reconstructions ou reconfortations, de livrer le terrain nécessaire pour l'élargissement de la rue et de se conformer à tous les alignements et retranchements qui pourront lui être prescrits par le Conseil des bâtiments civils, sans pouvoir prétendre aucune indemnité.

---

21. — **Rues du Grenier-Saint-Lazare, 35** (Ancien 37), **et Saint-Martin, 200** (Partie). (Ancien 128.)

Vente par l'Administration des Hospices du 3 novembre 1809. — Ridan, adjudicataire. — Mme Davy, propriétaire en 1879.

Clause. — Art. 15. — L'adjudicataire sera tenu, lors des reconstructions ou reconfortations, de livrer le terrain nécessaire pour l'élargissement de la rue et de se conformer à tous les alignements et retranchements qui pourront lui être prescrits par le Conseil des bâtiments civils, sans pouvoir prétendre aucune indemnité.

---

22. — **Rue du Perche, 11.** (Maison conventuelle des capucins du Marais.)

Vente nationale du 19 nivôse an VI. — La Caisse des Rentiers, adjudicataire. — M. Bassigny et Mmes Vallet de Villeneuve, propriétaires en 1879.

Clause. — Il (l'adjudicataire) se conformera aux alignements qui pourront lui être donnés par le Bureau de la Voyerie, sans indemnité.

---

23. — **Rue des Quatre-Fils, 10.** (Provenant des capucins du Marais.)

Vente nationale du 19 nivôse an VI. — La Caisse des Rentiers, adjudicataire. — La Ville de Paris, propriétaire en 1880.

Clause. — Il (l'adjudicataire) se conformera aux alignements qui pourront lui être donnés par le Bureau de la Voyerie, sans indemnité.

---

24. — **Rue des Quatre-Fils, 8.** (Provenant des capucins du Marais.)

Vente nationale du 19 nivôse an VI. — La Caisse des Rentiers, adjudicataire. — M. Martelet, propriétaire en 1879.

Clause. — Il (l'adjudicataire) se conformera aux alignements qui pourront lui être donnés par le Bureau de la Voyerie, sans indemnité.

---

25. — **Rues des Archives, 40, et de Bretagne, 51.** (Anciennement rue Molay, 10 et rue de la Corderie, 7.)

Vente nationale du 17 brumaire an IV. — Thomire, adjudicataire. — Thonissen, propriétaire en 1879.

Clause. — Les artistes chargés de l'embellissement et assainissement de la commune de Paris, ayant arrêté qu'il serait fait une rue de 30 pieds de large (10 mètres) en prolongation de celle du Grand-Chantier qui, passant au travers de ladite église des Enfants-Rouges, coupera la propriété dont il est ici question en deux parties, prendra la presque totalité de la seconde cour, la remise et partie du grand bâtiment du fond, ainsi que la partie du jardin ensuite jusqu'à la rue de la Corderie.

M. Thomire ne pourra plus, sous aucun prétexte, s'opposer à l'exécution de ce projet et, dans le cas où il serait effectué, il sera libre de disposer à son gré des matériaux qui proviendront de la démolition des bâtiments retranchés de sa propriété ; mais il ne pourra, pour raison de leur suppression, répéter aucune indemnité contre le Bureau du Domaine national du département de la Seine, ni contre la République, et même, à cette époque, il sera tenu de s'adresser à la Commission lors chargée des travaux publics dudit département, afin d'y demander l'alignement des nouvelles constructions qu'il serait dans l'intention d'entreprendre sur ce qui lui resterait de terrain.

---

26. — **Rue des Archives, 38.** (Anciennement rue Molay, 8.)

Vente nationale du 17 brumaire an IV. — Thomire, adjudicataire. — Héritiers Tumbeuf, propriétaires en 1880.

Clause. — Les artistes chargés de l'embellissement et assainissement de la commune de Paris, ayant arrêté qu'il serait fait une rue de 30 pieds de large (10 mètres) en prolongation de celle du Grand-Chantier qui, passant au travers de ladite église des Enfants-Rouges, coupera la propriété dont il est ici question en deux parties, prendra la presque totalité de la seconde cour, la remise et partie du grand bâtiment du fond, ainsi que la partie du jardin ensuite jusqu'à la rue de la Corderie.

M. Thomire ne pourra plus, sous aucun prétexte, s'opposer à l'exécution de ce projet et, dans le cas où il serait effectué, il sera libre de disposer à son gré des matériaux qui proviendront de la démolition des bâtiments retranchés de sa propriété ; mais il ne pourra, pour raison de leur suppression, répéter aucune indemnité contre le Bureau du Domaine national du département de la Seine, ni contre la République, et même, à cette époque, il sera tenu de s'adresser à la Commission lors chargée des travaux publics dudit département, afin d'y demander l'alignement des nouvelles constructions qu'il serait dans l'intention d'entreprendre sur ce qui lui resterait alors de terrain.

---

27. — **Rue des Archives, 36.** (Anciennement rue Molay, 6.)

Vente nationale du 25 brumaire an V. — Gignoux, adjudicataire. — M. Pové, propriétaire en 1879.

Clause. — Lesdits immeubles appartenaient à M. et Mme Gignoux, savoir : la maison, comme l'ayant fait édifier sur l'emplacement de l'église de la ci-devant Doctrine chrétienne, et le terrain, ainsi que celui sur lequel ont été élevées, par M. Miguet, les trois boutiques rue Molay, n° 1, au moyen de l'acquisition qui en a été faite, de ce terrain, par M. Gignoux, du Domaine national du département de la Seine, suivant procès-verbal du 25 brumaire an V..... Par ce procès-verbal d'adjudication, M. Gignoux avait été chargé de fournir le terrain pour le prolongement de la rue du Grand-Chantier jusqu'à celle de la Corderie ; il a effectivement fourni ce terrain, sur lequel a eu lieu le prolongement de ladite rue, qui existe encore aujourd'hui, sous le nom de rue Molay, et c'est par suite de l'alignement de cette rue, qu'est restée de l'autre côté la portion de terrain sur laquelle sont construites les boutiques qui font partie de la présente vente.

---

28. — Rue des Archives, 32. (Anciennement rue Molay, 2.)

Vente par l'Administration des Hospices du 9 août 1811. — Miguet, adjudicataire. — Les héritiers Miguet, propriétaires en 1880.

Clause. — Art. 15. — L'adjudicataire sera tenu, lors des reconstructions ou reconfortations, de livrer le terrain nécessaire pour l'élargissement de la rue et de se conformer à tous alignements et retranchements qui pourront lui être prescrits par le Conseil des bâtiments civils, sans pouvoir prétendre aucune indemnité.

---

29. — Rue des Archives, 30. (Anciennement rue des Enfants-Rouges, 10.)

Vente par l'Administration des Hospices du 21 février 1812. — Béranger, adjudicataire. — M. Bizot, propriétaire en 1880.

Clause. — Art. 15. — L'adjudicataire sera tenu, lors des reconstructions ou reconfortations, de livrer le terrain nécessaire pour l'élargissement de la rue et de se conformer à tous alignements et retranchements qui pourront lui être prescrits par le Conseil des bâtiments civils, sans pouvoir prétendre aucune indemnité.

---

30. — Rues des Archives, 41, 43, de Bretagne, 53, et Portefoin, 2. (Anciennement rue Morlay, 1 et 3, et rue Portefoin, 2.)

Vente nationale du 17 brumaire an IV. — Thomire, adjudicataire. — M. Lemasson, propriétaire en 1880.

Clause. — Les artistes chargés de l'embellissement et assainissement de la commune de Paris ayant arrêté qu'il serait fait une rue de 30 pieds de large (10 mètres) en prolongation de celle du Grand-Chantier, qui, passant au travers de ladite église des Enfants-Rouges, coupera la propriété dont il est ici question en deux parties, prendra la presque totalité de la seconde cour, la remise et partie du grand bâtiment du fond ainsi que la partie du jardin ensuite jusqu'à la rue de la Corderie, M. Thomire ne pourra plus, sous aucun prétexte, s'opposer à l'exécution de ce projet et, dans le cas où il serait effectué, il sera libre de disposer à son gré des matériaux qui proviendront de la démolition des bâtiments retranchés de sa propriété ; mais il ne pourra, pour raison de leur suppression, répéter aucune indemnité contre le Bureau du Domaine national du département de la Seine, ni contre la République, et, même à cette époque, il sera tenu de s'adresser à la Commission lors chargée des travaux publics dudit département, afin d'y demander l'alignement des nouvelles constructions qu'il serait dans l'intention d'élever sur ce qui lui resterait alors de terrain.

---

31. — Rue Charlot, 30.

Vente par l'Administration des Hospices du 5 décembre 1807. — Materre, adjudicataire. — M. Lérin, propriétaire en 1880.

Clause. — Art. 15. — L'adjudicataire sera tenu, lors des reconstructions ou reconfortations, de livrer le terrain nécessaire pour l'élargissement de la rue et se conformer à tous les alignements et retranchements qui pourront lui être prescrits par le Conseil des bâtiments civils, sans pouvoir prétendre aucune indemnité.

---

32. — Rue du Temple, 132. (Ancien 54.) (Provenant de l'Ordre de Malte.)

Vente nationale du 11 floréal an VI. — Delpech, adjudicataire. — M. Hémon, propriétaire en 1880.

Clause. — L'adjudicataire sera tenu, lorsqu'il en sera requis et ce sans indemnité aucune, de se conformer aux alignements qui pourraient être indiqués par l'Administration.

(Arrêté de sursis du 19 août 1863.) (Clause reconnue exécutée par arrêté du 20 juillet 1878.)

---

33. — Rue du Parc-Royal, 8. (Provenant de l'émigré Montion.)

Vente nationale du 3 vendémiaire an XI. — Janton et Leclerc, adjudicataires. — M. Geoffroy, propriétaire en 1881.

Clause. — L'adjudicataire sera tenu de se conformer, et ce sans indemnité, à tous les alignements ou retranchements qui pourront être arrêtés par les Travaux publics.

---

34. — Rues de Turenne, des Filles-du-Calvaire, Commines et Froissard, et impasse Froissard. (Couvent des Filles-du-Calvaire.)

Vente nationale du 8 vendémiaire an V. — Tardieu, Huet, Désormeaux, adjudicataires. — MM. Macrin, Haas, ... propriétaires.

Clause. — Ouverture des rues, arrêtées par la Commission des artistes, remplacées par les rues actuelles de Commines et Froissard.

(Arrêté du Ministre de l'Intérieur du 23 août 1806.)

---

35. — Rues Turenne et Villehardouin.

Vente nationale du 23 germinal an VII. — Perrin, adjudicataire. — MM. Petitpont et Fréquent, propriétaires en 1878.

Clause. — L'adjudicataire sera tenu de se conformer aux alignements qui seraient ou pourraient être projetés pour l'embellissement et l'assainissement de cette commune par la Commission des travaux publics, et ce sans prétendre aucune indemnité.

(Arrêté de sursis du 10 juillet 1882.)

---

36. — Rue des Coutures-Saint-Gervais, 20. (Provenant de l'émigré Conflans.)

Vente nationale du 29 thermidor an VI. — Vogt, adjudicataire. — M. Lebrun, propriétaire en 1877.

Clause. — L'adjudicataire sera tenu, dès qu'il en sera requis, de se conformer aux alignements arrêtés par la Commission des travaux publics, et ce sans indemnité.

(Arrêté de sursis du 6 juillet 1882.)

---

37. — Rue Barbette, 10.

Vente nationale du 17 germinal an VI. — M. Rivière, propriétaire en 1872.

Clause. — L'adjudicataire sera tenu de se conformer, dès qu'il en sera requis, aux alignements arrêtés par la Commission des travaux publics, et ce sans indemnité.

(Arrêté de sursis du 21 janvier 1872, expirant le 1er janvier 1887. — Nouvel arrêté du 30 juin 1886, valable pour douze années.)

---

38. — Rues des Francs-Bourgeois, 26, et Barbette, 3. (Bien d'émigré.)

Vente nationale du 21 floréal an XIII. — Delfony, adjudicataire. — Rue des Francs-Bourgeois, 26, propriétaires en 1876 : héritiers Vanneur ; rue Barbette, 3, propriétaire en 1876 : Legrand.

Clause. — Ledit adjudicataire sera tenu de se conformer, et ce sans indemnité, à tous alignements ou retranchements qui pourront lui être donnés par la Commission des travaux publics.

(La propriété est alignée sur les deux voies.)

---

39. — Rue des Vertus, 24.

Vente nationale du 1er fructidor an VII. — M. Von Esch, propriétaire en 1866.

Clause. — L'acquéreur sera tenu, dès qu'il en sera requis, de se conformer, et ce sans indemnité, aux alignements arrêtés ou qui pourraient l'être dans la suite par la Commission des travaux publics.

(Arrêté de sursis du 26 décembre 1866. — Nouvel arrêté de sursis du 25 juillet 1882.)

---

40. — Rue des Vosges, 10, et impasse de Béarn, 4.

Ventes par l'Administration des Hospices des 11 décembre 1812 et 26 novembre 1816. — M. Soupault, adjudicataire. — M. Masson, propriétaire en 1881. Les deux actes ci-dessus contiennent chacun la clause suivante :

Clause. — Art. 15. — L'adjudicataire sera tenu, lors des reconstructions ou reconfortations, de livrer le terrain nécessaire pour l'élargissement de la rue et de se conformer à tous alignements et retranchements qui pourront lui être prescrits par le Conseil des bâtiments civils, sans pouvoir prétendre aucune indemnité.

---

41. — Rue des Minimes, 5, et impasse du Béarn, 5.

Vente par l'Administration des Hospices du 11 décembre 1812. — Lang, adjudicataire. — M. Roel, propriétaire en 1881.

Clause. — Art. 15. — L'adjudicataire sera tenu, lors des reconstructions ou reconfortations, de livrer le terrain nécessaire pour l'élargissement de la rue et de se conformer à tous alignements et retranchements qui pourront lui être prescrits par le Conseil des bâtiments civils, sans pouvoir prétendre aucune indemnité.

---

42. — Rue des Vosges, 16.

Vente par l'Administration des Hospices du 30 octobre 1812. — Lesueur, adjudicataire. — Mme Dufrenoy, propriétaire en 1881.

Clause. — Art. 15. — L'adjudicataire sera tenu, lors des reconstructions ou reconfortations, de livrer le terrain nécessaire pour l'élargissement de la rue et de se conformer à tous alignements et retranchements qui pourront lui être prescrits par le Conseil des bâtiments civils, sans pouvoir prétendre aucune indemnité.

---

43. — Rue des Gravilliers, 23, 25, 27.

Vente par l'Administration des Hospices du 17 mai 1811. — Roussilhe, adjudicataire. — M. Roussilhe, propriétaire en 1881.

Clause. — Art. 15. — L'adjudicataire sera tenu, lors des reconstructions ou reconfortations, de livrer le terrain nécessaire pour l'élargissement de la rue et de se conformer à tous alignements et retranchements qui pourront lui être prescrits par le Conseil des bâtiments civils, sans pouvoir prétendre aucune indemnité.

44. — Rue du Vert-Bois, 21. (A l'angle de la rue Montgolfier.)

Vente par l'Administration des Hospices du 2 août 1811. — Michel, adjudicataire. — M. Macquart, propriétaire en 1881.

Clause. — Art. 15. — L'adjudicataire sera tenu, lors des reconstructions ou reconfortations, de livrer le terrain nécessaire pour l'élargissement de la rue et de se conformer à tous alignements et retranchements qui pourront lui être prescrits par le Conseil des bâtiments civils, sans pouvoir prétendre aucune indemnité.

45. — Rue Chapon, 16. (Ancien 12.)

Vente par l'Administration des Hospices du 24 avril 1812. — Watin, adjudicataire. — M. Detouche, propriétaire en 1881.

Clause. — Art. 15. — L'adjudicataire sera tenu, lors des reconstructions ou reconfortations, de livrer le terrain nécessaire pour l'élargissement de la rue et de se conformer à tous alignements et retranchements qui pourront lui être prescrits par le Conseil des bâtiments civils, sans pouvoir prétendre aucune indemnité.

(Il a été déclaré que la maison était susceptible d'un retranchement de 0^m,73.)

46. — Rue Chapon, 18. (Ancien 14.)

Vente par l'Administration des Hospices du 4 décembre 1812. — Claitte, adjudicataire. — M. Saintin, propriétaire en 1881.

Clause. — Art. 15. — L'adjudicataire sera tenu, lors des reconstructions ou reconfortations, de livrer le terrain nécessaire pour l'élargissement de la rue et de se conformer à tous alignements et retranchements qui pourront lui être prescrits par le Conseil des bâtiments civils, sans pouvoir prétendre aucune indemnité.

(La maison a été déclarée sujette à un retranchement de 0^m,97.)

47. — Rue Chapon, 20. (Ancien 16.)

Vente par l'Administration des Hospices du 15 mai 1812. — Delaval, adjudicataire. — Mme Vve Simonet, propriétaire en 1881.

Clause. — Art. 15. — L'adjudicataire sera tenu, lors des reconstructions ou reconfortations, de livrer le terrain nécessaire pour l'élargissement de la rue et de se conformer à tous alignements et retranchements qui pourront lui être prescrits par le Conseil des bâtiments civils, sans pouvoir prétendre aucune indemnité.

(La maison a été déclarée sujette à un retranchement de 0^m,97.)

48. — Rue Quincampoix, 96. (Ancien 74.)

Vente par l'Administration des Hospices du 14 février 1812. — Masson, adjudicataire. — M. Masson, propriétaire en 1881.

Clause. — Art. 15. — L'adjudicataire sera tenu, lors des reconstructions ou reconfortations, de livrer le terrain nécessaire pour l'élargissement de la rue et de se conformer à tous alignements et retranchements qui pourront lui être prescrits par le Conseil des bâtiments civils, sans pouvoir prétendre aucune indemnité.

49. — Rue Quincampoix, 98. (Ancien 76.)

Vente par l'Administration des Hospices du 1er octobre 1813. — Cordier, adjudicataire. — M. Portais, propriétaire en 1881.

Clause. — Art. 15. — L'adjudicataire sera tenu, lors des reconstructions ou reconfortations, de livrer le terrain nécessaire pour l'élargissement de la rue et de se conformer à tous alignements et retranchements qui pourront lui être prescrits par le Conseil des bâtiments civils, sans pouvoir prétendre aucune indemnité.

50. — Rue de Poitou, 30, et rue de Saintonge, 17. (Anciennement rue de la Marche.)

Vente par l'Administration des Hospices du 6 septembre 1811. — Joly, adjudicataire. — M. Jarlaud, propriétaire en 1881.

Clause. — Art. 15. — L'adjudicataire sera tenu, lors des reconstructions ou reconfortations, de livrer le terrain nécessaire pour l'élargissement de la rue et de se conformer à tous alignements et retranchements qui pourront lui être prescrits par le Conseil des bâtiments civils, sans pouvoir prétendre aucune indemnité.

51. — Rue du Temple, 108. *(Partie.)* (Ancien 28.)

Vente nationale du 3 fructidor an VII. — De Montjean, adjudicataire pour 1/4 de la propriété.

52. — Rue du Temple, 120. (Ancien 42.)

Vente nationale du 1er prairial an VI. — Bérard de Favas, adjudicataire. — M. Monthiers, propriétaire en 1881.

53. — Rue du Temple, 136. (Ancien 58.)

Vente par l'Administration des Hospices du 27 septembre 1811. — Massa, adjudicataire. — M. Rollin, propriétaire en 1881.

Clause. — Art. 15. — L'adjudicataire sera tenu, lors des reconstructions ou reconfortations, de livrer le terrain nécessaire pour l'élargissement de la rue et de se conformer à tous alignements et retranchements qui pourront lui être prescrits par le Conseil des bâtiments civils, sans pouvoir prétendre aucune indemnité.

54. — Rue du Temple, 140. (Ancien 62.)

Vente par l'Administration des Hospices du 5 juillet 1811. — Mignerot, adjudicataire. — M. Debain, propriétaire en 1881.

Clause. — Art. 15. — L'adjudicataire sera tenu, lors des reconstructions ou reconfortations, de livrer le terrain nécessaire pour l'élargissement de la rue et de se conformer à tous alignements et retranchements qui pourront lui être prescrits par le Conseil des bâtiments civils, sans pouvoir prétendre aucune indemnité.

55. — Rue du Temple, 152. (Ancien 72.) (Provenant de l'Ordre de Malte.)

Vente nationale du 23 messidor an VI. — Delacroix, adjudicataire. — M. Louchet, propriétaire en 1881.

Clause. — L'acquéreur souffrira tout redressement et alignement, et fournira le terrain nécessaire, lorsque le cas y écherra, sans pouvoir prétendre aucune indemnité.

56. — Rue de Thorigny, 2, et rue du Parc-Royal.

Vente par l'Administration des Hospices du 11 octobre 1811. — Fouanier, adjudicataire.

Clause. — Art. 15. — L'adjudicataire sera tenu, lors des reconstructions ou reconfortations, de livrer le terrain nécessaire pour l'élargissement de la rue et de se conformer à tous alignements et retranchements qui pourront lui être prescrits par le Conseil des bâtiments civils, sans pouvoir prétendre aucune indemnité.

(Acquis par la Ville en 1826 et démoli.)

57. — Rue de Thorigny, 3. (Ancien 5.)

Vente par l'Administration des Hospices du 15 octobre 1816. — Ballu, adjudicataire. — Mme Cotton, propriétaire en 1881.

Clause. — Art. 15. — L'adjudicataire sera tenu, lors des reconstructions ou reconfortations, de livrer le terrain nécessaire pour l'élargissement de la rue et de se conformer à tous les alignements et retranchements qui pourront lui être prescrits par le Conseil des bâtiments civils, sans pouvoir prétendre aucune indemnité.

58. — Rue Barbette, 14.

Vente nationale des 11 et 13 ventôse an VI. — Goezar, adjudicataire. — Mme Vve Pillevilain, propriétaire en 1881.

59. — Rue Sainte-Apoline. (A l'angle de la rue Saint-Martin.)

Traité du 31 janvier 1880, entre la Ville et M. Boudaille, propriétaire.

Analyse : Les sieur et dame Boudaille ont été autorisés à reconforter la partie reconnue en péril de la façade de leur maison, à la charge par eux : 1° de mettre cette maison à l'alignement des deux voies précitées, dès le 15 juillet 1889 ; 2° de faire remise gratuite à la Ville de Paris du tiers de la valeur à laquelle sera fixé, à cette époque, le prix du terrain que les époux Boudaille abandonneront à la voie publique, par suite de l'articulation de l'alignement; 3° de payer à la Ville de Paris une redevance annuelle de deux francs.

60. — Place de la Corderie, 10. (Provenant de l'Ordre de Malte.)

Vente nationale du 19 ventôse an VI. — Jacqueminot, adjudicataire. — Mme Vve Lemanissier, propriétaire en 1880.

(Aligné.)

61. — Place de la Corderie, 12.

Vente nationale du 27 prairial an VI. — Lachaise, adjudicataire. — Mme Vve Lévy, propriétaire en 1880.

Clause. — L'adjudicataire sera tenu de se conformer aux alignements, s'il y a lieu, qui pourraient lui être donnés par la Commission des travaux publics, sans indemnité.

(Aligné.)

62. — Rue Du Petit-Thouars, 10, et place de la Corderie, 14. (Provenant de l'Ordre de Malte.)

Vente nationale du 22 frimaire an V. — Mlle BERLUE DE PERUSSY, adjudicataire. — Mme Vve GUÉROULT et Mme LEBLOIS, née SIMON, propriétaires en 1880.

CLAUSE. — Fournir le terrain nécessaire pour l'ouverture d'une nouvelle rue, et ce sans aucun recours ou indemnité contre la République venderesse.

Dans l'acte d'adjudication à Mme Vve GUÉROULT, propriétaire actuelle, sur les héritiers BOUVAIST (acte du 15 mars 1880, Me MOREL D'ABLEUX, notaire), il est dit :

« M. Thonnelier a déclaré, au contrat de vente au profit de M. et Mme Bouvaist,
» du 7 juin 1845, que, dans le procès-verbal d'estimation du 15 vendémiaire
» an V, relaté au procès-verbal d'adjudication du 22 frimaire an V, dont il est
» ci-dessus parlé, l'ouverture de la rue projetée était indiquée ne devoir être
» faite qu'au bout du jardin de ladite maison, et par conséquent, en supposant
» que cette rue ait lieu, elle ne passerait pas dans la propriété vendue à M. et
» Mme Bouvaist. . . . . »

(La clause ne frappe que la partie appartenant à Mme Leblois. — Ce projet n'a pas été maintenu par l'arrêté ministériel du 7 novembre 1809, qui a déterminé définitivement les percements à faire sur l'enclos du Temple.)

63 — Rue Du Petit-Thouars, 12. (Ancien 22.) (Provenant de l'Ordre de Malte.)

Vente nationale du 24 nivôse an V. — MANSUELLE, adjudicataire. — Mme Vve LOUVET, propriétaire en 1880.

CLAUSE. — L'adjudicataire sera tenu de fournir le terrain nécessaire pour l'ouverture d'une rue nouvelle, sans aucun recours ni indemnité.

(Clause sans objet en ce qui concerne cette propriété qui n'est pas atteinte par la rue projetée.)

64. — Rue Du Petit-Thouars, 16, et cité Du Petit-Thouars. (Ancien Hôtel Boufflers.) (Provenant de l'Ordre de Malte.)

Vente nationale du 25 germinal an VI. — Vve BOUFFLERS, adjudicataire.

CLAUSE. — Dans l'acte de vente, par Marie-Charlotte-Hippolyte Campet, veuve d'Édouard Boufflers, à Charles-Romain Auberg, passé le 4 prairial an VII devant Me Monnot, notaire, transcrit le 11 vendémiaire an VIII, vol., 10, n° 55, d'une maison et dépendances sises enclos du Temple, n° 20, provenant du ci-devant Ordre de Malte, il est dit ce qui suit : Les acquéreurs ou leur command prendront ladite maison dans l'état où elle est et comme elle a été vendue à la citoyenne Boufflers par la République, par le procès-verbal du 25 germinal an VI, ci-devant énoncé, et avec les mêmes conditions qui sont exprimées, duquel procès-verbal les acquéreurs reconnaissent avoir pris lecture et communication.

(Les titres de propriété seront remis aux acquéreurs après le payement intégral du prix.)

Le fonds de l'immeuble était traversé par la rue projetée, indiquée n° 62.

(Ce projet n'a pas été maintenu par la décision ministérielle du 9 septembre 1809, qui a déterminé les percements à faire sur l'enclos du Temple.)

65. — Rue Du Petit-Thouars, 18. (Ancien Hôtel de Guise.) (Provenant de l'Ordre de Malte.)

Vente nationale du 11 frimaire an VI. — MOULIN, adjudicataire. — M. PILLE, propriétaire en 1880.

(Le fonds de l'immeuble était traversé par la rue projetée indiquée n° 62. — Ce projet n'a pas été maintenu par l'arrêté ministériel du 9 septembre 1809, qui a déterminé définitivement les percements à faire sur l'enclos du Temple.)

66. — Rue de Turenne, 83 *(Partie).* (Ancien 65.)

Vente par l'Administration des Hospices du 24 juin 1811. — DENIER, adjudicataire. — GARNIER, propriétaire en 1881.

CLAUSE. — Art. 15. — L'adjudicataire sera tenu, lors des reconstructions ou reconfortations, de livrer le terrain nécessaire pour l'élargissement de la rue et de se conformer à tous alignements et retranchements qui pourront lui être prescrits par le Conseil des bâtiments civils, sans pouvoir prétendre aucune indemnité.

67. — Rue de la Petite-Corderie et place de la Corderie, 7.

Vente nationale du 1er fructidor an VI. — ROBERT MOREL, adjudicataire. — Mme Vve FRISCH, propriétaire en 1882.

CLAUSE. — ... A charge par l'adjudicataire de se conformer, lorsqu'il en sera requis et ce sans indemnité, aux alignements arrêtés ou qui pourront l'être par la suite par la Commission des travaux publics.

68. — Rue de Picardie, 32. (Ancien enclos du Temple.) (Provenant de l'Ordre de Malte.)

Vente nationale du 18 vendémiaire, an VII. — CHAPPLET, adjudicataire. — M. PRAT, propriétaire en 1882.

CLAUSE. — L'acquéreur se conformera aux alignements qui seront donnés pour la forme et l'étendue de la place qu'on pourrait faire au pourtour de la Rotonde du Temple, sans que, pour ce, l'acquéreur puisse prétendre à aucune indemnité.

(Aligné.)

69. — Rue de Picardie, 30. (Ancien enclos du Temple.) (Provenant de l'Ordre de Malte.)

Vente nationale du 18 vendémiaire an VII. — CHAPPLET, adjudicataire. — Mme FOULBOEUF propriétaire en 1883.

CLAUSE. — L'acquéreur se conformera aux alignements qui seront donnés pour la forme et l'étendue de la place qu'on pourrait faire au pourtour de la Rotonde du Temple, sans que, pour ce, l'acquéreur puisse prétendre à aucune indemnité.

(Aligné.)

70. — Rue de Picardie, 28. (Ancien enclos du Temple.) (Provenant de l'Ordre de Malte.)

Vente nationale du 18 vendémiaire an VII. — CHAPPLET, adjudicataire. — M. VOUILLAUME, propriétaire en 1883.

CLAUSE. — L'acquéreur se conformera aux alignements qui seront donnés pour la forme et l'étendue de la place qu'on pourrait faire au pourtour de la Rotonde du Temple, sans que, pour ce, l'acquéreur puisse prétendre à aucune indemnité.

71. — Rue de Picardie, 26. (Ancien enclos du Temple.) (Provenant de l'Ordre de Malte.)

Vente nationale du 18 vendémiaire an VII. — CHAPPLET, adjudicataire. — M. DENIÈRE, propriétaire en 1883.

CLAUSE. — L'acquéreur se conformera aux alignements qui seront donnés pour la forme et l'étendue de la place qu'on pourrait faire au pourtour de la Rotonde du Temple, sans que, pour ce, l'acquéreur puisse prétendre à aucune indemnité.

72. — Rue de Picardie, 22 et 24. *(Partie.)* (Ancien enclos du Temple.) (Provenant de l'Ordre de Malte.)

Vente nationale du 18 vendémiaire an VII. — CHAPPLET, adjudicataire. — M. BAUDE, propriétaire en 1883.

CLAUSE. — L'acquéreur se conformera aux alignements qui seront donnés pour la forme et l'étendue de la place qu'on pourrait faire au pourtour de la Rotonde du Temple, sans que, pour ce, l'acquéreur puisse prétendre à aucune indemnité.

73. — Rue de Picardie, 40. (Ancien enclos du Temple.) (Provenant de l'Ordre de Malte.)

Vente nationale du 16 mars 1810. — CHAPPLET, adjudicataire. — M. BELLAN, propriétaire en 1883.

CLAUSE. — On dit dans la désignation du cahier des charges de l'adjudication : « Le terrain tient d'un bout à la rue Dupetit-Thouars. »

74. — Rue de Picardie, 42, 44. (Anciens 86 *bis*, 90.)

MM. CLAUDE-ÉDOUARD et JEAN-ADOLPHE CLÉMANÇON, propriétaires en 1883.

1° Vente nationale du 15 floréal an V. — PRÉVOST, adjudicataire.

CLAUSE. — L'acquéreur du présent domaine sera tenu de fournir, sans indemnité et lorsqu'il en sera requis, le terrain nécessaire pour l'ouverture d'une rue nouvelle de 10 mètres de large, conformément aux plans tracés par l'Administration des travaux; en conséquence, il ne pourra ériger aucune construction sur son emplacement qui en pourrait entraver l'exécution.

2° Vente nationale du 16 mars 1810. — CHAPPLET, adjudicataire. (Ordre de Malte.)

CLAUSE. — On dit dans la désignation du cahier des charges de l'adjudication : « Le terrain tient d'un bout à la rue Dupetit-Thouars. »
(Exécutée.)

75. — Rues de la Petite-Corderie, 2, et Dupuis 6. (Angle.) (Petit Hôtel de l'Intendance.)

Vente nationale du 15 prairial an V. — PRÉVOST, adjudicataire. — Mme Vve BOULITROP, propriétaire en 1883.

CLAUSE. — L'acquéreur du présent domaine sera tenu de fournir sans indemnité, et lorsqu'il en sera requis, le terrain nécessaire pour l'ouverture d'une rue nouvelle de 10 mètres de large, conformément aux plans tracés par l'Administration des travaux; en conséquence, il ne pourra ériger aucune construction sur son emplacement qui en pourrait entraver l'exécution.
(Exécutée.)

76. — Rues **Béranger, 7, 9, 11, 13, Dupuis, 8, 10, 3, 5, 7, 9, 11, et de la Petite-Corderie, 4 et 6.** (Grand et petit Hôtels de l'Intendance.)

Vente nationale du 15 prairial an V. — Prévost, adjudicataire. — M⁰⁰ Vᵛᵉ Denevers, propriétaire, en 1883, des maisons rues Dupuis, 8 et 10, et Béranger, 7.

Clause. — L'acquéreur du présent domaine sera tenu de fournir, sans indemnité et lorsqu'il en sera requis, le terrain nécessaire pour l'ouverture d'une rue nouvelle de 10 mètres de large, conformément aux plans tracés par l'Administration des travaux ; en conséquence, il ne pourra ériger aucune construction sur son emplacement qui en pourrait entraver l'exécution.

(Exécutée.)

77. — Rue **Saint-Gilles, 12.** (Anciennement rue Neuve-Saint-Gilles, 8.)

Vente nationale du 7 nivôse an VII. — Serra, adjudicataire. — MM. Descombes et Bezançon, propriétaires en 1883.

Clause. — …Enfin, le dit adjudicataire sera tenu, dès qu'il en sera requis, de se conformer aux alignements arrêtés par la Commission des travaux publics, et ce sans indemnité.

78. — Rues **des Minimes, 16, et de Turenne, 38.** (Anciennement rue Saint-Louis, 16.)

Vente nationale du 9 nivôse an VI. — Caignon-Bonvallet, adjudicataire. — M. Choppin, propriétaire en 1883.

Clause. — L'acquéreur sera tenu, dès qu'il en sera requis, de se conformer aux alignements arrêtés par la Commission des travaux publics, et ce sans indemnité.

(Arrêt du Conseil d'État du 6 juin 1873. — Clause exécutée.)

79. — Rues **de Turenne, 77, et du Roi-Doré, 1.**

Vente nationale du 29 brumaire an VI. — Santerre, adjudicataire. — M. Héaizé, propriétaire en 1864.

Clause. — …. non plus que pour raison de réparations, dégradations, défaut de construction, changements, ni à raison des alignements auxquels ledit immeuble pourrait être soumis, ledit adjudicataire puisse prétendre aucune indemnité ni réduction de prix, ni recours quelconques, les vendeurs n'entendant vendre et céder que les droit résultant des titres de ladite propriété.

80. — Rue **Pastourelle, 15** (anciennement rue d'Anjou-au-Marais) **et ruelle Sourdis.**

Vente par l'Administration des Hospices du 25 mai 1815. — Vᵛᵉ Prévost, adjudicataire. — M. Baudouin, propriétaire en 1883.

Clause. — Art. 15. — L'adjudicataire sera tenu, lors des reconstructions ou reconfortations, de livrer le terrain nécessaire pour l'élargissement de la rue et de se conformer à tous alignements et retranchements qui pourront lui être prescrits par le Conseil des bâtiments civils, sans pouvoir prétendre aucune indemnité.

81. — Rue **de Poitou, 44.** (Ancien 34.)

Vente par l'Administration des Hospices, du 19 mars 1813. — Guyot, adjudicataire. — M. Protat, propriétaire en 1883.

Clause. — Art. 15. — L'adjudicataire sera tenu, lors des reconstructions ou reconfortations, de livrer le terrain nécessaire pour l'élargissement de la rue et de se conformer à tous alignements et retranchements qui pourront lui être prescrits par le Conseil des bâtiments civils, sans pouvoir prétendre aucune indemnité.

Dans l'acte d'adjudication à Protat, en date du 23 janvier 1872, il est dit : « Elle (la maison) est sujette à un retranchement de 0ᵐ,40 ».

82. — Rues **Japy, 2, Bailly, 8, et Beaubourg, 109.**

Vente nationale du 2 fructidor an IV. — Doriant, adjudicataire. — Descoins, exproprié par jugement d'expropriation du 4 novembre 1864.

Clause. — Cette vente est faite à la charge par l'acquéreur de fournir le retranchement pour l'élargissement de la rue quand il en sera requis, et ce sans prétendre d'indemnité de la République.

(Démoli.)

83. — Place **Saint-Vannes.**

Vente nationale du 30 mars 1791. — Leriche, adjudicataire.

Clause. — Le passage voûté conduisant à la maison en face, faisant la troisième division, sera comblé dans les trois mois qui suivront l'expiration du bail dudit sieur Mermillod.

(Démoli.)

84. — Rue **Saint-Benoît et place Saint-Vannes.**

Vente nationale du 19 octobre 1791. — Baret, adjudicataire.

Clause. — L'adjudicataire, même à la première réquisition de la Municipalité, sera tenu d'établir chez lui la descente de cave formant saillie sur la place Saint-Vannes et de démolir à ses frais le petit corps de logis tenant à l'escalier situé sous l'arcade qui conduit à la rue de Breteuil, attendu qu'il forme enclave sur ladite place Saint-Vannes.

(Démoli.)

85. — Rue **Bailly, 9 et 11.**

Vente nationale du 26 mai 1815. — Hugouin, adjudicataire.

Clause. — La maison présentement vendue étant assujettie à un retranchement d'environ un mètre dans toute la longueur de sa façade sur la rue Bailly, l'adjudicataire sera tenu, en cas de reconstructions ou reconfortations, de subir ce retranchement sans pouvoir prétendre aucune indemnité.

(Démoli.)

86. — Rues **Bailly, 6, et Beaubourg, 104.** (Angle.)

Vente nationale du 1ᵉʳ thermidor an VII. — Tiby, adjudicataire.

Clause . . . .

(Démoli.)

87. — Rue **Japy, 4.**

Vente nationale du 23 prairial an VI. — Marlier, adjudicataire. — Lahi, exproprié par jugement d'expropriation du 4 novembre 1864.

Clause . . . .

(Démoli.)

88. — Rue **Réaumur, 58.** *(Partie.)* (Anciennement rue de la Fraternité.)

Vente nationale du 28 ventôse an XI. — Auger, adjudicataire.

Clause. — ….. Enfin, ledit adjudicataire sera tenu de se conformer, et ce sans indemnité, aux alignements et retranchements qui pourraient lui être prescrits par les Travaux publics.

89. — Rue **Réaumur, 56.** *(Partie).* (Anciennement rue de la Fraternité.)

Vente nationale du 28 ventôse an XI. — Laure Cisque, adjudicataire. — M. Barbier, propriétaire en 1845.

Clause. — ….. Enfin ledit adjudicataire sera tenu de se conformer, et ce sans indemnité, aux alignements ou retranchements qui pourraient lui être prescrits par les Travaux publics.

90. — Rue **Réaumur.** (Anciennement Cour de Justice.)

Vente nationale du 15 janvier 1791. — Meyer, adjudicataire. — L'État (Conservatoire des Arts-et-Métiers), propriétaire en 1886.

Clause. — Si l'adjudicataire, lors de la fin des baux, veut faire démolir sa maison pour la reconstruire ou surélever, ou enfin faire quelques changements au pignon de la maison tenant au passage qui va à la cour de l'Église du Prieuré, il sera contraint d'éloigner son bâtiment ou exhaussement de dix pieds de distance, à prendre du mur de face de la maison tenue à bail par les sieurs Rochet et Lapret au pignon de la maison faisant un des côtés du passage qui va à la Cour de l'Église, en sorte qu'il y aura un intervalle ou passage de dix pieds de distance entre la maison susdite et le pignon de celle dont il s'agit.

(Démoli.)

91. — Rue **Réaumur, 41.** (Ancien 31.) (Anciennement place de Justice.)

Vente nationale du 7 février 1791. — Galois, adjudicataire.

Clause. — A l'expiration du bail de la dame Vᵛᵉ Beckwel, l'adjudicataire sera tenu d'abandonner aux propriétaires des bâtiments qui bordent la rue Saint-Martin, près et à l'encoignure de la ruelle Saint-Nicolas, un espace de terrain dépendant de ladite maison, de neuf pieds six pouces en largeur dans œuvre du mur de clôture, à partir de la façade de derrière, et de cinq toises trois pieds ou environ aussi dans œuvre du mur de clôture ; en conséquence, à la même époque, il sera obligé de démolir ou de laisser démolir les échoppes adossées au dehors et en dedans de la cour contre le mur de clôture de cette même cour et la partie du second corps de logis cy-devant détaillé, laquelle n'est élevée que de l'étage du rez-de-chaussée, afin d'établir le nouveau mur de clôture parallèle à la face de derrière des bâtiments bordant la rue Saint-Martin et d'abandonner, dès lors, la jouissance du sol de cette portion de cour et de bâtisse dans toute l'étendue du terrain cédé, ainsi que la jouissance de latrines, le tout ainsi qu'il est expliqué au plan cy-annexé.

(Exécutée.)

92. — Rues Saint-Martin et Réaumur. (Angle.)

Vente nationale du 15 novembre 1790. — MEYER, adjudicataire. — L'ÉTAT (Conservatoire des Arts-et-Métiers), propriétaire en 1886.

CLAUSE. — Si le propriétaire de la maison occupée par le sieur Bidault veut reconstruire ou surélever sa maison, ou enfin faire quelques changements au pignon de sa maison, tenant au passage qui va à la cour du Prieuré, il sera contraint d'éloigner son bâtiment de dix pieds de distance, à prendre du mur de face de la maison tenue à bail par les sieurs Lapret et Rochet, au pignon de sa maison faisant un des côtés du passage qui va à la cour de l'Église, en sorte qu'il y aura un intervalle de passage de dix pieds de distance, entre la maison desdits sieurs Lapret et Rochet d'avec celle occupée par le sieur Bidault.

(Démoli.)

93. — Rue du Vertbois. (Anciennement rue Neuve-Saint-Laurent, 17.) (Provenant des Religieuses de la Madeleine.)

Vente nationale du 25 mars 1814. — BROUSSE et D⁰ˢ PERRANT, adjudicataires. — LA VILLE DE PARIS (École Turgot), propriétaire en 1886.

CLAUSE. — Il (l'adjudicataire) sera également tenu, en cas de constructions, de subir, sans indemnité, le retranchement indiqué au plan ci-annexé par une ligne rouge foncé.

(Exécutée.)

94. — Rue Sainte-Élisabeth, 10. (Provenant du couvent Sainte-Élisabeth.)

Vente nationale du 17 novembre 1809. — DORU, adjudicataire. — M. LAMY, propriétaire en 1882.

CLAUSE. — L'adjudicataire sera tenu, en cas de reconstruction et de reconfortation, de se conformer aux alignements et retranchements qui lui seront prescrits, et ce sans pouvoir réclamer aucune indemnité.

Il sera tenu, en outre, de fournir aux frais de pavage dans la longueur de sa propriété et dans la moitié de la largeur de la rue.

(Exécutée.)

95. — Rue Sainte-Élisabeth, 5 et 7. (Provenant du couvent Sainte-Élisabeth.)

Échange entre le Gouvernement et François CAIGNON, du 28 messidor an VI.

CLAUSE. — Démolir la façade de la maison sur le passage actuel pour se retrancher selon l'alignement qui fixera définitivement la largeur de la rue projetée et qui est indiqué par la ligne rouge C D, parallèlement à la façade du magasin.

(Exécutée.)

96. — Rue au Maire, 48, et place de l'Église-Saint-Nicolas, n° 2. (Provenant de la communauté des prêtres de Saint-Nicolas-des-Champs.)

Vente nationale du 11 frimaire an VIII. — BIESTA DE FROMONT, adjudicataire.

CLAUSE. — L'acquéreur sera tenu de laisser 4 mètres environ, et dans œuvre des nuds, entre le mur de l'Église et ses bâtiments ou murs de clôture, et ce, depuis la face sur le cloître jusqu'au point où commence la partie circulaire dudit mur de l'Église.

(Démoli.)

97. — Rue Guérin-Boisseau, 13.

Vente par l'Administration des Hospices du 23 mai 1807. — PANCHEREL, adjudicataire. — M. GRIMARDIAS, exproprié suivant jugement du 15 mars 1859.

CLAUSE. — Art. 15. — L'adjudicataire sera tenu, lors des reconstructions ou reconfortations, de livrer le terrain nécessaire pour l'élargissement de la rue et de se conformer à tous alignements et retranchements qui pourront lui être prescrits par le Conseil des bâtiments civils, sans pouvoir prétendre aucune indemnité.

(Démoli.)

98. — Rues Chapon, 2 et 4, et du Temple, 115. (Provenant de l'émigré Defragnier.)

Vente nationale du 25 messidor an VII. — JACOB BENJAMIN, adjudicataire. — Mᵐᵉ Vᵛᵉ CAILLOT, propriétaire en 1884.

CLAUSE. — L'adjudicataire de la présente maison sera tenu de se conformer aux charges d'usage, à tous alignements, redressements et de fournir tout terrain nécessaire, s'il y a lieu, sans pouvoir prétendre aucune indemnité.

(Aligné.)

99. — Rue Chapon, 6. (1/12 de la propriété.)

Vente nationale des 17-23 nivôse an VIII. — BLANCHARD et DESTRICHES, adjudicataires.

CLAUSE . . . .

(Aligné.)

100. — Rue des Gravilliers, 5. (Provenant de l'émigré Defragnier.)

Vente nationale du 25 messidor an VII. — MICHEL BENJAMIN, adjudicataire. — M. FONTANGE, propriétaire en 1884.

CLAUSE. — L'acquéreur du présent domaine sera tenu de se conformer aux clauses d'usage et aux alignements arrêtés ou qui pourraient l'être par la suite par la Commission des travaux publics, lorsqu'il en sera requis, et ce sans indemnité.

(Exécutée.)

101. — Rue Brantôme, 16. (Ancien 8.)

Vente nationale des 6ᵉ jour complémentaire an VI et 3 vendémiaire an VII. — WISSEMANS adjudicataire. — Mᵐᵉ LA BARONNE DE L'ÉGLISE, propriétaire en 1884.

CLAUSE

(Aligné.)

102. — Rue de Montmorency, 37. (Ancien 31.)

Vente par l'Administration des Hospices du 25 septembre 1821. — LEMAIRE, adjudicataire. — M. THÉODON, propriétaire en 1883.

CLAUSE. — Art. 15. — L'adjudicataire sera tenu, lors des reconstructions ou reconfortations, de livrer le terrain nécessaire pour l'élargissement de la rue et de se conformer à tous alignements et retranchements qui pourront lui être prescrits par le Conseil des bâtiments civils, sans pouvoir prétendre aucune indemnité.

103. — Rues de Rambuteau, 18, 20, 22, 24, 26, 28, et du Temple, 69. (Provenant du Couvent des Religieuses de sainte Avoye.)

Vente nationale du 4 thermidor an V. — BERNEY, adjudicataire.

CLAUSE. — Il (l'adjudicataire) sera tenu de supporter, s'il y a lieu, l'ouverture et le percement nécessaires à la formation de la nouvelle rue marquée en rouge au plan, conformément aux plans arrêtés par la Commission des travaux publics et ce, sans pouvoir prétendre à aucune indemnité.

(Exécutée.)

104. — Rues de Béarn (Anciennement rue de la Chaussée des Minimes), **9, 11, 13, 15, et Saint-Gilles, 5 et 5 bis présumé.** (Provenant de l'église des Minimes.)

Vente nationale du 13 thermidor an VI. — DUBOIS, DEFAGOT et LEGUEY, adjudicataires. — M. DARAN (en 1842), Mᵐᵉ ALLAUME (en 1885), MM. ALEXANDRE (en 1885), MARCHADIER (en 1884), et MAHEY (en 1885), propriétaires.

CLAUSE . . . .

(Exécutée.)

105. — Rues de Thorigny, 5, des Coutures-Saint-Gervais, 1, et Vieille-du-Temple, 20. (Ancienne École Centrale.)

Vente nationale du 23 messidor an VI. — AUBRY, adjudicataire.

CLAUSE. — Il (l'adjudicataire) fournira le terrain nécessaire pour l'alignement des rues, sans indemnité, et se conformera au nouveau plan de Paris.

(Clause exécutée sur la rue Vieille-du-Temple, en vertu d'une permission du 17 avril 1886).

106. — Rue Notre-Dame-de-Nazareth, 21.

Vente par l'Administration des Hospices du 25 juillet 1807. — SULLEAUX, adjudicataire. — M. LEFÉBURE, propriétaire en 1886.

CLAUSE. — Art. 15. — L'adjudicataire sera tenu, lors des reconstructions ou reconfortations, de livrer le terrain nécessaire pour l'élargissement de la rue et de se conformer à tous alignements et retranchements qui pourront lui être prescrits par le Conseil des bâtiments civils, sans pouvoir prétendre aucune indemnité.

107. — Rue Aumaire, 20. (Ancien 12.)

Vente par l'Administration des Hospices du 25 juillet 1807. — TEITEIX, adjudicataire. — M. DELANGRAY, propriétaire en 1886.

CLAUSE. — Art. 15. — L'adjudicataire sera tenu, lors des reconstructions ou reconfortations, de livrer le terrain nécessaire pour l'élargissement de la rue et de se conformer à tous alignements et retranchements qui pourront lui être prescrits par le Conseil des bâtiments civils, sans pouvoir prétendre aucune indemnité.

108. — Rues du Temple, 170 (en 1866), **et Dupetit-Thouars.** (Angle.)

Vente nationale du 17 thermidor an VII. — COIFFIER, adjudicataire. — M. DE MONTIGNY, exproprié suivant jugement du 30 juin 1866.

CLAUSE. — L'adjudicataire sera tenu de se conformer, s'il y a lieu et ce sans indemnité, aux alignements ou retranchements qui pourraient lui être donnés par les Travaux publics.

(Démoli.)

109. — Rue du Temple, 172 (en 1866).

Vente nationale du 26 prairial an V. — BEZOLLES, adjudicataire. — M. SANONER, exproprié suivant jugement du 30 juin 1866.

CLAUSE . . . .

(Démoli.)

110. — Rue du Temple, 203 (en 1865). (Ancienne Église des Pères de Nazareth.)

Vente nationale du 21 nivôse an VII. — TINANCOURT et TRIPIED, adjudicataires. — TORDEUX, exproprié suivant jugement du 30 septembre 1865.

CLAUSE. . . . .

(Démoli pour l'ouverture de la rue de Turbigo.)

---

111. — Rues Dupetit-Thouars, 2, et de la Corderie, 1. (Provenant de l'Ordre de Malte.)

Vente nationale du 5 nivôse an VI. — Mme Vve LEBLANC, adjudicataire. — Mme RENARD propriétaire en 1889.

CLAUSE. — L'adjudicataire sera tenu, lors de l'exécution du projet de la Commission des Artistes pour le percement des rues et places publiques dans ledit enclos du Temple, d'abandonner, et ce sans indemnité, les portions de terrain nécessaires à son exécution, et de se conformer aux alignements qui lui seront donnés par l'Administration des Travaux publics.

(Clause exécutée.)

---

112. — Rue du Temple, 162 (en 1865), **et rue Perrée.** (Provenant de l'Ordre de Malte.)

Vente nationale du 19 floréal an VI. — LANGLOIS, adjudicataire. — M. DECAIX, propriétaire en 1865.

CLAUSE. — L'acquéreur sera tenu de se conformer, quand il en sera requis, et ce sans indemnité, aux alignements arrêtés ou qui pourront l'être par la Commission des Travaux publics.

(Acquis par la Ville de Paris, suivant contrat du 14 août 1865, et démoli.)

---

113. — Enclos du Temple. (Église et terrain en dépendant.)

Vente nationale du 2 fructidor an IV. — CARLET, adjudicataire.

CLAUSE. — Abandonner le terrain nécessaire pour l'exécution du plan d'embellissement de Paris.

(Exproprié et démoli.)

---

114. — Rue du Temple. (Ancienne porte du Temple.)

Vente nationale du 25 brumaire an VI. — LA CAISSE DES RENTIERS, adjudicataire.

CLAUSE. — L'adjudicataire sera tenu, à la première réquisition qui lui en sera faite par le Département, ou par qui de droit, de démolir à ses frais la guérite exceptée de la présente vente, dont il conservera néanmoins les matériaux à son profit.

(Exproprié et démoli.)

---

115. — Rues Charlot (anciennement rue d'Orléans) **et du Perche, 13.** (Angle.) (Chapelle du Couvent des Capucins du Marais).

Vente nationale du 19 nivôse an VI. — LA CAISSE DES RENTIERS, adjudicataire. — LA VILLE DE PARIS (Église Saint-François-d'Assise) propriétaire en 1895.

CLAUSE. — Il (l'adjudicataire) se conformera aux alignements qui pourront lui être donnés par le Bureau de la Voyerie, sans indemnité.

---

116. — Cité Dupetit-Thouars, 6. (Ancien hôtel Boufflers.) (Provenant de l'Ordre de Malte.)

Vente nationale du 25 germinal an VI. — Veuve BOUFFLERS, adjudicataire. — M. ROCHE, propriétaire en 1888.

CLAUSE. — Dans l'acte de vente par Marie-Charlotte-Hippolyte Campet, veuve d'Édouard Boufflers, à Charles-Romain Aubery, passé le 4 priairial an VII, devant Me Monnet, notaire, d'une maison et dépendances sises enclos du Temple, n° 20, provenant du ci-devant ordre de Malte, il est dit ce qui suit : « Les acquéreurs ou leur command prendront la dite maison dans l'état où elle est, et comme elle a été vendue à la citoyenne Boufflers par la République, par le procès-verbal du 25 germinal an VI, ci-devant énoncé, et avec les mêmes conditions qui sont exprimées, duquel procès-verbal les acquéreurs reconnaissent avoir pris lecture et communication. (Les titres de propriété seront remis aux acquéreurs après le payement intégral du prix.)

Un jugement du Tribunal civil, en date du 29 mai 1888, donne acte à la Ville de Paris de ce que M. Roche reconnaît que la propriété à lui vendue par M. Landais, est grevée d'une clause domaniale entraînant l'obligation de céder sans indemnité le terrain nécessaire au prolongement de la rue de la Petite-Corderie, dans le cas où il viendrait à être exécuté, soit environ 90 mètres superficiels; le surplus de la propriété n'étant grevé d'aucune charge de même nature.

---

117. — Rues de Béarn, 12, Saint-Gilles, des Tournelles et des Minimes. (Maison conventuelle des Minimes.)

Ventes nationales suivant trois procès-verbaux des 16 pluviôse et 11 thermidor an VI. — CHRISTOPHE FRÈRES, adjudicataires.

CLAUSE. — Ouverture de la rue de Béarn, projetée par la Commission des Artistes (Clause exécutée.)

Les renseignements qui suivent, établis postérieurement au 1er janvier 1887, complètent les articles précédents ayant le même numéro.

6. — Rue Chapon, 8, 10, 12 et 14. (Partie.) (Anciens 6 et 8.)

Vente par l'Administration des Hospices du 20 novembre 1812. — DIDON, adjudicataire. — M. LOTHON (n° 8), Mme Vve VALLAUD (n°° 10, 12), et M. HALLOT (n° 14), propriétaires en 1895.

Rue Chapon, 14. (Partie.) (Ancien 10.)

Vente par l'Administration des Hospices du 10 avril 1812. — HERREL, adjudicataire. — M. HALLOT, propriétaire en 1895.

(D'après les actes de vente ci-dessus, les propriétés étaient susceptibles de retranchement, savoir : 0m,24 pour les n°° 6 et 8, et 0m,73 pour le n° 10.)
(Par suite d'une permission de bâtir, délivrée le 22 janvier 1877, la propriété de M. Hallot est alignée.)

---

12. — Rue Beaubourg, 38.

Vente nationale du 11 ventôse an XIII (au lieu de an XII).
Arrêt de la Cour de cassation du 24 février 1847.

---

13. — Rue Portefoin, 7.

Vente nationale du 28 ventôse an XI (au lieu de 20 ventôse an XI).

---

17. — Rues Charlot, 24, et de Saintonge, 19.

M. RAVET, propriétaire en 1892.
Nouvel arrêté de sursis du 9 janvier 1892.

---

22. — Rue du Perche, 11 et 11 *bis*.

La Société DENISSON et HESS, propriétaire en 1896.
Aligné par permission du 11 juillet 1896.

---

32. — Rue du Temple, 132.

Mmes HÉMON, PANNIER, LABIS, CARCANAGUES, propriétaires en 1894.

CLAUSE. — L'adjudicataire sera tenu, s'il y a lieu, de se conformer, dès qu'il en sera requis, et ce sans indemnité, aux alignements arrêtés ou qui pourraient l'être par la Commission des travaux publics.

(Cette clause est rappelée dans l'acte d'adjudication, au profit des propriétaires actuelles, du 30 janvier 1894.)

---

34. — Rues de Turenne, des Filles-du-Calvaire et Froissard.

L'impasse Froissard a été prolongée jusqu'au boulevard des Filles-du-Calvaire, en exécution d'un décret du 24 décembre 1888, et par arrêté préfectoral du 18 avril 1890, cette impasse a été réunie à la rue Froissard.

35. — Rues de Turenne, 52, Villehardouin, 1, et Saint-Gilles, 24.

Mme Petitpont (rues Villehardouin, 1, et Saint-Gilles, 24), et la Ville de Paris (pour le surplus), propriétaires en 1895.

La propriété de Mme Petitpont a été reconstruite à l'alignement, en exécution d'une permission de voirie délivrée le 16 mai 1895, et la clause qui la grevait a été reconnue exécutée par un arrêté préfectoral du 26 novembre suivant.

---

37. — Rue Barbette, 10.

Vallienne, adjudicataire. — Mme Ve Rivière, propriétaire en 1886.

---

38. — Rues des Francs-Bourgeois, 26, et Barbette, 3.

La propriété est sujette à retranchement sur les deux voies.

---

59. — Rues Sainte-Apolline, 2, et Saint-Martin, 359. (Angle.)

Traité du 31 janvier 1880.

Les conditions du traité ont été exécutées, et la propriété reconstruite à l'alignement, en vertu d'une permission de voirie du 28 décembre 1889.

---

61. — Rue de la Corderie, 20. (Anciennement place de la Corderie, 12.)

M. Jean Vaisset, propriétaire en 1895.

---

62. — Rue Dupetit-Thouars, 10, et place de la Corderie, 14.

A l'avant-dernière ligne, au lieu de : ce projet n'a pas été maintenu..., il faut lire : ce projet n'a pas été *visé* par l'arrêté ministériel du 7 novembre 1809.

---

64. — Rue Dupetit-Thouars, 16, et cité Dupetit-Thouars, 1, 3, 4, 5, 7, 8, 9, 10, 11, 12, 14.

A l'avant-dernière ligne, au lieu de : ce projet n'a pas été maintenu..., il faut lire : ce projet n'a pas été *visé* par la décision ministérielle du 9 septembre 1809.

---

65. — Rue Dupetit-Thouars, 18.

Même observation que pour les numéros 62 et 64 ci-dessus.

---

67. — Rue de la Corderie, 7. (Anciennement rue de la Petite-Corderie et place de la Corderie, 7.)

M. Galtayrie, propriétaire en 1894.

Arrêté de sursis du 29 mai 1894. — Redevance annuelle : 100 francs.

---

73. — Rue de la Corderie, 4. (Anciennement rue de Picardie, 40.)

---

74. — Rue de la Corderie, 6 et 8. (Anciennement rue de Picardie, 42, 44.)

Vente nationale du 14 prairial an V (au lieu de 15 prairial). — Prévost et Brodelet, adjudicataires.

---

75. — Rue de la Corderie, 10 (Anciennement rue de la Petite-Corderie, 2) et Dupuis, 6. (Angle.)

Vente nationale du 14 prairial an V (au lieu de 15 prairial).

---

76. — Rues Béranger, 7, 9, 11, 13, Dupuis, 8, 10, 3, 5, 7, 9, 11, et de la Corderie, 12, 14. (Anciennement rue de la Petite-Corderie, 4 et 6.)

Vente nationale du 14 prairial an V (au lieu de 15 prairial). — Prévost et Brodelet, adjudicataires.

88-89. — Rue Réaumur, 56 *bis* et 58.

Exproprié et démoli. (Jugement du 13 mars 1895.)

---

94. — Rue Sainte-Élisabeth, 6, 8, 10.

MM. Mange (6 et 8) et Lamy (n° 10), propriétaires en 1893.

---

105. — Rues de Thorigny, 5, des Coutures-Saint-Gervais, 1, et Vieille-du-Temple, 92. (Au lieu de 20.)

QUATRIÈME ARRONDISSEMENT

Voir pour la situation et l'étendue des propriétés, la deuxième carte.

1. — Rue Quincampoix, 40 (*Partie*). (Ancien 12.)

Vente nationale du 9 frimaire an VI. — CHANAS, adjudicataire. — M. DEMOUY, propriétaire en 1879.

La donation par Demouy, auteur du propriétaire actuel, en date du 13 juin 1848, est faite à charge « de satisfaire, aux lieu et place de ces derniers (les donateurs) « à toutes les obligations dont ils peuvent être tenus relativement à l'aligne- « ment des maisons données ou de l'une ou plusieurs d'elles, sauf à obtenir « tous sursis, toutes indemnités, s'il y a lieu. »

(Arrêté du sursis du 18 juillet 1882.)

2. — Rue Quincampoix, 40 (*Partie*). (Ancien 10.)

Vente nationale du 1er prairial an VI. — LAUTOUR, adjudicataire. — M. DEMOUY, propriétaire en 1881.

CLAUSE. — Il (l'adjudicataire) sera aussi tenu de se conformer aux alignements, s'il y a lieu, qui pourraient lui être donnés par la Commission des travaux publics, lorsqu'il en sera requis et ce sans indemnité.

(Arrêté de sursis du 18 juillet 1882.)

3. — Rue Maubuée, 9.

Vente nationale du 27 décembre 1806. — CAMPONAUD, adjudicataire. — M. TERRADE, propriétaire en 1878.

CLAUSE. — Attendu que la présente maison est sujette à un retranchement de deux mètres vingt-sept centimètres, indiqué au plan par une ligne tracée en rouge foncé, l'adjudicataire ne pourra, en cas de vétusté, faire à la façade de ladite maison, sur la rue Maubuée, aucune reconstruction ni reconfortation qui puisse la consolider, mais il sera tenu de se conformer exactement à l'alignement qui lui est prescrit, et ce sans pouvoir exiger aucune indemnité.

4. — Rue du Roi-de-Sicile, 24 (*Partie*). (Anciennement rue des Droits-de-l'Homme, 30.) (Provenant de l'émigré Rumigny.)

Vente nationale du 29 floréal an VII. — LELIÈVRE, adjudicataire. — RABUTEAU, propriétaire en 1878.

CLAUSE. — Le dit adjudicataire sera tenu de se conformer, lorsqu'il en sera requis, aux retranchements qui seraient ou pourraient être projetés pour l'embellisse- ment et l'assainissement de cette commune, et ce sans pouvoir prétendre à aucune espèce d'indemnité.

(Arrêté de sursis du 3 janvier 1878. — Nouvel arrêté du 15 janvier 1884.)

5. — Rue Beaubourg, 20. (Ancien 24.)

Vente nationale du 23 fructidor an VII. — M. DELORME et Mme CHOLSON LACOMBE, adjudica- taires. — MM. STANDISH, propriétaires en 1879.

CLAUSE. — L'adjudicataire sera, en outre, tenu de se conformer aux charges d'usage et à tous les alignements, redressements, et de fournir tout terrain nécessaire, s'il y a lieu, sans pouvoir prétendre aucune indemnité.

(La propriété est alignée.)

6. — Rues Beaubourg, 18 (Ancien 22), **et Geoffroy-l'Angevin, 34.**

Vente par l'Administration des Hospices du 23 mai 1807. — POIRÉE, adjudicataire. — Mme CHOIZET propriétaire en 1879.

CLAUSE. — Art. 15. — L'adjudicataire sera tenu, lors des reconstructions ou reconfortations, de livrer le terrain nécessaire pour l'élargissement de la rue et de se conformer à tous alignements et retranchements qui pourront lui être prescrits par le Conseil des bâtiments civils, sans pouvoir prétendre aucune indemnité.

7 — Rue Beaubourg, 10. (Ancien 14.)

Vente par l'Administration des Hospices du 7 février 1812. — CARTIER, adjudicataire. — Mme Ve OZOUF, propriétaire en 1879.

CLAUSE. — Art. 15. — L'adjudicataire sera tenu, lors des reconstructions ou reconfortations, de livrer le terrain nécessaire pour l'élargissement de la rue et de se conformer à tous alignements et retranchements qui pourront lui être prescrits par le Conseil des bâtiments civils, sans pouvoir prétendre aucune indemnité.

8. — Rue des Écouffes, 9.

Vente nationale du 22 juin 1810. — ÉTIENNE AUGUSTIN, adjudicataire.

CLAUSE. — Cette maison est dans le cas de subir un retranchement sur la rue de cinquante et un centimètres ; lors de la reconstruction ou reconfortation du mur de face, l'adjudicataire sera tenu de souffrir ce retranchement et de se conformer à tous les alignements qui pourront lui être prescrits par le Conseil des bâtiments civils, et ce sans pouvoir exiger aucune indemnité.

9. — Rue Saint-Bon, 3. (Provenant de l'émigré Demguibert.)

Vente nationale du 25 mai 1811. — RICHARD, adjudicataire.

CLAUSE. — Attendu que cette maison est sujette à un retranchement de 0m,47 réduits au milieu, du côté de la maison n° 1 de 0m,40, et du côté de la maison n° 5 de 0m,54, l'adjudicataire ne pourra, en cas de vétusté, faire à ladite maison aucune réparation ni reconfortation qui puissent la consolider, mais il sera tenu de se conformer strictement aux règlements de police et de voirie, et ce sans indemnité.

(Exproprié pour l'ouverture de la rue de Rivoli.)

10. — Rue Brisemiche, 22. (A l'angle de la rue Pierre-au-Lard.)

Vente nationale du 11 novembre 1790. — MARIÉ, adjudicataire. — M. COLLET, propriétaire en 1880.

CLAUSE. — En cas de reconstruction de ladite maison, l'adjudicataire sera tenu de retrancher, pour l'alignement de la rue, la saillie dans la longueur de la face sur ladite rue, laquelle est évaluée à quatre toises un pied sur dix-huit pouces, dont il a été fait déduction dans la désignation de ladite maison.

(Propriété alignée.)

11. — Rue Saint-Antoine, 195, et impasse Guéménée. (Couvent des Filles de la Croix.)

Vente nationale du 14 pluviôse an V. — MONTAURIOL, adjudicataire.

(Cet immeuble est traversé par la rue projetée entre le Louvre et la place de la Bastille, projet aujourd'hui abandonné.)

12. — Rue du Figuier, 7. (Ancien 23.)

Vente nationale du 21 floréal an VII. — GALLET, adjudicataire. — M. RUCKERT, propriétaire en 1878.

CLAUSE. — L'adjudicataire sera tenu, dès qu'il en sera requis, de se conformer aux alignements arrêtés par la Commission des travaux publics, et ce sans indemnité.

(Arrêté de sursis du 31 mars 1874.)

13. — Rue Saint-Antoine, 94. (Provenant de l'émigré Dallouvelle.)

Vente nationale du 17 prairial an VII. — HUIN, adjudicataire. — M. ALABÉATRICE, proprié- taire en 1878.

CLAUSE. — L'adjudicataire sera tenu de se conformer aux alignements qui seraient ou pourraient être projetés pour l'embellissement et l'assainissement de la commune par la Commission des travaux publics, lorsqu'il en serait requis, et ce sans pouvoir prétendre à aucune espèce d'indemnité.

(Arrêté de sursis du 2 novembre 1867. — Nouvel arrêté du 10 juillet 1882.)

14. — Rue de l'Ave-Maria, 4. (Anciennement rue des Barrés-Saint-Paul.)

Vente nationale des 17 fructidor an VI et 24 vendémiaire an IX. — DEMARCHE et IGNARD adjudicataires. — M. FAUVEAU, propriétaire en 1885.

CLAUSE. — L'adjudicataire sera tenu, dès qu'il en sera requis, de se conformer aux alignements arrêtés par la Commission des travaux publics, et ce sans indem- nité.

(Arrêté de sursis du 15 décembre 1880.) — Nouvel arrêté du 24 juillet 1885

15. — Rue du Prévôt, 12. (Anciennement rue Percée, 8.) (Provenant de l'émigré Hennequin d'Ecquevilly.)

Vente nationale du 15 juillet 1808. — ARNOUB, adjudicataire.

CLAUSE. — Attendu que la présente maison est sujette à un retranchement de 0m,85 (2 pieds 8 pouces environ) sur la rue Percée, tracée au plan par une ligne rouge, l'adjudicataire ne pourra faire, en cas de vétusté, à la façade de ladite maison, sur ladite rue, aucunes réparations ni reconfortations qui puissent la consolider, mais il sera tenu de se conformer à l'alignement qui lui est prescrit, et ce sans indemnité.

16. — **Rue Saint-Antoine, 164, et passage Saint-Pierre.**

Vente nationale du 24 vendémiaire an VI. — Philippe, adjudicataire. — M. Lambin, propriétaire en 1880.

Clause. — Supporter encore, s'il était nécessaire, les alignements arrêtés par la Commission des travaux publics, et ce sans indemnité.

---

17. — **Passage Saint-Pierre, 1.** (Provenant de la fabrique de Saint-Paul.)

Vente nationale du 28 fructidor an IV. — Cochay, adjudicataire. — M. Hannequin, propriétaire en 1880.

Clause. — L'acquéreur sera tenu de fournir le terrain nécessaire pour le percement d'une nouvelle rue.

---

18. — **Passage Saint-Pierre, 5 et 7.** (Provenant de la fabrique de Saint-Paul.)

Vente nationale du 28 fructidor an IV. — Berger, adjudicataire. — M. Texier, propriétaire en 1880.

Clause. — L'acquéreur sera tenu, ainsi qu'il s'y est obligé, de fournir le terrain nécessaire pour l'ouverture d'une nouvelle rue, le tout sans indemnité.

---

19. — **Passage Saint-Pierre, 3.** (Provenant de la fabrique de Saint-Paul.)

Vente nationale du 18 thermidor an IV. — Millet, adjudicataire. — M. Gamard, propriétaire en 1880.

Clause. — Ladite vente a été faite à la charge, par l'acquéreur, de se conformer, sans indemnité, à l'alignement de la nouvelle rue.

---

20. — **Passage Saint-Pierre, 9, 11 et 13.** (Provenant de la fabrique Saint-Paul.)

Vente nationale du 29 messidor an V. — Rotrou, adjudicataire. — MM. Draqueville (pour le n° 9), Duclos Jean (pour le n° 11), et Duclos Joseph (pour le n° 13), propriétaires en 1880.

Clause. — L'adjudicataire sera tenu de fournir, quand il en sera requis, et ce sans indemnité, le terrain nécessaire pour le percement d'une nouvelle voie.

---

21. — **Rue Saint-Paul, 38.** (Provenant de la prison Saint-Éloi.)

Vente nationale du 25 vendémiaire an V. — Susse, adjudicataire. — MM. les héritiers Bailleon, propriétaires en 1880.

Clause. — Lors de la reconstruction de la maison, on se conformera aux alignements qui seront donnés par la Voyerie, et l'acquéreur ne pourra prétendre aucune indemnité pour le terrain qui serait pris sur sa propriété pour l'agrandissement du passage.

---

21 bis. — **Passage Saint-Pierre.** (Provenant du presbytère et du cimetière Saint-Paul.)

Vente nationale du 25 vendémiaire an V. — Susse, adjudicataire. — MM. Mainé, Flavigny et Masson, propriétaires en 1880.

Clause. — Lors de la reconstruction de la maison, on se conformera aux alignements qui seront donnés par la Voyerie, et l'acquéreur ne pourra prétendre aucune indemnité pour le terrain qui serait pris sur sa propriété pour l'agrandissement du passage.

---

22 — **Rue Saint-Paul et passage Saint-Pierre.** (Provenant de la fabrique de Saint-Paul.)

Vente nationale du 6 nivôse an V. — Susse, adjudicataire. — M. Reinhard, Mᵐᵉ Buesta et la Ville de Paris, propriétaires en 1880.

Clause. — Dans un acte du 18 thermidor an VIII, Mᵉ Dumez, notaire, on lit : « ce terrain sera clos sur la rue Saint-Paul, dans les alignements qui seront donnés par le Préfet du département de la Seine.

---

23. — **Rue de la Cerisaie.** (Provenant des Célestins.)

Vente nationale du 12 thermidor an X. — Devassan, adjudicataire.

Clause. — L'acquéreur sera tenu de fournir le terrain nécessaire pour la confection de la rue projetée en prolongation de celle percée le long du terrain des Filles-Sainte-Marie de la rue Saint-Antoine, et passant sur le terrain des maisons du citoyen Vassan et sur ledit terrain, ainsi qu'il est désigné sur le plan par deux lignes tracées en rouge.

---

24. — **Rue des Lions-Saint-Paul, 12.** (Bien d'émigré.)

Vente nationale du 29 août 1807. — Violette, adjudicataire.

Clause. — Attendu que la présente maison est sujette à un retranchement indiqué au plan par une ligne rouge, l'adjudicataire ne pourra, en cas de vétusté, faire à la façade de ladite maison aucune réparation ni reconfortation qui puissent la consolider, mais il sera tenu de se conformer à l'alignement prescrit et d'abandonner le terrain nécessaire à l'élargissement de ladite rue, et ce sans indemnité.

---

25. — **Rues Castex et de la Cerisaie.** (Provenant des religieuses de la Visitation Sainte-Marie.)

Vente nationale du 18 septembre 1821. — Marchand, adjudicataire.

Clause. — Il (l'adjudicataire) sera encore tenu de se conformer aux alignements qui lui seront donnés sur la rue de la Cerisaye, et ce sans aucune indemnité.
(La propriété a été enlevée par le boulevard Henri IV.)

---

26. — **Rues Castex et Saint-Antoine.** (Provenant des religieuses de la Visitation Sainte-Marie.)

Vente nationale du 3 thermidor an IV. — Bauneau, adjudicataire.

Clause. — Fournir le terrain nécessaire pour le percement d'une nouvelle rue, sans pouvoir exercer aucun recours en indemnité contre la République venderesse.

---

27. — **Rues Chanoinesse, de la Colombe, et Basse-des-Ursines.**

Vente nationale du 28 septembre 1791. — Varin, adjudicataire.

Clause. — La partie de logement élevée au-dessus de la porte dite des Marmouzets, joignant le bâtiment sur la rue du Cloître, et distinguée sur le plan joint au procès-verbal d'estimation de la présente maison par des hachures en rouge, ne restera qu'autant qu'elle ne gênera point la voie publique, et sera démolie à la première réquisition d'un des corps administratifs.
(La clause est exécutée.)

---

28. — **Rue de la Cerisaie, 6.** (Provenant du Couvent de Sainte-Marie.)

Vente nationale du 21 février 1807. — Ladoux, adjudicataire.

Clause. — Attendu que la présente maison est sujette à un retranchement de deux mètres, indiqué au plan par une ligne tracée en rouge foncé, l'adjudicataire ne pourra, en cas de vétusté, faire à la façade de ladite maison, sur la rue de la Cerisaie, aucune réparation ni reconfortation qui puisse la consolider, mais il sera tenu de se conformer à l'alignement prescrit; en outre, il sera tenu de fournir le terrain nécessaire pour l'exécution de la rue projetée, le tout sans pouvoir exiger aucune indemnité.
(La propriété a été expropriée pour l'ouverture du boulevard Henri IV.)

---

29. — **Rue de Sévigné, 30.** (Anciennement rue Culture-Sainte-Catherine).

Vente nationale du 2 novembre 1810. — Mᵐᵉ Gallot, adjudicataire. — M. Fleury, propriétaire en 1880.

Clause. — Attendu que la présente maison est sujette à un retranchement de deux mètres, indiqué au plan par une ligne tracée en rouge foncé, l'adjudicataire ne pourra, en cas de vétusté, faire à la façade de ladite maison, sur la rue de la Cerisaie, aucune réparation ni reconfortation qui puisse la consolider, mais il sera tenu de se reculer et de se conformer à l'alignement qui lui sera donné, sans, pour ce, pouvoir répéter aucune indemnité.

---

30. — **Rue du Temple, 55.** (Anciennement rue Sainte-Avoye, 35.)

Vente par l'Administration des Hospices du 8 novembre 1811. — Le Conte, adjudicataire. — M. Berthault, propriétaire en 1880.

Clause. — Art. 15. — L'adjudicataire sera tenu, lors des reconstructions ou reconfortations, de livrer le terrain nécessaire pour l'élargissement de la rue et de se conformer à tous alignements et retranchements qui pourront lui être prescrits par le Conseil des bâtiments civils, sans pouvoir prétendre aucune indemnité.

---

31. — **Rue Pierre-au-Lard, 14.** (Ancien 8.)

Vente par l'Administration des Hospices du 5 janvier 1810. — Boisnoun, adjudicataire. — M. Deville, propriétaire en 1881.

Clause. — Art. 15. — L'adjudicataire sera tenu, lors des reconstructions ou reconfortations, de livrer le terrain nécessaire pour l'élargissement de la rue et de se conformer à tous alignements et retranchements qui pourront lui être prescrits par le Conseil des bâtiments civils, sans pouvoir prétendre aucune indemnité.

---

32. — Rue Brisemiche, 32. (Anciennement rue du Poirier, 16.)

Vente par l'Administration des Hospices du 8 novembre 1811. — Héraux, adjudicataire. — M. Hémet, propriétaire en 1881.

Clause. — Art. 15. — L'adjudicataire sera tenu, lors des reconstructions ou reconfortations, de livrer le terrain nécessaire pour l'élargissement de la rue et de se conformer à tous alignements et retranchements qui pourront lui être prescrits par le Conseil des bâtiments civils, sans pouvoir prétendre aucune indemnité.

---

33. — Rue Simon-le-Franc, 29. (Anciens 33 et 35, à l'angle de la rue Brisemiche, 16.)

Vente par l'Administration des Hospices du 8 novembre 1811. — Héraux, adjudicataire. — M. Hémet, propriétaire en 1881.

Clause. — Art. 15. — L'adjudicataire sera tenu, lors des reconstructions ou reconfortations, de livrer le terrain nécessaire pour l'élargissement de la rue et de se conformer à tous alignements et retranchements qui pourront lui être prescrits par le Conseil des bâtiments civils, sans pouvoir prétendre aucune indemnité.

---

34. — Rue Simon-le-Franc, 9. (Ancien 11.)

Vente par l'Administration des Hospices du 10 mai 1811. — Comartin, adjudicataire. — Dumez, propriétaire en 1881.

Clause. — Art. 15. — L'adjudicataire sera tenu, lors des reconstructions ou reconfortations, de livrer le terrain nécessaire pour l'élargissement de la rue et de se conformer à tous alignements et retranchements qui pourront lui être prescrits par le Conseil des bâtiments civils, sans pouvoir prétendre aucune indemnité.

---

35. — Rues des Mauvais-Garçons, 10 (Ancien 26), **et Bourtibourg, 9.** (Ancien 37.)

Vente par l'Administration des Hospices du 26 juillet 1811. — Meuriot, adjudicataire. — M. Allain, propriétaire en 1881.

Clause. — Art. 15. — L'adjudicataire sera tenu, lors des reconstructions ou reconfortations, de livrer le terrain nécessaire pour l'élargissement de la rue et de se conformer à tous alignements et retranchements qui pourront lui être prescrits par le Conseil des bâtiments civils, sans pouvoir prétendre aucune indemnité.

---

36. — Rue des Rosiers, 34. (Ancien 26.)

Vente par l'Administration des Hospices du 20 décembre 1811. — Chavignaud, adjudicataire. — Mme Rouillon, Deslandes et Chesnay, propriétaires en 1881.

Clause. — Art. 15. — L'adjudicataire sera tenu, lors des reconstructions ou reconfortations, de livrer le terrain nécessaire pour l'élargissement de la rue et de se conformer à tous alignements et retranchements qui pourront lui être prescrits par le Conseil des bâtiments civils, sans pouvoir prétendre aucune indemnité.

---

37. — Rue Vieille-du-Temple, 49. (Ancien 53.)

Vente par l'Administration des Hospices du 24 mai 1811. — Martin, adjudicataire. — M. Bouscatel, propriétaire en 1881.

Clause. — Art. 15. — L'adjudicataire sera tenu, lors des reconstructions ou reconfortations, de livrer le terrain nécessaire pour l'élargissement de la rue et de se conformer à tous alignements et retranchements qui pourront lui être prescrits par le Conseil des bâtiments civils, sans pouvoir prétendre aucune indemnité.

---

38. — Rues des Blancs-Manteaux, 9, et des Guillemites, 12. (Anciennement rue des Singes, 14.)

Vente par l'Administration des Hospices du 20 décembre 1811. — Morel et Ve Guyot, adjudicataires. — M. Jouandon, propriétaire en 1881.

Clause. — Art. 15. — L'adjudicataire sera tenu, lors des reconstructions ou reconfortations, de livrer le terrain nécessaire pour l'élargissement de la rue et de se conformer à tous alignements et retranchements qui pourront lui être prescrits par le Conseil des bâtiments civils, sans pouvoir prétendre aucune indemnité.

---

39. — Rue Cloche-Perce, 8.

Vente par l'Administration des Hospices du 22 novembre 1811. — Fournier, adjudicataire.

Clause. — Art. 15. — L'adjudicataire sera tenu, lors des reconstructions ou reconfortations, de livrer le terrain nécessaire pour l'élargissement de la rue et de se conformer à tous alignements et retranchements qui pourront lui être prescrits par le Conseil des bâtiments civils, sans pouvoir prétendre aucune indemnité.

(Exproprié et démoli.)

40. — Rues Sainte-Croix-de-la-Bretonnerie, 9 (Ancien 11), **et du Bourg-Tibourg, 27.**

Vente par l'Administration des Hospices du 7 février 1812. — Coppin, adjudicataire. — Les héritiers Bernard, propriétaires en 1881.

Clause. — Art. 15. — L'adjudicataire sera tenu, lors des reconstructions ou reconfortations, de livrer le terrain nécessaire pour l'élargissement de la rue et de se conformer à tous alignements et retranchements qui pourront lui être prescrits par le Conseil des bâtiments civils, sans pouvoir prétendre aucune indemnité.

---

41. — Place des Vosges (Anciennement Place Royale), **et rue de Birague** (Anciennement rue Royale). (Provenant de l'émigré Bonneval.)

Vente nationale du 17 pluviôse an VII. — Muller, adjudicataire.

Clause. — L'adjudicataire est sévèrement tenu de laisser à perpétuité les dimensions des deux passages de la rue à la place de l'Indivisibilité, ainsi que celles de la galerie publique donnant sur ladite place, sans y pouvoir faire aucun changement. Par suite, et dans le cas où il y aurait des réparations à faire aux façades, l'adjudicataire sera pareillement et sévèrement tenu de les faire sans rien changer tant à la décoration desdites deux façades qu'au genre de matériaux qui y sont employés.

Il en sera de même pour les pieds droits et voûtes des passages et galeries publiques. Ces clauses sont de rigueur, à moins que le Gouvernement n'en décide autrement.

Ledit adjudicataire sera tenu de se soumettre, s'il y a lieu, aux alignements qui pourraient lui être donnés par les Travaux publics, et ce sans indemnité.

---

42. — Rue de Turenne, 16, et place des Vosges, 15. (Provenant de l'émigré Lechanteur.)

Vente nationale du 8 fructidor an VIII. — Belon, adjudicataire. — M. Sés, propriétaire en 1881.

Clause. — Ledit adjudicataire sera, en outre, tenu, dès qu'il en sera requis, de se conformer aux alignements arrêtés par la Commission des travaux publics, et ce sans indemnité.

(Exécutée.)

---

43. — Rue Saint-Antoine, 194.

Vente par l'Administration des Hospices du 27 septembre 1811. — Huot, adjudicataire. — M. Bon, propriétaire en 1881.

Clause. — Art. 15. — L'adjudicataire sera tenu, lors des reconstructions ou reconfortations, de livrer le terrain nécessaire pour l'élargissement de la rue et de se conformer à tous alignements et retranchements qui pourront lui être prescrits par le Conseil des bâtiments civils, sans pouvoir prétendre aucune indemnité.

---

44. — Boulevard Bourdon, rue Jacques-Cœur et rue de la Cerisaie. (Provenant de l'Enclos de l'Arsenal.)

Vente nationale du 7 juillet 1840. — Laru, adjudicataire. — MM. Froissard et Thomas propriétaires en 1880.

Clause. — Ce lot se trouve retranchable, pour l'alignement, d'environ quatre mètres dix-sept centimètres sur le boulevard Bourdon, à son extrémité vers le midi, et de deux mètres soixante-quinze centimètres au droit de la ligne séparative du troisième lot.

Cette indication ne porte aucune atteinte au droit qu'aura l'adjudicataire d'exiger, de la Ville de Paris, l'indemnité d'usage. . . . .

---

45. — Rue des Barres, 8 ancien.

Vente nationale du 24 prairial an VI. — Perdrisset et Vaucaire, adjudicataires. — M. Bourget, propriétaire en 1881.

Clause. — L'acquéreur du présent domaine sera tenu de se conformer aux alignements, s'il y a lieu, qui pourraient lui être donnés par la Commission des travaux publics, et ce sans indemnité.

---

46. — Rue Geoffroy-l'Angevin, 26.

Vente par l'Administration des Hospices du 9 juillet 1813. — Janton, adjudicataire. — M. Pontic, propriétaire en 1881.

Clause. — Art. 15. — L'adjudicataire sera tenu, lors des reconstructions ou reconfortations, de fournir le terrain nécessaire pour l'élargissement de la rue et de se conformer à tous alignements et retranchements qui pourront lui être prescrits par le Conseil des bâtiments civils, sans pouvoir prétendre aucune indemnité.

47. — Rues Cloche-Perce, 16, et du Roi-de-Sicile. 25. (Ancien 43.)

Vente par l'Administration des Hospices du 21 mai 1813. — V⁰ᵉ Delorme, adjudicataire.

Clause. — Art. 15. — L'adjudicataire sera tenu, lors des reconstructions ou reconfortations, de livrer le terrain nécessaire pour l'élargissement de la rue et de se conformer à tous alignements et retranchements qui pourront lui être prescrits par le Conseil des bâtiments civils, sans pouvoir prétendre aucune indemnité.

48. — Rue des Nonnains-d'Hyères, 37. (A l'angle de la rue de Jouy.)

Vente par l'Administration des Hospices du 8 mai 1812. — Leclerc, adjudicataire. — M. Reuplet, propriétaire en 1881.

Clause. — Art. 15. — L'adjudicataire sera tenu, lors des reconstructions ou reconfortations, de livrer le terrain nécessaire pour l'élargissement de la rue et de se conformer à tous alignements et retranchements qui pourront lui être prescrits par le Conseil des bâtiments civils, sans pouvoir prétendre aucune indemnité.

(Propriété alignée.)

49. — Rue Brisemiche, 13. (Anciennement rue du Poirier, 9.)

Vente par l'Administration des Hospices du 5 janvier 1810. — Janton, adjudicataire. — M. Lesouef, propriétaire en 1881.

Clause. — Art. 15. — L'adjudicataire sera tenu, lors des reconstructions ou reconfortations, de livrer le terrain nécessaire pour l'élargissement de la rue et de se conformer à tous alignements et retranchements qui pourront lui être prescrits par le Conseil des bâtiments civils, sans pouvoir prétendre aucune indemnité.

50. — Rue Saint-Merry, 33. (A l'angle de la rue Brisemiche.)

Vente par l'Administration des Hospices du 12 juin 1812. — Briand, adjudicataire.

Clause. — Art. 15. — L'adjudicataire sera tenu, lors des reconstructions ou reconfortations, de livrer le terrain nécessaire pour l'élargissement de la rue et de se conformer à tous alignements et retranchements qui pourront lui être prescrits par le Conseil des bâtiments civils, sans pouvoir prétendre aucune indemnité.

(Démoli.)

51. — Rues des Blancs-Manteaux, 1, et Vieille-du-Temple, 51.

Vente par l'Administration des Hospices du 14 janvier 1814. — Eudes, adjudicataire. — M. Prévotel, propriétaire en 1882.

Clause. — Art. 15. — L'adjudicataire sera tenu, lors des reconstructions ou reconfortations, de livrer le terrain nécessaire pour l'élargissement de la rue et de se conformer à tous alignements et retranchements qui pourront lui être prescrits par le Conseil des bâtiments civils, sans pouvoir prétendre aucune indemnité.

52. — Rue des Blancs-Manteaux, 3.

Vente par l'Administration des Hospices du 20 décembre 1811. — Lapeyre, adjudicataire. — M. Wargny, propriétaire en 1882.

Clause. — Art. 15. — L'adjudicataire sera tenu, lors des reconstructions ou reconfortations, de livrer le terrain nécessaire pour l'élargissement de la rue et de se conformer à tous alignements et retranchements qui pourront lui être prescrits par le Conseil des bâtiments civils, sans pouvoir prétendre aucune indemnité.

53. — Rue des Blancs-Manteaux, 5.

Vente par l'Administration des Hospices du 31 janvier 1812. — Datessen, adjudicataire. — M. Guyot, propriétaire en 1882.

Clause. — Art. 15 — L'adjudicataire sera tenu, lors des reconstructions ou reconfortations, de livrer le terrain nécessaire pour l'élargissement de la rue et de se conformer à tous alignements et retranchements qui pourront lui être prescrits par le Conseil des bâtiments civils, sans pouvoir prétendre aucune indemnité.

54. — Rue des Blancs-Manteaux, 7.

Vente par l'Administration des Hospices du 20 décembre 1811. — Morel et Vᵉ Guyot, adjudicataires. — M. Guyot, propriétaire en 1882.

Clause. — Art. 15. — L'adjudicataire sera tenu, lors des reconstructions ou reconfortations, de livrer le terrain nécessaire pour l'élargissement de la rue et de se conformer à tous alignements et retranchements qui pourront lui être prescrits par le Conseil des bâtiments civils, sans pouvoir prétendre aucune indemnité.

55. — Rue Geoffroy-Lasnier, 34.

Vente par l'Administration des Hospices du 4 juillet 1807. — Bonnery, adjudicataire. — Les héritiers Gautier, propriétaires en 1885.

Clause. — Art. 15. — L'adjudicataire sera tenu, lors des reconstructions ou reconfortations, de livrer le terrain nécessaire pour l'élargissement de la rue et de se conformer à tous alignements et retranchements qui pourront lui être prescrits par le Conseil des bâtiments civils, sans pouvoir prétendre aucune indemnité.

56. — Rue Geoffroy-Langevin, 3.

Vente nationale des 24, 28 ventôse et 1ᵉʳ germinal an V. — Rousseau, adjudicataire.

Clause. — Dans un contrat du 23 thermidor an XII, il est dit :

1° L'acquéreur ne pourra exercer contre le vendeur, ainsi qu'il y consent, aucune espèce de recours ou répétition, pour raison des pertes…,. et encore pour raison des pertes et dommages que pourrait essuyer le propriétaire par la suite, pour cause d'alignement, nouvelle limite et obligation de démolir;

2° Il souffrira aussi toutes les servitudes qui pourraient exister sur ledit terrain passivement et se conformera aux clauses particulières à cet égard des procès-verbaux ci-dessus énoncés.

57. — Quai de Béthune, 20. (Ancien 8.) (Provenant des fils Choart, émigrés.)

Vente nationale du 3 fructidor an VII. — Vᵉ Choart, adjudicataire. — Mᵐᵉ Vᵉ Arrea, propriétaire en 1885.

Clause. — L'adjudicataire sera tenu de souffrir, lorsqu'il en sera requis, tout retranchement et alignement arrêtés par la Commission des travaux publics, et ce sans indemnité.

(L'acte ci-dessus n'a adjugé à Mᵐᵉ Choart que la moitié de l'immeuble n° 20.)

58. — Rues de la Lanterne, du Haut-Moulin et de Glatigny. (Église Saint-Denis-de-la-Châtre.)

Vente nationale du 29 frimaire an VII. — Duhamel, adjudicataire.

Clause. — Les adjudicataires seront tenus de supporter, sans aucun recours contre les vendeurs, les retranchements projetés pour l'élargissement des rues de la Lanterne et du Haut-Moulin.

(Démoli.)

59. — Rues Saint-Antoine, 103, et de Sévigné, 2 et 4. (Anciennement rue Culture-Sainte-Catherine.)

Vente nationale du 19 août 1791. — Duplan, adjudicataire. — M. Weber, propriétaire en 1883.

Clause. — Dans les trois mois qui suivront l'expiration du bail du sieur Duplan, l'adjudicataire sera tenu de combler à ses frais la cave qui est sous la rue de la Culture-Sainte-Catherine, et de faire faire aussi à ses frais le raccord du pavé de la rue, afin d'assurer la sécurité publique.

60. — Rue de Jarente, 8. (Anciennement 10, plus anciennement, 10, 12, 14.)

Vente nationale du 27 septembre 1791. — Barré, adjudicataire. — MM. Mastier et Ballot, propriétaires en 1883.

Clause. — A la première réquisition de la municipalité, l'adjudicataire sera tenu de retrancher à ses frais une partie du petit bâtiment joint à la présente maison afin de rentrer dans l'alignement….. Il sera aussi tenu de combler à ses frais les parties de caves qui pourraient s'étendre sous la rue de Jarente.

61. — Rue Saint-Antoine, 141.

Vente nationale du 7 fructidor an VII. — Symonet, adjudicataire. — M. Gillet, propriétaire en 1883.

Clause. — L'adjudicataire sera tenu de se conformer aux charges d'usage et à tous alignements, redressements et de fournir tout terrain nécessaire, s'il y a lieu, et ce sans pouvoir prétendre à aucune indemnité.

62. — Rue Caron, 3. (Anciennement rue du Colombier-Saint-Antoine.)

Vente nationale du 27 septembre 1791. — Lecorbeiller, adjudicataire. — M. Husting, propriétaire en 1883.

Clause. — A la première réquisition de la municipalité, l'adjudicataire sera tenu de rentrer dans l'alignement ainsi qu'il est tracé sur le plan par la ligne rouge; en conséquence, il sera obligé de démolir une partie de l'aile adossée sur la maison voisine et une partie des terres de la cour qui sont soutenues par un mur d'appui sur lequel est posée la grille que le sieur Turcot réclame.

Ce mur sera également démoli et l'adjudicataire en reconstruira un autre pour se conformer au nouvel alignement, et tous les matériaux provenant de ces démolitions lui appartiendront.

63. — Rue du Cloître-Notre-Dame, 10.

M. DE LA FERRIÈRE, propriétaire, s'est engagé à se mettre à l'alignement le 1er avril 1836.
(Lettre au Préfet de la Seine du 27 juin 1875.)

64. — Rues des Marmouzets et du Chevet-Saint-Landry.

Vente nationale du 28 octobre 1791. — GARNIER, adjudicataire.

CLAUSE. — La maison présentement vendue saille sur la rue des Marmouzets d'environ dix-huit pouces et sur la rue du Chevet d'environ huit pouces et surplombe au rez-de-chaussée.

Dans le cas où par un règlement de la voirie l'adjudicataire serait obligé de supprimer cette saillie et de se renfermer dans l'alignement qui serait prescrit pour la reconstruction de la maison dont il s'agit, il ne pourra prétendre aucune indemnité contre la municipalité.

(Démoli.)

65. — Rues de la Juiverie, des Marmouzets et de la Licorne. (Église de la Madeleine.)

Vente nationale du 21 août 1793. — SANDRIÉ, adjudicataire.

CLAUSE. — Dans le cas où l'adjudicataire viendrait à changer la disposition des dits église et bâtiment y réunis, il sera tenu de s'entendre avec les commissaires à la voirie de la commune de Paris, pour raison du reculement dont les dits bâtiments sont susceptibles, notamment sur la rue de la Juiverie, lequel reculement est indiqué par une ligne rouge et marquée des lettres AB sur le plan dont il sera donné copie, le tout à l'expiration des baux tant de la dite église que des dits bâtiments.

(Démoli.)

66. — Rues Cocatrix et des Trois-Canettes. (Provenant de la déchéance Gadblée.)

Vente nationale du 31 octobre 1820. — DE MAUPERCHÉ, adjudicataire.

CLAUSE. — Il (l'adjudicataire) sera tenu de se conformer aux alignements sur les rues Cocatrix et des Trois-Canettes, lorsqu'il en sera requis et ce sans pouvoir prétendre aucune indemnité.

(Démoli.)

67. — Rue Saint-Martin, 119. (Ancien 63.) (Provenant de la Communauté des Merciers et Bonnetiers.)

Vente nationale du 17 pluviôse an VIII. — BLONDEAU, adjudicataire. — M. DE BEAUREGARD, propriétaire en 1882.

68. — Rue de la Licorne, 6 et 8.

Vente par l'Administration des Hospices du 23 mai 1807. — PERDUCET, adjudicataire.

Art. 15. — L'adjudicataire sera tenu, lors des reconstructions ou reconfortations, de livrer le terrain nécessaire pour l'élargissement de la rue et de se conformer à tous alignements et retranchements qui pourront lui être prescrits par le Conseil des bâtiments civils, sans pouvoir prétendre aucune indemnité.

(Démoli.)

69. — Place de l'Hôtel-de-Ville.

Vente par l'Administration des Hospices du 1er octobre 1816. — DESFONTAINES, adjudicataire.

CLAUSE. — Art. 15. — L'adjudicataire sera tenu, lors des reconstructions ou reconfortations, de livrer le terrain nécessaire pour l'élargissement de la rue et de se conformer à tous alignements et retranchements qui pourront lui être prescrits par le Conseil des bâtiments civils, sans pouvoir prétendre aucune indemnité.

(Démoli.)

70. — Rues de la Tixeranderie, 28, du Mouton, 2 et 4, et place de l'Hôtel-de-Ville, 8.

Vente par l'Administration des Hospices des 1er octobre 1816. — LABOURET, adjudicataire.

CLAUSE. — Art. 15. — L'adjudicataire sera tenu, lors des reconstructions ou reconfortations, de livrer le terrain nécessaire pour l'élargissement de la rue et de se conformer à tous alignements ou retranchements qui pourront lui être prescrits par le Conseil des bâtiments civils, sans pouvoir prétendre aucune indemnité.

(Démoli.)

71. — Rues de la Tixeranderie, 42, et des Vieilles-Garnisons.

Vente par l'Administration des Hospices des 9 et 23 août 1811. — BOUTRAIS, adjudicataire.

CLAUSE. — Art. 15. — L'adjudicataire sera tenu, lors des reconstructions ou reconfortations, de livrer le terrain nécessaire pour l'élargissement de la rue et de se conformer à tous alignements et retranchements qui pourront lui être prescrits par le Conseil des bâtiments civils, sans pouvoir prétendre aucune indemnité.

La Ville de Paris a acquis de Boutrais par acte administratif du 30 décembre 1828.

(Démoli.)

72. — Rues du Martrois et du Pet-au-Diable (ou du Tourniquet). (Ancienne église de Saint-Jean-en-Grève.)

Vente nationale du 13 nivôse an VIII. — LECOMPTE, adjudicataire.

CLAUSE. — ... Enfin l'acquéreur sera soumis à tous autres alignements qui pourront être déterminés.

(Démoli.)

73. — Rue de l'Hôtel-de-Ville, 154. (Anciennement rue de la Mortellerie, 2.) (Ancien arsenal de la Ville.)

Échange entre le Directoire exécutif et le citoyen PERON, du 18 messidor an VI.

CLAUSE. — Suivant la disposition du plan de Paris, qui a été consulté, ledit domaine est sujet sur la rue de la Mortellerie à un retranchement de quatre pieds environ, comme il est indiqué par une grosse ligne rouge au plan joint au procès-verbal d'estimation dudit domaine et l'un et l'autre ci-devant annexés à la minute des présentes, lequel retranchement les citoyen et citoyenne Peron seront tenus de souffrir sans aucune indemnité, lors de la reconstruction du mur de face.

(Démoli.)

74. — Rue des Blancs-Manteaux, 49. (Ancien 41.) (Provenant des émigrés Laferronnaye.)

Vente nationale des 7 et 9 floréal an VI — VERNOURY, adjudicataire des 4/5 de la propriété. — M. POISSANT, propriétaire en 1883.

CLAUSE. — L'adjudicataire sera tenu, dès qu'il en sera requis, de se conformer aux alignements arrêtés par la Commission des Travaux publics, et ce sans indemnité.

75. — Rue du Petit-Crucifix, 7.

Vente par l'Administration des Hospices du 24 juillet 1821. — PRÉPLU, adjudicataire. — DELONDEZ et CONTZ, expropriés suivant jugement du 28 août 1852.

CLAUSE. — Art. 15. — L'adjudicataire sera tenu, lors des reconstructions ou reconfortations, de livrer le terrain nécessaire pour l'élargissement de la rue et de se conformer à tous alignements et retranchements qui pourront lui être prescrits par le Conseil des bâtiments civils, sans pouvoir prétendre aucune indemnité.

(Démoli.)

76. — Petite rue de Marivaux.

Vente nationale du 7 juillet 1812. — BIGNON, adjudicataire.

CLAUSE. — Le terrain présentement mis en vente étant sujet à un retranchement de 1m,46 par un côté et de 1m,30 de l'autre environ pour élargir la petite rue de Marivaux, l'adjudicataire d'icelui sera tenu de se conformer audit alignement tel qu'il est indiqué au plan par une ligne rouge et ce quand il en sera requis et sans pouvoir prétendre aucune indemnité.

Une délibération du Conseil municipal du 3 décembre 1841 a classé cette clause dans la première catégorie.

(Démoli.)

77. — Rue de la Vieille-Monnaie, 7 et 9.

Vente par l'Administration des Hospices du 2 mars 1810. — BÉNARD, adjudicataire. — Mme LETAILLEUR, expropriée suivant jugement du 15 novembre 1854.

CLAUSE. — Art. 15. — L'adjudicataire sera tenu, lors des reconstructions ou reconfortations, de livrer le terrain nécessaire pour l'élargissement de la rue et de se conformer à tous alignements et retranchements qui pourront lui être prescrits par le Conseil des bâtiments civils, sans pouvoir prétendre aucune indemnité.

(Démoli.)

78. — Rue Saint-Antoine, 67. (Ancien 53.)

Vente nationale du 7 messidor an VI. — PICARD, adjudicataire. — NICOLARDOT, exproprié suivant jugement du 15 novembre 1854.

CLAUSE. — L'acquéreur sera tenu de se conformer aux alignements. s'il y a lieu, qui pourront lui être donnés par la Commission des travaux de la Ville, et ce sans indemnité.

Une délibération du Conseil municipal du 3 décembre 1841 avait classé cette clause dans la troisième catégorie.

(Démoli.)

79. — Rue du Roi-de-Sicile, 39. (Ancien 37.)

Vente par l'Administration des Hospices du 13 janvier 1815. — Monpansier, adjudicataire. — Mᵐᵉ Vᵛᵉ Andollent, expropriée suivant jugement du 15 novembre 1854.

Clause. — Art. 15. — L'adjudicataire sera tenu, lors des reconstructions ou reconfortations, de livrer le terrain nécessaire pour l'élargissement de la rue et de se conformer à tous élargissements ou retranchements qui pourront lui être prescrits par le Conseil des bâtiments civils, sans pouvoir prétendre aucune indemnité.

(Démoli.)

---

80. — Rues Tiron 7, et du Roi-de-Sicile, 37. (Angle.)

Vente par l'Administration des Hospices du 6 mars 1812. — Dumont, adjudicataire. — Mᵐᵉ Vᵛᵉ Demongeot, expropriée suivant jugement du 15 novembre 1854.

Clause. — Art. 15. — L'adjudicataire sera tenu, lors des reconstructions ou reconfortations, de livrer le terrain nécessaire pour l'élargissement de la rue et de se conformer à tous alignements et retranchements qui pourront lui être prescrits par le Conseil des bâtiments civils, sans pouvoir prétendre aucune indemnité.

(Démoli.)

---

81. — Rue des Arcis, 53. (Ancien 37.)

Vente nationale du 19 ventôse an VII. — Baunet, adjudicataire. — Dubail, exproprié suivant jugement du 28 août 1852.

Clause. — L'adjudicataire sera tenu, dès qu'il en sera requis, de se conformer aux alignements arrêtés par la Commission des travaux publics, et ce sans indemnité.

Une délibération du Conseil municipal du 3 décembre 1841 a classé cette clause dans la première catégorie.

(Démoli.)

---

82. — Rue de la Verrerie, 97.

Vente par l'Administration des Hospices du 19 mai 1811. — Morel, adjudicataire. — La Ville de Paris, propriétaire.

Clause. — Art. 15. — L'adjudicataire sera tenu, lors des reconstructions ou reconfortations, de livrer le terrain nécessaire pour l'élargissement de la rue et de se conformer à tous alignements et retranchements qui pourront lui être prescrits par le Conseil des bâtiments civils, sans pouvoir prétendre aucune indemnité.

(Exécutée.)

---

83. — Place de l'Hôtel-de-Ville, 25, 27, 29.

Vente nationale du 6 thermidor an XI. — Delanoue, adjudicataire.

Clause. — L'adjudicataire sera tenu de se conformer aux alignements arrêtés par la Commission des travaux publics, et ce sans indemnité.

Une délibération du Conseil municipal du 3 décembre 1841 a classé cette clause dans la 4ᵐᵉ catégorie.

(Démoli.)

---

84. — Rue du Renard, 21, 23, 25. (Anciens 7 et 9.) — (Provenant de l'émigré La Trémouille.)

Vente nationale du 13 pluviôse an VIII. — Legrand, adjudicataire. — La Ville de Paris, propriétaire.

Clause. — Le présent domaine devant éprouver un retranchement indiqué sur le plan par une ligne rouge AB, l'acquéreur de ce domaine sera tenu de se conformer au dit retranchement, et ce lorsqu'il reconstruira ou reconfortera cette maison à sa face sur la rue du Renard, conformément aux lois et règlements, sans qu'il puisse prétendre aucune indemnité pour le terrain qui sera alors retranché; il sera, en outre, tenu de se conformer aux charges d'usage.

(Exécutée.)

---

85. — Rue du Roi-de-Sicile, 25, 27.

Vente nationale du 7 messidor an VI. — Sagniel, adjudicataire.

Clause. — L'adjudicataire sera tenu de se conformer aux alignements arrêtés par la Commission des travaux publics, et ce sans indemnité.

Une délibération du Conseil municipal du 3 décembre 1841 a classé cette clause dans la 4ᵐᵉ catégorie.

(Démoli.)

---

86. — Rue Saint-Antoine, 69.

Vente nationale du 7 messidor an VI. — Tricard, adjudicataire.

Clause. — L'adjudicataire sera tenu de souffrir, sans indemnité, tous percements de rues arrêtés par la Commission des travaux publics.

Une délibération du Conseil municipal du 3 décembre 1841 a classé cette clause dans la 5ᵐᵉ catégorie.

(Démoli).

---

87. — Rue du Roi-de-Sicile, 29.

Vente nationale du 24 prairial an V. — Montaland, adjudicataire.

Clause. — L'adjudicataire sera tenu de souffrir, sans indemnité, tous percements de rues arrêtés par la Commission des travaux publics.

Une délibération du Conseil municipal du 3 décembre 1841 a classé cette clause dans la 5ᵐᵉ catégorie.

(Démoli.)

---

88. — Rue des Écrivains, 27.

Vente par l'Administration des Hospices du 5 janvier 1810. — Pallud, adjudicataire. — Cané, exproprié suivant jugement du 26 novembre 1851.

Clause. — Art. 15. — L'adjudicataire sera tenu, lors des reconstructions ou reconfortations, de livrer le terrain nécessaire pour l'élargissement de la rue et de se conformer à tous alignements et retranchements qui pourront lui être prescrits par le Conseil des bâtiments civils, sans pouvoir prétendre aucune indemnité.

(Démoli.)

---

89. — Rues des Arcis, 13, et des Écrivains.

Vente nationale du 23 germinal an VII. — Perrot, adjudicataire.

Clause. — L'adjudicataire sera tenu, dès qu'il en sera requis, de se conformer aux alignements arrêtés par la Commission des travaux publics et ce sans indemnité.

(Démoli.)

---

90. — Rue des Écrivains, 2.

Vente par l'Administration des Hospices du 5 janvier 1810. — Delahaye, adjudicataire.

Clause. — Art. 15. — L'adjudicataire sera tenu, lors des reconstructions ou reconfortations, de livrer le terrain nécessaire pour l'élargissement de la rue et de se conformer à tous alignements et retranchements qui pourront lui être prescrits par le Conseil des bâtiments civils, sans pouvoir prétendre aucune indemnité.

(Démoli.)

---

91. — Rue Saint-Martin, 18. (Ancien 50.) (Anciennement rue des Arcis, 38.)

Vente nationale du 27 germinal an VII. — Bourson, adjudicataire. — M. Lévy, propriétaire en 1855.

Clause. — L'adjudicataire sera tenu, dès qu'il en sera requis, de se conformer aux alignements arrêtés par la Commission des travaux publics, et ce sans indemnité.

Une délibération du Conseil municipal du 3 décembre 1841 a classé cette clause dans la 1ʳᵉ catégorie.

(Aligné.)

---

92. — Rue du Temple, 40 (Partie). (Anciennement rue Sainte-Avoye, 20.)

Vente par l'Administration des Hospices du 8 novembre 1811. — Bailly, adjudicataire.

Clause. — Art. 15. — L'adjudicataire sera tenu, lors des reconstructions ou reconfortations, de livrer le terrain nécessaire pour l'élargissement de la rue et de se conformer à tous alignements et retranchements qui pourront lui être prescrits par le Conseil des bâtiments civils, sans pouvoir prétendre aucune indemnité.

(Aligné par expropriation en 1848.)

---

93. — Rue Saint-Martin, 116.

Vente par l'Administration des Hospices du 4 août 1809. — Pixllion, adjudicataire. — M. Bougier-Rambaud, propriétaire en 1882.

Clause. — Art. 15. — L'adjudicataire sera tenu, lors des reconstructions ou reconfortations, de livrer le terrain nécessaire pour l'élargissement de la rue et de se conformer à tous alignements et retranchements qui pourront lui être prescrits par le Conseil des bâtiments civils, sans pouvoir prétendre aucune indemnité.

---

94. — Rues de Rambuteau, 19, 21, 23, 25, 27, Geoffroy-l'Angevin, 2, 4, 6, 8, 10, 12, et du Temple, 61, 63. (Provenant du couvent des Religieuses de Sainte-Avoye.)

Vente nationale de thermidor an V. — Burnet, adjudicataire. — Mᵐᵉ Houette (propriété rue Geoffroy-l'Angevin, 4 et Rambuteau, 19 et 21); Vᵛᵉ Flamant et Delapalme (propriété rues Geoffroy-l'Angevin, 6 et 8 et Rambuteau, 23, 25), et M. Garand (propriété rues Geoffroy-l'Angevin, 10, 12 et Rambuteau, 27), propriétaires en 1882.

Clause. — Il (l'adjudicataire) sera tenu de supporter, s'il y a lieu, l'ouverture et le percement nécessaires à la formation de la nouvelle rue, marquée en rouge au plan, conformément aux plans arrêtés par la Commission des travaux publics, et ce sans pouvoir prétendre à aucune indemnité.

(Clause exécutée, rue Rambuteau.)

95. — Rues de Sévigné, 6 (Anciennement rue de la Culture-Sainte-Catherine), **et d'Ormesson, 15.** (Angle.)

Vente nationale du 27 septembre 1791. — BOURLON, adjudicataire. — M. PIGNEL dit DUPONT, propriétaire en 1883.

CLAUSE. — Le terrain du passage conduisant au marché de la Culture ne fait point partie de la présente vente, attendu qu'il est réservé pour servir d'ouverture à la rue d'Ormesson.

---

96. — Rue Castex, 1, 3, 5. (Provenant du couvent des Filles de Sainte-Marie.)

Vente nationale du 22 fructidor an IV. — LIBERT, adjudicataire.

CLAUSE. — Cette acquisition a été faite à la charge entr'autres de se conformer à l'alignement indiqué sur le plan, comme aussi de clore à ses frais son terrain à sa face sur la rue alors projetée.
(Exécutée.)

---

97. — Rue Saint-Antoine, 156.

Vente nationale du 7 thermidor an VII. — SIMONET, adjudicataire.

CLAUSE. — L'adjudicataire sera tenu de se conformer aux alignements arrêtés par la Commission des travaux publics, et ce sans indemnité.

Une délibération du Conseil municipal du 3 décembre 1841 a classé cette clause dans la 4me catégorie.
(Aligné.)

---

98. — Rues Eginhard, 3, 4, 6, 8, et Charlemagne, 4, 6.

Vente par l'Administration des Hospices du 10 septembre 1813. — JOUBERT, adjudicataire. — M. DURAMEL (rues Charlemagne, 4 et Eginhard, 3). Mme V. PANTIER (rue Eginhard, 4 et 6), et M. BILLARD (rues Eginhard, 8 et Charlemagne, 6), propriétaires en 1883.

CLAUSE. — ART. 15. — L'adjudicataire sera tenu, lors des reconstructions ou reconfortations, de livrer le terrain nécessaire pour l'élargissement de la rue et de se conformer à tous alignements et retranchements qui pourront lui être prescrits par le Conseil des bâtiments civils, sans pouvoir prétendre aucune indemnité.

---

99. — Rue de Sully, 7 et 9, et boulevard Morland, 22.

Vente nationale du 6 nivôse an V. — HOUARD et MAST, adjudicataire.

CLAUSE. — ..... Jouir de la portion présentement vendue conformément aux alignement et désignation portés en la vente ci-dessus relatée faite par le Bureau national, comme aussi de souffrir les servitudes passives qui ont pu être imposées par la même vente et d'exécuter toutes les charges, clauses et conditions y portées.

---

100. — Rue de Sully, 5, et boulevard Morland, 20.

Vente nationale du 26 janvier 1810. — MAST, adjudicataire.

CLAUSE. — L'adjudicataire sera tenu, en cas de reconstruction et de reconfortation, de se conformer aux alignements et retranchements qui lui seront prescrits, et ce sans pouvoir réclamer aucune indemnité.

---

101. — Rue des Jardins-Saint-Paul, 22. (*Partie.*)

Vente par l'Administration des Hospices du 25 octobre 1811. — PORTHMANN, adjudicataire. — M. MARVILLE, propriétaire en 1886.

CLAUSE. — Art. 15. — L'adjudicataire sera tenu, lors des reconstructions ou reconfortations, de livrer le terrain nécessaire pour l'élargissement de la rue et de se conformer à tous alignements et retranchements qui pourront lui être prescrits par le Conseil des bâtiments civils, sans pouvoir prétendre aucune indemnité.

. . . .

L'acte de vente par l'Administration des Hospices contient la mention suivante :

« Il (le terrain) est susceptible d'un retranchement de quatre-vingt-dix-sept centimètres. »

---

102. — Rue de Brosse, 10. (Anciennement rue Jacques-de-Brosse, 8, plus anciennement rue de Longpont, 9.)

Vente nationale du 13 fructidor an VI. — Vve SABATAULT, adjudicataire. — Mme Vve FEILLEUX, propriétaire en 1886.

CLAUSE. — L'adjudicataire sera tenu, dès qu'il en sera requis et ce sans indemnité, de se conformer aux alignements arrêtés ou qui pourraient l'être par la Commission des travaux publics.

Une délibération du Conseil municipal du 3 décembre 1841 a classé cette clause dans la 1re catégorie.
Arrêt de la Cour de Cassation du 24 février 1847, rejetant le pourvoi formé contre la Ville de Paris.

---

103. — Rue des Barres, 17. (*Partie.*) (Ancien 10.) (3 arcades du charnier de Saint-Gervais.)

Vente nationale du 7 vendémiaire an VII. — LESUEUR, adjudicataire. — M. GISBETTA, propriétaire en 1882.

CLAUSE DE PERCEMENT.

Une délibération du Conseil municipal du 3 décembre 1841 a classé cette clause dans la 5me catégorie.

---

104. — Rue Geoffroy-l'Asnier, 27.

Vente par l'Administration des Hospices du 16 avril 1813. — BOUZEMONT, adjudicataire. — LA VILLE DE PARIS, propriétaire en 1886.

CLAUSES. — Art. 15. — L'adjudicataire sera tenu, lors des reconstructions ou reconfortations, de livrer le terrain nécessaire pour l'élargissement de la rue et de se conformer à tous alignements et retranchements qui pourront lui être prescrits par le Conseil des bâtiments civils, sans pouvoir prétendre aucune indemnité.

---

105. — Rue Saint-Louis-en-l'Ile, 52. (Ancien 62.)

Vente par l'Administration des Hospices du 5 mars 1833. — Mme Vve MAÇON, adjudicataire. — M. BOLAND, propriétaire en 1885.

CLAUSE. — Art. 15. — L'adjudicataire sera tenu, lors des reconstructions ou reconfortations, de livrer le terrain nécessaire pour l'élargissement de la rue et de se conformer à tous alignements et retranchements qui pourront lui être prescrits par le Conseil des bâtiments civils, sans pouvoir prétendre aucune indemnité.

NOTA. — Cette propriété n'a d'accès à la rue Saint-Louis que par un passage de 4 mètres à travers le numéro 50.

---

106. — Rue de l'Hôtel-de-Ville, 143, et quai de la Grève, 72.

Vente par l'Administration des Hospices du 4 juillet 1807. — CHAUMET, adjudicataire. — MERCIER, exproprié suivant jugement du 10 décembre 1836.

CLAUSE. — Art. 15. — L'adjudicataire sera tenu, lors des reconstructions ou reconfortations, de livrer le terrain nécessaire pour l'élargissement de la rue et de se conformer à tous alignements et retranchements qui pourront lui être prescrits par le Conseil des bâtiments civils, sans pouvoir prétendre aucune indemnité.
(Démoli.)

---

107. — Rue du Pourtour-Saint-Gervais, 1.

Vente par l'Administration des Hospices du 12 septembre 1807. — DELAVAUX, adjudicataire. — JACQUEMARD, exproprié suivant jugement du 22 avril 1846.

CLAUSE. — Art. 15. — L'adjudicataire sera tenu, lors des reconstructions ou reconfortations, de livrer le terrain nécessaire pour l'élargissement de la rue et de se conformer à tous alignements et retranchements qui pourront lui être prescrits par le Conseil des bâtiments civils, sans pouvoir prétendre aucune indemnité.
(Démoli.)

---

108. — Rue de l'Hôtel-de-Ville, 101. (Anciennement rue de la Mortellerie, 103), **et quai de l'Hôtel-de-Ville, 80.** (Anciennement quai de la Grève, 36.)

Vente nationale du 9 nivôse an VI. — FAJET, adjudicataire. — M. DEPRÉ, propriétaire en 1886.

CLAUSE. — L'adjudicataire sera tenu de se conformer, quand il en sera requis et ce sans indemnité, aux alignements arrêtés ou qui pourront l'être par la Commission des travaux publics.
(Arrêt de la Cour royale du 16 juin 1845. — Pourvoi formé contre la Ville de Paris, rejeté par la Cour de cassation le 24 février 1847.)
(Exécutée.)

---

109. — Rue de l'Hôtel-de-Ville, 80. (Anciennement rue de la Mortellerie, 94.)

Vente nationale du 5 pluviôse an VI. — BLIN, adjudicataire. — M. LASSERAY, propriétaire en 1886.

CLAUSE. — L'adjudicataire sera tenu de se conformer, quand il en sera requis, et ce sans indemnité, aux alignements arrêtés ou qui pourront l'être par la Commission des travaux publics.
(Une délibération du Conseil municipal du 3 décembre 1841 a classé cette clause dans la 1re catégorie.)
(Exécutée).

110. — Rue de l'Hôtel-de-Ville, 78. (Anciennement rue de la Mortellerie, 92.)

Vente nationale du 3 fructidor an VII. — Larenomière, adjudicataire des 7/8mes de la propriété. — M. Gau, propriétaire en 1886.

Clause. — L'acquéreur des 7/8mes de cette maison sera tenu, en ce qui le concerne, à se conformer, quand il en sera requis et ce sans indemnité, aux alignements arrêtés ou qui pourront l'être par la Commission des travaux publics.

Une délibération du Conseil municipal du 3 décembre 1841 a classé cette clause dans la 1re catégorie.

(Exécutée.)

111. — Rue de la Pelleterie. (Église Saint-Barthélemy).

Vente nationale du 12 novembre 1791. — Lenoir de Saint-Edme, adjudicataire.

Clause. — En cas de reconstruction, l'adjudicataire sera tenu de se conformer à l'alignement tracé sur le plan de la présente maison, dont il lui sera donné copie; en conséquence, le mur de face de la présente maison sur la rue de la Pelleterie sera reculé de cinq pieds, au droit du mur mitoyen avec la maison occupée par la veuve Boulanger, à venir à la face latérale de l'église.

(Démoli.)

112. — Quai Desaix.

Vente nationale du 25 février 1817. — Barrier, adjudicataire.

Clause. — L'adjudicataire sera, en outre, tenu de se conformer aux alignements qui pourront lui être donnés par le Conseil des bâtiments civils, sans pour ce pouvoir prétendre à aucune indemnité.

(Démoli.)

113. — Rue des Trois-Canettes, 15.

Vente par l'Administration des Hospices du 26 novembre 1816. — Goujon, adjudicataire. — Renaud, exproprié suivant jugement du 29 juin 1865.

Clause. — Art. 15. — L'adjudicataire sera tenu, lors des reconstructions ou reconfortations, de livrer le terrain nécessaire pour l'élargissement de la rue et de se conformer à tous alignements et retranchements qui pourront lui être prescrits par le Conseil des bâtiments civils, sans pouvoir prétendre aucune indemnité.

(Démoli.)

114. — Place Fénelon, 3.

Vente nationale du 18 brumaire an V. — Mme Rochechouart-Pontville, adjudicataire.

Clause. — . . . .

(Démoli.)

115. — Rues Bossuet et de l'Abreuvoir. (Angle.)

Vente nationale du 3 floréal an V. — Daumy, adjudicataire.

Clause. — . . . .

L'adjudicataire était tenu de céder gratuitement le terrain nécessaire à la formation du quai (290m environ).

(Démoli.)

116. — Rues Bourdaloue et de l'Abreuvoir. (Angle.)

Vente nationale du 14 ventôse an V. — Daumy, adjudicataire.

Clause. — . . . .

L'adjudicataire était tenu de céder gratuitement le terrain nécessaire à la formation du quai.

(Démoli.)

117. — Rue du Marché-aux-Fleurs. (Église Saint-Pierre-des-Arcis.)

Vente nationale du 13 ventôse an V. — X***, adjudicataire.

Clause. — L'acquéreur sera tenu de démolir et de donner passage à la rue projetée à la première réquisition de l'Administration qui en sera chargée, le tout sans indemnité.

(Démoli.)

118. — Rue de la Vieille-Monnaie, 23.

Vente par l'Administration des Hospices du 2 août 1811. — Deschamps, adjudicataire. — Michel, exproprié suivant jugement du 15 novembre 1851.

Clause. — Art. 15. — L'adjudicataire sera tenu, lors des reconstructions ou reconfortations, de livrer le terrain nécessaire pour l'élargissement de la rue et de se conformer à tous alignements et retranchements qui pourront lui être prescrits par le Conseil des bâtiments civils, sans pouvoir prétendre aucune indemnité.

(Démoli.)

119. — Rue de la Vieille-Monnaie, 21.

Vente par l'Administration des Hospices du 16 août 1811. — Deschamps, adjudicataire. — Les héritiers Augé, expropriés suivant jugement du 15 novembre 1854.

Clause. — Art. 15. — L'adjudicataire sera tenu, lors des reconstructions ou reconfortations, de livrer le terrain nécessaire pour l'élargissement de la rue et de se conformer à tous alignements et retranchements qui pourront lui être prescrits par le Conseil des bâtiments civils, sans pouvoir prétendre aucune indemnité.

(Démoli.)

120. — Rue de la Vieille-Monnaie, 19.

Vente par l'Administration des Hospices du 2 août 1811. — Aubonnet, adjudicataire. — Les héritiers Bidard, expropriés suivant jugement du 15 novembre 1854.

Clause. — Art. 15. — L'adjudicataire sera tenu, lors des reconstructions ou reconfortations, de livrer le terrain nécessaire pour l'élargissement de la rue et de se conformer à tous alignements et retranchements qui pourront lui être prescrits par le Conseil des bâtiments civils, sans pouvoir prétendre aucune indemnité.

(Démoli.)

121. — Rue de la Vannerie, 14.

Vente par l'Administration des Hospices du 26 juillet 1811. — Trelon, adjudicataire. — Les héritiers Bonie, expropriés suivant jugement du 15 novembre 1854.

Clause. — Art. 15. — L'adjudicataire sera tenu, lors des reconstructions ou reconfortations, de livrer le terrain nécessaire pour l'élargissement de la rue et de se conformer à tous alignements et retranchements qui pourront lui être prescrits par le Conseil des bâtiments civils, sans pouvoir prétendre aucune indemnité.

(Démoli.)

122. — Rue de la Vannerie, 4.

Vente par l'Administration des Hospices du 31 mai 1811. — Lais, adjudicataire. — Thénault, exproprié suivant jugement du 4 mai 1853.

Clause. — Art. 15. — L'adjudicataire sera tenu, lors des reconstructions ou reconfortations, de livrer le terrain nécessaire pour l'élargissement de la rue et de se conformer à tous alignements et retranchements qui pourront lui être prescrits par le Conseil des bâtiments civils, sans pouvoir prétendre aucune indemnité.

(Démoli.)

123. — Place de l'Hôtel-de-Ville, 19, et rue Jean-de-l'Épine, 2. (Angle.)

Vente par l'Administration des Hospices du 26 novembre 1816. — Douigny, adjudicataire. — Bonneville, exproprié suivant jugement du 3 septembre 1851.

Clause. — Art. 15. — L'adjudicataire sera tenu, lors des reconstructions ou reconfortations, de livrer le terrain nécessaire pour l'élargissement de la rue et de se conformer à tous alignements et retranchements qui pourront lui être prescrits par le Conseil des bâtiments civils, sans pouvoir prétendre aucune indemnité.

(Démoli.)

124. — Place de l'Hôtel-de-Ville, 7 bis, et rue de la Tannerie, 2. (Angle.)

Vente par l'Administration des Hospices du 4 octobre 1811. — Morel, adjudicataire. — Rompant, exproprié suivant jugement du 15 novembre 1854.

Clause. — Art. 15. — L'adjudicataire sera tenu, lors des reconstructions ou reconfortations, de livrer le terrain nécessaire pour l'élargissement de la rue et de se conformer à tous alignements et retranchements qui pourront lui être prescrits par le Conseil des bâtiments civils, sans pouvoir prétendre aucune indemnité.

(Démoli.)

125. — Rue du Mouton, 11.

Vente par l'Administration des Hospices du 15 octobre 1816. — Robert, adjudicataire des 2/3 de la propriété. — Bernard, exproprié suivant jugement du 3 septembre 1851.

Clause. — Art. 15. — L'adjudicataire sera tenu, lors des reconstructions ou reconfortations, de livrer le terrain nécessaire pour l'élargissement de la rue et de se conformer à tous alignements et retranchements qui pourront lui être prescrits par le Conseil des bâtiments civils, sans pouvoir prétendre aucune indemnité.

(Démoli.)

126. — Rue Cloche-Perce, 12.

Vente par l'Administration des Hospices du 8 novembre 1811. — POUPARD, adjudicataire. — DUGOUAD, exproprié suivant jugement du 15 novembre 1854.

CLAUSE. — Art. 15. — L'adjudicataire sera tenu, lors des reconstructions ou reconfortations, de livrer le terrain nécessaire pour l'élargissement de la rue et de se conformer à tous alignements et retranchements qui pourront lui être prescrits par le Conseil des bâtiments civils, sans pouvoir prétendre aucune indemnité.

(Démoli.)

127. — Rue Jean-de-l'Épine, 5.

Vente par l'Administration des Hospices du 26 mars 1813. — GANIER, adjudicataire. — FASTRE, exproprié suivant jugement du 4 mai 1853.

CLAUSE. — Art. 15. — L'adjudicataire sera tenu, lors des reconstructions ou reconfortations, de livrer le terrain nécessaire pour l'élargissement de la rue et de se conformer à tous alignements et retranchements qui pourront lui être prescrits par le Conseil des bâtiments civils, sans pouvoir prétendre aucune indemnité.

(Démoli.)

128. — Place de l'Hôtel-de-Ville, 35.

Vente par l'Administration des Hospices du 2 août 1811. — HUIN, adjudicataire. — GANCEL, exproprié suivant jugement du 3 septembre 1851.

CLAUSE. — Art. 15. — L'adjudicataire sera tenu, lors des reconstructions ou reconfortations, de livrer le terrain nécessaire pour l'élargissement de la rue et de se conformer à tous alignements et retranchements qui pourront lui être prescrits par le Conseil des bâtiments civils, sans pouvoir prétendre aucune indemnité.

(Démoli.)

129. — Rue de la Tixeranderie, 80.

Vente par l'Administration des Hospices du 11 octobre 1811. — MONIER, adjudicataire. — LES HÉRITIERS MONIER, expropriés suivant jugement du 20 juillet 1850.

CLAUSE. — Art. 15. — L'adjudicataire sera tenu, lors des reconstructions ou reconfortations, de livrer le terrain nécessaire pour l'élargissement de la rue et de se conformer à tous alignements et retranchements qui pourront lui être prescrits par le Conseil des bâtiments civils, sans pouvoir prétendre aucune indemnité.

(Démoli.)

130. — Rue de la Tixeranderie, 82.

Vente par l'Administration des Hospices du 2 octobre 1812. — MONIER, adjudicataire. — Les HÉRITIERS MONIER, expropriés suivant jugement du 20 juillet 1850.

CLAUSE. — Art. 15. — L'adjudicataire sera tenu, lors des reconstructions ou reconfortations, de livrer le terrain nécessaire pour l'élargissement de la rue et de se conformer à tous alignements et retranchements qui pourront lui être prescrits par le Conseil des bâtiments civils, sans pouvoir prétendre aucune indemnité.

(Démoli.)

131. — Rue de la Tixeranderie, 84.

Vente par l'Administration des Hospices du 19 mars 1813. — ALLIOI, adjudicataire. — DURAND, exproprié suivant jugement du 20 juillet 1850.

CLAUSE. — Art. 15. — L'adjudicataire sera tenu, lors des reconstructions ou reconfortations, de livrer le terrain nécessaire pour l'élargissement de la rue et de se conformer à tous alignements et retranchements qui pourront lui être prescrits par le Conseil des bâtiments civils, sans pouvoir prétendre aucune indemnité.

(Démoli.)

132. — Rue de la Vieille-Draperie, 21.

Vente par l'Administration des Hospices du 23 décembre 1814. — RENAULT, adjudicataire. — Les HÉRITIERS RENAULT, expropriés suivant jugement du 3 mai 1843.

CLAUSE. — Art. 15. — L'adjudicataire sera tenu, lors des reconstructions ou reconfortations, de livrer le terrain nécessaire pour l'élargissement de la rue et de se conformer à tous alignements et retranchements qui pourront lui être prescrits par le Conseil des bâtiments civils, sans pouvoir prétendre aucune indemnité.

(Démoli.)

133. — Rue Saint-Eloy, 21.

Vente par l'Administration des Hospices du 15 octobre 1816. — GALLIEN, adjudicataire. — Mme Vve OUDIN, expropriée suivant jugement du 15 septembre 1860.

CLAUSE. — Art. 15. — L'adjudicataire sera tenu, lors des reconstructions ou reconfortations, de livrer le terrain nécessaire pour l'élargissement de la rue et de se conformer à tous alignements et retranchements qui pourront lui être prescrits par le Conseil des bâtiments civils, sans pouvoir prétendre aucune indemnité.

(Démoli.)

134. — Rues du Marché-Neuf, 9, et du Marché-Palu, 22.

Vente par l'Administration des Hospices du 4 septembre 1812. — BARBIER, adjudicataire. — BENOIT, exproprié suivant jugement du 28 janvier 1852.

CLAUSE. — Art. 15. — L'adjudicataire sera tenu, lors des reconstructions ou reconfortations, de livrer le terrain nécessaire pour l'élargissement de la rue et de se conformer à tous alignements et retranchements qui pourront lui être prescrits par le Conseil des bâtiments civils, sans pouvoir prétendre aucune indemnité.

(Démoli.)

135. — Rue Neuve-Notre-Dame, 21.

Vente par l'Administration des Hospices du 29 octobre 1813. — NOURTIER, adjudicataire. — LEVAUCHEUX, exproprié suivant jugement du 29 août 1837.

CLAUSE. — Art. 15. — L'adjudicataire sera tenu, lors des reconstructions ou reconfortations, de livrer le terrain nécessaire pour l'élargissement de la rue et de se conformer à tous alignements et retranchements qui pourront lui être prescrits par le Conseil des bâtiments civils, sans pouvoir prétendre aucune indemnité.

(Démoli.)

136. — Rue Neuve-Notre-Dame, 17.

Vente par l'Administration des Hospices du 10 septembre 1813. — MONCHOINE, adjudicataire, exproprié suivant jugement du 29 août 1837.

CLAUSE. — Art. 15. — L'adjudicataire sera tenu, lors des reconstructions ou reconfortations, de livrer le terrain nécessaire pour l'élargissement de la rue et de se conformer à tous alignements et retranchements qui pourront lui être prescrits par le Conseil des bâtiments civils, sans pouvoir prétendre aucune indemnité.

137. — Rue Neuve-Notre-Dame, 13.

Vente par l'Administration des Hospices du 29 octobre 1813. — MAIRE, adjudicataire, exproprié suivant jugement du 29 août 1837.

CLAUSE. — Art. 15. — L'adjudicataire sera tenu, lors des reconstructions ou reconfortations, de livrer le terrain nécessaire pour l'élargissement de la rue et de se conformer à tous alignements et retranchements qui pourront lui être prescrits par le Conseil des bâtiments civils, sans pouvoir prétendre aucune indemnité.

(Démoli.)

138. — Rue Neuve-Notre-Dame, 1.

Vente par l'Administration des Hospices du 10 septembre 1813. — BARDIN, adjudicataire.

CLAUSE. — Art. 15. — L'adjudicataire sera tenu, lors des reconstructions ou reconfortations, de livrer le terrain nécessaire pour l'élargissement de la rue et de se conformer à tous alignements et retranchements qui pourront lui être prescrits par le Conseil des bâtiments civils, sans pouvoir prétendre aucune indemnité.

(Démoli.)

139. — Place de l'Hôtel-de-Ville, 9.

Vente par l'Administration des Hospices du 1er octobre 1816. — DOUAUD et LACASSE, adjudicataires. — Mme Vve LOUVET, expropriée suivant jugement du 15 novembre 1854.

CLAUSE. — Art. 15. — L'adjudicataire sera tenu, lors des reconstructions ou reconfortations, de livrer le terrain nécessaire pour l'élargissement de la rue et de se conformer à tous alignements et retranchements qui pourront lui être prescrits par le Conseil des bâtiments civils, sans pouvoir prétendre aucune indemnité.

(Démoli.)

140. — Place Beaudoyer, 3, et rue Renaud-Lefèvre, 2. (Angle.)

Vente par l'Administration des Hospices du 26 juin 1812. — BILLIAUD, adjudicataire. — MOCCARD, exproprié suivant jugement du 15 novembre 1854.

CLAUSE. — Art. 15. — L'adjudicataire sera tenu, lors des constructions ou reconfortations, de livrer le terrain nécessaire pour l'élargissement de la rue et de se conformer à tous les alignements et retranchements qui pourront lui être prescrits par le Conseil des bâtiments civils, sans pouvoir prétendre aucune indemnité.
(Démoli.)

141. — Rue des Écrivains, 33, et place Saint-Jacques de la Boucherie, 11.

Vente nationale du 9 nivôse, an VI. — PARIS, adjudicataire. — GEOFFROY, exproprié suivant jugement du 25 février 1852.

CLAUSE. — L'adjudicataire serait tenu de se conformer, quand il en serait requis, et ce sans indemnité, aux alignements arrêtés ou qui pourraient l'être par la Commission des travaux publics.
(Exproprié et démoli.)

142. — Rues de la Colombe, 6, d'Arcole, 3, et Basse-des-Ursins, 23.

Vente par l'Administration des Hospices, du 5 juillet 1811. — PATRIS, adjudicataire. — BALLERY, exproprié, suivant jugement du 28 décembre 1865.

CLAUSE. — Art. 15. — L'adjudicataire sera tenu, lors des reconstructions ou reconfortations, de livrer le terrain nécessaire pour l'élargissement de la rue et de se conformer à tous alignements et retranchements qui pourront lui être prescrits par le Conseil des bâtiments civils, sans pouvoir prétendre aucune indemnité.
(Exproprié et démoli.)

143. — Rue Quincampoix, 9. (Anciennement rue des Cinq-Diamants.) (Bien d'émigré.)

Vente du 21 fructidor an VII, de la moitié de la propriété. — Les mineurs HUARD, adjudicataires. — Mme Ve BRIDAULT, propriétaire en 1888.

CLAUSE. — Retranchement sans indemnité.

144. — Rue Nicolas-Flamel, 11. (en 1853) (anciennement rue de Marivaux).

Vente par l'Administration des Hospices, du 3 novembre 1809. — DÉNON, adjudicataire. — HARMOIS, exproprié suivant jugement du 4 mai 1853.

CLAUSE. — Art. 15. — L'adjudicataire sera tenu, lors, etc. . . . .
(Démoli pour l'ouverture de la rue de Rivoli.)

145. — Rue du Pourtour-Saint-Gervais, 7.

Vente par l'Administration des Hospices du 24 janvier 1812. — COSTARD, adjudicataire. — LECOIN, exproprié suivant jugement du 20 juillet 1850.

CLAUSE. — Art. 15. — L'adjudicataire sera tenu, lors, etc. . . . .
(Démoli.)

146. — Rue du Pourtour-Saint-Gervais, 9.

Vente par l'Administration des Hospices du 10 janvier 1812. — JACQUEMART, adjudicataire. — Mme Ve ZIER, expropriée suivant jugement du 20 juillet 1850.

CLAUSE. — Art. 15. — L'adjudicataire sera tenu, lors, etc. . . . .
(Démoli.)

147. — Rues François-Miron, 16, (anciennement rue Saint-Antoine, 2) **et des Barres, 30.** (Ancien 36.)

Vente par l'Administration des Hospices, du 13 décembre 1811. — RENAULT, adjudicataire. — Mme DELACOUR, propriétaire en 1886.

CLAUSE. — Art. 15. — L'adjudicataire sera tenu, lors, etc. *(Voir l'avertissement).*

148. — Rue Geoffroy-l'Asnier, 8.

Vente par l'Administration des Hospices du 15 octobre 1816. — LAFOND, adjudicataire. — CHICANDARD, propriétaire en 1887.

CLAUSE. — Art. 15. — L'adjudicataire sera tenu, lors, etc. *(Voir l'avertissement).*

149. — Rue de l'Hôtel-de-Ville, 95. (Anciennement rue de la Mortellerie, 97.)

Vente par l'Administration des Hospices du 23 décembre 1814. — DÉAL, adjudicataire. — Mme BAUDET, propriétaire en 1886.

CLAUSE. — Art. 15. — L'adjudicataire sera tenu, lors, etc. *(Voir l'avertissement).*

150. — Rue Sainte-Croix-de-la-Bretonnerie, 5. (Provenant de l'émigré La Mortellerie.)

Vente nationale du 13 ventôse an VI. — MONTZERT, adjudicataire. — RIECK, propriétaire en 1889.

CLAUSE. — L'adjudicataire sera tenu, dès qu'il en sera requis de se conformer aux alignements arrêtés par la Commission des travaux publics et ce sans indemnité.
(Clause exécutée.)

151. — Place du Marché-Saint-Jean, 5. (En 1851.)

Vente par l'Administration des Hospices du 11 décembre 1812, de la moitié de la propriété. — AUBERT, adjudicataire. — Mme de ROCHEFONTAINE, propriétaire en 1851.

CLAUSE. — Art. 15. — L'adjudicataire sera tenu, lors, etc. . . . .
(Exproprié et démoli.)

152. — Rue Cloche-Perce, 11. (En 1855.)

Vente par l'Administration des Hospices du 5 janvier 1810. — POMMIER, adjudicataire. — Mme LEMAIRE, propriétaire en 1855.

CLAUSE. — Art. 15. — L'adjudicataire sera tenu, lors, etc . . . .
(Exproprié par jugement du 15 novembre 1854, et démoli pour l'ouverture de la rue de Rivoli.)

153. — Rue Cloche-Perce, 7. (En 1855.)

Vente par l'Administration des Hospices du 25 septembre 1812. — DELRIEU, adjudicataire.

CLAUSE. — Art. 15. — L'adjudicataire sera tenu, lors, etc. . . . .
(Exproprié et démoli pour l'ouverture de la rue de Rivoli.)

154. — Rue du Renard, 20. (Anciennement rue de la Poterie, 24.)

Vente par l'Administration des Hospices du 4 septembre 1812. — PAILLARD, adjudicataire. — Mme Ve BAYVET, propriétaire en 1886.

CLAUSE. — Art. 15. — L'adjudicataire sera tenu, lors, etc. *(Voir l'avertissement.)*

155. — Rue Saint-Bon, 8. (En 1853.)

Vente par l'Administration des Hospices du 7 juillet 1809. — DUPRESNE, adjudicataire. — GODEY, propriétaire en 1853.

CLAUSE. — Art. 15. — L'adjudicataire sera tenu, lors. etc . . . .
(Exproprié suivant jugement du 4 mai 1853, et démoli.)

156. — Rues Saint-Jérôme, 4 et de la Vieille-Lanterne. (Angle.)

Vente par l'Administration des Hospices du 4 août 1809. — CAILLAT, adjudicataire. — JEAN CAILLAT, propriétaire en 1854.

CLAUSE. — Art. 15. — L'adjudicataire sera tenu, lors, etc. . . . .
(Exproprié suivant jugement du 15 novembre 1854, et démoli pour la formation des abords de la place du Châtelet.)

157. — Rue Aubriot, 6. (Anciennement rue du Puits.) (Bien d'émigré.)

Vente nationale du 27 germinal an VII. — Mme Ve CHOART, adjudicataire. — Mme CHENARD, propriétaire en 1893.

CLAUSE. — Céder à la Ville le terrain nécessaire à la viabilité, sans aucune indemnité. (Extrait de l'acte de vente à Mme Chenard, passé devant Me Aubron, notaire, le 6 juillet 1887.)

158. — Rue des Étuves, 13. (Anciennement rue des Vieilles-Étuves, 45.)

Vente par l'Administration des Hospices du 15 juillet 1814. — COLLARDEAU, adjudicataire. M. COLLARDEAU, propriétaire en 1893.

CLAUSE. — Art. 15. — L'adjudicataire sera tenu, lors, etc. *(Voir l'avertissement.)*

159. — Rue des Rosiers, 12. (Anciennement cul-de-sac Coquerelle, 10. (Provenant de l'Ordre de Malte.)

Vente nationale du 7 germinal an VI. — DAUBERIVE, SAINT-VICTOR ET DEMUR, adjudicataires. — MM. CAILLETTE FRÈRES, propriétaires en 1893.

CLAUSE. — L'acquéreur sera tenu de se conformer, quand il en sera requis et ce sans indemnité, aux alignements arrêtés ou qui pourront l'être par la Commission des Travaux publics.
(Clause exécutée.)

160. — Rue Castex, 9. *(Partie.)* **et 11.** (Ancien 3.) (Provenant du couvent des Filles de Sainte-Marie.)

Échange du 17 vendémiaire an XII, entre le Gouvernement et le sieur Léger. — M. Tessier (n° 9) et Mᵐᵉ Vᵉ Pique (n° 11), propriétaires en 1888,

Clause de percement, classée dans la 5ᵉ catégorie par délibération du Conseil Municipal du 2 juillet 1847, et exécutée.

---

161. — Rue Saint-Paul, 34, 36 et passage Saint-Pierre, 12. — (Provenant de la fabrique de l'Église Saint-Paul.)

Vente nationale du 29 brumaire an V. — Laflèche, adjudicataire. — MM. de Bénazé (n° 34) et Morel (n° 36), propriétaires en 1880.

Clause. — . . . .
Par une délibération du 2 juillet 1847, le Conseil municipal a classé dans la septième catégorie la clause qui grevait ces deux propriétés.

---

162. — Rue Charlemagne, 24. (Anciennement rue des Prêtres-Saint-Paul, 30.) (Provenant de la succession Gillet-Larenomière ascendant d'émigrés.)

Vente nationale du 27 prairial an VII. — Gillet-Larenomière, adjudicataire. — M. Tessier, propriétaire en 1888.

Clause. — L'adjudicataire sera tenu de supporter, lorsqu'il en sera requis par qui de droit, sans aucune indemnité, les retranchements de terrain qu'occasionneront les alignements de la rue des Prêtres-Saint-Paul.
(Exécutée.)

---

163. — Rues des Nonnains-d'Hyères, 4 et de l'Hôtel-de-Ville. (Angle.)

Vente par l'Administration des Hospices du 25 septembre 1812. — Sulleaux, adjudicataire. — M. Bierry, propriétaire en 1892.

Clause. — Art. 15. — L'adjudicataire sera tenu, lors des reconstructions, etc . . .
(Voir l'avertissement).

---

164. — Rue Beautreillis, 23. (Ancien 15.)

Vente nationale du 29 floréal an VI de la moitié indivise de la propriété. — Rémy de Pertruis adjudicataire. — Mᵐᵉ Vᵉ Auger, propriétaire en 1889.

Clause. — Ledit adjudicataire sera en outre tenu, dès qu'il en sera requis, de se conformer aux alignements arrêtés par la Commission des Travaux publics, et ce sans indemnité.
(Clause exécutée.) (Permission de voirie du 4 juin 1869.)

---

165. — Rue de la Pelleterie.

Vente nationale du 11 janvier 1792. — Hugaud, adjudicataire.

Clause. — La maison dont il s'agit, d'après le nouvel alignement de la rue de la Pelleterie, étant susceptible de rentrer de six pieds ou environ dans la longueur totale de sa face, l'adjudicataire sera obligé de se conformer audit alignement, sans qu'il puisse pour raison de ce, exiger par la suite de la Municipalité aucune indemnité ou diminution sur le prix de son adjudication.
(Démoli.)

---

166. — Rue Saint-Éloy, 6. (En 1802.) (Provenant des religieux Barnabites.)

Vente nationale du 6 prairial an V. — Mᵐᵉ Marie Balagny, Vᵉ Hébert, adjudicataire. — Les héritiers Barroy, propriétaires en 1862.

Clause. — Enfin, l'adjudicataire sera tenu de fournir, et ce sans indemnité, le terrain nécessaire pour l'élargissement de la rue.
(Exproprié et démoli.)

---

167. — Rue de la Licorne, 5. (En 1842.)

Vente nationale du 1ᵉʳ germinal an V. — Morel, adjudicataire. — Rimbeuf, propriétaire en 1842.

Clause. — L'adjudicataire sera tenu de se conformer à l'alignement de la nouvelle rue quand il en sera requis et ce sans indemnité.
(Exproprié suivant jugement du 11 mai 1842, et démoli pour l'ouverture de la rue de Constantine.)

---

168. — Rue Chanoinesse, 13. (Ancien 5.)

Vente nationale du 14 fructidor an XII. — Martin, adjudicataire. — M. Allez, propriétaire en 1888.

Clause. — L'adjudicataire sera tenu de se conformer sans indemnité, à tous alignements et retranchements qui pourront être arrêtés par les Travaux publics.

---

169. — Rue Chanoinesse, 17. *(Partie.)* (Anciennement n° 15, plus anciennement, n° 7.)

Vente nationale du 21 vendémiaire an VIII. — Watelet, adjudicataire. — M. Guérin, propriétaire en 1888.

Clause. — L'adjudicataire sera tenu de se conformer, quand il en sera requis, et ce sans indemnité, aux alignements arrêtés ou qui pourront l'être par l'Administration.
(Clause exécutée.)

---

170. — Rue François-Miron, 2 et 4. (Anciennement rue du Pourtour-Saint-Gervais. (Maison provenant de la fabrique de Saint-Gervais.)

Vente nationale du 13 frimaire an V. — Bolot, adjudicataire. — M. Gaisot, propriétaire en 1883.

Clause. — . . . .
Dans sa séance du 3 décembre 1841, le Conseil municipal a délibéré : « Il n'y a pas lieu de s'occuper désormais de l'exécution de la clause insérée dans l'acte de vente de la maison ci-dessus. »

---

171. — Rue François-Miron, 8. (Anciennement rue du Pourtour-Saint-Gervais.) (Maison provenant de la fabrique de Saint-Gervais.)

Vente nationale du 29 thermidor an IV. — Jayme, adjudicataire. — M. Jayme, propriétaire en 1882.

Clause. — . . . .
Dans sa séance du 3 mai 1841, le Conseil municipal a délibéré : « Il n'y a pas lieu de s'occuper désormais de l'exécution de la clause insérée dans l'acte de vente de la maison ci-dessus.

---

172. — Rue François-Miron, 12. (Anciennement place Baudoyer, 4.) (Maison provenant de la fabrique de Saint-Gervais.)

Vente nationale du 1ᵉʳ thermidor an IV. — Roussel, adjudicataire. — M. Dorival, propriétaire, en 1882.

Clause. — . . . .
Dans sa séance du 3 mai 1841, le Conseil municipal a délibéré : « Il n'y a pas lieu de s'occuper désormais de l'exécution de la clause insérée dans l'acte de vente de la maison ci-dessus. »

---

173. — Rue Chanoinesse, 8 et quai aux Fleurs, 5. (Provenant de l'émigré Rochard-Champigny.)

Vente nationale du 7 thermidor an VII. — Dumonceau, adjudicataire. — M. Godard, propriétaire en 1893.

Clause. — Dans l'acte de vente par les héritiers de Mᵐᵉ la comtesse de Sart à M. Jules Godard, propriétaire actuel, on déclare que « l'adjudicataire était obligé de fournir, sans indemnité, le terrain nécessaire pour le passage du quai qui devait être établi autour de la cité. »
(Clause exécutée.)

---

174. — Rues Saint-Paul, 5, 7, et de l'Ave-Maria, 2. (Anciennement rue des Barrés).

Vente nationale, le 11 fructidor, an VI, des deux tiers indivis de la maison, provenant de la succession Lignerac-Caylus, ascendants d'émigrés. — Mᵐᵉ Vᵉ Oger, adjudicataire. — Mᵐᵉ Camusat et consorts, propriétaires en 1894.

Clause. — L'adjudicataire sera tenu, dès qu'il en sera requis, de se conformer aux alignements arrêtés par la Commission des Travaux publics, et ce sans indemnité. Aligné dans une longueur de 10 m. 54 c,, par permission du 26 septembre 1892.

---

175. — Rue Saint-Éloy, 8, 10. (Provenant des religieux Barnabites).

Vente nationale du 1ᵉʳ messidor, an V. — Sommé, adjudicataire.

Clause. — Fournir sans indemnité le terrain nécessaire à l'élargissement de la rue.
(Acquis par la Ville de Paris en 1823 et démoli.)

---

176. — Rue Saint-Éloy, 14. (Provenant des religieux Barnabites.)

Vente nationale du 11 thermidor, an VI. — Lavisé et Trichard, adjudicataires.

Clause. — Fournir sans indemnité le terrain nécessaire à l'élargissement de la rue
(Exproprié suivant jugement du 15 septembre 1860 et démoli.)

177. — Rues des Guillemittes, 14, 16, des Blancs-Manteaux, 8 et 10, et des Francs-Bourgeois, 53. (Provenant du cloître des Blancs-Manteaux.)

Vente nationale du 8 Prairial, an V. — Duretier et Rousseau, adjudicataires. — M. le comte de la Rochette, propriétaire en 1894.

Clause. — L'adjudicataire sera tenu de fournir, et ce sans indemnité, le terrain nécessaire pour l'ouverture d'une nouvelle rue.
(Clause exécutée.)

---

178. — Rues François-Miron, 68 (anciennement rue Saint-Antoine, 62) et de Jouy, 14. (Ancien hôtel de Beauvais.)

Vente nationale, le 19 fructidor, an VII, des 2/3 de la propriété. — Babon, adjudicataire. — M. Simon, propriétaire en 1894.

Clause. — Il (l'adjudicataire) sera tenu enfin de se conformer aux charges d'usage et à tous alignements, redressements, et de fournir tout terrain nécessaire, s'il y a lieu, sans pouvoir prétendre à aucune indemnité.

---

179. — Passage dit le Tourniquet. (Sol du passage conduisant de la rue du Petit Crucifix à la place Saint-Jacques-la-Boucherie.

Vente nationale du 19 prairial VII. — Canon, adjudicataire.

Clause. — L'acquéreur sera tenu strictement d'abandonner à la première réquisition, et ce sans indemnité, pour le rélargissement de la rue du Crucifix, tout le terrain qui sera jugé nécessaire, et de se soumettre à tous les alignements ou retranchements qui lui seront donnés.
(Démoli pour l'ouverture de la rue de Rivoli.)

---

180. — Rues des Écrivains, Saint-Martin, de la Vannerie, du Petit-Crucifix, et place Saint-Jacques-la-Boucherie. (Tour, Église et dépendances, provenant de la fabrique de Saint-Jacques-la-Boucherie).

Vente nationale du 11 thermidor, an V. — Zino et Amavet, adjudicataires.

Clause. — L'adjudicataire se conformera, s'il y a lieu, aux alignements arrêtés par la Commission des Travaux publics.
(Démoli pour l'ouverture de la rue de Rivoli).

---

181. — Rue de Sully, 8.

Vente nationale du 17 septembre 1853. — Langlade, adjudicataire.

Clause. — Il (l'adjudicataire) se conformera à l'alignement qui pourra être ultérieurement fixé pour la rue de Sully.
Acquis par la Ville de Paris, suivant jugement d'expropriation du 23 septembre 1843, pour l'agrandissement de la caserne des Célestins.)

182. — Rue Jacques-Cœur, 21, 23, 25, 27 *(partie)*. (Anciennement rue de l'Orme.) (Provenant de l'Arsenal.)

Vente nationale du 26 prairial, an V. — Montigaud et Andelle, adjudicataires. — Mme Vve Raimbault (21), Vve Blocet (23-25) et M. Canon (27), propriétaires en 1876.

Extrait de l'acte de partage entre Montigaud et Andelle, du 3 floréal, an VI : « Ce partage est fait sous la condition que..... si lesdites parties étaient obligées de fournir le terrain nécessaire à la rue projetée, ledit sieur Andelle fournirait audit sieur Montigaud, du côté de la salle d'armes, une quantité de terrain égale à la moitié de celle qui serait abandonnée par ledit sieur Montigaud de plus que ledit sieur Andelle ».
(Exproprié suivant jugement du 22 janvier 1876 et démoli pour l'ouverture du boulevard Henri IV.)

---

183. — Quai Napoléon, 23 *(partie)* **et rue Basse-des-Ursins, 20** *(partie)*. (Bien d'émigré.)

Vente nationale du 19 prairial, an VII. — Rubay, adjudicataire. — Matinon, exproprié suivant jugement du 28 décembre 1865.

Clause. — Il (l'adjudicataire) sera tenu... de se conformer en tout son contenu à l'alignement ordonné par le département... à faire toutes reconstructions ou réparations que lesdites démolitions, ou nécessité d'alignement indiqueraient sans pouvoir, pour raison desdites démolitions, alignement ou reconstructions, rien exiger ni prétendre aucune indemnité du vendeur, qui déclare expressément ne vendre que la partie de ladite maison dont la propriété lui a été vendue par arrêté du département. (Extrait d'un acte d'adjudication, aux criées du 28 pluviôse, an XII, sur Rubay.)
(Démoli pour l'ouverture de la rue d'Arcole.)

---

184. — Quai aux Fleurs *(partie des n°s 15 et 17)*. (Anciennement quai de la Cité.)

Vente nationale du 30 avril 1822. — Pommier, adjudicataire (terrain de 29m.80 de superficie adossé aux maisons nos 11 et 12 de la rue Basse-des-Ursins). — Mme Goujet, propriétaire en 1893.

Clause. — Ledit terrain tenant par le devant au quai de la Cité, en totalité, jusqu'à l'alignement qui sera fixé par la grande voirie, et auquel alignement l'adjudicataire sera assujetti.
(Clause exécutée.)

---

185. — Rue des Barres, 14 *(partie)* **(ancien 16) et rue Grenier-sur-l'Eau** (angle). (Maison provenant de la Fabrique de Saint-Gervais).

Vente nationale du 8 vendémiaire, an IV. — Mme Saumon, adjudicataire. — M. Sénéchal, propriétaire.

Clause. — . . . .

---

186. — Rues de la Tixeranderie, 50, et du Tourniquet.

Vente nationale du 9 floréal, an VI. (1/9 de la propriété). — Duroux, adjudicataire.

Clause. — Obligation de ne pouvoir prétendre aucune indemnité dans le cas de reculement pour élargir la rue du Pet-au-Diable. (Rue du Tourniquet.)
(Acquis par la Ville de Paris en 1827 et démoli.).

Les renseignements qui suivent, établis postérieurement au 1er janvier 1887, complètent les articles précédents ayant le même numéro.

8. — Rue des Écouffes, 7. (Ancien 9.)

M. Augustine, propriétaire.

---

9. — Rue Saint-Bon, 3.

Vente nationale du 24 mai 1811 (au lieu de 25 mai).

---

29. — Rue de Sévigné, 30.

Clause. — Attendu que la présente maison est sujette à un retranchement de 0m,64, environ deux pieds (au lieu de deux mètres) indiqué au plan par une ligne tracée au rouge, l'adjudicataire ne pourra, en cas de vétusté, faire à la façade de ladite maison, aucune réparation ni reconfortation qui puissent la consolider, mais il sera tenu de se reculer et de se conformer à l'alignement qui lui sera donné, sans, pour ce, pouvoir répéter aucune indemnité.

45. — Rue des Barres, 8.

Vente nationale du 25 prairial an VI (au lieu de 24 prairial).
Clause exécutée.

----

46. — Rue Geoffroy-l'Angevin, 28. (Ancien 26.)

M. Pontic, propriétaire en 1893.

----

61. — Rue Saint-Antoine, 141.

Vente nationale du 7 thermidor an VII (au lieu de 7 fructidor).

----

63. — Rue du Cloître-Notre-Dame, 10.

Sursis accordé jusqu'au 15 avril 1891.

----

74. — Rue des Blancs-Manteaux, 49.

M. Salmon, propriétaire en 1893.

Par une délibération du 26 juillet 1867, le Conseil municipal a déclaré que la clause est désormais sans objet.

----

82. — Rue de la Verrerie, 97.

Vente par l'Administration des Hospices du 10 mai 1811 (au lieu de 19 mai).

----

83. — Place de l'Hôtel-de-Ville, 25, 27, 29.

Vente nationale du 9 thermidor an IV (au lieu de 6 thermidor an XI).

----

94. — Rues de Rambuteau, 19 à 27, Geoffroy-l'Angevin, 2 à 12, et du Temple, 61, 63.

Vente nationale du 4 thermidor an V.

----

96. — Rues Castex, 1, 3, 5, 7 et 9 (Partie), **et du Petit-Musc, 30.**

M. Pourcheiron (n° 1), Mme Ve Buisson (n° 3), MM. Gross (n° 5), Tassel (n° 7) et Thessier (n° 9), propriétaires en 1892.

Clause. — L'acquéreur du présent domaine sera tenu de se conformer à l'alignement et percement de rue, indiqués sur le plan, comme aussi de clore à ses frais son terrain, à sa face sur la rue projetée. (Texte exact de la clause domaniale rappelée dans un acte de vente à Brag, auteur de M. Tassel, propriétaire actuel du n° 7, ledit acte en date des 11 et 12 décembre 1857.)
(Clause exécutée).

----

97. — Rue Saint-Antoine, 156.

La délibération du Conseil municipal est erronée; cette propriété n'est pas d'origine domaniale.

----

101. — Rue des Jardins, 22 (Partie) **et 24.**

Aligné en vertu de permissions des 18 juillet 1884 et 28 octobre 1890.

----

108. — Rue de l'Hôtel-de-Ville, 101.

La partie de cette propriété acquise par Faget, du Domaine national, ne tenait pas au quai de l'Hôtel-de-Ville.

----

141. — Rue des Écrivains, 33, et place Saint-Jacques-de-la-Boucherie, 11.

Vente nationale du 9 ventôse an VI (au lieu de 9 nivôse).

CINQUIÈME ARRONDISSEMENT

1. — Rue Galande, 1. (A l'angle de la rue des Lavandières.) (Provenant du Prytanée de Saint-Cyr.)

Vente nationale du 31 octobre 1807. — Leclair, adjudicataire. — M. Pihan et M⁅ᵐᵉ⁆ V⁅ᵉ⁆ Greffeuille, propriétaire en 1878.

Clause. — Attendu que la présente maison est sujette à un retranchement d'environ moitié de sa superficie actuelle, tracé au plan par une ligne en gros rouge, l'adjudicataire ne pourra, en cas de vétusté, faire à ladite maison aucune reconstruction ni reconfortation qui puissent la consolider, mais il sera tenu de se conformer à l'alignement prescrit et d'abandonner à la voie publique le terrain nécessaire, et ce sans aucune indemnité.

2. — Rue Valette, 14. (Anciennement rue des Sept-Voies et rue Victor-de-Lanneau, anciennement rue du Four.) (Provenant du Collège de Reims.)

Vente nationale du 15 thermidor an XIII. — Artiaud, adjudicataire. — Le Collège Sainte-Barbe, propriétaire en 1878.

Clause. — L'adjudicataire de ladite maison sera tenu de se conformer aux alignements et retranchements arrêtés par le Ministre de l'Intérieur; en conséquence, lorsque l'état de cette maison nécessitera des reconstructions ou reconfortations, l'adjudicataire sera tenu de livrer le terrain lavé en jaune au plan annexé au procès-verbal d'estimation, et désigné par une ligne rouge et par les lettres BC, le tout sans indemnité.

(La propriété est alignée sur la rue Valette, la rue Victor-de-Lanneau est supprimée.) (Jugement d'expropriation du 3 janvier 1880.)

Rue Valette. (Anciennement rue des Sept-Voies, 16, rue de Reims, 2, et rue Victor-de-Lanneau, 3 et 5, anciennement rue du Four.) (Provenant du Collège de Reims.)

Vente nationale du 2 mai 1807. — Duru, adjudicataire. — Le Collège Sainte-Barbe, propriétaire en 1882.

Clause. — Attendu que le présent domaine est sujet à un retranchement indiqué au plan du sieur Gilbert, savoir : sur la rue du Four par une teinte jaune, sur la rue des Sept-Voies par une teinte jaune pâle et, au plan du sieur Garrez, sur la rue de Reims, par une ligne rouge, l'adjudicataire ne pourra, en cas de vétusté, faire sur les façades desdites rues aucunes réparation ni reconstruction qui puissent les consolider, mais il sera tenu de se conformer à l'alignement prescrit, et d'abandonner à la voie publique le terrain nécessaire à l'élargissement desdites rues, et ce sans pouvoir exiger aucune indemnité.

(Clause exécutée; la propriété est alignée sur la rue Valette, les rues de Reims et Victor-de-Lanneau sont supprimées.) (Jugement d'expropriation du 3 janvier 1880.)

Rue de Reims, 4.

Vente nationale du 26 juin 1796. — M⁅ˡˡᵉ⁆ Aubert, adjudicataire. — Le Collège Sainte-Barbe, propriétaire en 1878.

Clause. — Se conformer à l'alignement de la nouvelle rue qui doit traverser le derrière de ladite maison.

3. — Rue d'Écosse, 7. (Provenant du Prytanée de Saint-Cyr.)

Vente nationale du 24 juin 1814. — M⁅ˡˡᵉ⁆ Saunié, adjudicataire. — Le Collège Sainte-Barbe, propriétaire en 1882.

Clause. — La maison présentement vendue étant sujette à un retranchement d'environ un mètre quatre-vingts centimètres de largeur parallèle, ainsi qu'il est tracé sur le plan ci-annexé par un gros rouge foncé, l'adjudicataire sera tenu, en cas de reconstruction, de se conformer à cet alignement aussitôt qu'il en sera requis, sans pouvoir pour ce prétendre aucune indemnité.

(Clause sans objet; cette partie de la rue d'Écosse a été supprimée.) (Jugement d'expropriation du 3 janvier 1880.)

4. — Rue Domat, 16. (Anciennement rue du Plâtre, 8.) (Provenant de la chapelle Saint-Ives.)

Vente nationale du 21 floréal an VI. — M⁅ᵐᵉ⁆ Perrot, adjudicataire. — M⁅ᵐᵉ⁆ Addé Margnas, propriétaire en 1878.

Clause. — L'adjudicataire...... se conformera, s'il y a lieu, aux alignements qui pourraient lui être donnés par les Travaux publics.

5. — Rue Domat, 18, 20, 22. (Anciennement rue du Plâtre.) (Maison dite le Collège de Cornouailles.)

Vente nationale du 5 avril 1806. — Daugy, adjudicataire. — M. Jeanson, propriétaire en 1878.

Clause. — L'adjudicataire sera tenu de se conformer à tous alignements ou retranchements qui pourront lui être prescrits par le Conseil des bâtiments civils, et ce sans indemnité.

(Arrêté de sursis du 25 juillet 1882.)

6. — Rue Maître-Albert, 21. (Anciennement rue Perdue, 17.) (Provenant du Prytanée de Saint-Cyr.)

Vente nationale du 2 mai 1807. — Vidron, adjudicataire. — M. Lacroix, propriétaire en 1878.

Clause. — Attendu que la présente maison est sujette à un retranchement de 52 centimètres d'un côté, et, de l'autre, de 1 m. 33 centimètres, l'adjudicataire ne pourra, en cas de vétusté, faire à la façade aucune construction ou reconfortation qui puissent la consolider, mais il sera tenu de se conformer à l'alignement indiqué au plan par une ligne rouge et d'abandonner le terrain nécessaire pour l'élargissement de ladite rue, et ce sans pouvoir exiger aucune espèce d'indemnité.

7. — Boulevard Saint-Germain, 49. (Anciennement rue des Noyers, 15.) (Provenant du Prytanée de Saint-Cyr.)

Vente nationale du 28 mars 1807. — Roault, adjudicataire. — M. Cahagne, propriétaire en 1878.

Clause. — Attendu que la présente maison est sujette à un retranchement, d'un côté, de 1 m. 25 centimètres et, de l'autre, de 1 m. 50 centimètres, l'adjudicataire ne pourra, en cas de vétusté, faire à la façade de la présente maison sur ladite rue des Noyers, aucune réparation ni reconfortation qui puissent la consolider, mais il sera tenu de se conformer à l'alignement prescrit et indiqué au plan par une ligne rouge.

(Clause sans objet; l'alignement du boulevard Saint-Germain, remplaçant l'ancien alignement de la rue des Noyers, laisse cet immeuble en arrière.)

8. — Rues Maître-Albert, 1 (Anciennement rue Perdue), **et de Bièvre, 10. 12.** (Ancien numéro 10.) (Provenant du Collège Saint-Michel.)

Vente nationale du 19 décembre 1807. — Dossau, adjudicataire. — MM. Lefébure (rue Maître-Albert) et Charles (rue de Bièvre), propriétaires en 1878.

Clause. — Attendu que le présent collège est sujet à un retranchement de 0 m. 40 centimètres dans sa plus petite partie et de 1 m. 20 centimètres dans sa plus grande partie, sur la rue Perdue, et de 2 m. 45 centimètres sur la rue de Bièvre, l'adjudicataire ne pourra, en cas de vétusté, faire auxdites façades aucunes réparations ni reconfortations qui puissent les consolider, mais il sera tenu de se conformer aux alignements indiqués, au plan général et aux plans particuliers dudit collège, par une ligne rouge foncé, et de fournir le terrain nécessaire à la voie publique, le tout sans pouvoir exiger aucune indemnité.

9. — Rue Descartes, 42. (Anciennement rue Bordet, 6.)

Vente nationale du 27 juillet 1810. — Renault, adjudicataire. — M⁅ᵐᵉ⁆ Éloy, propriétaire en 1878.

Clause. — Attendu que la maison présentement vendue est sujette à un retranchement assez considérable, indiqué au plan par la ligne rouge tracée de G en H, l'adjudicataire ne pourra, en cas de vétusté, faire à la face de ladite maison aucune réparation ni reconfortation qui puissent la consolider, mais il sera tenu de se reculer conformément à l'alignement prescrit, et ce sans pouvoir répéter aucune indemnité.

10. — Rue Descartes, 44. (Anciennement rue Bordet, 5.) (Provenant du Prytanée de Saint-Cyr.)

Vente nationale du 23 novembre 1810. — Mouchot, adjudicataire. — M⁅ᵐᵉ⁆ Rogez, propriétaire en 1878.

Clause. — La maison présentement vendue n'est sujette qu'à un très faible retranchement indiqué au plan par la ligne rouge AB, néanmoins l'adjudicataire ne pourra, en cas de vétusté, faire à la face de ladite maison aucune réparation ni reconfortation qui puissent la consolider, mais il sera tenu de se reculer conformément à l'alignement prescrit, et ce sans pouvoir répéter aucune indemnité.

11. Rue Descartes, 46. (Anciennement rue Bordet, 4.) (Provenant du Prytanée de Saint-Cyr.)

Vente nationale du 27 juillet 1810. — Mouchot, adjudicataire, — Mᵐᵉ Rouger, propriétaire en 1878.

Clause. — La maison présentement vendue n'est sujette qu'à un très faible retranchement indiqué au plan par la ligne rouge ED; néanmoins l'adjudicataire ne pourra faire à la face de ladite maison, en cas de vétusté, aucune réparation ni reconfortation qui puissent la consolider, mais il sera tenu de se conformer à l'alignement prescrit, et ce sans pouvoir répéter aucune indemnité.

---

12. — Rues Denfert-Rochereau, 36 (Anciennement rue d'Enfer), et du Val-de-Grâce, 17. (Provenant du Couvent des Chartreux.)

Vente nationale du 21 messidor an VI. — Jean et Dovin, adjudicataires. — Héritiers de Richomme, propriétaires en 1878.

Clause. — L'acquéreur se conformera, s'il y a lieu, et ce sans indemnité, à tous alignements et nivellements qui pourront lui être donnés.
(Propriété alignée.)

---

13. — Rue Denfert-Rochereau, 38. (Anciennement rue d'Enfer). (Provenant du Couvent des Chartreux.)

Vente nationale du 21 messidor an VI. — Jean et Dovin adjudicataires. — M. Aglantier, propriétaire en 1878.

Clause. — L'acquéreur se conformera, s'il y a lieu, et ce sans indemnité, à tous alignements et nivellements qui pourront lui être donnés.
(Propriété alignée.)

---

14. — Rue Denfert-Rochereau, 40. (Anciennement rue d'Enfer.) (Provenant du Couvent des Chartreux.)

Vente nationale du 21 messidor an VI. — Jean et Dovin, adjudicataires. — Mᵐᵉ Vᵛᵉ Thuillier, propriétaire en 1878.

Clause. — L'acquéreur se conformera, s'il y a lieu, et ce sans indemnité, à tous alignements et nivellements qui pourront lui être donnés.
(Arrêté de sursis du 25 avril 1853.)

---

15. — Rue Denfert-Rochereau, 42. (Anciennement rue d'Enfer.) (Provenant du Couvent des Chartreux.)

Vente nationale du 21 messidor an VI. — Jean et Dovin, adjudicataires. — M. Collas, propriétaire en 1878.

Clause. — L'acquéreur se conformera, s'il y a lieu, et ce sans indemnité, à tous alignements et nivellements qui pourront lui être donnés.
(Propriété alignée.)

---

16. — Rue Denfert-Rochereau (Anciennement rue d'Enfer), et carrefour de l'Observatoire, 3, 5, 7, 9. (Provenant du Couvent des Chartreux.)

Vente nationale du 21 messidor an VI. — Jean et Dovin, adjudicataires. — M. Houette, propriétaire en 1878.

Clause. — L'acquéreur se conformera, s'il y a lieu, et ce sans indemnité, à tous alignements et nivellements qui pourront lui être donnés.
(Arrêté de sursis du 25 avril 1853.)

---

17. — Rue Denfert-Rochereau, 54. (Anciennement rue d'Enfer.) (Provenant du Couvent des Chartreux.)

Vente nationale du 21 messidor an VI. — Jean et Dovin, adjudicataires. — M. Borne, propriétaire en 1878.

Clause. — L'acquéreur se conformera, s'il y a lieu, et ce sans indemnité, à tous alignements et nivellements qui pourront lui être donnés.
(Propriété alignée.)

---

18. — Rue Denfert-Rochereau, 56. (Anciennement rue d'Enfer.) (Provenant du Couvent des Chartreux.)

Vente nationale du 21 messidor an VI. — Jean et Dovin, adjudicataires. — Mᵐᵉ Vᵛᵉ Micol, propriétaire en 1878.

Clause. — L'acquéreur se conformera, s'il y a lieu, et ce sans indemnité, à tous alignements et nivellements qui pourront lui être donnés.
(Propriété alignée.)

---

19. — Rue Denfert-Rochereau, 58. (Anciennement rue d'Enfer.) (Provenant du Couvent des Chartreux.)

Vente nationale du 21 messidor an VI. — Jean et Dovin, adjudicataires. — M. Thévenin, propriétaire en 1878.

Clause. — L'acquéreur se conformera, s'il y a lieu, et ce sans indemnité, à tous alignements et nivellements qui pourront lui être donnés.
(Propriété alignée.)

---

20. — Rue Denfert-Rochereau, 60 (Anciennement rue d'Enfer), et boulevard de Port-Royal. (Provenant du Couvent des Chartreux.)

Vente nationale du 21 messidor an VI. — Jean et Dovin, adjudicataires. — M. Tornier, propriétaire en 1878.

Clause. — L'acquéreur se conformera, s'il y a lieu, et ce sans indemnité, à tous alignements et nivellements qui pourront lui être donnés.
(La propriété est alignée sur la rue d'Enfer.)

---

21. — Rues du Cardinal-Lemoine, 57, 59, 60, 61, 63 (Anciennement rue des Fossés-Saint-Victor), des Boulangers, 19, 21, 23, 25, 27, 29, 31, et de Navarre, 20. (Anciennement rue Rollin.) (Provenant des Dames Anglaises.)

Vente nationale du 17 vendémiaire an VII.

Ce couvent, racheté du sieur Lenoir par le Gouvernement, le 18 messidor an XI, fut rendu aux Dames Anglaises (décrets des 11 juin et 31 juillet 1806).

Depuis la propriété a été acquise par la Ville de Mᵐᵉ Howell, supérieure des Dames Anglaises, en vertu d'un jugement de donné acte du 2 août 1859, et les parties non employées à l'ouverture de la rue Monge ont été cédées à la Société Heullant.

---

22. — Rue du Cardinal-Lemoine, 69 à 77. (Maison conventuelle des Pères de la Doctrine chrétienne.)

Vente nationale du 19 messidor an IV. — Desmagny, adjudicataire.

Clause. — L'adjudicataire sera tenu de fournir le terrain nécessaire pour l'ouverture d'une nouvelle rue sur l'axe du Panthéon, sans aucun recours en indemnité contre la République venderesse.

---

23. — Rue de Navarre, 28. (Ancienne rue Rollin.) (Dépendances de la Doctrine chrétienne.)

Procès-verbal de mise en possession du 17 brumaire an IV. — Daudet, — M. Puteaux, propriétaire en 1878.

Clause. — D'après la vérification faite sur le nouveau plan de Paris, une portion du jardin de la présente maison doit être employée au prolongement d'un des rayons du Panthéon Français.

En conséquence, lors de l'exécution de cette opération, le citoyen Daudet sera tenu de livrer la portion de terrain nécessaire, sans qu'il puisse, pour raison de ce, prétendre à aucune indemnité ni diminution sur le prix de la vente.

---

24. — Rue de Navarre. (Anciennement rue Rollin, 14 et 18.) (Provenant du Couvent des Dames Augustines de la Congrégation de Notre-Dame.)

Vente nationale du 12 messidor an IV. — Segond, adjudicataire.

Clause. — Fournir les terrains nécessaires pour l'ouverture du percement à faire en face du Panthéon, sans pouvoir répéter aucune indemnité.

Une délibération du Conseil municipal du 21 février 1883 considère la clause comme étant sans objet, sous le bénéfice de l'offre faite par Naud et Cⁱᵉ d'ouvrir à leurs frais une rue nouvelle portant de l'angle des rues de Navarre et Mongo et aboutissant au nᵒ 21 de la rue Linné.

Immeuble acquis par la Ville le 18 octobre 1883 de la Société Naud et Cⁱᵉ.
(Conservation des Arènes de Lutèce.)

---

25. — Rue Linné, 13, 17, 19, 21. (Anciennement rue Saint-Victor et rue de Navarre, 12, anciennement rue Rollin, plus anciennement rue Neuve-Saint-Étienne.) (Provenant du Couvent des Dames Augustines de la Congrégation de Notre-Dame.)

Vente nationale du 9 messidor an IV. — Pons de Verdun, adjudicataire. — Les héritiers Sauvier (rue de Navarre 1, et rue Linné 13), Mᵐᵉ Ethiou-Pénou et Delâtre (rue Linné 17), Mᵐᵉ Vᵛᵉ Journeaux (rue Linné 19), propriétaires en 1878; Naud et Cⁱᵉ (rue Linné 21), propriétaires en 1883.

Clause. — Fournir le terrain nécessaire pour l'ouverture d'une nouvelle rue.

Délibération du Conseil municipal du 7 mars 1856. — « Il y a lieu de considérer comme éteinte, en ce qui concerne la propriété située rue Saint-Victor, nᵒ 13, et en retour sur la rue Neuve-Saint-Étienne, la clause de percement insérée dans le contrat domanial du 9 messidor an IV.
» En conséquence, cette clause sera classée dans la 6ᵉ catégorie des réserves domaniales. »

---

26. — Rues de la Harpe, 43, et de la Parcheminerie, 33, 35. (Angle.)

Vente par l'Administration des Hospices du 2 octobre 1812. — Henry, adjudicataire. — M. Raymond, propriétaire en 1886.

Clause. — Art. 13. — L'adjudicataire sera tenu, lors des reconstructions ou reconfortations, de livrer le terrain nécessaire pour l'élargissement de la rue et de se conformer à tous alignements et retranchements qui pourront lui être prescrits par le Conseil des bâtiments civils, sans pouvoir prétendre aucune indemnité.

Il est dit en outre, dans le procès-verbal d'adjudication, que : « cette maison
» est sujette à un retranchement de 1ᵐ,70 du côté de la rue de la Harpe et de
» 1ᵐ,30 du côté de la rue de la Parcheminerie. »

27. — **Rue Domat, 10, 12.** (Anciennement rue du Plâtre.)

Vente par l'Administration des Hospices du 22 septembre 1809. — Desmaisons, adjudicataire. — M. Jousse, propriétaire en 1886.

Clause. — Art. 15. — L'adjudicataire sera tenu, lors des reconstructions ou reconfortations, de livrer le terrain nécessaire pour l'élargissement de la rue et de se conformer à tous alignements et retranchements qui pourront lui être prescrits par le Conseil des bâtiments civils, sans pouvoir prétendre aucune indemnité.

28. — **Rue de Bièvre, 40, et place Maubert, 51.** (Angle).

Vente par l'Administration des Hospices du 20 septembre 1811. — Joly, adjudicataire. — Les héritiers Legrand, expropriés suivant jugement du 23 décembre 1858.

Clause. — Art. 15. — L'adjudicataire sera tenu, lors des reconstructions ou reconfortations, de livrer le terrain nécessaire pour l'élargissement de la rue et de se conformer à tous alignements et retranchements qui pourront lui être prescrits par le Conseil des bâtiments civils, sans pouvoir prétendre aucune indemnité.

(Démoli).

29. — **Rue de la Montagne-Sainte-Geneviève, 70, et place Sainte-Geneviève.**

Vente nationale du 7 germinal an VI. — Rech, adjudicataire. — Mme Bernay, propriétaire en 1878.

Clause. — L'adjudicataire sera tenu de se conformer, quand il en sera requis et ce sans indemnité, aux alignements arrêtés ou qui pourront l'être par la Commission des travaux publics.

30. — **Rues Saint-Victor et de Poissy.** (Provenant du Collège du Cardinal Lemoine.)

Vente nationale du 18 messidor an V. — Mme Pestrelle, adjudicataire. — M. Bourdereau, propriétaire en 1875.

Clause. — L'adjudicataire sera tenu de subir le retranchement pour le percement et l'alignement des rues projetées, sans, par lui, prétendre pour raison de ce aucune indemnité contre la République venderesse.

31. — **Rue de Poissy.** (Ancien Collège des Bernardins.)

Vente nationale du 9 vendémiaire an VIII. — Leroux, adjudicataire. — M. Bourdereau, propriétaire en 1875.

Clause. — Il (l'acquéreur) sera tenu en même temps de se clore à ses frais d'un mur en maçonnerie au-devant de la rue comme il est indiqué au plan et d'après les alignements qui lui sont donnés par les Travaux publics.

Il se conformera et sans autre indemnité à tous autres alignements ou retranchements qui pourraient être arrêtés par les Travaux publics.

(Propriété alignée.)

32. — **Rue Saint-Jacques, 151.** (A l'angle de la rue Soufflot.)

Vente nationale du 11 prairial an VI. — Letacq, adjudicataire. — M. Olivier, propriétaire en 1873.

Clause. — L'acquéreur sera tenu de se conformer aux alignements de la nouvelle rue du Panthéon et de la rue Saint-Jacques, et de démolir à ses frais, à la première réquisition qui lui en sera faite, l'encoignure des deux rues suivant lesdits alignements, sans pour cela prétendre à aucune indemnité, ni pour raison de démolition, ni pour raison de retranchement de terrain.

(Arrêté de sursis du 20 août 1873.)

33. — **Rues Victor-de-Lanneau** (Anciennement rue du Four-Saint-Hilaire), **et d'Écosse, 9.** (Angle.)

Vente nationale du 24 juin 1814. — Mlle Saunié, adjudicataire. — Le Collège Sainte-Barbe, propriétaire en 1882.

Clause. — La maison présentement vendue étant sujette à un retranchement tant sur la rue d'Écosse que sur celle du Four-Saint-Hilaire et l'angle de cette propriété devant former un pan coupé de trois mètres de large, ainsi qu'il est tracé par une ligne en gros rouge foncé sur le plan annexé au présent, l'adjudicataire sera tenu, en cas de reconstruction, de se conformer à cet alignement aussitôt qu'il en sera requis et ce sans prétendre à aucune indemnité.

La rue Victor-de-Lanneau a été supprimée par l'agrandissement du Collège Sainte-Barbe. (Jugement d'expropriation du 3 janvier 1880.)

Il en est de même de la partie de la rue d'Écosse où était située la propriété n 9.

34. — **Rues Saint-Hilaire, 3, et d'Écosse, 1.** (Anciennement rue du Mont-Saint-Hilaire.) (Provenant du Prytanée de Saint-Cyr.)

Vente nationale du 18 juillet 1807. — Carré, adjudicataire. — Mme Vve Pênou et ses enfants, propriétaires en 1879.

Clause. — Attendu que la présente maison est sujette à un retranchement de 0m,70 sur la rue du Mont-Saint-Hilaire et de 1m,90 sur celle d'Écosse, indiqué au plan par deux lignes rouges, l'adjudicataire ne pourra, en cas de vétusté, faire aux-dites façades aucune réparation ni reconfortation qui puissent les consolider, mais il sera tenu de se conformer à l'alignement prescrit et d'abandonner à la voie publique tout le terrain nécessaire, et ce sans pouvoir exiger aucune indemnité.

35. — **Rues de Reims, 6, d'Écosse, 8, et Chartière, 13.** (Provenant du Prytanée de Saint-Cyr.)

Vente nationale du 8 août 1807. — Parein, adjudicataire. — Le Collège Sainte-Barbe, propriétaire en 1882.

Clause. — Attendu que le présent domaine est sujet à des retranchements indiqués au plan des architectes, l'adjudicataire ne pourra, en cas de vétusté, faire à sa propriété, tant sur la rue de Reims que sur les rues Chartière, du Four et d'Écosse, aucunes réparations, reconstructions ni reconfortations qui puissent la consolider, mais il sera tenu de fournir le terrain nécessaire à l'élargissement desdites rues, et ce sans pouvoir exiger aucune espèce d'indemnité.

La rue de Reims et partie de la rue d'Écosse ont été supprimées. — (Jugement d'expropriation du 3 janvier 1880.)

36. — **Rue Victor-de-Lanneau, 6.** (Anciennement rue du Four-Saint-Hilaire, 3.) (Provenant du Collège Tréguier.)

Vente nationale du 15 thermidor an XIII. — Maugin, adjudicataire. — Le Collège de France, propriétaire en 1882.

Clause. — Enfin, l'adjudicataire de la maison susdésignée sera tenu de se conformer aux alignements et retranchements qui pourraient lui être donnés par le Conseil des travaux publics, sans pouvoir prétendre à aucune indemnité. Le retranchement, tel qu'il est indiqué au plan par une ligne rouge, sera effectué lorsque l'état de la maison nécessitera des reconfortations ou des reconstructions, et ce sans indemnité, comme il vient d'être dit.

La rue Victor-de-Lanneau a été supprimée par l'agrandissement du Collège Sainte-Barbe. (Jugement d'expropriation du 3 janvier 1880.)

37. — **Rue Valette.** (Anciennement rue des Sept-Voies, 1, et rue de l'École Polytechnique.) (Provenant du Collège des Grassins.)

Vente nationale du 22 juin 1810. — Boursin, adjudicataire. — M. Chinot, propriétaire en 1879.

Clause. — L'adjudicataire sera tenu de se conformer aux alignements ou retranchements qui pourront lui être prescrits par le Conseil des bâtiments civils, et ce sans indemnité.

38. — **Rue Valette, 21.** (Anciennement rue des Sept-Voies.) (Provenant du Collège de Fortet.)

Vente nationale du 12 juillet 1806. — Penducet, adjudicataire. — Mme Vve Barrier, propriétaire en 1879.

Clause. — L'adjudicataire sera tenu de se conformer à tous les alignements ou retranchements qui pourront lui être prescrits par le Conseil des bâtiments civils, et ce sans indemnité.

39. — **Rue Descartes, 12.** (Anciennement rue Bordet, 20.) (Provenant du Collège de Fortet.)

Vente nationale du 12 juillet 1806. — Bovinon, adjudicataire.

Clause. — Il (l'adjudicataire) sera tenu de fournir le terrain nécessaire à l'élargissement de ladite rue et de suivre l'alignement indiqué au plan par la ligne tracée en rouge de D en E, et ce sans pouvoir exiger aucune indemnité.

40. — **Rue Descartes, 8.** (Anciennement rue Bordel, 22, 23.) (Provenant du Collège de Hubans.)

Vente nationale du 13 vendémiaire an XIV. — Gautier, adjudicataire.

Clause. — L'adjudicataire, lors de la reconstruction ou dans le cas de reconfortation de ladite maison, sera tenu de livrer le terrain nécessaire pour l'élargissement de la rue Bordet, sans pouvoir prétendre à aucune indemnité, et ce d'après les alignements qui lui seront donnés par les commissaires voyers de la Ville de Paris, et indiqués au plan annexé au procès-verbal d'estimation par une ligne rouge et les lettres AB.

41. — Rue de la Montagne-Sainte-Geneviève, 79.

Vente nationale du 7 septembre 1810. — HÉMART, adjudicataire.

CLAUSE. — Attendu que cette maison doit éprouver un retranchement qui commence à 7 m. 60 c. de distance de la ligne de mitoyenneté avec le sieur Matet, pour venir couper à 3 m. 30 c. de la distance de la façade sur la rue, le tout indiqué par la ligne tracée en rouge au plan, l'adjudicataire ne pourra, en cas de vétusté, faire à cette portion de la façade aucune réparation ni reconfortation qui puissent la consolider, mais il sera tenu de se conformer à l'alignement prescrit, et ce sans pouvoir exiger aucune indemnité.

---

42. — Rue Laplace, 10. (Anciennement rue des Amandiers.) (Provenant du Prytanée de Saint-Cyr.)

Vente nationale du 17 janvier 1807. — ROBERT MOREL, adjudicataire. — Mlle BATAILLE, propriétaire en 1879.

CLAUSE. — Attendu que la présente maison est sujette à un reculement indiqué au plan par une ligne tracée en rouge foncé, l'adjudicataire ne pourra, en cas de vétusté, faire à sa façade sur la rue des Amandiers, aucune reconstruction ni reconfortation qui puissent la consolider, mais il sera tenu de se conformer à l'alignement qui lui est prescrit, et ce sans pouvoir exiger aucune indemnité.

---

43. — Rue Laplace, 16. (Anciennement rue des Amandiers.) (Provenant du Prytanée de Saint-Cyr.)

Vente nationale du 10 janvier 1807. — MERLE, adjudicataire.

CLAUSE. — Attendu que cette maison est sujette à un retranchement indiqué au plan par une ligne rouge foncé, l'adjudicataire ne pourra, en cas de vétusté, faire à la façade de ladite maison, aucune réparation ni reconfortation qui puissent la consolider, mais il sera tenu de se conformer à l'alignement qui lui est prescrit, et ce sans indemnité.

---

44. — Rue Laplace, 13. (Anciennement rue des Amandiers.) (Provenant du Prytanée de Saint-Cyr.)

Vente nationale du 22 juin 1810. — LEROUX, adjudicataire. — M. LARCHER, propriétaire en 1879.

CLAUSE. — Attendu que la présente maison est sujette à un retranchement sur la rue des Amandiers de 1^m, 51, indiqué au plan par une ligne en gros rouge, l'adjudicataire ne pourra, en cas de vétusté, faire à la façade de ladite maison aucune réparation ni reconfortation qui puissent la consolider, mais il sera tenu de se conformer à l'alignement prescrit et d'abandonner le terrain nécessaire à l'élargissement de la rue, et ce sans pouvoir exiger aucune indemnité.

---

45. — Place du Panthéon et rue Valette. (Anciennement rue des Sept-Voies.) (Provenant de l'Hôtel Marly.)

Vente nationale du 22 brumaire an V. — HAMMERVILLE, adjudicataire. — LA SOCIÉTÉ SAINTE-BARBE, propriétaire en 1881.

CLAUSE. — A la charge notamment de fournir le terrain nécessaire lors de l'exécution d'un percement à faire sur un des rayons de la coupole du Panthéon, sans pouvoir exiger d'indemnité.

(Clause exécutée.)

---

46. — Rue des Sept-Voies, 24. (Actuellement rue Valette.) (Provenant du Collège de Montaigu.)

Vente nationale du 13 vendémiaire an XIV. — CHAMPAGNE, adjudicataire. — LE COLLÈGE SAINTE-BARBE, propriétaire en 1881.

CLAUSE. — L'adjudicataire sera tenu de fournir, et ce sans indemnité, le terrain nécessaire à l'élargissement de la rue des Sept-Voies, à cause des alignements correspondant à l'axe du dôme du Panthéon, tels qu'ils sont indiqués sur les plans arrêtés par le Ministre de l'Intérieur et tracés par une ligne rouge sur le plan annexé au procès-verbal d'estimation. Néanmoins, ce retranchement n'aura lieu que dans le cas de vétusté ou de reconstruction de ladite maison.

(Réserve exécutée.)

---

47. — Rue des Sept-Voies. (Actuellement rue Valette, à l'angle de la rue des Chiens.)

Vente nationale du 13 vendémiaire an XIV. — CHAMPAGNE, adjudicataire. — LE COLLÈGE SAINTE-BARBE, propriétaire en 1881.

CLAUSE. — L'adjudicataire sera tenu de fournir, et ce sans indemnité, le terrain nécessaire à l'élargissement de la rue des Chiens ; et pour établir une rue de douze mètres de largeur vis-à-vis de l'axe latéral du dôme du Panthéon, la propriété dont il s'agit est sujette, par mesure de grande voirie, aux retranchements tels qu'ils sont indiqués par des lignes rouges aux plans joints au procès-verbal d'estimation, mais l'adjudicataire ne sera obligé à ces retranchements que dans le cas de vétusté ou de reconstruction de ladite maison.

(Clause exécutée.)

---

48. — Rue de la Montagne-Sainte-Geneviève, 12. (Ancien 24.) (Provenant du Prytanée de Saint-Cyr.)

Vente nationale du 10 janvier 1807. — MANSUY, adjudicataire.

CLAUSE. — Enfin, l'adjudicataire sera tenu de se conformer à tous alignements et retranchements qui pourront lui être prescrits par le Conseil des bâtiments, et ce sans indemnité.

(Propriété alignée.)

---

49. — Rue Valette, 8 et 10. (Anciennement rue des Sept-Voies.)

Vente nationale du 22 septembre 1809. — JANTON, adjudicataire. — LA VILLE DE PARIS, propriétaire en 1880.

CLAUSE. — De plus, ledit acquéreur supportera les retranchements et reculements auxquels lesdites maisons pourraient être sujettes d'après l'alignement de la Ville de Paris.

(Exproprié et démoli.)

---

50. — Rue Victor-de-Lanneau, 4. (Anciennement rue du Four.)

Vente nationale du 22 septembre 1809. — JANTON, adjudicataire. — M. LETOURNEAU, propriétaire en 1880.

CLAUSE. — Attendu que la présente maison est sujette à un retranchement d'un mètre dix centimètres sur la rue du Four et à un autre retranchement sur la rue des Sept-Voies, l'adjudicataire ne pourra faire à la face de ladite maison, ni dans la partie de bâtiment côté de la rue des Sept-Voies, aucunes réparations ni reconfortations qui pourraient les consolider, mais il sera tenu d'abandonner à la voie publique, sans indemnité, les terrains nécessaires et indiqués au plan par les lignes rouges.

(La rue Victor-de-Lanneau a été supprimée et la propriété démolie pour l'agrandissement du Collège Sainte-Barbe. Jugement d'expropriation du 3 janvier 1880.)

---

51. — Rue d'Écosse, 5. (provenant du Prytanée de Saint-Cyr.)

Vente nationale du 9 janvier 1808. — LECLERC CLAIR, adjudicataire. — M. MARSET-VITAL propriétaire en 1880.

CLAUSE — . . . .

---

52. — Rue des Carmes, 34. (Ancien 16.) (Provenant du Prytanée de Saint-Cyr.)

Vente nationale du 13 septembre 1806. — BOURSON, adjudicataire. — M. JUVIGNY, propriétaire en 1880.

CLAUSE. — Attendu que la présente maison est sujette à un retranchement d'environ 0^m,11, l'adjudicataire ne pourra, en cas de vétusté, faire à sa face aucune reconstruction ni reconfortation qui puissent la consolider, mais il sera tenu de fournir le terrain nécessaire à l'élargissement de ladite rue, et ce sans pouvoir exiger aucune indemnité.

(La propriété est en retraite sur l'alignement actuel de la rue des Carmes.)

---

53. — Rue de Bièvre, 25. (Ancien 33.)

Vente nationale du 3 germinal an VI. — TOLOZÉ, adjudicataire. — LES HÉRITIERS BENARD, propriétaires en 1878.

CLAUSE. — L'adjudicataire sera tenu de se conformer, lorsqu'il en sera requis et sans indemnité, aux alignements projetés pour l'assainissement et l'embellissement de Paris et arrêtés par la Commission des travaux publics.

---

54. — Rues Laplace, 3, 5, 7 (Anciennement rue des Amandiers), **et de la Montagne-Sainte-Geneviève, 62, 64.**

Vente par l'Administration des Hospices du 22 novembre 1811. — RECR, adjudicataire. — M. PERDRIGER, propriétaire en 1881.

CLAUSE. — Art. 15. — L'adjudicataire sera tenu, lors de la reconstruction ou reconfortation, de livrer le terrain nécessaire pour l'élargissement de la rue et de se conformer à tous les alignements et retranchements qui pourront lui être prescrits par le Conseil des bâtiments civils, sans pouvoir prétendre à aucune indemnité.

« Dans le contrat de vente du 24 octobre 1844, il a été fait remarquer que » la maison mise en vente était susceptible d'un retranchement d'un mètre » soixante-deux centimètres sur la rue des Amandiers, aujourd'hui rue Laplace, » en cas de reconstructions, sans que la Ville soit tenue de donner aucune » indemnité pour ce retranchement. »

---

55. — Rues Valette. (Anciennement rue des Sept-Voies), **et Saint-Hilaire.** (Provenant de l'Église Saint-Hilaire.)

Vente nationale du 14 vendémiaire an IV. — CABROL et GAUDEAU, adjudicataires. — M. RIVAIS, propriétaire en 1879.

CLAUSE pour l'ouverture de la rue sur l'axe du Panthéon.

(Exécutée.)

56. — Rue Valette, 9. *(Partie.)* (Anciennement rue des Sept-Voies, 13.)

Vente nationale du 18 fructidor an XIII. — MARCHAND et DEBOIS, adjudicataires. — M⁽ˡˡᵉ⁾ LARLIER, propriétaire en 1879.

CLAUSE. — . . . .

---

57. — Rues de l'École-Polytechnique, 7, 9, 11, 13, 15, 17, 8, 10, 12, 14, 16, et Laplace. (Anciennement rue des Amandiers, 14.) (Provenant du Couvent des Grassins.)

Vente nationale du 8 octobre 1853. — MAYET et GRULÉ, adjudicataires.
Le 8 mars 1854, GRULÉ vend à MAYET sa part de propriété. — MAYET vend à CLAUDE POINTUD, les 3 et 5 décembre 1844, ce dernier acte contient les conditions particulières suivantes :

CONDITIONS PARTICULIÈRES. — Comme condition expresse de la vente, M. et Mᵐᵉ Mayet se réservent le droit, pendant deux ans, à partir du 1ᵉʳ janvier prochain, d'exiger de M. et Mᵐᵉ Pointud l'abandon, sans aucune espèce d'indemnité, de tout le terrain nécessaire, sur la propriété présentement vendue, pour l'ouverture d'une rue de 10 mètres de largeur, laquelle mettrait en communication la rue de la Montagne-Sainte-Geneviève avec la rue des Sept-Voies et du Mont-Saint-Hilaire, conformément à l'alignement qui sera fixé, soit par lesdits sieur et dame Mayet soit par l'administration compétente ; dans le cas où la rue projetée aurait une largeur plus considérable que celle de 10 mètres, tout le surplus au delà de 10 mètres sera livré par M. et Mᵐᵉ Pointud, mais leur sera payé à dire d'experts, choisis à l'amiable, sinon nommés d'office ; M. et Mᵐᵉ Pointud s'obligent solidairement à l'exécution des réserves et conditions ci-dessus, pendant le délai de deux années ci-dessus fixé.

(Clause exécutée.)

---

58. — Rue Jean-de-Bauvais, 25.

Vente nationale du 19 floréal an VII. — DE LA GRANGE, adjudicataire. — M. TROUSSOT, propriétaire en 1879.

CLAUSE. — L'acquéreur sera tenu de souffrir, et ce sans indemnité, tous alignements et retranchements qui pourraient lui être donnés par les Travaux publics.

---

59. — Rue Laplace, 12. (Anciennement rue des Amandiers.) (Provenant du Collège des Grassins.)

Vente nationale du 18 germinal an V. — BŒUF, adjudicataire. — M. CATILLON, propriétaire en 1879.

CLAUSE. — . . . . L'adjudicataire sera tenu d'abandonner la partie de terrain nécessaire pour l'ouverture d'une nouvelle rue projetée, qui devait conduire de la nouvelle place Beaurepaire à la rue de la Montagne-Sainte-Geneviève, sans aucune répétition ni indemnité à cet égard, et à la charge pour lui de faire refaire la clôture qui serait nécessaire, lors de l'ouverture de cette rue, et de payer sa quote-part pour le prix de ladite rue et pour l'illumination ; qu'il ne pourrait en aucune manière anticiper sur le terrain qui servait de passage au ci-devant Collège des Grassins dont faisait partie ladite maison ; qu'il ne pourrait non plus intercepter ledit passage dont il n'aurait que le tessus en propriété.

---

60. — Rue de la Montagne-Sainte-Geneviève, 71. (A l'angle de la rue Descartes.)

Vente par l'Administration des Hospices du 22 octobre 1813. — TROUSSOT, adjudicataire. — M. DUVIVIER, propriétaire en 1879.

CLAUSE. — Art. 15. — L'adjudicataire sera tenu, lors des reconstructions ou reconfortations, de livrer le terrain nécessaire pour l'élargissement de la rue et de se conformer à tous alignements et retranchements qui pourront lui être prescrits par le Conseil des bâtiments civils, sans pouvoir prétendre aucune indemnité.

On dit, dans un acte de vente par TROUSSOT à HARDON, du 30 janvier 1828 :

« Il est fait observer que le terrain susdésigné doit contenir 3ᵐ,10 de face et
» 0ᵐ,55 de profondeur, mais que, tel qu'il est enclos aujourd'hui, il contient
» davantage au moyen de ce que M. Troussot a renfermé dans la clôture qu'il a
» fait dresser une partie de la voie publique qu'il a été autorisé à enclore avec le
» terrain qui lui appartenait, à la charge de supprimer cette clôture à la
» première réquisition qui lui en sera faite, sans pouvoir prétendre à aucune
» indemnité. »

61. — Rue des Fossés-Saint-Bernard, 18. (Ancien n° 6.)

Vente nationale du 15 pluviôse an VIII. — GRENIER, adjudicataire. — Mᵐᵉ Vᵛᵉ GOUPIL, propriétaire en 1879.

CLAUSE. — Le procès-verbal imposait à l'acquéreur l'obligation de supporter l'ouverture et le percement d'une rue qui devait traverser la propriété selon la largeur qui était ou serait prescrite, sans qu'il pût prétendre à aucune indemnité ou compensation pour cet objet.

Après l'article qui s'occupe du percement de ladite rue, en vient un autre dans les termes suivants, littéralement rapportés :

« Il sera aussi tenu (l'acquéreur) de se conformer, quand il en sera requis et
» ce sans indemnité, aux alignements arrêtés ou qui pourront l'être par la Com-
» mission des travaux publics. » (Extrait de l'acte de vente par Borniche, Subert et consorts à Francon. — Contrat des 18, 19, 23, 24 mars 1857. Mᵉ Lavocat, notaire.)

(Arrêté de sursis du 15 juillet 1853.)

---

62. — Rue des Fossés-Saint-Bernard, 20. (Ancien 8.)

Vente nationale du 15 pluviôse an VIII. — GRENIER, adjudicataire. — M. FRANCON, propriétaire en 1879.

CLAUSE. — Le procès-verbal imposait à l'acquéreur l'obligation de supporter l'ouverture et le percement d'une rue qui devait traverser la propriété selon la largeur qui était ou serait prescrite, sans qu'il pût prétendre aucune indemnité ou compensation pour cet objet.

Après l'article qui s'occupe du percement de ladite rue, en vient un autre dans les termes suivants, littéralement rapportés :

« Il sera aussi tenu (l'acquéreur) de se conformer, quand il sera requis et
» ce sans indemnité, aux alignements arrêtés ou qui pourront l'être par la
» Commission des travaux publics. »
(Extrait de l'acte de vente par Borniche, Subert et consorts à Francon. — Contrat des 18, 19, 23, 24 mars 1857. Mᵉ Lavocat, notaire.)

---

63. — Rue de la Bucherie, 19. (Provenant du Prytanée de Saint-Cyr.)

Vente nationale du 10 janvier 1807. — PETIT, adjudicataire. — M. MENMET, propriétaire en 1880.

CLAUSE. — Attendu que la présente maison est sujette à un retranchement de deux mètres quinze centimètres d'un côté, et de deux mètres vingt-cinq centimètres de l'autre, sur la rue de la Bucherie, l'adjudicataire ne pourra, en cas de vétusté, faire à la façade de ladite maison aucune réparation ni reconfortation qui puissent la consolider, mais il sera tenu de se conformer aux alignements qui lui sont indiqués par la ligne tracée en rouge au plan, et ce sans pouvoir exiger aucune indemnité.

---

64. — Rue du Fouarre, 14. (Ancien 3.)

Vente nationale du 8 messidor an IV. — RAINVILLE, adjudicataire. — LA VILLE DE PARIS, propriétaire en 1879.

CLAUSE. — Dans l'acte du 8 messidor an IV, contenant vente par le Domaine national au profit de Ch.-Hippolyte Rainville..... il est stipulé que la vente est faite à la charge par l'acquéreur (art. 4) du percement d'une nouvelle rue, pour laquelle il sera tenu de fournir le terrain nécessaire. (Extrait d'une transcription du 6 avril 1831, v. 2278, n° 8.)

D'après le plan de la Commission des Artistes, la rue projetée, dont il est question, était une voie parallèle à la rue Valette (ancienne rue des Sept-Voies), et allant de la place du Panthéon au pont Saint-Charles.

---

65. — Rue du Fouarre, 16.

Vente nationale du 1ᵉʳ ventôse an VII. — PÉCLET, adjudicataire. — Mᵐᵉ V PÉDILLE, propriétaire en 1880.
Cette propriété a la même origine que celle rue Galande, 42 (voir n° 66). La réserve, affirmée par la déclaration contenue dans l'acte de vente par Mᵐᵉ LELOUTRE à PIERRE GARDET (23 mai 1820) de la maison rue Galande, s'applique à l'immeuble rue du Fouarre :

« L'adjudicataire souffrira dans les cas prévus le reculement de la propriété,
» sans pouvoir exiger aucune indemnité. »

---

66. — Rue Galande, 42. (Provenant de l'Université de France.)

Vente nationale du 1ᵉʳ ventôse an VII. — PÉCLET, adjudicataire. — M. VALLOT, propriétaire en 1880.
Dans l'acte de vente par Mᵐᵉ LELOUTRE (née VAX ECK) à PIERRE GARDET (acte du 23 mai 1829 — Mᵉ FLOBANT, notaire), il existe la mention suivante :

« M. et Mᵐᵉ Gardet reconnaissent avoir pris communication du procès-verbal
» d'adjudication dudit jour 1ᵉʳ ventôse an VII, et notamment de la clause qui
» oblige l'adjudicataire à souffrir, dans les cas prévus, le reculement de ladite
» maison ; ils seront tenus de se conformer, s'il y a lieu, sans recours contre la
» venderesse, à ladite clause qui n'accorde auxdits cas prévus aucune indem-
» nité aux propriétaires. Cette maison provenait de l'ancienne Université de
» France. »

67. — Rue des Fossés-Saint-Bernard, 4 à 12.

Vente nationale du 15 pluviôse an VIII. — Grenier, adjudicataire. — M. Bonniche, propriétaire en 1879.

Clause. — Le procès-verbal imposait à l'acquéreur l'obligation de supporter l'ouverture et le percement d'une rue, qui devait traverser la propriété selon la largeur qui était ou serait prescrite, sans qu'il pût prétendre à aucune indemnité ou compensation pour cet objet.

Après l'article qui s'occupe du percement de ladite rue, en vient un autre dans les termes suivants, littéralement rapportés :

« Il sera aussi tenu (l'acquéreur) de se conformer, quand il en sera requis et » ce sans indemnité, aux alignements arrêtés ou qui pourront l'être par la » Commission des travaux publics. » Extrait d'un acte de vente par Borniche, Subert et consorts à Francon. — Contrat des 18, 19, 23, 24 mars 1857, Me Lavocat, notaire.)

(Clause exécutée.)

---

68. — Rue des Fossés-Saint-Bernard, 22. (Ancien 10.)

Vente nationale du 15 pluviôse an VIII. — Grenier, adjudicataire. — Mme Vve Rousseau et ses fils, propriétaires en 1879.

Clause. — Le procès-verbal imposait à l'acquéreur l'obligation de supporter l'ouverture et le percement d'une rue qui devait traverser la propriété selon la largeur qui était ou serait prescrite, sans qu'il pût prétendre à aucune indemnité ou compensation pour cet objet.

Après l'article qui s'occupe du percement de ladite rue, en vient un autre dans les termes suivants, littéralement rapportés :

» Il sera aussi tenu (l'acquéreur) de se conformer, quand il en sera requis, et » ce sans indemnité, aux alignements arrêtés ou qui pourront l'être par la » Commission des travaux publics. » (Extrait d'un acte de vente par Borniche, Subert et consorts à Francon. — Contrat des 18, 19, 23, 24 mars 1857. Me Lavocat, notaire.)

(Clause exécutée.)

---

69. — Rue de la Bucherie, à l'angle de la rue de l'Hôtel-Colbert. (Anciennement rue des Rats.) (Provenant de l'ancienne École de Médecine.)

Vente nationale du 28 décembre 1810. — Bourson, adjudicataire. — M. Leyma, propriétaire en 1880.

Clause. — Attendu que la présente propriété est sujette à un retranchement, savoir : sur la rue de la Bucherie, de 0m,65 et, sur celle des Rats, de 0m,97, l'adjudicataire ne pourra, en cas de vétusté, faire auxdites façades aucune réparation ni reconfortation qui puissent les consolider, mais il sera tenu de se reculer et de se conformer à l'alignement indiqué au plan par une ligne rouge, sur chaque rue, et ce sans pouvoir exiger aucune indemnité.

---

70. — Rues de la Bucherie, 15, 17, et de l'Hôtel-Colbert, 8 et 10.

Vente par l'Administration des Hospices du 26 novembre 1816. — Berger, adjudicataire. — MM. Boutry et Pézard, propriétaires en 1879.

Clause. — Art. 15. — L'adjudicataire sera tenu, lors des reconstructions ou reconfortations, de livrer le terrain nécessaire pour l'élargissement de la rue et de se conformer à tous alignements et retranchements qui pourront lui être prescrits par le Conseil des bâtiments civils, sans pouvoir prétendre aucune indemnité.

---

71. — Rues du Pot-de-Fer, Lhomond (Ancienne rue des Postes), **Amyot** (Ancienne rue du Puits-qui-Parle), **et Tournefort** (Ancienne rue Sainte-Geneviève.) (Provenant des Religieuses de Sainte-Aure.)

Vente nationale du 15 thermidor an IV. — Chossinon (1/3), — Michet (1/3), — Poulain (1/6) et Lamy (1/6), adjudicataires. — Les Religieuses du Saint-Sacrement, propriétaires en 1880.

Clause. — Il doit être ouvert dans le terrain faisant partie des lieux ci-dessus décrits une nouvelle rue, prenant du boulevard du Midy, jusqu'à la rue des Fossés-Saint-Victor; l'emplacement qu'elle doit occuper est indiqué sur le plan projeté par des lignes tracées en rouge. Les citoyens Chossinon et consorts ne pourront, sous aucuns prétextes que ce soit, demander aucune indemnité ni dédommagement, au gouvernement, pour le percement de cette rue; ils seront tenus de souffrir tous les retranchements de terrains et autres inconvénients qui pourraient résulter de ce percement, sans pouvoir prétendre aucunes réclamations contre qui que ce soit; aussitôt que le percement sera exécuté, et dans un temps qui lui sera prescrit par le gouvernement, ou par tous autres préposés à cet effet. Ils seront tenus en outre de faire paver à leurs frais l'emplacement qu'occupera la rue dans ledit terrain, avec pentes pour en retirer les eaux, plus de faire toutes terrasses, déblais et remblais pour dresser la rue, en tirer les eaux, et leur donner l'écoulement nécessaire.

72. — Rue Daubenton, 11, 13. (Anciennement rue d'Orléans, 16.) (Provenant du Couvent des Filles de la Croix.)

Vente nationale du 28 thermidor an V. — Lecouteux, adjudicataire. — M. Lamy, propriétaire en 1880.

Clause. — L'adjudicataire sera tenu. . . . . de fournir le terrain nécessaire pour le percement d'une rue nouvelle, et ce sans aucun recours en indemnité contre la République venderesse.

---

73. — Rues des Carmes, 6, et Jean-de-Beauvais.

Vente nationale du 3 thermidor an IV. — Craulay, adjudicataire. — M. Tardu, propriétaire en 1881.

Clause. — L'acquéreur sera tenu de donner les bâtiments et terrains nécessaires pour un percement de rue à faire sur un des rayons du Panthéon suivant le plan existant.

(Clause exécutée en vertu d'un contrat d'échange entre la Ville et M. Tardu, du 18 octobre 1882.)

---

74. — Rues Nicole et du Val-de-Grace. (Provenant du Couvent des Carmélites.)

Vente nationale du 8 thermidor an V. — Denis, adjudicataire.

Clause. — Par la raison que, d'après les plans dressés par la Commission des artistes chargée de la division des grands domaines nationaux, situés dans la commune de Paris, il doit être ouvert une rue dans le domaine des ci-devant Carmélites, laquelle, traversant la rue d'Enfer, doit aboutir à une place demi-circulaire projetée devant le Val-de-Grâce, l'adjudicataire sera tenu de supporter et de faire dans la portion dudit domaine, et ce sans aucun recours en indemnité contre la République venderesse, le percement nécessaire à la formation de ladite rue et tous autres encore qui seraient jugés indispensables pour obtenir la division la plus avantageuse aux autres domaines nationaux circonvoisins ainsi qu'à l'embellissement et à l'assainissement de Paris.

Une délibération du Conseil municipal du 28 mai 1884 a déclaré cette clause exécutée en ce qui concerne les immeubles 15 rue du Val-de-Grâce et 16 rue Nicole, appartenant à MM. Corvée et Poutrier.

---

75. — Rue du Cardinal-Lemoine. (Provenant du Collège du Cardinal-Lemoine.)

Vente nationale du 9 brumaire an V. — Lafond, adjudicataire. — MM. Boranet et Juéay, propriétaires du n° 9 en 1880.

Clause. — Cette adjudication a été faite à la charge par l'adjudicataire de fournir le terrain nécessaire pour l'ouverture de nouvelles rues, et ce sans aucun recours d'indemnité contre la République venderesse . . . .
(Extrait de l'acte d'acquisition des propriétaires actuels.)
(Clause exécutée. — Arrêt du Conseil d'État du 28 décembre 1825.)

---

76. — Rues de Poissy et du Cardinal-Lemoine. (Provenant de l'Enclos du Cardinal-Lemoine.)

Vente nationale du 18 frimaire an V. — Potiza, adjudicataire.

Clause. — Fournir le terrain nécessaire pour l'ouverture de nouvelles rues.
(Clause exécutée.)

---

77. — Rue du Cardinal-Lemoine. (Provenant de l'Enclos du Cardinal-Lemoine.)

Vente nationale du 9 brumaire an V. — Humont, adjudicataire.

Clause. — Fournir le terrain nécessaire pour l'ouverture de nouvelles rues.
(Clause exécutée.)

---

78. — Rue des Fossés-Saint-Jacques, 16.

Vente nationale du 1er prairial an VI. — Bizard, adjudicataire. — M. Hallays Dabot, propriétaire.

Clause. — L'adjudicataire sera tenu, dès qu'il en sera requis, de se conformer aux alignements arrêtés par la Commission des travaux publics, et ce sans indemnité.

(Arrêté de sursis du 4 avril 1861. — Arrêté préfectoral du 24 mars 1883, reconnaissant que la clause est exécutée.)

---

79. — Rue Censier, 18, 20, 22. (Provenant du Couvent des Filles de la Croix.)

Vente nationale du 28 thermidor an V. — Lecouteux, adjudicataire. — M. Lemoine, propriétaire en 1880.

Clause. — L'adjudicataire sera tenu . . . . de fournir le terrain nécessaire pour le percement d'une rue nouvelle, et ce sans aucun recours en indemnité contre la République venderesse.

80. — Rue Daubenton, 15. (Anciennement rue d'Orléans.) (Provenant de l'Hôpital des Cent-Filles.)

Vente par l'Administration des Hospices du 14 juin 1811. — CLAVIER, adjudicataire. — M. PRUDHOMME, propriétaire en 1880.

CLAUSE. — Art. 15. — L'adjudicataire sera tenu, lors des reconstructions ou reconfortations, de livrer le terrain nécessaire pour l'élargissement de la rue et de se conformer à tous les alignements et retranchements qui pourront lui être prescrits par le Conseil des bâtiments civils, sans pouvoir prétendre aucune indemnité.

---

81. — Rue Censier, 24. (Provenant de l'Hôpital des Cent-Filles.)

Vente par l'Administration des Hospices du 14 juin 1811. — CLAVIER, adjudicataire. — LA SOCIÉTÉ DES TERRAINS DE LA RUE MONGE, propriétaire en 1881.

CLAUSE. — Art. 15. — L'adjudicataire sera tenu, lors des reconstructions et reconfortations, de livrer le terrain nécessaire pour l'élargissement de la rue et de se conformer à tous les alignements et retranchements qui pourront lui être prescrits par le Conseil des bâtiments civils, sans pouvoir prétendre aucune indemnité.

Un acte du 24 octobre 1817 (Vente par M⁰⁰ V⁰⁰ ROGER à M¹¹⁰ BAREAU-DUHARME) contient la copie littérale de l'adjudication hospitalière; il y est dit :

« En cas de reconstruction cette maison est susceptible d'un retranchement » de 0ᵐ,81, mesure réduite. »

---

82. — Rue Lhomond, 18. (Anciennement, rue des Postes.) (Provenant de l'émigré de Juigné.)

Vente nationale du 3 frimaire an VII. — Mᵐᵉ DEPESTRE, adjudicataire. — M. LEJARIEL et consorts.

CLAUSE. — L'adjudicataire sera tenu, dès qu'il en sera requis, de se conformer aux alignements arrêtés par la Commission des travaux publics, et ce sans indemnité.

---

83. — Rue Lhomond, 20. (Anciennement rue des Postes.) (Provenant du Couvent des Eudistes.)

Vente nationale du 15 ventôse an VI. — CRAPELIER, adjudicataire. — M. LEJARIEL et consorts, propriétaires en 1880.

CLAUSE. — L'adjudicataire du présent domaine sera tenu de fournir, quand il en sera requis et ce sans indemnité, le terrain nécessaire pour l'élargissement de la rue des Postes, conformément aux alignements arrêtés par la Commission des travaux publics.

---

84. — Rue Lhomond, 30. (Anciennement rue des Postes.) (Provenant du Séminaire du Saint-Esprit et de l'Immaculée Conception.)

Vente nationale du 4 floréal an V. — M. N. . ., adjudicataire.

CLAUSE. — . . . .

---

85. — Rue Lhomond. (Anciennement rue des Postes.) (Provenant du Couvent des Filles de Saint-Michel.)

1° Vente nationale du 28 vendémiaire an VI. — PRÉVOST, adjudicataire.

CLAUSE. — . . . .

2° Vente nationale du 2 germinal an IX. — ROUSSEL père, adjudicataire.

CLAUSE. — L'adjudicataire sera tenu de fournir sans indemnité le terrain *nécessaire au redressement de la rue des Postes*, et de se conformer à tous les alignements ou retranchements qui pourront être arrêtés par les Travaux publics.

(Une délibération du Conseil municipal du 27 juillet 1883 a déclaré cette clause exécutée en ce qui concerne l'immeuble *Saboulard*, rue Vauquelin, 7.)

---

86. — Rue Lhomond. (Anciennement rue des Postes, 17.) (Provenant du Couvent de la Présentation.)

Vente nationale du 11 messidor an V. — HELLIOT, adjudicataire. (Emplacement du Collège Rollin.)

CLAUSE. — (Semblable à celle ci-après n° 87.)

---

87. — Rue de l'Arbalète. (Provenant du Couvent des Filles de la Providence.)

Vente nationale du 1ᵉʳ prairial an V. — LAFOND, adjudicataire.

CLAUSE. — L'adjudicataire sera tenu de fournir, quand il en sera requis, et ce sans indemnité, le terrain nécessaire pour l'ouverture de nouvelles rues. (Une délibération du Conseil municipal du 19 novembre 1872 a classé cette clause dans la 7° catégorie des réserves domaniales.)

---

88. — Rue des Feuillantines. (Provenant du Couvent des Feuillantines.)

Vente nationale du 19 messidor an IV. — PONCE, adjudicataire.

CLAUSE relative aux conditions d'usage de l'impasse des Feuillantines, alors passage commun, aujourd'hui voie publique.

---

89. — Rues des Feuillantines, Gay-Lussac et Claude Bernard. (Provenant du Couvent des Feuillantines.)

Échange du 28 messidor an VI entre le Domaine et M. GUYOT.

CLAUSE. — La Commission des Artistes préposés pour faire dans les grands domaines nationaux de Paris les percements des rues nécessaires à l'embellissement et à la salubrité de cette grande commune, et par suite le Conseil des bâtiments civils du Ministre de l'Intérieur, ont projeté et arrêté qu'il serait formé divers grands percements de rues, dirigés sur le dôme du Panthéon Français, l'une desquelles traversant les ci-devant couvents des Ursulines, des Feuillantines et du Val-de-Grâce, aura seize mètres, ou environ 49 pieds 2 pouces de largeur, ainsi qu'elle est tracée en lignes rouges au plan joint au dit procès-verbal, ce qui emportera du ci-devant couvent des Feuillantines, dont il s'agit, environ 1,292 mètres carrés, correspondant à 343 toises carrées et réduira les parties disponibles de ce domaine à 16,511 mètres carrés qui correspondent à 4,346 toises environ de superficie.

Le citoyen Guyot et ses ayants cause jouiront de l'emplacement de cette rue comme de terrain à eux appartenant, jusqu'à ce que l'on fasse le percement de ladite rue, à laquelle époque, et étant prévenus six mois d'avance, ils seront obligés de livrer le terrain nécessaire audit percement, de démolir les portions de murs et bâtiments de ce domaine, qui se trouveront sur ledit emplacement de rue, d'en enlever les matériaux, plantes, arbres, etc. . . . . . . le tout à leur frais, et sans pouvoir entreprendre aucune espèce d'indemnité.

Une délibération du Conseil municipal du 19 septembre 1872, classe cette clause dans la 7° catégorie, comme exécutée en ce qui concerne la propriété, rue des Feuillantines, 87 ancien, appartenant à Bercioux frères.

---

90. — Rue Saint-Jacques, 262. (Provenant du Séminaire Saint-Magloire.)

Vente nationale du 24 messidor an IV. — BUSSONNIÈRE, adjudicataire. — M. BOUFFON, propriétaire en 1880.

CLAUSE. — . . . . Dans les procès-verbaux d'adjudication des 24 messidor an IV et 4 septembre 1811, il a été dit que l'adjudicataire serait tenu de fournir le terrain nécessaire pour l'emplacement des nouvelles rues, plus de boucher toutes les baies, croisées. . . (Extrait de l'acte d'adjudication à Bouffon sur les héritiers Cousté, 27 août 1846).

---

91. — Rue Saint-Jacques, 260. (Provenant du Séminaire de Saint-Magloire.)

Vente nationale du 24 germinal an IV. — DELCHER, adjudicataire. — Mᵐᵉ LELION, propriétaire en 1880.

CLAUSE. — (Semblable à la précédente.)

---

92. — Rue Saint-Jacques, 258. (Provenant du Séminaire de Saint-Magloire.)

Vente nationale du 2° jour complémentaire de l'an IV. — JALLOT, adjudicataire. — Mᵐᵉ LELION, propriétaire en 1880.

CLAUSE. — . . . . . . De ne pouvoir faire aucune réclamation contre les vendeurs, dans le cas où il serait demandé une partie du terrain vendu présentement pour l'ouverture d'une nouvelle rue. (Extrait d'un acte de vente par les héritiers Jallot à Delcher. Contrat des 11 et 12 juin 1807. — Mᵉ Pean de Saint-Gilles, notaire.)

---

93. — Rues des Ursulines, d'Ulm et Gay-Lussac. (Provenant du Couvent des Ursulines.)

Vente nationale du 11 ventôse an VI.

CLAUSE. — Fournir le terrain nécessaire pour l'ouverture de nouvelles rues. (Clause exécutée.)

---

94. — Rue Linné, 5. (Anciennement rue Saint-Victor, 5.)

Vente par l'Administration des Hospices du 22 novembre 1811. — LAFORGE, adjudicataire.

CLAUSE. — Art. 15. — L'adjudicataire sera tenu, lors des reconstructions ou reconfortations, de livrer le terrain nécessaire pour l'élargissement de la rue et de se conformer à tous alignements et retranchements qui pourront lui être prescrits par le Conseil des bâtiments civils, sans pouvoir prétendre aucune indemnité.

95. — **Rues de la Vieille-Estrapade, 7, et Laromiguière.** (Anciennement rue des Poules.) (Provenant de l'émigré de La Tournelle.)

Vente nationale du 8 août 1807. — Lecomte, adjudicataire.

Clause. — Attendu que la maison présentement mise en vente, est sujette à un retranchement sur la rue des Poules, indiqué au plan par une ligne ponctuée, l'adjudicataire ne pourra, en cas de vétusté, faire à la façade, sur ladite rue, aucune réparation ni reconfortation qui puissent la consolider, mais sera tenu de se conformer à l'alignement prescrit et d'abandonner le terrain nécessaire à l'élargissement de la rue, et ce sans indemnité.

---

96. — **Rue des Lavandières, 9.** (Provenant du Prytanée de Saint-Cyr.)

Vente nationale du 2 novembre 1810. — M. Cocu, adjudicataire.

Clause. — Attendu que la présente maison est sujette à retranchement, d'un côté de trois mètres un centimètre, et de l'autre de trois mètres, indiqué au plan par une ligne tracée en rouge, l'adjudicataire ne pourra, en cas de vétusté, faire à la façade de la maison aucune réparation ni reconfortation qui pourraient la consolider, mais il sera tenu d'abandonner le terrain nécessaire à la voie publique en se conformant à l'alignement prescrit, et ce, sans pouvoir prétendre à aucune indemnité.

(Exproprié pour l'ouverture du boulevard Saint-Germain.)

---

97. — **Rue Jean-de-Beauvais, 9.** (Provenant du Prytanée de Saint-Cyr.)

Vente nationale du 10 janvier 1812. — Michau, adjudicataire. — Le Gouvernement Roumain, propriétaire en 1883.

Clause. — Attendu que la présente maison est sujette à un retranchement de quarante-cinq centimètres sur la rue Saint-Jean-de-Beauvais, l'adjudicataire ne pourra, en cas de vétusté, faire à la face de ladite maison aucune réparation ni reconfortation qui puissent la consolider, mais il sera tenu de livrer le terrain nécessaire à l'élargissement de ladite rue, et ce sans indemnité.

(Aligné).

---

98. — **Rue des Bernardins.** (Anciennement rue Saint-Nicolas-du-Chardonnet, 6.) (Provenant du Prytanée de Saint-Cyr.)

Vente nationale du 16 août 1806. — Leclerc, adjudicataire.

Clause. — Attendu que ladite maison est sujette à un retranchement de soixante centimètres environ indiqué au plan par une ligne rouge, l'adjudicataire ne pourra, en cas de vétusté, faire à la face sur la rue du Chardonnet aucune reconstruction ni reconfortation qui puissent la consolider, mais il sera tenu de fournir le terrain nécessaire à l'élargissement de ladite rue, et ce sans pouvoir exiger aucune indemnité.

(Exproprié et démoli.)

---

99. — **Rue des Bernardins.** (Anciennement rue Saint-Nicolas-du-Chardonnet, 6.) (Provenant du Prytanée de Saint-Cyr.)

Vente nationale du 15 février 1811. — Maiseau, adjudicataire.

Clause. — Attendu que la présente maison est sujette à un retranchement de trente-deux centimètres environ, marqué au plan par une ligne tracée en rouge, l'adjudicataire ne pourra, en cas de vétusté, faire à la face de ladite maison aucune réparation ni reconfortation qui puissent la consolider, mais il sera tenu de se reculer et d'abandonner le terrain nécessaire à l'élargissement de la rue, et ce sans indemnité.

(Exproprié et démoli.)

---

100. — **Rue de la Montagne-Sainte-Geneviève.** (Provenant du Prytanée de Saint-Cyr.)

Vente nationale du 10 janvier 1807. — Trusson, adjudicataire.

Clause. — Enfin ledit adjudicataire sera tenu de se conformer à tous alignements ou retranchements qui pourront lui être prescrits par le Conseil des bâtiments civils, et ce sans indemnité.

(Exproprié et démoli pour l'ouverture du boulevard Saint-Germain.)

---

101. — **Rue de l'Épée-de-Bois.** (Provenant du Domaine de la Ville.)

Vente nationale du 13 nivôse an III. — Le Seigneur, adjudicataire.

Clause. — . . . . Il (l'adjudicataire) s'adressera à la Commission exécutive des travaux de Paris, à l'effet de demander l'alignement.

---

102. — **Rue de la Parcheminerie, 8.**

Vente nationale du 11 frimaire an VI. — Sornet, adjudicataire. — M. Imbault, propriétaire en 1878.

Clause. — L'acquéreur sera tenu de se conformer, quand il en sera requis, et ce sans indemnité, aux alignements arrêtés par la Commission des travaux publics.

(Arrêté de sursis du 29 mai 1878.)

---

103. — **Rue Saint-Séverin, 2.**

Vente par l'Administration des Hospices du 3 novembre 1809. — Bizet, adjudicataire. — M. Beaulieu, propriétaire en 1879.

Clause. — Art. 15. — L'adjudicataire sera tenu, lors des reconstructions ou reconfortations, de livrer le terrain nécessaire pour l'élargissement de la rue et de se conformer à tous alignements et retranchements qui pourront lui être prescrits par le Conseil des bâtiments civils, sans pouvoir prétendre aucune indemnité.

---

104. — **Rue Saint-Jacques, 12.** (Ancien n° 192.) (Provenant de la paroisse de Saint-Séverin.)

Vente nationale du 7 thermidor an IV. — Delstain, adjudicataire. — M. Lécuyer, propriétaire en 1879.

Clause. — . . . . A la charge par l'acquéreur de fournir le terrain nécessaire pour l'ouverture des rues projetées conformément au nouveau plan de Paris, le tout sans aucune indemnité.

---

105. — **Rue Cujas, 10.** (Provenant du Cloître des Jacobins.)

Échange entre le Gouvernement et MM. Deschamps, Lefèvre, Poirée et Soussigneau. — Contrat du 4 germinal an VII. — M. Amy, propriétaire en 1880.

Clause. — Retranchement, sans indemnité, en cas de reconstruction ou de reconfortation, de 3^m,60 à droite et de 2^m,18 à gauche.

(Exproprié et démoli pour l'agrandissement de la Sorbonne.)

---

106. — **Rue des Cordiers, 5.**

Vente par l'Administration des Hospices du 5 décembre 1807. — Potin, adjudicataire. — Mme Anquetil, propriétaire en 1879.

Clause. — Art. 15. — L'adjudicataire sera tenu, lors des reconstructions ou reconfortations, de livrer le terrain nécessaire pour l'élargissement de la rue et de se conformer à tous les alignements et retranchements qui pourront lui être prescrits par le Conseil des bâtiments civils, sans pouvoir prétendre aucune indemnité.

(Exproprié pour l'agrandissement de la Sorbonne.)

---

107. — **Rue des Cordiers, 6.** (Provenant du Prytanée de Saint-Cyr.)

Vente nationale du 29 août 1807. — Doru, adjudicataire. — M. Blanc, propriétaire en 1881.

Clause. — Attendu que la présente maison est sujette à un retranchement d'environ 1^m,64 réduit, indiqué au plan par une ligne rouge, l'adjudicataire ne pourra, en cas de vétusté, faire à la façade aucune reconstruction ni reconfortation qui puissent la consolider, mais il sera tenu de se conformer à l'alignement prescrit et d'abandonner à la voie publique tout le terrain nécessaire à son élargissement, et ce sans pouvoir exiger aucune indemnité. (Extrait de l'acte domanial.)

Dans l'acte de vente, par Mme Vve François Nalbert, à M. Blanc, propriétaire actuel 21 février 1881, il est dit :

« Ladite maison est sujette à un retranchement d'environ 1^m,64. . . »

(Exproprié pour l'agrandissement de la Sorbonne.)

---

108. — **Rue Victor-Cousin, 3.** (Anciennement rue de Cluny.)

Vente nationale du 11 ventôse an XIII. — Delaunay, adjudicataire. — M. Le Risan, propriétaire en 1877.

Clause. — Il (l'adjudicataire) sera en outre tenu de se conformer, lorsqu'il en sera requis, à tous alignements et retranchements qui pourront être arrêtés par le Conseil des bâtiments civils, et ce sans indemnité.

(Arrêté de sursis du 16 mai 1874.)

(Exproprié pour l'agrandissement de la Sorbonne.)

---

109. — **Rue Saint-Jacques, 14.** (Provenant de la Fabrique de Saint-Séverin.)

Vente nationale du 11 messidor an V. — Hacquet, adjudicataire. — M. Magnac, propriétaire en 1879.

Clause. — L'adjudicataire sera tenu de fournir le terrain nécessaire pour l'alignement de la rue, conformément au plan de Paris.

110. — **Rue de la Parcheminerie, 16.** (Provenant du Prytanée de Saint-Cyr.)

Vente nationale du 12 juillet 1806. — Laurent, adjudicataire. — M⁻ᵉ Vᵉ Girbal, propriétaire en 1886.

Clause. — Attendu que la maison présentement mise en vente est sujette à un retranchement de deux mètres environ, indiqué au plan par une ligne rouge, l'adjudicataire ne pourra, en cas de vétusté, faire à la face sur la rue de la Parcheminerie aucune reconstruction et reconfortation qui puissent la consolider, mais il sera tenu de fournir le terrain nécessaire à l'élargissement de la rue, et ce sans pouvoir exiger aucune indemnité.

---

111. — **Rue Saint-Séverin, 8, et impasse Sallembrière.** (Bien d'émigré.)

Vente nationale du 10 janvier 1812. — Masset, adjudicataire. — Mᵐᵉ Vᵉ Masset, propriétaire en 1886.

Clause. — L'adjudicataire sera tenu de se conformer aux charges d'usage, ainsi qu'à tous alignements ou redressements qui pourraient être prescrits par la suite en cas de reconstruction de la face sur le cul-de-sac Sallembrier, et de fournir tout le terrain nécessaire, sans pouvoir prétendre aucune indemnité.

---

112. — **Rue du Petit-Pont, 8.** (Ancien 16.) (Provenant de la Mission de Saint-Lazare.)

Vente nationale du 2 mars 1793. — Van-Cléemputte, adjudicataire. — M. Cézilly, propriétaire en 1881.

Clause. — La cave de la présente maison avance de deux pieds, d'après le mur de face, sur la rue du Petit-Pont; à l'expiration du bail, l'adjudicataire s'entendra avec la voyerie de la commune de Paris pour faire combler cette portion de cave excédant; cette opération sera faite aux frais de l'adjudicataire qui sera tenu de faire à ses frais tous les raccordements du pavé de la rue dont l'enlèvement sera nécessité pour combler cette partie.

113. — **Rue Galande, 48.**

Vente par l'Administration des Hospices du 3 avril 1812. — Courtois, adjudicataire. — M. Verny, propriétaire en 1881.

Clause. — Art. 15. — L'adjudicataire sera tenu, lors des reconstructions ou reconfortations, de livrer le terrain nécessaire pour l'élargissement de la rue et de se conformer à tous alignements et retranchements qui pourront lui être prescrits par le Conseil des bâtiments civils, sans pouvoir prétendre aucune indemnité.

114. — **Rue Galande, 52.**

Vente par l'Administration des Hospices du 16 avril 1813. — Mouzot, adjudicataire. — Mᵐᵉ Vᵉ Carnot, propriétaire en 1881.

Clause. — Art. 15. — L'adjudicataire sera tenu, lors des reconstructions ou reconfortations, de livrer le terrain nécessaire pour l'élargissement de la rue et de se conformer à tous alignements et retranchements qui pourront lui être prescrits par le Conseil des bâtiments civils, sans pouvoir prétendre aucune indemnité.

115. — **Rue Saint-Jean-de-Latran, 7.**

Vente par l'Administration des Hospices du 2 novembre 1811. — Jullerot, adjudicataire. — M. Denol, propriétaire en 1881.

Clause. — Art. 15. — L'adjudicataire sera tenu, lors des reconstructions ou reconfortations, de livrer le terrain nécessaire pour l'élargissement de la rue et de se conformer à tous alignements et retranchements qui pourront lui être prescrits par le Conseil des bâtiments civils, sans pouvoir prétendre aucune indemnité.

116. — **Rue Zacharie, 10.** (Ancien 4.)

Vente par l'Administration des Hospices du 5 janvier 1810. — Janigaud, adjudicataire. — Mᵐᵉ Bunc, propriétaire en 1881.

Clause. — Art. 15. — L'adjudicataire sera tenu, lors des reconstructions ou reconfortations, de livrer le terrain nécessaire pour l'élargissement de la rue et de se conformer à tous alignements et retranchements qui pourront lui être prescrits par le Conseil des bâtiments civils, sans pouvoir prétendre aucune indemnité.

Dans un acte de vente du 15 mars 1810 de Janigaud à Coupel, il est dit :

« Cette maison est sujette à un retranchement de 2ᵐ,436. . . . . »

117. — **Rue de la Harpe, 9.** (Ancien 15.)

Vente par l'Administration des Hospices du 19 juillet 1811. — Cretains, adjudicataire. — M. Rouveau, propriétaire en 1881.

Clause. — Art. 15. — L'adjudicataire sera tenu, lors des reconstructions ou reconfortations, de livrer le terrain nécessaire pour l'élargissement de la rue et de se conformer à tous alignements et retranchements qui pourront lui être prescrits par le Conseil des bâtiments civils, sans pouvoir prétendre aucune indemnité.

Dans l'acte de vente par Barth à Rouveau, propriétaire actuel, il est dit :

« Ladite maison est susceptible d'un retranchement de 1ᵐ,46. . . . . . . »

---

118. — **Rue de la Bucherie, 12.**

Vente par l'Administration des Hospices du 16 avril 1813. — Georges, adjudicataire. — M. Auchois, propriétaire en 1881.

Clause. — Art. 15. — L'adjudicataire sera tenu, lors des reconstructions ou reconfortations, de livrer le terrain nécessaire pour l'élargissement de la rue et de se conformer à tous alignements et retranchements qui pourront lui être prescrits par le Conseil des bâtiments civils, sans pouvoir prétendre aucune indemnité.

---

119. — **Rue de la Bucherie, 14.**

Vente par l'Administration des Hospices du 10 septembre 1813. — Messessier, adjudicataire. — M. Laforge, propriétaire en 1881.

Clause. — Art. 15. — L'adjudicataire sera tenu, lors des reconstructions ou reconfortations, de livrer le terrain nécessaire pour l'élargissement de la rue et de se conformer à tous alignements et retranchements qui pourront lui être prescrits par le Conseil des bâtiments civils, sans pouvoir prétendre aucune indemnité.

---

120. — **Rue des Bernardins, 13.** (Ancien 7.)

Vente par l'Administration des Hospices du 30 août 1811. — Vavasseur, adjudicataire. — M. Doléans, propriétaire en 1881.

Clause. — Art. 15. — L'adjudicataire sera tenu, lors des reconstructions ou reconfortations, de livrer le terrain nécessaire pour l'élargissement de la rue et de se conformer à tous alignements et retranchements qui pourront lui être prescrits par le Conseil des bâtiments civils, sans pouvoir prétendre aucune indemnité.

Dans l'acte de vente par de Metz à Doléans, propriétaire actuel (contrat du 28 avril 1866 Mᵉ Thocard, notaire), il est dit, à l'article charges et conditions :

« Les vendeurs déclarent cependant qu'il a été déclaré dans le procès-verbal » d'adjudication. . . . que la maison était susceptible d'un retranchement » de 2ᵐ,10. . . . . »

---

121. — **Rue de Navarre, 9.** (Anciennement rue Rollin, plus anciennement rue Neuve-Saint-Étienne, 5.)

Vente par l'Administration des Hospices du 7 mars 1807. — D'Heur, adjudicataire. — Mᵐᵉ Denoth, propriétaire en 1881.

Clause. — Art. 15. — L'adjudicataire sera tenu, lors des reconstructions ou reconfortations, de livrer le terrain nécessaire pour l'élargissement de la rue et de se conformer à tous alignements et retranchements qui pourront lui être prescrits par le Conseil des bâtiments civils, sans pouvoir prétendre aucune indemnité.

---

122. — **Rue du Battoir, 7.**

Vente par l'Administration des Hospices du 11 octobre 1811. — Poulain, adjudicataire. — M. Dolmassary, propriétaire en 1881.

Clause. — Art. 15. — L'adjudicataire sera tenu, lors des reconstructions ou reconfortations, de livrer le terrain nécessaire pour l'élargissement de la rue et de se conformer à tous les alignements et retranchements qui pourront lui être prescrits par le Conseil des bâtiments civils, sans pouvoir prétendre aucune indemnité.

(Délibération du Conseil municipal du 14 juillet 1874, déclarant la réserve exécutée par mise à l'alignement.)

---

123. — **Rue du Battoir, 9.**

Vente par l'Administration des Hospices du 30 août 1811. — Poulain, adjudicataire. — M. Dolhassary, propriétaire en 1881.

Clause. — Art. 15. — L'adjudicataire sera tenu, lors des reconstructions ou reconfortations, de livrer le terrain nécessaire pour l'élargissement de la rue et de se conformer à tous alignements et retranchements qui pourront lui être prescrits par le Conseil des bâtiments civils, sans pouvoir prétendre aucune indemnité.

(Délibération du Conseil municipal du 14 juillet 1874, déclarant la réserve exécutée par mise à l'alignement.)

---

124. — **Rue d'Ulm, 34.**

Vente nationale du 11 mai 1810. — Picard, adjudicataire. — M. Coutant, propriétaire en 1881.

Clause. — Les adjudicataires seront tenus de fournir le terrain nécessaire à la formation de la rue d'Ulm, sans pour raison de ce, prétendre à aucune indemnité ni diminution de prix de leur adjudication, et en outre de se clore sur ladite rue, suivant l'alignement qui leur en sera désigné d'après la demande qu'ils devront en faire.

(Réserve exécutée.)

---

125. — **Rue Saint-Jacques, 120.**

Vente par l'Administration des Hospices du 11 juin 1813. — Laurent, adjudicataire. — M. Gombault, propriétaire en 1881.

Clause. — Art. 15. — L'adjudicataire sera tenu, lors des reconstructions ou reconfortations, de livrer le terrain nécessaire pour l'élargissement de la rue et de se conformer à tous alignements et retranchements qui pourront lui être prescrits par le Conseil des bâtiments civils, sans pouvoir prétendre aucune indemnité.

(Exproprié pour l'agrandissement de la Sorbonne.)

---

126. — **Rue de la Huchette, 8, et quai Saint-Michel.**

Vente par l'Administration des Hospices du 26 juin 1812. — Mme Vve Monard, adjudicataire. — M. Rédani, propriétaire en 1881.

Clause. — Art. 15. — L'adjudicataire sera tenu, lors des reconstructions ou reconfortations, de livrer le terrain nécessaire pour l'élargissement de la rue et de se conformer à tous alignements et retranchements qui pourront lui être prescrits par le Conseil des bâtiments civils, sans pouvoir prétendre aucune indemnité.

---

127. — **Place Scipion et rue Scipion, 14, 16, 18.** (Anciens 1 et 3.)

Vente par l'Administration des Hospices du 5 novembre 1813. — Sabatier, adjudicataire. — MM. Massemin, Durand et Fischer, propriétaires en 1881.

Clause. — Art. 15. — L'adjudicataire sera tenu, lors des reconstructions ou reconfortations, de livrer le terrain nécessaire pour l'élargissement de la rue et de se conformer à tous alignements et retranchements qui pourront lui être prescrits par le Conseil des bâtiments civils, sans pouvoir prétendre aucune indemnité.

---

128. — **Rues Saint-Jacques, 156, et Cujas, 7.** (Angle.)

Vente nationale du 7 vendémiaire an VII. — Paquot, adjudicataire.

Clause. — L'adjudicataire sera tenu de délaisser, à la première réquisition et sans indemnité, l'emplacement nécessaire pour les ouvertures ou les prolongements des rues qui pourront lui être prescrits.

---

129. — **Rue Saint-Jacques, 158, 160.**

Vente nationale du 7 vendémiaire an VII. — Paquot, adjudicataire.

Clause. — L'adjudicataire sera tenu de délaisser, à la première réquisition et sans indemnité, l'emplacement nécessaire pour les ouvertures ou les prolongements des rues qui pourront lui être prescrits.

---

130. — **Rues Cujas, 9 et Toullier, 7.** (Angle.)

Vente nationale du 7 vendémiaire an VII. — Paquot, adjudicataire. — M. Mabille, propriétaire en 1884.

Clause. — L'adjudicataire sera tenu de délaisser, à la première réquisition et sans indemnité, l'emplacement nécessaire pour les ouvertures ou les prolongements des rues qui pourront lui être prescrits.

(Aligné.)

---

131. — **Rue Toullier, 9.**

Vente nationale du 7 vendémiaire an VII. — Paquot, adjudicataire. — M. Berge, propriétaire en 1884.

Clause. — L'adjudicataire sera tenu de délaisser, à la première réquisition et sans indemnité, l'emplacement nécessaire pour les ouvertures ou les prolongements des rues qui pourront lui être prescrits.

(Aligné.)

---

132. — **Rue Toullier.** (Partie du n° 11.)

Vente nationale du 7 vendémiaire an VII. — Paquot, adjudicataire. — MM. Nicolle, propriétaires en 1884.

Clause. — L'adjudicataire sera tenu de délaisser, à la première réquisition et sans indemnité, l'emplacement nécessaire pour les ouvertures ou les prolongements des rues qui pourront lui être prescrits.

(Aligné.)

---

133. — **Rue Toullier.** (Partie du n° 11.)

Vente nationale du 7 vendémiaire an VII. — Paquot, adjudicataire. — MM. Nicolle, propriétaires en 1884.

Clause. — L'adjudicataire sera tenu de délaisser, à la première réquisition et sans indemnité, l'emplacement nécessaire pour les ouvertures et les prolongements des rues qui pourront lui être prescrits.

(Aligné.)

---

134. — **Rues Toullier et Soufflot.**

Vente nationale du 7 vendémiaire an VII. — Paquot, adjudicataire.

Clause. — L'adjudicataire sera tenu de délaisser, à la première réquisition et sans indemnité, l'emplacement nécessaire pour les ouvertures et les prolongements des rues qui pourront lui être prescrits.

(Exproprié et démoli.)

---

135. — **Rue Mallebranche.** (Anciennement rue Saint-Hyacinthe.) (Provenant des Jacobins.)

Vente nationale du 16 messidor an IV. — Lecœur, adjudicataire.

Clause. — Donner dans cette propriété le terrain nécessaire pour l'ouverture d'une rue en face du Panthéon, le tout conformément au nouveau plan de Paris et sans pouvoir exiger aucune indemnité ni diminution sur le prix de son acquisition.

(Clause exécutée.)

---

136. — **Rues Saint-Jacques et Cujas.** (Ancienne rue des Grès.)

Vente nationale du 21 ventôse an VI. — Paquot, adjudicataire.

Clause. — . . . . Dans ladite cour, à côté de la rue des Grès, sont deux autres petits bâtiments simples en profondeur . . . . l'un est élevé d'un rez-de-chaussée, l'autre est élevé avec premier étage.

Ce dernier bâtiment n'existe que par tolérance, ayant été bâti sur un terrain qui appartient à la voie publique.

(Démoli.)

---

137. — **Rue Descartes, 9.** (Anciennement rue Bordet, 6.)

Vente nationale du 23 frimaire an V. — Legendre, adjudicataire. — L'État, propriétaire en 1882.

Clause. — . . . .

Une délibération du Conseil municipal du 8 août 1882 a classé cette clause dans la sixième catégorie des réserves domaniales, comme étant désormais sans objet en ce qui concerne la propriété rue Descartes, 9.

---

138. — **Rue Descartes, 11.** (Anciennement rue Bordet, 9.)

Vente nationale du 12 thermidor an IV. — Legendre, adjudicataire. — M. Bahuand, propriétaire en 1882.

Clause. — . . . .

Une délibération du Conseil municipal du 8 avril 1882 a classé cette clause dans la sixième catégorie des réserves domaniales, comme étant désormais sans objet en ce qui concerne la propriété rue Descartes, 11.

---

139. — **Rue Victor-Cousin, 5.** (A l'angle de la rue des Cordiers, 14.) (Provenant de la Sorbonne.)

Vente nationale du 19 ventôse an VI. — Wirtz, adjudicataire. — M. Peyronnet, propriétaire en 1882.

Clause. — L'adjudicataire du présent domaine sera tenu de souffrir le retranchement nécessaire, lorsqu'il en sera requis, et ce sans indemnité, conformément aux alignements arrêtés par la Commission des travaux publics.

(Exproprié pour l'agrandissement de la Sorbonne.)

140. — Rues des Cordiers, 19, et Cujas, 12.

Vente nationale des 6 et 9 brumaire an VI. — Chedal et Wernier, adjudicataires. — M. Courtin, propriétaire en 1882.

Clause. — (Les clauses de l'an VI sont exécutoires à première réquisition.)
(Exproprié pour l'agrandissement de la Sorbonne.)

141. — Rues des Cordiers, 1, et Saint-Jacques, 146. (Angle.)

Vente par l'Administration des Hospices du 8 novembre 1811. — Prévost, adjudicataire. — Mme Vve Prévost et Mme de Faucompret, propriétaires en 1882.

Clause. — Art. 15. — L'adjudicataire sera tenu, lors des reconstructions ou reconfortations, de livrer le terrain nécessaire pour l'élargissement de la rue et de se conformer à tous alignements et retranchements qui pourront lui être prescrits par le Conseil des bâtiments civils, sans pouvoir prétendre aucune indemnité.
(Exproprié pour l'agrandissement de la Sorbonne.)

142. — Rue Restaut, 1, et Place Gerson, 5. (Angle.) (Provenant de la Sorbonne.)

Vente nationale du 5 pluviôse an VI. — Blin, adjudicataire. — M. Harand, propriétaire en 1882.

Clause. — L'adjudicataire sera tenu de se conformer, quand il en sera requis et ce sans indemnité, aux alignements arrêtés par la Commission des travaux publics et aux retranchements occasionnés par l'élargissement de la rue.
(Exproprié pour l'agrandissement de la Sorbonne.)

143. — Place Gerson, 3.

Vente nationale du 17 messidor an VI. — Callet, adjudicataire. — M. Leblond, propriétaire en 1882.

Clause. — L'adjudicataire devra souffrir un retranchement de deux (?)   et se conformer aux alignements qui pourraient être donnés par les Travaux publics.
(Clause exécutée.)
(Exproprié pour l'agrandissement de la Sorbonne.)

144. — Rue Saint-Jacques, 124. *(Partie.)*

Vente nationale du 18 thermidor an IV. — Camuset, adjudicataire. — Mme Vve Ganneron, propriétaire en 1882.

Clause. — Pour l'élargissement de la rue Saint-Jacques.
(Exproprié pour l'agrandissement de la Sorbonne.)

145. — Rue Saint-Jacques, 129. (Ancien 68.)

Vente nationale du 2 brumaire an V. — Payen, adjudicataire. — M. Pierron, propriétaire en 1882.

Clause. — Pour l'élargissement de la rue Saint-Jacques.
(Exproprié pour l'agrandissement du Lycée Louis-le-Grand.)

146. — Rue Saint-Jacques, 127.

Vente nationale du 26 fructidor an IV. — François, adjudicataire. — M. Vigneron, propriétaire en 1882.

Clause. — Pour l'élargissement de la rue Saint-Jacques.
(Exproprié pour l'agrandissement du Lycée Louis-le-Grand.)

147. — Rue Saint-Jacques. (Couvent des Dames de Saint-Michel.)

Vente nationale du 4 prairial an V. — Petit, adjudicataire.

Clause. — L'adjudicataire sera tenu, en outre, de fournir le terrain nécessaire pour les nouveaux percements de rues et sans aucun recours contre la République venderesse.

L'effet de cette obligation a été suspendu par un décret impérial du 25 février 1807, ainsi conçu :

« La rue qui, aux termes du contrat primitif de vente, doit être formée à tra-
» vers les bâtiments et terrains de l'ancien couvent de Sainte-Marie dit des
» Visitandines à l'entrée du faubourg Saint-Jacques, n'aura son exécution qu'au-
» tant que les Dames du Refuge dites de Saint-Michel, qui y ont établi depuis
» peu leur institution, cesseront d'être propriétaires de cet ancien couvent. »

148. — Rue Denfert-Rochereau (Anciennement rue d'Enfer), boulevard Saint-Michel (Anciennement rue de l'Est), et rue du Val-de-Grâce.
(Provenant des Chartreux.)

Vente nationale du 21 messidor an VI. — Lafontaine, adjudicataire.

Clause. . . . .

149. — Rue Soufflot, 6. (Anciennement rue du Panthéon, 2.) (Provenant du Prytanée de Saint-Cyr.)

Vente nationale du 16 août 1806. — Golzard, adjudicataire. — Les héritiers Golzard, propriétaires en 1883.

Clause. — Attendu que la maison mise en vente est sujette à un retranchement de $1^m,33$ environ, indiqué au plan par une ligne noire, l'adjudicataire ne pourra en cas de vétusté faire à la face sur la rue du Panthéon aucune reconstruction ni reconfortation qui puissent la consolider, mais il sera tenu de fournir le terrain nécessaire à l'élargissement de ladite rue et ce, sans pouvoir exiger aucune indemnité.

150. — Quai de la Tournelle, 21. (Ancien 25.)

Vente par l'Administration des Hospices du 6 septembre 1811. — Bleuart, adjudicataire. — M. Sauvage, propriétaire en 1883.

Clause. — Art. 15. — L'adjudicataire sera tenu, lors des reconstructions ou reconfortations, de livrer le terrain nécessaire pour l'élargissement de la rue et de se conformer à tous alignements et retranchements qui pourront lui être prescrits par le Conseil des bâtiments civils, sans pouvoir prétendre aucune indemnité.
(Propriété alignée.)

151. — Rue Saint-Victor, 28 ancien. (Provenant de l'Abbaye de Saint-Victor.)

Vente nationale du 24 prairial an V. — Voisin, adjudicataire.

Clause. — Donner le terrain qui serait jugé nécessaire pour l'ouverture des rues projetées conformément au nouveau plan de Paris, comme il est réglé par l'article 2, etc. . . . . .
(Acquis pour l'Entrepôt et démoli.)

152. — Rues de la Clef, Censier et Santeuil..

Aux termes d'une délibération du 1er mai 1885 relative à la désaffectation des magasins attenant à la Halle-aux-Cuirs, M. Harding, propriétaire, est tenu entre autres conditions « de céder gratuitement à la voie publique, lors des reconstruc-
» tions sur la rue de la Clef, la partie retranchable de son immeuble atteinte
» par l'alignement ordonné le 7 janvier 1837. »

153. — Rues Soufflot, 16, 18, 20, Victor-Cousin, 9, 11, 13, 15, 17, Cujas, 11, 13, 15, 17, et Toullier, 4, 6, 8, 10. (Couvent des Jacobins.)

Vente nationale du 7 vendémiaire an VII. — Mansuel, adjudicataire. — MM. Delaroussaye, (rue Soufflot, 20, angle de la rue Victor-Cousin, 17), Daniel (rues Victor-Cousin, 9, et Cujas, 17), Blanc (rue Victor-Cousin, 11), et Courtoy (rue Victor-Cousin, 15), propriétaires en 1884.

Clause. — Avant d'entrer en jouissance l'adjudicataire sera tenu de se faire donner les alignements des rues nouvelles et de s'y conformer sans indemnité, ainsi qu'aux lois sur les bâtiments.
Ces « rues nouvelles » sont les rues Soufflot, Victor-Cousin et Toullier.
(Exécutée.)

154. — Rue Serpente, 6.

Vente par l'Administration des Hospices du 3 novembre 1809. — Ducrenay, adjudicataire. — Mazet, exproprié suivant jugement du 8 avril 1857.

Clause. — Art. 15. — L'adjudicataire sera tenu, lors des reconstructions ou reconfortations, de livrer le terrain nécessaire pour l'élargissement de la rue et de se conformer à tous alignements et retranchements qui pourront lui être prescrits par le Conseil des bâtiments civils, sans pouvoir prétendre aucune indemnité.
(Démoli.)

155. — Rue Saint-André-des-Arts, 3.

Vente nationale du 11 ventôse an XIII. — Chardin, adjudicataire.

Clause. — L'adjudicataire sera tenu de se conformer à tous alignements ou retranchements qui pourront être arrêtés par le Conseil des bâtiments civils, et ce sans indemnité.
(Démoli.)

156. — Rue de la Harpe, 105.

Vente nationale du 15 thermidor an XIII. — Vassieux, adjudicataire.

Clause. — Il (l'adjudicataire) sera tenu, en outre, de se conformer, sans indemnité, aux alignements et retranchements arrêtés par le Ministre de l'Intérieur, et indiqués au plan par une ligne rouge, lorsque l'état de cette maison nécessitera des reconfortations ou reconstructions.
(Démoli.)

157. — Rue Champollion, 6 bis. (Anciennement rue des Maçons, 12.)

Vente nationale du 16 janvier 1808. — Rateau, adjudicataire.

Clause. — Attendu que la présente maison est sujette à un retranchement indiqué au plan par une ligne tracée en rouge, l'adjudicataire ne pourra, en cas de vétusté, faire à sa façade aucune réparation ni reconfortation qui puissent la consolider, mais il sera tenu de fournir tout le terrain nécessaire à l'élargissement de la rue, et ce sans pouvoir répéter aucune indemnité.

158. — Rue de la Harpe, 115.

Vente nationale du 15 thermidor an XIII. — Mauger, adjudicataire.

Clause. — Ledit adjudicataire sera tenu, en outre, de se conformer à l'alignement arrêté par le Ministre de l'Intérieur, et indiqué au plan annexé au procès-verbal d'estimation par une ligne rouge. Les retranchements prévus par les règlements seront effectués lors de la reconstruction ou reconfortation du mur de face de ladite maison, sans pouvoir, par ledit adjudicataire, prétendre à aucune indemnité.

(Démoli.)

159. — Rue Champollion, 18. (Anciennement rue des Maçons, 24.)

Vente nationale du 18 mars 1808. — Rouchouse, adjudicataire. — M. Detolle, propriétaire en 1886.

Clause. — Attendu que la présente maison est sujette à un reculement de $0^m,62$, l'adjudicataire ne pourra, en cas de vétusté, faire à la face de ladite maison aucune réparation ni reconfortation qui puissent la consolider, mais il sera tenu de fournir le terrain nécessaire à l'élargissement de ladite rue, et ce sans pouvoir exiger aucune indemnité.

(Aligné par échange. — Contrat du 4 décembre 1860.)

160. — Rue des Maçons, 28.

Vente nationale du 18 octobre 1806. — Vᵉ Flicoteaux, adjudicataire.

Clause. — Attendu que la présente maison est sujette à un reculement indiqué au plan par une ligne rouge, l'adjudicataire ne pourra, en cas de vétusté, faire à la façade de ladite maison aucune reconstruction ni reconfortation qui puissent la consolider, mais il sera tenu de fournir le terrain nécessaire à l'élargissement de la rue des Maçons, et ce sans pouvoir exiger aucune indemnité.

(Démoli.)

161. — Rues des Maçons, 26, et Neuve-de-Richelieu, 8. (Collège des Trésoriers.)

Vente nationale du 18 octobre 1806. — Biennait, adjudicataire.

Clause. — Ledit domaine étant sujet à un reculement sur la rue des Maçons, désigné au plan par une ligne rouge, l'adjudicataire ne pourra faire à la façade sur ladite rue, en cas de vétusté, aucune reconstruction ni reconfortation qui puissent la consolider, mais il sera tenu de fournir le terrain nécessaire à l'élargissement de ladite rue, et ce sans indemnité.

(Démoli.)

162. — Rue du Foin, 5.

Vente nationale du 12 juillet 1811. — Morel, adjudicataire.

Clause. — Attendu que ladite maison n° 5 est sujette à un retranchement de $1^m,10$, l'acquéreur desdites boutiques et chambre, ne pourra, en cas de vétusté, y faire aucune réparation ni reconfortation qui puissent la consolider, mais il sera tenu de se conformer strictement aux règlements de police et de voyerie, et ce sans indemnité.

(Démoli.)

163. — Rues Saint-Jacques, 64, 66, et des Mathurins, 11.

Vente nationale du 17 brumaire an IV. — Basset, adjudicataire.

Clause. — L'adjudicataire sera tenu de livrer, sans indemnité, le terrain nécessaire à l'élargissement de la rue.

(Démoli.)

164. — Rue du Sommerard, 24. (Hôtel de Cluny.)

Vente nationale des 17 et 23 pluviôse an VIII. — Baudot, adjudicataire. — L'État, propriétaire en 1886.

Clause. — Se conformer aux alignements et redressements ordonnés par la police, lorsqu'il en sera requis, sans pouvoir exiger aucune indemnité pour le prix du terrain qui lui serait enlevé.

165. — Quai Saint-Michel, 25. (Ancien 23.)

Vente par l'Administration des Hospices du 31 janvier 1812. — Legrand de Vaux, adjudicataire. — M. Cacheux, propriétaire en 1881.

Clause. — Art. 15. — L'adjudicataire sera tenu, lors des reconstructions ou reconfortations, de livrer le terrain nécessaire pour l'élargissement de la rue et de se conformer à tous alignements et retranchements qui pourront lui être prescrits par le Conseil des bâtiments civils, sans pouvoir prétendre aucune indemnité.

166. — Rue des Poirées, 3.

Vente nationale du 7 mars 1820. — Maiseau, adjudicataire.

Clause. — Cette maison est susceptible d'un retranchement d'un mètre quarante-six centimètres environ sur la rue des Poirées, l'adjudicataire sera tenu lorsqu'il en sera requis d'abandonner le terrain nécessaire à l'alignement sans pouvoir réclamer aucune indemnité.

(Exproprié et démoli).

167. — Rue Saint-Jacques, 10 bis.

Vente nationale du 18 thermidor an IV. — Chereau, adjudicataire. — M. Bomme, propriétaire en 1885.

Clause. — L'acquéreur sera tenu de donner le terrain suffisant pour l'ouverture de la rue et ce sans indemnité.

168. — Rue Boutebrie, 16. (Ancien 18.)

Vente nationale du 27 décembre 1806. — Vᵛᵉ Berger, adjudicataire. — Mᵐᵉ Vᵛᵉ Lancelot, propriétaire en 1886.

Clause. — Attendu que ladite maison est sujette à un retranchement de $0^m,66$ indiqué au plan par une ligne tracée en rouge foncé, l'adjudicataire ne pourra, en cas de vétusté, faire à la façade de ladite maison sur la rue Boutebrie aucune reconstruction ni reconfortation qui puissent la consolider, mais il sera tenu de se conformer exactement à l'alignement qui lui est prescrit et ce sans pouvoir exiger aucune indemnité.

169. — Rue Saint-Jacques, 114.

Vente nationale du 5 nivôse an VI. — Cressent, adjudicataire.

Clause. — L'adjudicataire sera tenu de livrer, sans indemnité, le terrain nécessaire à l'élargissement de la rue, et ce quand il en sera requis.

Une délibération du Conseil municipal du 3 décembre 1841 a classé cette clause dans la première catégorie.

(Démoli.)

170. — Rue Saint-Jacques, 134.

Vente nationale du 9 fructidor an IV. — Digard, adjudicataire. — Mᵐᵉ Vᵛᵉ Poisson, expropriée suivant jugement du 27 septembre 1882.

Clause . . . .

(Démoli.)

171. — Rue Saint-Jacques, 136.

Vente nationale du 6 ventôse an VI. — Veillard, adjudicataire. — Mᵐᵉ Vᵛᵉ Poisson, expropriée suivant jugement du 27 septembre 1882.

Clause . . . .

(Démoli.)

172. — Rue de la Harpe, 48.

Vente nationale des 15 et 25 thermidor an IV. — Roussel, adjudicataire.

Clause. — L'adjudicataire sera tenu de livrer, sans indemnité, le terrain nécessaire à l'élargissement de la rue.

(Démoli.)

173. — Rue Saint-André-des-Arts, 4.

Vente par l'Administration des Hospices du 17 mai 1811. — Touffe, adjudicataire. — Caffin, exproprié suivant jugement du 21 janvier 1857.

Clause. — Art. 15. — L'adjudicataire sera tenu, lors des reconstructions ou reconfortations, de livrer le terrain nécessaire pour l'élargissement de la rue et de se conformer à tous alignements et retranchements qui pourront lui être prescrits par le Conseil des bâtiments civils, sans pouvoir prétendre aucune indemnité.

(Démoli.)

174. — Place du Pont-Saint-Michel, 6 bis.

Vente par l'Administration des Hospices du 17 mai 1811. — SOTCKAVOISE, adjudicataire, exproprié suivant jugement du 21 janvier 1837.

CLAUSE. — Art. 15. — L'adjudicataire sera tenu, lors des reconstructions ou reconfortations, de livrer le terrain nécessaire pour l'élargissement de la rue et de se conformer à tous alignements et retranchements qui pourront lui être prescrits par le Conseil des bâtiments civils, sans pouvoir prétendre aucune indemnité.

(Démoli.)

175. — Rue de la Harpe, 4.

Vente par l'Administration des Hospices du 17 mai 1811. — CRETAINE, adjudicataire. — Les héritiers CRETAINE, expropriés suivant jugement du 29 avril 1857.

CLAUSE. — Art. 15. — L'adjudicataire sera tenu, lors des reconstructions ou reconfortations, de livrer le terrain nécessaire pour l'élargissement de la rue et de se conformer à tous alignements et retranchements qui pourront lui être prescrits par le Conseil des bâtiments civils, sans pouvoir prétendre aucune indemnité.

(Démoli.)

176. — Rue de la Harpe, 2.

Vente par l'Administration des Hospices du 27 décembre 1811. — COISINIER, adjudicataire. — Les héritiers DANYAC, expropriés suivant jugement du 29 avril 1857.

CLAUSE. — Art. 15. — L'adjudicataire sera tenu, lors des reconstructions ou reconfortations, de livrer le terrain nécessaire pour l'élargissement de la rue et de se conformer à tous alignements et retranchements qui pourront lui être prescrits par le Conseil des bâtiments civils, sans pouvoir prétendre aucune indemnité.

(Démoli.)

177. — Rue de la Harpe, 54.

Vente par l'Administration des Hospices du 3 mai 1811. — BOURSE, adjudicataire. — MARCHAIS, exproprié suivant jugement du 3 février 1856.

CLAUSE. — Art. 15. — L'adjudicataire sera tenu, lors des reconstructions ou reconfortations, de livrer le terrain nécessaire pour l'élargissement de la rue et de se conformer à tous alignements et retranchements qui pourront lui être prescrits par le Conseil des bâtiments civils, sans pouvoir prétendre aucune indemnité.

(Démoli.)

178. — Rues de la Harpe, 50, et Serpente, 4.

Vente par l'Administration des Hospices du 19 juillet 1811. — LEMAS, adjudicataire. — POULLAIN, exproprié suivant jugement du 3 avril 1857.

CLAUSE. — Art. 15. — L'adjudicataire sera tenu, lors des reconstructions ou reconfortations, de livrer le terrain nécessaire pour l'élargissement de la rue et de se conformer à tous alignements et retranchements qui pourront lui être prescrits par le Conseil des bâtiments civils, sans pouvoir prétendre aucune indemnité.

(Démoli.)

179. — Rue de la Bucherie, 18, 20, et quai de Montebello, 19.

Vente par l'Administration des Hospices du 23 avril 1813. — MASSACRIE-DURAND, adjudicataire. — M. LALLEMAND DE FRÉMINET, propriétaire en 1880.

CLAUSE. — Art. 15. — L'adjudicataire sera tenu, lors des reconstructions ou reconfortations, de livrer le terrain nécessaire pour l'élargissement de la rue et de se conformer à tous alignements et retranchements qui pourront lui être prescrits par le Conseil des bâtiments civils, sans pouvoir prétendre aucune indemnité.

(Aligné.)

180. — Rue de la Bucherie, 10.

Vente par l'Administration des Hospices du 22 juillet 1814. — AUCHOIS et VARÉ, adjudicataires.

CLAUSE. — Art. 15. — L'adjudicataire sera tenu, lors des reconstructions ou reconfortations, de livrer le terrain nécessaire pour l'élargissement de la rue et de se conformer à tous alignements et retranchements qui pourront lui être prescrits par le Conseil des bâtiments civils, sans pouvoir prétendre aucune indemnité.

(Aligné.)

181. — Rue de la Montagne-Sainte-Geneviève, 74.

Vente par l'Administration des Hospices, du 19 mars 1813. — BOURSON, adjudicataire. — M. CHAMAUREL, exproprié suivant jugement du 2 avril 1845.

CLAUSE. — Art. 15. — L'adjudicataire sera tenu, lors des reconstructions ou reconfortations, de livrer le terrain nécessaire pour l'élargissement de la rue et de se conformer à tous alignements et retranchements qui pourront lui être prescrits par le Conseil des bâtiments civils, sans pouvoir prétendre aucune indemnité.

(Démoli.)

182. — Place Saint-Étienne-du-Mont, 8.

Vente par l'Administration des Hospices, du 29 novembre 1811. — REYMOND, adjudicataire. — BOLAY, exproprié suivant jugement du 20 mars 1845.

CLAUSE. — Art. 15. — L'adjudicataire sera tenu, lors des reconstructions ou reconfortations, de livrer le terrain nécessaire pour l'élargissement de la rue et de se conformer à tous alignements et retranchements qui pourront lui être prescrits par le Conseil des bâtiments civils, sans pouvoir prétendre aucune indemnité.

(Démoli.)

183. — Rue de la Huchette, 36 et place du Pont-Saint-Michel, 3.

Vente nationale du 12 juillet 1811. — VRANDERG, adjudicataire.

CLAUSE. — ... se conformer exactement aux alignements qui seraient dressés par le bureau de la grande voirie, tant pour le côté de la rue de la Huchette que pour la face du côté du Cagnard, ainsi que sur le nouveau quai, et ce sans pouvoir prétendre à aucune indemnité.

(Exproprié et démoli.)

184. — Rues Traversine, 21, et Saint-Nicolas-du-Chardonnet.

Vente nationale du 23 décembre 1814. — BARBIER, adjudicataire.

CLAUSE. — La maison présentement mise en vente étant sujette à retranchement sur les deux rues Traversine et Saint-Nicolas-du-Chardonnet, l'adjudicataire sera tenu, en cas de reconstruction ou reconfortation, de souffrir ce retranchement tel qu'il est indiqué au plan par un pan coupé, et ce, sans pouvoir répéter aucune indemnité.

(Exproprié et démoli.)

185. — Rue des Sept-Voies, 3.

Vente par l'Administration des Hospices, du 2 mars 1810. — FAYON, adjudicataire. — MAYET exproprié suivant jugement du 2 avril 1845.

CLAUSE. — Art. 15. — L'adjudicataire sera tenu, lors des reconstructions ou reconfortations, de livrer le terrain nécessaire pour l'élargissement de la rue et de se conformer à tous alignements et retranchements qui pourront lui être prescrits par le Conseil des bâtiments civils, sans pouvoir prétendre aucune indemnité.

(Démoli.)

186. — Rue de Pontoise, 22. (Provenant des Bernardins.)

Vente nationale du 6 pluviôse, an V. — NOËL, adjudicataire. — M. FIÉVÉ, propriétaire en 1882.

CLAUSE. — Enfin, il (l'adjudicataire) sera tenu de laisser, jusqu'à l'époque de l'ouverture de la rue projetée à chacun des propriétaires particuliers des différentes portions de l'enclos des Bernardins la faculté du passage sur la portion de terrain ci-dessus énoncé dont il ne pourra jouir qu'à ladite époque, ainsi que sous le porche d'entrée sans que, pour raison de ce, il puisse prétendre à aucune indemnité de la part de la République.

(Clause exécutée.)

187. — Rue de Pontoise, 24. (Provenant des Bernardins,)

Vente nationale du 6 pluviôse, an V. — NOËL, adjudicataire. — M. MARÉCHAL, propriétaire en 1882.

CLAUSE. — La superficie du corps de logis est de 41 toises 3 pieds ou environ; mais comme il existe un projet d'ouverture de rues pour diviser ce domaine il s'ensuit qu'en prolongeant les deux murs mitoyens qui séparent ce corps de logis à droite et à gauche, il se trouve du côté du citoyen Noël environ 24 pieds et du côté de la partie occupée par le citoyen Lambert 21 pieds sur une largeur de 42 pieds ou environ, ce qui fait en superficie 26 toises 5 pieds, qui, joints à la superficie du corps de logis, font un total de 67 toises et demie de superficie ou environ, de laquelle augmentation l'acquéreur ne jouira qu'à l'époque de l'ouverture des rues projetées et néanmoins est comprise dans l'estimation et fait partie de la présente vente.

(Exécutée.)

188. — Rue de Pontoise, 26.

Vente nationale du 27 brumaire an V. — NOËL, adjudicataire. — M. TIÉVAINE, propriétaire en 1882.

CLAUSE. — (Analogue à la précédente.)

(Propriété alignée depuis l'an XI.)

189. — Rues du Cardinal-Lemoine, 52, 54 et Clopin, 1 et 3.

Vente nationale du 17 fructidor an VII. — DELAUNAY, adjudicataire. — L'ÉTAT (École polytechnique), propriétaire en 1882.

CLAUSE. — L'adjudicataire du présent domaine sera tenu de souffrir, lorsqu'il en sera requis, et ce sans indemnité, tous retranchements et alignements arrêtés ou qui pourraient l'être par la Commission des travaux publics.

(Exécutée. — Permission du 7 octobre 1879.)

190. — Rue des Carmes, 24.

Vente nationale du 13 septembre 1806. — ANDRÉ, adjudicataire.

CLAUSE. — Attendu que la présente maison est sujette à un reculement de 1m,462, l'adjudicataire ne pourra faire à sa face, en cas de vétusté, aucune reconstruction ni reconfortation qui puissent la consolider, mais il sera tenu de fournir le terrain nécessaire à l'élargissement de ladite rue, et ce, sans pouvoir exiger aucune indemnité.

(Exproprié et démoli.)

191. — Rue des Carmes, 22.

Vente nationale du 13 septembre 1806. — CHEVALIER, adjudicataire.

CLAUSE. — Attendu que la présente maison est sujette à un reculement de 44 centimètres à l'une des extrémités de sa façade et de 16 centimètres à l'autre, l'adjudicataire ne pourra, en cas de vétusté, faire aucune reconstruction ni reconfortation auxdites faces qui puissent la consolider, mais il sera tenu de fournir le terrain nécessaire à l'élargissement de ladite rue et ce sans pouvoir exiger aucune indemnité.

(Exproprié et démoli.)

192. — Rues des Carmes, 17, 19, et Judas. (Angle.)

Vente nationale du 27 juillet 1810. — CHEVALIER, adjudicataire.

CLAUSE. — Attendu que la présente maison (n° 17) est sujette à un retranchement sur sa face de 97 centimètres, l'adjudicataire ne pourra, en cas de vétusté, faire à ladite façade aucune réparation ni reconfortation qui puissent la consolider, mais il sera tenu de se conformer à l'alignement indiqué au plan par une ligne rouge, et ce sans pouvoir exiger aucune indemnité ; il en sera de même à l'égard de la maison n° 19, laquelle est dans le cas d'un reculement sur les deux faces, savoir : sur celle de la rue des Carmes, de quatre-vingt-dix-sept centimètres, et sur celle de la rue Judas, de deux mètres trente-quatre centimètres, avec pan coupé à l'angle, de trois mètres de large.

(Exproprié et démoli.)

193. — Rue Judas, 14. (Ancien 12.)

Vente nationale du 3 août 1810. — BORDERIE, adjudicataire.

CLAUSE. — Attendu que cette maison est sujette à un retranchement de trois mètres quatre millimètres, indiqué au plan par une ligne rouge, l'adjudicataire ne pourra, en cas de vétusté, faire à la façade de ladite maison aucune reconstruction ni reconfortation qui puissent la consolider, mais il sera tenu de se conformer à l'alignement qui lui est prescrit, et ce sans pouvoir exiger aucune indemnité.

(Exproprié et démoli.)

194. — Rue Judas, 12. (Ancien 13.)

Vente nationale du 27 juillet 1810. — BŒUFS, adjudicataire.

CLAUSE. — Attendu que cette maison est sujette à un retranchement de deux mètres quatre-vingt-sept centimètres, indiqué par une ligne rouge, l'adjudicataire ne pourra, en cas de vétusté, faire à la façade de ladite maison aucune reconstruction ni reconfortation qui puissent la consolider, mais il sera tenu de se conformer à l'alignement qui lui est prescrit, et ce sans pouvoir exiger aucune indemnité.

(Une délibération du Conseil municipal du 3 décembre 1841 a classé cette clause dans la troisième catégorie.)

(Exproprié et démoli.)

195. — Rue Saint-Jacques, 96, 98, 102, 104, et place Saint-Benoît.

(Église, cimetière et charnier Saint-Benoît.)

Vente nationale du 28 messidor an IV. — DUSAUTOY, adjudicataire.

CLAUSE. — ... plus les échoppes adossées à l'église, sur la place Saint-Benoît, sans toutefois, à l'égard desdites échoppes, aucune garantie par les vendeurs, dans le cas où, par la suite, la suppression en serait ordonnée.

(Exproprié et démoli.) (Agrandissement de la Sorbonne.)

196. — Rues Saint-Jacques, 143, et Cujas, 7. (Ancienne rue Saint-Étienne-des-Grès.) (Angle.)

Vente nationale du 5 frimaire an VI. — GERVAIS, adjudicataire. — M. CARROTTE, propriétaire en 1885.

CLAUSE. — L'adjudicataire sera tenu de se conformer, dès qu'il en sera requis, aux alignements arrêtés par la Commission des travaux publics, et ce sans indemnité.

(Cette propriété est alignée sur la rue Cujas, et en arrière de l'alignement de la rue Saint-Jacques.)

197. — Rue Cujas, 5. (Anciennement rue Saint-Étienne-des-Grès.) (Provenant de l'église Saint-Étienne-des-Grès.)

Vente nationale du 16 avril 1792. — MOREL, adjudicataire. — M. BASSET, propriétaire en 1882.

CLAUSE. — L'adjudicataire sera obligé de démolir le mur de face sur la rue et de rendre à la voie publique tout le terrain qui sera nécessaire pour former le nouvel alignement de la rue Saint-Étienne-des-Grès.

En conséquence, avant d'élever aucune construction sur l'emplacement de la partie de l'Église dont il deviendra propriétaire, il sera tenu de s'entendre avec MM. les commissaires de la voirie et de l'administration du Panthéon Français pour l'alignement de ses constructions.

198. — Rues Soufflot, 10, et Saint-Jacques, 149 *bis*. (Angle.)

Vente nationale du 12 thermidor an XII. — BOUCHERON, adjudicataire.

CLAUSE. — . . . .

(La propriété est alignée sur la rue Soufflot et en arrière sur l'alignement actuel de la rue Saint-Jacques.)

199. — Rue des Chiens, 2. (Maison dite La Poule qui pond.)

Vente nationale du 27 septembre 1806. — LENOIR, adjudicataire.

CLAUSE. — Attendu que la présente maison est sujette à un reculement d'environ 65 centimètres dans toute la longueur de la face sur la rue des Chiens, l'adjudicataire ne pourra faire à ladite face, en cas de vétusté, aucune reconstruction ni reconfortation qui puissent la consolider, mais il sera tenu de fournir le terrain nécessaire à l'élargissement de ladite rue, indiqué au plan par une ligne noire, et ce sans pouvoir exiger aucune indemnité.

(Démoli pour la construction de la Bibliothèque Sainte-Geneviève.)

200. — Rue Saint-Étienne-des-Grès, 9.

Vente nationale du 27 septembre 1806. — LENOIR, adjudicataire.

CLAUSE. — La présente maison est sujette à un reculement de onze mètres vingt centimètres de profondeur au droit du mur mitoyen avec M. Roux et de douze mètres soixante centimètres au droit de celui mitoyen avec la maison n° 10 ; l'adjudicataire sera tenu, lorsqu'il en sera requis, de fournir tout le terrain ci dessus, sans pouvoir exiger aucune indemnité.

(Démoli pour la construction de la Bibliothèque Sainte-Geneviève.)

201. — Rue Saint-Étienne-des-Grès, 10.

Vente nationale du 18 octobre 1806. — BOURSON, adjudicataire.

CLAUSE. — L'adjudicataire sera tenu, lorsqu'il en sera requis, de fournir tout le terrain nécessaire, tant à l'élargissement de la rue qu'à la formation de la place du Panthéon, et ce sans pouvoir exiger aucune indemnité.

(Démoli pour la construction de la Bibliothèque Sainte-Geneviève.

202. — Rue Saint-Jacques, 252.

Vente nationale du 11 ventôse an VIII. — VAN BRASCHEM, adjudicataire.

CLAUSE. — . . . .

(Aligné.)

203. — Rue Saint-Médard, 18.

Vente par l'Administration des Hospices du 2 mars 1810. — HELLIOT, adjudicataire. — Mme Vve CHAUVELON, propriétaire en 1886.

CLAUSE. — Art. 15. — L'adjudicataire sera tenu, lors des reconstructions ou reconfortations, de livrer le terrain nécessaire pour l'élargissement de la rue et de se conformer à tous alignements et retranchements qui pourront lui être prescrits par le Conseil des bâtiments civils, sans pouvoir prétendre aucune indemnité.

204. — Rue du Battoir, 11.

Vente par l'Administration des Hospices du 4 septembre 1833. — TARDU, adjudicataire. — Mme Vve ROUDET-TARDU, propriétaire en 1886.

CLAUSE. — Art. 15. — L'adjudicataire sera tenu, lors des reconstructions ou reconfortations, de livrer le terrain nécessaire pour l'élargissement de la rue et de se conformer à tous alignements et retranchements qui pourront lui être prescrits par le Conseil des bâtiments civils, sans pouvoir prétendre aucune indemnité.

205. — Rue du Battoir. (*Partie du 1 bis* présumé.)

Vente par l'Administration des Hospices du 7 juillet 1809. — GUIARD, adjudicataire. — Mlle VIBERT, propriétaire en 1886.

CLAUSE. — Art. 15. — L'adjudicataire sera tenu, lors des reconstructions ou reconfortations, de livrer le terrain nécessaire pour l'élargissement de la rue et de se conformer à tous alignements et retranchements qui pourront lui être prescrits par le Conseil des bâtiments civils, sans pouvoir prétendre aucune indemnité.

Il est dit, en outre, à l'article : « Désignation »

« Cette maison est sujette à un retranchement de un mètre ou environ. »

206. — Rue Galande, 12.

Vente par l'Administration des Hospices du 3 novembre 1809. — CHANCEL, adjudicataire. — M. TOGNI, propriétaire en 1886.

CLAUSE. — Art. 15. — L'adjudicataire sera tenu, lors des reconstructions ou reconfortations, de livrer le terrain nécessaire pour l'élargissement de la rue et de se conformer à tous alignements et retranchements qui pourront lui être prescrits par le Conseil des bâtiments civils, sans pouvoir prétendre aucune indemnité.

207. — Rue des Bernardins, 15-17.

Contrat d'échange du 5 janvier 1860 entre la Ville et les héritiers Duperron. — M. Aubouin, propriétaire en 1890.

Clause. — Aux termes de ce contrat, les héritiers Duperron étaient obligés de livrer le terrain retranchable, faisant l'objet de l'échange, dans le délai d'un mois à partir du jour où la maison voisine, appartenant à la Ville de Paris, serait démolie. Arrêtés de sursis des 8 décembre 1881 et 19 juillet 1888.
(Clause exécutée. Permission du 10 octobre 1889.)

208. — Rue Saint-Jacques, 248.

Vente par l'Administration des hospices du 19 mars 1822. — Maître, adjudicataire. — M. Brun, propriétaire en 1887.

Clause. — Art. 15. — L'adjudicataire sera tenu, lors des reconstructions ou reconfortations, de livrer le terrain nécessaires pour l'élargissement de la rue et de se conformer à tous alignements et retranchements qui pourront lui être prescrits par le Conseil des bâtiments civils, sans pouvoir prétendre aucune indemnité.

209. — Rue Saint-Jacques, 181. (Provenant de la fabrique Saint-Benoist.)

Vente nationale du 27 thermidor an VII. — Brémont, adjudicataire. — M. Barney, propriétaire en 1891.

Clause. — L'acquéreur sera tenu de supporter les retranchements et de se conformer, quand il en sera requis, et ce sans indemnité, aux alignements arrêtés ou qui pourront l'être par la Commission des travaux publics.
(Le Conseil municipal, par une délibération du 8 juin 1891, a déclaré la réserve exécutée.) (Arrêté préfectoral du 9 juillet 1891 approuvant ladite délibération.)

210. — Rue des Boulangers, 24. *(Partie.)* (Provenant des religieuses de Longchamp.

Vente nationale du 10 fructidor an X. — Chautereau, adjudicataire (partie en bordure de la rue). — M. Challamel, propriétaire en 1890.

Clause. — L'adjudicataire sera tenu de se conformer, et ce, sans indemnité, à tous les alignements ou retranchements qui pourront être arrêtés par les Travaux publics.

211. — Rue Royer-Collard, 6. (Anciennement rue Saint-Dominique.) (Bien d'émigré.)

Vente nationale du 7 nivôse an VII. — Decroix, adjudicataire. — M. Radigoury, propriétaire en 1891.

Clause. — L'adjudicataire sera tenu, dès qu'il en sera requis, de se conformer aux alignements arrêtés par la Commission des travaux publics, et ce sans indemnité.
(Clause exécutée.)

212. — Rue des Prêtres-Saint-Séverin, 6. (Ancien 8.)

Vente nationale du 5 ventôse an VI. — Girand, adjudicataire. — Mᵐᵉ Rouzel, propriétaire en 1892.

Clause. — L'adjudicataire sera tenu de laisser, quand il en sera requis, et ce sans indemnité, une rentrée de deux mètres arrêtée par la Commission des travaux publics.

213. — Rue du Sommerard, 20. (Anciennement rue des Mathurins, 4.) (Partie du couvent des religieux Mathurins.)

Vente nationale du 27 ventôse an VII. — Dumas, adjudicataire. — M. Worch, propriétaire en 1891.

Clause. — Le citoyen Dumas, d'après les percements, divisions et changements projetés pour l'assainissement et l'embellissement de Paris, et marqués sur le nouveau plan de cette ville, sera tenu de supporter, sur la superficie totale du domaine par lui acquis, un retranchement sur les trois rues des Mathurins, Saint-Jacques et du Foin, indiqué par une ligne rouge sur le plan tracé par le citoyen Maugin et annexé à son procès-verbal. Le retranchement sur la rue des Mathurins sera de 9 pieds 9 pouces, mesurés au-devant de la jambe étrière mitoyenne avec le ci-devant Hôtel de Cluny, et de 5 pieds mesurés à l'angle de ladite rue et de celle Jacques, au droit duquel il sera observé un pan coupé de 3 mètres de face.

214. — Rue du Sommerard, 22. (Anciennement rue des Mathurins 6 et 8.) (Partie du couvent des religieux Mathurins.)

Vente nationale du 27 ventôse an VII. — Dumas, adjudicataire. — MM. Jay et Simard, propriétaires en 1891.

Clause. — Le citoyen Dumas, d'après les percements, divisions et changements projetés pour l'assainissement et l'embellissement de Paris, et marqués sur le nouveau plan de cette ville, sera tenu de supporter, sur la superficie totale du domaine par lui acquis, un retranchement sur les trois rues des Mathurins, Saint-Jacques et du Foin, indiqué par une ligne rouge sur le plan tracé par le citoyen Maugin et annexé à son procès-verbal. Le retranchement sur la rue des Mathurins sera de 9 pieds 9 pouces, mesurés au-devant de la jambe étrière mitoyenne avec le ci-devant Hôtel de Cluny, et de 5 pieds mesurés à l'angle de ladite rue et de celle Jacques, au droit duquel il sera observé un pan coupé de 3 mètres de face.

215. — Rues Saint-Jacques, 62, des Mathurins, 2, 10, et des Noyers, 55-57. (Anciennement rue du Foin 1 et 3.) (Partie du couvent des religieux Mathurins.)

Vente nationale du 27 ventôse an VII. — Dumas, adjudicataire.

Clause. — Le citoyen Dumas, d'après les percements, divisions et changements projetés pour l'assainissement et l'embellissement de Paris et marqués sur le nouveau plan de cette ville, sera tenu de supporter, sur la superficie totale du domaine par lui acquis, un retranchement sur les trois rues des Mathurins, Saint-Jacques et du Foin, indiqué par une ligne rouge sur le plan tracé par le citoyen Maugin, et annexé à son procès-verbal. Le retranchement sur la rue des Mathurins sera de 9 pieds 9 pouces, mesurés au-devant de la jambe étrière mitoyenne avec le ci-devant Hôtel de Cluny, et de 5 pieds mesurés à l'angle de ladite rue et de celle Jacques, au droit duquel il sera observé un pan coupé de 3 mètres de face ; celui sur la rue Jacques sera de 5 pieds mesurés à l'angle d'icelle et de celle des Mathurins, de 9 pieds 3 pouces mesurés à l'angle de ladite rue Jacques et de celle du Foin, ce qui donne au droit de la jambe étrière mitoyenne avec le domaine acquis par ledit Dumas et le citoyen Girardin 4 pieds 9 pouces ; celui sur la rue du Foin sera de 38 pouces mesurés au-devant de la jambe étrière mitoyenne avec le citoyen Mallet, de 28 pouces au-devant de la jambe étrière mitoyenne avec la maison du coin et de 5 pieds mesurés à l'angle de ladite rue et de celle Jacques, au droit duquel sera observé un pan coupé de 5 pieds de face. Il ne sera répété aucune indemnité ni diminution de prix pour les 28 toises 5 pieds 5 pouces de superficie, montant du terrain nécessaire pour opérer le retranchement ci-dessus.
(Acquis par la Ville suivant procès-verbal d'adjudication du 20 mars 1855, et démoli pour l'ouverture du boulevard Saint-Germain et de la rue de Cluny. Le terrain restant après l'ouverture de ces voies a été vendu à M. Raousset-Boulbon par contrat du 18 décembre 1862.)

216. — Rue du Cloître-Saint-Benoît, 22. (En 1855.) Anciennement passage Sorbonne, 360.) (Provenant du Chapitre Saint-Benoît.)

Vente nationale du 27 thermidor an VII. — Marguery, adjudicataire. — Bucquet, exproprié suivant jugement du 7 novembre 1855.

Clause. — L'acquéreur sera tenu de souffrir, et ce sans indemnité, tous alignements ou retranchements qui pourraient lui être donnés par les Travaux publics.
(Démoli pour l'agrandissement de la Sorbonne.)

217. — Rue du Cloître Saint-Benoît, 24. (En 1855.) (Provenant du Chapitre Saint-Benoît.)

Vente nationale du 9 vendémiaire an VII. — Sallé, adjudicataire. — Mᵐᵉ veuve Ban, expropriée suivant jugement du 7 novembre 1855.

Clause. — Se conformer, si contre toute probabilité il y avait lieu, à l'alignement désigné pour le percement d'une rue qui paraît avoir été autrefois projetée par le Département, et céder en conséquence, lorsqu'il en sera requis, et sans aucune indemnité, la partie de terrain nécessaire pour la confection et le perfectionnement de cette rue, qui doit être de 10 mètres de large.
(Démoli pour l'agrandissement de la Sorbonne.)

218. — Rues de la Harpe, 65, et des Noyers, 82.

Vente par l'Administration des Hospices, du 1ᵉʳ octobre 1813. — Tencé, adjudicataire — Bordereau, exproprié suivant jugement du 21 janvier 1857.

Clause. — Art. 15. — L'adjudicataire sera tenu, lors des reconstructions ou reconfortations, de livrer le terrain nécessaire pour l'élargissement de la rue et de se conformer à tous alignements et retranchements qui pourront lui être prescrits par le Conseil des bâtiments civils, sans pouvoir prétendre aucune indemnité.
(Démoli pour l'ouverture du boulevard Saint-Germain.)

219. — Rues de la Bûcherie, 2, et du Haut-Pavé, 4 *(partie)* **et 6.**

Vente par l'Administration des Hospices du 1ᵉʳ juillet 1814. — Jolivet, adjudicataire. — M. Michel, propriétaire en 1894.

Clause. — Art. 15. — L'adjudicataire sera tenu, etc. *(Voir l'avertissement).*

---

220. — 3ᵉ Lot de l'Abbaye Saint-Victor.

Vente nationale du 15 germinal an VI. — Aubert, adjudicataire.

Clause. — Fournir le passage d'une rue projetée.

(Acquis par la Ville de Paris, suivant acte administratif du 4 mai 1811, pour l'agrandissement de la Halle aux Vins.)

---

221. — 4ᵉ lot de l'Abbaye Saint-Victor.

Vente nationale du 17 messidor an VI. — Marvel et Troupenas, adjudicataires.

Clause. — Fournir le passage d'une rue projetée.

(Acquis par la Ville de Paris, suivant acte administratif du 4 mai 1811, pour l'agrandissement de la Halle aux vins.

---

222. — 6ᵉ lot de l'Abbaye Saint-Victor.

Vente nationale du 15 germinal an VI. — Aubert, adjudicataire.

Clause. — Fournir le passage de deux rues projetées.

(Acquis par la Ville de Paris, suivant acte administratif du 4 mai 1811, pour l'agrandissement de la Halle aux vins.)

---

223. — 7ᵉ lot de l'Abbaye Saint-Victor.

Vente nationale du 15 germinal an VI. — Aubert, adjudicataire.

Clause. — Fournir le passage d'une rue projetée.

(Acquis par la Ville de Paris, suivant acte administratif du 4 mai 1811, pour l'agrandissement de la Halle aux vins.)

---

224. — 8ᵉ lot de l'Abbaye Saint-Victor.

Vente nationale du 15 germinal an VI. — Aubert, adjudicataire.

Clause. — Fournir le passage d'une rue projetée.

(Acquis par la Ville de Paris, suivant acte administratif du 4 mai 1811, pour l'agrandissement de la Halle aux vins.)

---

225. — 9ᵉ lot de l'Abbaye Saint-Victor.

Vente nationale du 15 germinal an VI. — Aubert, adjudicataire.

Clause. — Fournir le passage d'une rue projetée.

(Acquis par la Ville de Paris, suivant acte administratif du 4 mai 1811, pour l'agrandissement de la Halle aux vins.)

---

226. — Rue Saint-Victor, nᵒˢ 6 à 20. (en 1821.) (Provenant de l'Abbaye Saint-Victor.)

Ventes nationales des 12 ventôse an V, 19 brumaire et 15 germinal an VI. — Veuve Marsalle, adjudicataire.

Clause. — Abandonner et fournir, sans aucune indemnité ni répétitions, les terrains nécessaires aux rues et place projetées.

(Acquis par la Ville de Paris, suivant acte administratif du 17 mars 1811, pour l'agrandissement de la Halle aux vins.)

---

227. — 5ᵉ lot de l'Abbaye Saint-Victor.

Vente nationale du 15 germinal an VI. — Longchamps, adjudicataire.

Clause. — L'adjudicataire sera tenu de se clore, lors de la confection des rues et place qui pourraient être faites, suivant l'alignement qui en sera donné, mais aussi d'abandonner le terrain nécessaire à l'exécution des rues et place, et de se soumettre à tous les règlements de police concernant les démolitions qui pourront être faites, ainsi que de payer la moitié du pavé, eu égard à l'étendue de sa propriété.

(Acquis par la Ville de Paris, suivant acte administratif du 28 octobre 1826, pour l'agrandissement de la Halle aux vins.)

---

228. — Rue Descartes, 17. (Anciennement rue Bordet, 32.) (Angle de l'impasse Clopin.) (Provenant du collège de Boncourt.)

Vente nationale du 4 floréal an V. — Guyot, adjudicataire. — L'État (École Polytechnique), propriétaire.

Clause. — L'adjudicataire sera tenu de fournir l'espace nécessaire pour l'élargissement de la rue, sans pouvoir pour raison de ce, répéter aucune indemnité.

(Clause exécutée.)

---

229. — Rue Descartes, 41. (Anciennement rue Bordet, 326.) (Provenant du collège d'Harcourt.)

Vente nationale du 13 brumaire an V. — Bremier, adjudicataire. — Mᵐᵉ veuve Mocquot, propriétaire en 1895.

Clause. — Livrer le terrain nécessaire pour l'élargissement de la rue.

(Clause exécutée.)

---

230. — Rue Lhomond, 7. (Anciennement rue des Postes, 9.)

Vente par les Fondations catholiques Écossaises à Nicolas-Auguste Marville, suivant procès-verbal dressé administrativement à la Préfecture de la Seine, le 14 mars 1829. — propriétaire en 1894.

Clause. — L'adjudicataire sera tenu, lors des reconstructions ou reconfortations, de livrer le terrain nécessaire pour l'élargissement de la rue, et de se conformer à tous alignements et retranchements qui pourraient lui être prescrits par l'autorité publique compétente, sans pouvoir prétendre à aucune indemnité.

---

231. — Rue Saint-Julien-le-Pauvre, 5. (En 1848.)

Vente par l'administration des Hospices du 12 septembre 1807. — Cavaignac, adjudicataire.

Clause. — Art. 15. — L'adjudicataire sera tenu, lors, etc. . . . .

(Exproprié suivant jugement du 31 mai 1848 et démoli pour l'agrandissement de l'Hôtel-Dieu.)

---

232. — Rue Jean-de-Beauvais, 14.

Vente nationale du 17 germinal an XII. — Godefroy, adjudicataire. — M. Hamrau, propriétaire en 1860.

Clause. — L'adjudicataire de ladite maison sera tenu de se conformer, lorsqu'il en sera requis, et ce sans indemnité, aux alignements qui lui seront prescrits par la Commission des Travaux Publics.

(Exproprié suivant jugement du 9 août 1860, et démoli.)

---

233. — Rues Thénard, 3 et 4, et Du Sommerard, 12 et 14. *(Partie.)* (Provenant de la commanderie de Saint-Jean-de-Latran.)

Vente nationale du 11 thermidor an V. — Denoux et Marie, Pierre et Guillaume Babin, adjudicataires. — M. Becquet, propriétaire en 1895.

Clause. — L'acquéreur sera tenu, en outre, de fournir, sans indemnité, le terrain nécessaire pour l'ouverture d'une nouvelle rue.

(Clause exécutée.) (Dans un contrat des 6 et 9 mars 1857, — Mᵉ Mocquart, notaire, — le Préfet de la Seine reconnaît que la clause domaniale a produit tout son effet, par la cession gratuite du terrain nécessaire au passage de la rue Thénard.)

---

234. — Rue Saint-Jacques, 61.

Vente par l'administration des Hospices du 21 août 1812. — Basset, adjudicataire.

Clause. — Art. 15. — L'adjudicataire sera tenu, lors, etc. . . . .

(Exproprié suivant jugement du 8 avril 1858, sur Basset, et démoli pour l'ouverture de la rue du Sommerard.)

---

235. — Rue Cujas. (Anciennement rue Saint-Étienne-des-Grès, nᵒ 9.) (Église Saint-Étienne-des-Grès.)

Vente nationale du 17 avril 1792. — Thévenot, adjudicataire. — L'État, propriétaire.

Clause. — L'adjudicataire sera obligé de démolir le mur de face sur la rue Saint-Étienne-des-Grès, et de rendre à la voie publique tout le terrain qui sera nécessaire pour former le nouvel alignement de ladite rue Saint-Étienne-des-Grès ; en conséquence, avant d'élever aucune construction sur l'emplacement de la partie de l'église dont il deviendra propriétaire, il sera tenu de s'entendre avec Messieurs les Commissaires de la Voyerie et de l'administration du Panthéon Français pour l'alignement de ces constructions.

(Acquis par l'État en 1809 pour l'agrandissement de l'École de droit.)

236. — **Rue Clotaire, 1, et place du Panthéon, 9 et 11.** (3e lot des terrains de la place Sainte-Geneviève.)

Vente nationale du 13 mars 1832. — MAYET, adjudicataire. — MM. LACOSTE et PASCALIS, propriétaires en 1895.

CLAUSE. — Les adjudicataires des 3e et 5e lots se conformeront aux alignements qui leur seront donnés par la Ville pour l'ouverture de la rue projetée ; l'alignement de la place étant déterminé, l'adjudicataire du 3e lot pourra l'avoir en suivant le mur de face du 2e lot.

(Clause exécutée.)

237. — **Rues Clotaire. 3 et 5, et des Fossés Saint-Jacques, 17.** (3e lot *bis* des terrains de la place Sainte-Geneviève.)

Vente nationale du 13 mars 1832. — VIBERT, adjudicataire. — MM. GUIBOUT et TISSIER, propriétaires en 1895.

CLAUSE. — Les adjudicataires des 3e et 5e lots se conformeront aux alignements qui leur seront donnés par la Ville pour l'ouverture de la rue projetée.

(Clause exécutée.)

238. — **Rues de Poissy, 14, et de Pontoise.** (Ancienne église des Bernardins).

Vente nationale du 4 messidor an V. — DESCHAMPS, adjudicataire. — Mme veuve LAPLASSE, propriétaire en 1888.

CLAUSE. — L'acquéreur sera tenu de fournir, sans indemnité, le terrain nécessaire pour le percement des nouvelles rues.

(Le Conseil municipal, par une délibération du 18 juin 1888, approuvée par arrêté préfectoral du 27 juillet suivant, a déclaré que cette clause a reçu son exécution et que l'immeuble doit en demeurer affranchi.)

239. — **Rue des Écoles, 2 *bis*, 2 *ter* et 4.** (Anciennement rue Saint-Victor. (Ancien collège Saint-Firmin.)

Vente nationale du 17 thermidor an IV. — MIGNON, adjudicataire. — MM. BONNEFONS et DELABBRE (n° 2 *bis*) et LOURY (n°s 2 *ter* et 4), propriétaires en 1894.

CLAUSE. — Fournir le terrain nécessaire pour le percement d'une nouvelle rue, en face du pont de la Tournelle, sans pouvoir, à raison de ce, exiger aucune indemnité.

240. — **Rue des Écoles, 2.** (Anciennement rue Saint-Victor, 66-68.) (Angle de la rue du Cardinal-Lemoine, n° 30.) (Ancien collège des Bons-Enfants.)

Vente nationale du 29 avril 1808. — HUIN, adjudicataire. — L'ÉTAT propriétaire en 1895.

CLAUSE. — Attendu que la présente maison est sujette à un retranchement de 75 centimètres dans une partie et de 10 centimètres dans une autre, indiqué au plan par une ligne rouge, l'adjudicataire ne pourra, en cas de vétusté, faire à la façade de ladite maison sur la rue Saint-Victor, aucunes réparations ni reconfortations qui puissent la consolider, mais il sera tenu de se conformer à cet alignement, et ce sans indemnité.

(Clause exécutée.)

241. — **Rue Fresnel, 7.**

Vente par l'administration des Hospices, du 29 novembre 1811. — SARADIN, adjudicataire. — M. FILLIEUX, propriétaire en 1865.

CLAUSE. — Art. 15. — L'adjudicataire sera tenu, lors, etc. . . . .

(Exproprié suivant jugement du 28 décembre 1855 et démoli pour l'ouverture de la rue des Écoles.)

242. — **Rue des Boulangers, 30.** *(Partie.)* (Ancien 28.)

Vente nationale le 11 ventôse an VIII, des cinq douzièmes de la propriété. — MEUNIER, adjudicataire. — M. CHALLAMEL, propriétaire en 1889.

CLAUSE. — L'adjudicataire sera tenu de se conformer aux charges d'usage et à tous alignements, redressements, et de fournir le terrain nécessaire, s'il y a lieu, sans pouvoir prétendre aucune indemnité.

Arrêté de sursis du 17 novembre 1853.

(Clause exécutée.)

243. — **Rue des Lyonnais, 14, 16.**

Vente par l'administration des Hospices du 23 mai 1807. — LACHAUD, adjudicataire. — M. DE MOXÉ, propriétaire en 1891.

CLAUSE. — Art. 15. — L'adjudicataire sera tenu, lors, etc. *(Voir l'avertissement).*

244. — **Rue Descartes, 43.** (Ancien 49.) (Provenant du collège d'Harcourt.)

Vente nationale du 16 floréal an V. — ERHARD, adjudicataire. — M. CHAUDESAIGNES, propriétaire en 1895.

CLAUSE. — L'adjudicataire sera tenu de fournir le terrain nécessaire pour une nouvelle rue, quand il en sera requis et ce sans indemnité.

245. — **Rue Saint-Jacques, 232.** (En 1865.)

Vente par l'administration des Hospices du 7 janvier 1814. — COLLETTE DE BAUDICOURT, adjudicataire. — M. THOMAS, propriétaire en 1865.

CLAUSE. — Art. 15. — L'adjudicataire sera tenu, lors, etc.. . . . .

(Exproprié suivant jugement du 4 février 1865, et démoli pour l'ouverture de la rue Gay-Lussac.)

246. — **Rue Saint-Jacques, 267.** (Provenant des Bénédictins anglais.)

Vente nationale du 21 fructidor an VII. — LEIGNADIER, adjudicataire. — LES FONDATIONS CATHOLIQUES ANGLAISES, propriétaires en 1891.

CLAUSE. — . . . .

(Clause classée dans la première catégorie des réserves domaniales, par délibération du Conseil municipal du 3 décembre 1841.)

247. — **Rue Saint-Jacques, 269, 269 *bis*.** (Ancienne maison claustrale des Bénédictins anglais.)

Vente nationale du 13 fructidor an VII. — LEIGNADIER, adjudicataire. — LES FONDATIONS CATHOLIQUES ANGLAISES, propriétaires en 1891.

CLAUSE. — . . . .

(Clause classée dans la première catégorie des réserves domaniales, par délibération du Conseil municipal du 3 décembre 1841.

248. — **Rue de la Huchette, 24.** (Ancien 30.) (Provenant du domaine de la Ville.)

Vente nationale du 9 nivôse an VI. — MALLET, adjudicataire. — Mme veuve DUOUBY-MORAS, propriétaire en 1887.

CLAUSE. — Souffrir... le retranchement d'un mètre quatre décimètres, auquel le terrain de cette maison sera assujetti en cas de reconstruction.

249. — **Rue de Poissy, 6.** (En 1852.) (Provenant du domaine du Roi.)

Vente nationale du 6 octobre 1792. — BARON, adjudicataire. — DAGAND, propriétaire en 1852.

CLAUSE. — L'adjudicataire sera tenu de se conformer aux alignements qui lui seront donnés par les commissaires à la voirie de la municipalité, pour les constructions qu'il pourrait faire sur la rue neuve.

(Exproprié suivant jugement du 4 août 1852, et démoli.)

250. — **Rue Daubenton, 25.** (En 1867.)

Vente par l'administration des Hospices du 14 juin 1811. — TRINQUIER, adjudicataire. — CHARLOT, propriétaire en 1867.

CLAUSE. — Art. 15. — L'adjudicataire sera tenu, lors, etc.. . . . .

(Acquis par la Société Heullant, concessionnaire. de la Ville de Paris, suivant contrat du 28 décembre 1867, et démoli pour l'ouverture de la rue de Mirbel.)

251. — **Rue de l'Épée-de-Bois, 7 et 11.** (Provenant du domaine de la Ville.)

Vente nationale du 13 nivôse an III. — RUBIGNY, adjudicataire. — L'ASSISTANCE PUBLIQUE (n° 7), M. COULMEAU (n° 11), propriétaires en 1895.

CLAUSE. — Extrait de l'acte d'adjudication du 13 nivôse an III : « Maison et jardin... tenant... du couchant à la rue de l'Épée-de-Bois... son emplacement contient 1.532 toises de superficie ou environ, non compris le retranchement à subir pour l'alignement sur la rue de l'Épée-de-Bois... »

252. — **Rue du Val-de-Grâce, 19.** (Provenant du couvent des Chartreux.)

Vente nationale du 21 messidor an VI. — JEAN et DOVIN, adjudicataires. — M. DELAFOND, propriétaire en 1894.

CLAUSE. — L'acquéreur se conformera, s'il y a lieu, et ce sans indemnité, à tous alignements et nivellements qui pourront lui être donnés.

Délibération du Conseil municipal du 28 mai 1894 : « La clause domaniale inscrite dans le procès-verbal du 21 messidor an VI, est désormais sans objet, en ce qui concerne la propriété de M. Mathieu, dit Ludovic Delafond, sise rue du Val-de-Grâce, 19.

» En conséquence, ledit immeuble en est, désormais, affranchi. »

253. — **Rue du Val-de-Grâce, 21.** (Provenant du couvent des Chartreux.)

Vente nationale du 21 messidor an VI. — Jean et Dovin, adjudicataires. — M. Michel, propriétaire en 1895.

Clause. — L'acquéreur se conformera, s'il y a lieu, et ce sans indemnité, à tous alignements et nivellements qui pourront lui être donnés.

(Clause exécutée.)

254. — **Rue du Val-de-Grâce, 23 et boulevard Saint-Michel, 139.** (Angle.) (Provenant du couvent des Chartreux.)

Vente nationale du 21 messidor an VI. — Jean et Dovin, adjudicataires. — M. Talon, propriétaire en 1895.

Clause. — L'acquéreur se conformera, s'il y a lieu, et ce sans indemnité, à tous alignements et nivellements qui pourront lui être donnés.

(Clause exécutée.)

255. — **Boulevard Saint-Michel, 141.** (Provenant du couvent des Chartreux.)

Vente nationale du 21 messidor an VI. — Jean et Dovin, adjudicataires. — M. de Quélen, propriétaire en 1895.

Clause. — L'acquéreur se conformera, s'il y a lieu, et ce sans indemnité, à tous alignements et nivellements qui pourront lui être donnés.

(Clause exécutée.)

256. — **Boulevard Saint-Michel, 143.** (Provenant du couvent des Chartreux.)

Vente nationale du 21 messidor an VI. — Jean et Dovin, adjudicataires. — M. Damagnez, propriétaire en 1895.

Clause. — L'acquéreur se conformera, s'il y a lieu, et ce sans indemnité, à tous alignements et nivellements qui pourront lui être donnés.

(Clause exécutée.)

257. — **Boulevard Saint-Michel, 145.** (Provenant du couvent des Chartreux.)

Vente nationale du 21 messidor an VI. — Jean et Dovin, adjudicataires. — M. Apprt, propriétaire en 1895.

Clause. — L'acquéreur se conformera, s'il y a lieu, et ce sans indemnité, à tous alignements et nivellements qui pourront lui être donnés.

(Clause exécutée.)

258. — **Boulevard Saint-Michel, 147.** (Provenant du couvent des Chartreux.)

Vente nationale du 21 messidor an VI. — Jean et Dovin, adjudicataires. — M. Gouffon, propriétaire en 1895.

Clause. — L'acquéreur se conformera, s'il y a lieu, et ce sans indemnité, à tous alignements et nivellements qui pourront lui être donnés.

(Clause exécutée.)

259. — **Carrefour de l'Observatoire, 29.** (Provenant du couvent des Chartreux.)

Vente nationale du 21 messidor an VI. — Jean et Dovin, adjudicataires. — M. Bullier, propriétaire en 1895.

Clause. — L'acquéreur se conformera, s'il y a lieu, et ce sans indemnité, à tous alignements et nivellements qui pourront lui être donnés.

(Clause exécutée.)

260. — **Carrefour de l'Observatoire, 41.** (Ancien 11.) (Provenant du Couvent des Chartreux.)

Vente nationale du 21 messidor an VI. — Jean et Dovin, adjudicataires. — M. Bullier, propriétaire en 1895.

Clause. — L'acquéreur se conformera, s'il y a lieu, et ce sans indemnité, à tous alignements et nivellements qui pourront lui être donnés.

(Clause exécutée.)

261. — **Carrefour de l'Observatoire, 43.** (Ancien 13.) (Provenant du Couvent des Chartreux.)

Vente nationale du 21 messidor an VI. — Jean et Dovin, adjudicataires. — M. Magnan, propriétaire en 1895.

Clause. — L'acquéreur se conformera, s'il y a lieu, et ce sans indemnité, à tous alignements et nivellements qui pourront lui être donnés.

Clause classée dans la sixième catégorie, par délibération du Conseil municipal en date du 31 mars 1865, comme étant désormais sans objet en ce qui concerne cette propriété.

262. — **Carrefour de l'Observatoire, 45.** (Ancien 15.) Provenant du Couvent des Chartreux.)

Vente nationale du 21 messidor an VI. — Jean et Dovin, adjudicataires. — M. Terrillon, propriétaire en 1895.

Clause. — L'acquéreur se conformera, s'il y a lieu, et ce sans indemnité, à tous alignements et nivellements qui pourront lui être donnés.

Clause classée dans la sixième catégorie, par délibération du Conseil municipal en date du 31 mars 1865, comme étant désormais sans objet en ce qui concerne cette propriété.

263. — **Carrefour de l'Observatoire, 47** (ancien 17), **et boulevard de Port-Royal, 100.** (Angle.) (Provenant du Couvent des Chartreux.)

Vente nationale du 21 messidor an VI. — Jean et Dovin, adjudicataires. — M. Charnudet, propriétaire en 1895.

Clause. — L'acquéreur se conformera, s'il y a lieu, et ce sans indemnité, à tous alignements et nivellements qui pourront lui être donnés.

(Clause exécutée.)

264. — **Rue de la Bûcherie, 6.** (Partie indivise.) (Bien d'émigré.)

Vente nationale du 15 ventôse an VI. — Larsonnier, adjudicataire de 3/16ᵉˢ moins un 1/24ᵉ. — M. Michel, propriétaire en 1883.

Clause. — L'adjudicataire sera tenu, dès qu'il en sera requis, de se conformer aux alignements arrêtés par la Commission des Travaux publics, et ce sans indemnité.

265. — **Quai de Montebello, 11, et rue du Haut-Pavé.** (Angle.)

Vente par l'Administration des Hospices du 14 janvier 1828. — Dien, adjudicataire. — M. Michel, propriétaire en 1883.

Clause. — Art. 15. — L'adjudicataire sera tenu, etc. *(Voir l'avertissement.)*

(Clause exécutée.)

266. — **Rue d'Ulm, 11.**

Vente par la Ville de Paris du 11 mai 1810. — Girard, adjudicataire. — M. Ledot, propriétaire en 1886.

Clause. — M. Girard était tenu de démolir la maison vendue par la Ville, et de donner le terrain nécessaire au percement de la rue d'Ulm.

(Clause exécutée.)

267. — **Rues d'Ulm, 36 à 42, des Ursulines, 2 à 10, et Louis-Thuillier.** (Tout le côté des numéros pairs.) (2ᵉ lot du Couvent des Ursulines.)

Vente nationale du 11 ventôse an VI. — Lesecq, adjudicataire.

Clause. — L'adjudicataire de ce second lot sera tenu de la démolition de l'église et des portions de bâtiments qui s'y trouvent comprises, depuis le premier lot jusqu'à la rue projetée par la Commission des Artistes; il ménagera, autant que faire se pourra, le bâtiment au derrière de l'église, dont partie doit appartenir au quatrième lot, et ce d'après la ligne à droite déterminée pour la nouvelle rue des Ursulines.

Il sera tenu, en outre, de se clore sur lesdites nouvelles rues comme il le jugera à propos, et de faire tous les raccordements nécessaires, suivant l'alignement proposé, le tout à ses frais.

(Clause exécutée.)

Le Conseil municipal, par une délibération du 26 octobre 1891, a déclaré cette clause sans objet en ce qui concerne la propriété de M. Ballinari, rue des Ursulines, n° 6.

268. — **Rue des Ursulines, 1 à 11.** (3ᵉ lot du Couvent des Ursulines.)

Vente nationale du 11 ventôse an VI. — Decroix, adjudicataire.

Clause. — Ouverture de la rue des Ursulines.

(Clause exécutée.)

269. — **Rues d'Ulm, 44 à 48, et Louis-Thuillier.** (Tout le côté des numéros impairs.) (4ᵉ lot du Couvent des Ursulines.)

Vente nationale du 11 ventôse an VI. — Lesecq, adjudicataire. — La Compagnie des Omnibus, propriétaire.

Clause. — Ouverture de la rue d'Ulm, projetée par la Commission des Artistes, et de la rue des Ursulines, aujourd'hui rue Louis-Thuillier.

(Clause exécutée.)

270. — **Rues d'Ulm, 39, 41, 43.** (5ᵉ lot du Couvent des Ursulines.)

Vente nationale du 11 ventôse an VI. — Veuve Chéron, adjudicataire.

Clause. — Ouverture de la rue d'Ulm, projetée par la Commission des Artistes.)
(Clause exécutée.)

271. — **Rue d'Ulm, 45.** *(Partie.)* (6ᵉ lot du Couvent des Ursulines.)

Vente nationale du 13 ventôse an VI. — Scellier, adjudicataire. — L'État (École normale), propriétaire.

Clause. — Ouverture de la rue d'Ulm, projetée par la Commission des artistes.
(Clause exécutée.)

272. — **Rue d'Ulm, 45.** *(Partie.)* (7ᵉ lot du Couvent des Ursulines.)

Vente nationale du 13 ventôse an VI. — Scellier, adjudicataire. — L'État (École normale), propriétaire.

Clause. — Ouverture de la rue d'Ulm, projetée par la Commission des Artistes.
(Clause exécutée.)

273. — **Rues Cujas, 19 à 25, et Victor-Cousin, 10 à 14.** (Provenant du Couvent des Jacobins.)

Vente nationale du 9 ventôse an VI. — Aubert, adjudicataire.

Clause. — Se conformer aux alignements et démolitions indiqués au procès-verbal et au plan y annexé.
(Clause exécutée.)

Les renseignements qui suivent, établis postérieurement au 1ᵉʳ janvier 1887, complètent les articles précédents, ayant le même numéro.

1. — **Rue Galande, 1.**

(Exproprié e démoli. — Jugement du 19 janvier 1888.)

2. — **Rue de Reims, 4.**

Vente nationale du 8 messidor an IV (au lieu de 26 juin 1796.)

La rue de Reims a été supprimée lors de l'agrandissement du collège Sainte-Barbe.

15. — **Rue Denfert-Rochereau, 42, 44.**

(La propriété nº 42 est alignée.)

16. — **Rue Denfert-Rochereau, 46 à 52 et carrefour de l'Observatoire, 31 à 39.** (Anciens 3, 5, 7, 9.)

21. — **Rues du Cardinal-Lemoine, 57 à 63, des Boulangers, 19 à 31 et de Navarre, 20.**

Vente nationale du 17 vendémiaire an VIII (au lieu de an VII.)

22. — **Rue du Cardinal-Lemoine, 69 à 77.**

Par une délibération du 16 décembre 1895, le Conseil municipal a déclaré renoncer à la clause domaniale, en ce qui concerne l'immeuble de M. Honnet, rue du Cardinal-Lemoine, 73, contre le paiement par M. Honnet à la Ville de Paris, d'une somme de 6.000 francs. — Cette délibération a été approuvée par arrêté préfectoral du 12 février 1896.

32. — **Rue Saint-Jacques, 151.**

(Nouveau sursis du 7 septembre 1887. — Redevance 100 francs.)

34. — La **rue Saint-Hilaire** s'appelle maintenant **rue de Lanneau.**

40. — **Rue Descartes, 8.**

Engellmann, adjudicataire par suite de la déclaration faite à son profit par Gautier.

41. — **Rue de la Montagne-Sainte-Geneviève, 45, 47.** (Anciens 75, 79.)

Les héritiers Gatet, propriétaires en 1892.

42. — **Rue Laplace, 10.**

Vente nationale du 19 décembre 1807 (au lieu de 17 janvier). — Janton, adjudicataire, après déchéance de Robert Morel.

51. — **Rue d'Écosse, 5.**

Vente nationale du 16 janvier 1808 (au lieu de 9 janvier.)

53. — **Rue de Bièvre, 25.**

Vente nationale du 5 germinal an VI (au lieu de 3 germinal.)

56. — **Rue Valetto, 9.** *(Partie.)*

Vente nationale du 13 fructidor an VI (au lieu de 18 fructidor an XIII). — Marchand et Denais, adjudicataires.

74. — **Rues Nicole et du Val-de-Grâce.**

Le Conseil municipal, par une délibération du 12 mars 1869, a classé la clause dans la 6ᵉ catégorie, comme étant désormais sans objet, en ce qui concerne la propriété de M. Dumesnil, rue du Val-de-Grâce, 5, 7, 9, 11.

Une autre délibération, en date du 23 décembre 1889, approuvée par arrêté préfectoral du 15 février 1890, a déclaré la clause exécutée, en ce qui concerne l'immeuble des consorts Pellerin, rue Saint-Jacques, 328.

83. — **Rue Lhomond, 20, 22, 24.**

85. — **Rue Lhomond, 46 à 54 et rue Vauquelin, 1 à 11** *(Partie.)* **et 2 à 10.**

La vente du 28 vendémiaire an VI a été annulée, et, c'est par suite de la déchéance de Prévost, que Roussel père s'est rendu adjudicataire, le 2 germinal an IX, du Couvent des Filles de Saint-Michel.

86. **Rue Lhomond, 38, 40, 42.**

Aubert, adjudicataire. — (Emplacement de l'ancien collège Rollin.)

88. — **Rue Claude-Bernard.** (Anciennement rue des Feuillantines.)

Vente nationale du 2 fructidor an IV (au lieu de 10 messidor). — Regnault, adjudicataire.

Clause. — Fournir sans indemnité le terrain nécessaire à l'ouverture des nouvelles rues. — (Extrait d'un acte de vente par Regnault à Roussel du 8 ventôse an XII.)

89. — **Rues des Feuillantines-Gay-Lussac et Claude-Bernard.**

Délibération du 19 novembre 1872 (au lieu de 19 septembre.)

91. — **Rue Saint-Jacques, 260.**

Vente nationale du 24 germinal an VI au lieu de an IV). — M. Carrier, propriétaire en 1894.

Clause. — Comme il se pourrait qu'on fît un percement de rue à travers ladite maison présentement vendue, il est stipulé : 1º que dans le cas où ce percement de rue aurait lieu, l'acquéreur sera tenu de la vider, et rendre libre dans les six mois qui suivront la sommation qui lui en sera faite ; 2º que l'acquéreur ne pourra prétendre d'autre remboursement de la République, dans ce cas, que la somme qu'il lui aura réellement payée, si mieux n'aime ledit acquéreur, recevoir en échange un autre domaine national, de même valeur, et 3º qu'audit cas, l'acquéreur n'aura aucun droit de répéter des indemnités pour raisons des réparations ou constructions qu'il aurait faites dans ladite maison, et sur le terrain en dépendant. — (Extrait de l'acte domanial).

93. — Rues des Ursulines, 12, 14 et Saint-Jacques, 243, 245. (1er lot du couvent des Ursulines.)

Veuve Ducreux, adjudicataire.

Clause. — Ouverture de la rue des Ursulines.

(Clause exécutée.)

118. — Rues de la Bûcherie, 12 et de l'Hôtel-Colbert.

M. Poulain, propriétaire en 1891.

121. — Rue de Navarre, 9.

M. Rocher, propriétaire en 1891.

Clause exécutée. — (Permission de voirie du 6 août 1891.)

124. — Rue d'Ulm, 26 *(Partie)* **à 34 et 29 à 37.** (Présumé.)

Mmes Veuve Leblond (28), Ve Poulenc (30), MM. Boutroy (26), Terrillon (34) et la Société des écoles préparatoires (29 à 37), propriétaires en 1895.

127. — Place Scipion et rue Scipion, 6 et 8. (Anciennement, 16, 18, plus anciennement 1 et 3.)

Mme Fischer, propriétaire en 1893.

Clause exécutée au-devant du n° 6 et de partie du n° 8. — (Jugement du tribunal civil du 28 février 1893).

128, 129, 130, 131, 132, 133, 134.

La clause doit être modifiée ainsi qu'il suit :

L'adjudicataire sera tenu de laisser à la première réquisition, et sans indemnité, l'emplacement nécessaire pour les ouvertures et les prolongements des rues nouvelles.

(Les propriétés rue Saint-Jacques, 156, 158 et 160, ont été expropriées suivant jugement du 26 novembre 1891, et démolies pour l'élargissement de la rue Saint-Jacques.)

148. — Rue Denfert-Rochereau, boulevard Saint-Michel et rue du Val-de-Grâce.

Clause. — En conséquence des percements des nouvelles rues arrêtés par le corps législatif, l'acquéreur construira à ses frais, dans le plus court délai, les parties de mur qui devront clore son terrain sur la nouvelle rue; il contribuera pour sa part et portion au pavage, etc., etc. qui pourront être à sa charge, ainsi qu'il est d'usage à Paris, et il se conformera, s'il y a lieu, et ce sans indemnité, à tous alignements et retranchements qui pourront lui être donnés par les Travaux publics.

149. — Rue Soufflot, 6.

(Exproprié suivant jugement du 26 novembre 1891, et démoli pour l'agrandissement de l'École de Droit).

151. — Rue Saint-Victor, 28.

Vente nationale du 24 prairial an IV (et non an V).

165. — Quai Saint-Michel, 25. (Ancien 23.)

Legrand de Vaux s'est rendu adjudicataire, suivant procès-verbal dressé à la Préfecture de la Seine, le 31 janvier 1812, du terrain sur lequel la maison actuelle a été édifiée.

Dans un acte du 8 mai 1818 (vente par les héritiers Legrand de Vaux à Jacob), on déclare que le terrain vendu tient « du nord au quai projeté du Pont Saint-Michel à celui du Petit-Pont. »

La maison n° 23 est exactement alignée, et la clause a reçu son exécution.

172. — Rue de la Harpe, 48.

Arrêt de la Cour d'appel du 15 juillet 1845, qui condamne à l'exécution de la clause lors de la reconstruction.

180. — Rue de la Bucherie, 8. (Ancien 10.)

M. Poulain, propriétaire en 1892.

182. — Place Saint-Étienne-du-Mont, 8.

Dans un acte du 24 août 1839 (adjudication à Boiry-sur-Marvye), on rappelle qu'au nombre des charges, clauses et conditions insérées au procès-verbal du 29 novembre 1811, se trouve la suivante : « Cette maison est susceptible, en » cas de reconstruction, d'être retranchée en totalité, et l'acquéreur sera alors » tenu de livrer le terrain à la voie publique, sans aucune indemnité. »

195. — Rue Saint-Jacques, 96, 98, 102, 104 et place Saint-Benoît.

Vente nationale du 28 nivôse an V (au lieu de 28 messidor an IV.)

196, 197, 198.

Les propriétés rue Saint-Jacques, 143, 149 *bis*, rues Soufflot, 10 et Cujas, 5 et 7, ont été expropriées suivant jugement du 26 novembre 1891, et démolies pour l'agrandissement de l'École de Droit.

206. — Rue Galande, 12.

(Exproprié suivant jugement du 19 janvier 1888, et démoli pour l'ouverture de la rue Lagrange).

SIXIÈME ARRONDISSEMENT

Voir pour la situation et l'étendue des propriétés la quatrième carte.

1. — **Rues Guénégaud, 27, 29, et Mazarine, 23.** (Provenant du Prytanée de Saint-Cyr.)

Vente nationale du 30 septembre 1814. — Rousselle, adjudicataire. — Les Héritiers Favard, propriétaires en 1878.

CLAUSE. — La maison présentement mise en vente étant sujette à un retranchement d'environ un mètre sur la face de la rue Guénégaud et de $0^m,40$ sur celle de la rue Mazarine, ainsi qu'il est tracé par une ligne rouge sur le plan annexé au présent, l'adjudicataire sera tenu de s'y conformer quand il en sera requis, sans pouvoir prétendre aucune indemnité.

---

2. — **Rue des Saints-Pères, 75.** (Ancien 65.)

Vente nationale du 7 floréal an VI. — M. Gedalge, propriétaire en 1878.

CLAUSE. — L'adjudicataire sera tenu, dès qu'il en sera requis, de fournir un retranchement de douze décimètres environ pour la rue des Saints-Pères, et ce sans qu'il puisse réclamer aucune indemnité pour ledit retranchement.
(Exécutée.)

---

3. — **Rue du Cherche-Midi, 113, 115, 117, 119, 121, 123, et boulevard du Montparnasse.**

Vente nationale du 11 octobre 1806. — Garda, adjudicataire. — MM. Van de Velde (n° 117) et Lenègue (n° 119), propriétaires en 1878.

CLAUSE. — Le mur de clôture sur la rue du Petit-Vaugirard (rue du Cherche-Midi), étant susceptible de rentrer d'un mètre, à son extrémité joignant le mur de face de la maison voisine, pour venir se terminer à l'angle actuel du pan coupé côté du boulevard, l'adjudicataire sera tenu de se conformer à cette clause, lorsqu'il en sera requis, ainsi qu'à toutes celles d'usage, et de fournir le terrain nécessaire à l'élargissement de la dite rue, sans pouvoir exiger aucune indemnité.

---

4. — **Rue de Vaugirard, 108.**

Vente par l'Administration des Hospices du 25 septembre 1811. — Robert Morel, adjudicataire.

CLAUSE. — Art. 15. — L'adjudicataire sera tenu, lors des reconstructions ou reconfortations, de livrer le terrain nécessaire pour l'élargissement de la rue et de se conformer à tous alignements et retranchements qui pourront lui être prescrits par le Conseil des bâtiments civils, sans pouvoir prétendre aucune indemnité.

Il est dit en outre, à l'article « Désignation » :

« Cette propriété est sujette à un retranchement de $1^m,80$. »
(La propriété a été démolie pour l'ouverture de la rue de Rennes.)

---

5. — **Rue du Cherche-Midi, 4.**

Vente nationale du 24 floréal an VIII. — Caron, adjudicataire. — M. Granger, propriétaire en 1884.

CLAUSE. — L'acquéreur sera tenu de se conformer, quand il en sera requis et ce sans indemnité, aux alignements ou retranchements qui pourront être arrêtés par les Travaux publics.
(Propriété alignée. — Clause exécutée.)

---

6. — **Rue du Dragon, 27.**

Vente par l'Administration des Hospices du 23 avril 1813. — Lambert, adjudicataire. — MM. Roche et Menevaux, propriétaires en 1884.

CLAUSE. — Art. 15. — L'adjudicataire sera tenu, lors des reconstructions ou reconfortations, de livrer le terrain nécessaire pour l'élargissement de la rue et de se conformer à tous alignements et retranchements qui pourront lui être prescrits par le Conseil des bâtiments civils, sans pouvoir prétendre aucune indemnité.

Il est dit en outre, à l'article « Désignation » :

« Cette maison est sujette à un retranchement de $2^m,30$. . . . .

---

7. — **Rue du Dragon, 29.**

Vente par l'Administration des Hospices du 8 mai 1812. — Magin, adjudicataire. — Mmes Boulu et Auffray, propriétaires en 1884.

CLAUSE. — Art. 15. — L'adjudicataire sera tenu, lors des reconstructions ou reconfortations, de livrer le terrain nécessaire pour l'élargissement de la rue et de se conformer à tous alignements et retranchements qui pourront lui être prescrits par le Conseil des bâtiments civils, sans pouvoir prétendre aucune indemnité.

Il est dit en outre, à l'article « Désignation » :

« Cette maison est sujette à un retranchement de $2^m,43$. . . . . »

---

8. — **Rue du Dragon, 31.**

Vente par l'Administration des Hospices du 17 décembre 1813. — Magin, adjudicataire. — Mmes Boulu et Auffray, propriétaires en 1884.

CLAUSE. — Art. 15. — L'adjudicataire sera tenu, lors des reconstructions ou reconfortations, de livrer le terrain nécessaire pour l'élargissement de la rue et de se conformer à tous les alignements et retranchements qui pourront lui être prescrits par le Conseil de bâtiments civils, sans pouvoir prétendre aucune indemnité.

---

9. — **Rue du Dragon, 33.**

Vente par l'Administration des Hospices du 4 juin 1813. — Moreau, adjudicataire. — Serre, propriétaire en 1884.

CLAUSE. — Art. 15. — L'adjudicataire sera tenu, lors des reconstructions ou reconfortations, de livrer le terrain nécessaire pour l'élargissement de la rue et de se conformer à tous alignements et retranchements qui pourront lui être prescrits par le Conseil de bâtiments civils, sans pouvoir prétendre aucune indemnité.

Il est dit, en outre, à l'article « Désignation » :

« Cette maison est susceptible d'un retranchement de $2^m,43$ . . . . . . »

---

10. — **Rue du Dragon, 34.**

Vente nationale du 27 germinal an VI. — Héritiers Becquet, adjudicataires. — M. Gallet, propriétaire en 1884.

CLAUSE. — L'adjudicataire sera tenu, dès qu'il en sera requis, de se conformer aux alignements arrêtés par la Commission des travaux publics, et ce sans indemnité.

---

11. — **Rue du Dragon, 38.**

Vente par l'Administration des Hospices du 15 octobre 1816. — Douaud, adjudicataire. — M. Jouvenot, propriétaire en 1884.

CLAUSE. — Art. 15. — L'adjudicataire sera tenu, lors des reconstructions ou reconfortations de livrer le terrain nécessaire pour l'élargissement de la rue et de se conformer à tous alignements et retranchements qui pourront lui être prescrits par le Conseil des bâtiments civils, sans pouvoir prétendre aucune indemnité.

Il est dit, en outre, à l'article « Désignation » :

« Elle est susceptible d'un retranchement de onze centimètres . . . . . »
(Réserve exécutée.) (Permission de bâtir du 21 juin 1825.)

---

12. — **Rue du Dragon, 35, 37, et rue du Four, 62.** (Ancien 92.)

Vente par l'Administration des Hospices du 10 septembre 1813. — Grégoire, adjudicataire. — Durand et autres, propriétaires en 1884.

CLAUSE. — Art. 15. — L'adjudicataire sera tenu, lors des reconstructions ou reconfortations, de livrer le terrain nécessaire pour l'élargissement de la rue et de se conformer à tous alignements et retranchements qui pourront lui être prescrits par le Conseil des bâtiments civils, sans pouvoir prétendre aucune indemnité.

Il est dit, en outre, à l'article « Désignation » :

« Cette maison est susceptible d'un retranchement de $3^m,90$, mesures réduites » du côté de la rue du Four, et de $1^m,15$ du côté de celle du Dragon. . »
(Une partie de cette propriété a été mise à l'alignement, en vertu d'une permission du 8 octobre 1813.)

13. — Rue du Four. (Partie du n° 78.)

Vente par l'Administration des Hospices du 22 septembre 1809. — BOUDET, adjudicataire. — BORDE, propriétaire en 1876.

CLAUSE. - Art. 15. — L'adjudicataire sera tenu, lors des reconstructions ou reconfortations, de livrer le terrain nécessaire pour l'élargissement de la rue et de se conformer à tous alignements et retranchements qui pourront lui être prescrits par le Conseil des bâtiments civils, sans pouvoir prétendre aucune indemnité.

Il est dit, en outre, à l'article « Désignation » :

« Le présent terrain est sujet à un retranchement de 1m,95 environ. . »
(Réserve exécutée.) (Permission du 10 avril 1810.)
(Exproprié en 1876 et démoli.) (Redressement de la rue du Four.)

14. — Boulevard Saint-Germain (Anciennement place Gozlin, 3), **et rue du Four, 4.** (Ancien 8.)

Vente par l'Administration des Hospices du 28 août 1812. — LESAGE, adjudicataire. — LA VILLE DE PARIS, propriétaire en 1861.

CLAUSE. — Art. 15. — L'adjudicataire sera tenu, lors des reconstructions ou reconfortations, de livrer le terrain nécessaire pour l'élargissement de la rue et de se conformer à tous alignements et retranchements qui pourront lui être prescrits par le Conseil des bâtiments civils, sans pouvoir prétendre aucune indemnité.

(Exproprié et démoli par la Ville.)
(Terrain restant revendu en 1868 sans clause.)

15. — Rue des Saints-Pères, 63. (Ancien 53).

Vente nationale du 23 pluviôse an VIII. — Mᵐᵉˢ DE VILLEVAUDÉ ET DE RIANTE, adjudicataires. — M. RECH, propriétaire en 1884.

CLAUSE. — L'adjudicataire sera tenu aux charges d'usage et à tous alignements et redressements, et de fournir tout le terrain nécessaire, s'il y a lieu, sans pouvoir prétendre aucune indemnité.
(Réserve exécutée.) (Permission du 7 juin 1858.)

16. — Rue des Saints-Pères, 41.

Vente par l'Administration des Hospices du 20 novembre 1812. — DUBOIS, adjudicataire. — LA VILLE DE PARIS, propriétaire en 1877.

CLAUSE. — Art. 15. — L'adjudicataire sera tenu, lors des reconstructions ou reconfortations, de livrer le terrain nécessaire pour l'élargissement de la rue et de se conformer à tous alignements et retranchements qui pourront lui être prescrits par le Conseil des bâtiments civils, sans pouvoir prétendre aucune indemnité.

(Exproprié et démoli en 1877.)

17. — Rue des Saints-Pères, 11, 13 et 15. *(Partie.)*

Vente nationale du 9 avril 1791. — DE GOUY D'ARSY, adjudicataire.

CLAUSE. — La seconde cour et les parties de constructions qui sont au fond, joignant le jardin des Augustins, seront distraites de la propriété de la présente maison pour servir à l'ouverture d'une rue qui se trouvera en continuation de la rue de Verneuil.

(La maison n° 11 a été reconstruite en vertu d'une permission du 9 décembre 1861, et la maison n° 13 en vertu d'une permission du 7 août 1863.)

18. - Rue Taranne, 18.

Vente par l'Administration des Hospices du 13 novembre 1812. — TILLAUX, adjudicataire. — Mᵐᵉ Vᵉ CHATELET, propriétaire en 1876.

CLAUSE. — Art. 15. — L'adjudicataire sera tenu, lors des reconstructions ou reconfortations, de livrer le terrain nécessaire pour l'élargissement de la rue et de se conformer à tous alignements et retranchements qui pourront lui être prescrits par le Conseil des bâtiments civils, sans pouvoir prétendre aucune indemnité.

(Expropriée pour l'ouverture du boulevard Saint-Germain.)

19. — Rue Taranne, 16.

Vente par l'Administration des Hospices du 5 mars 1813. — DE LAQUEUILLE, adjudicatai e. — Mᵐᵉ Vᵉ PRÉDAGNEL, propriétaire en 1876.

CLAUSE. — Art. 15. — L'adjudicataire sera tenu, lors des reconstructions ou reconfortations, de livrer le terrain nécessaire pour l'élargissement de la rue et de se conformer à tous alignements et retranchements qui pourront lui être prescrits par le Conseil des bâtiments civils, sans pouvoir prétendre aucune indemnité.

(Expropriée pour l'ouverture du boulevard Saint-Germain.)

20. — Rue Taranne, 14.

Vente par l'Administration des Hospices du 28 août 1812. — BLONDEAU, adjudicataire. — Mᵐᵉ Vᵉ VELPEAU, propriétaire en 1876.

CLAUSE. — Art. 15. — L'adjudicataire sera tenu, lors des reconstructions ou reconfortations, de livrer le terrain nécessaire pour l'élargissement de la rue et de se conformer à tous alignements et retranchements qui pourront lui être prescrits par le conseil des bâtiments civils, sans pouvoir prétendre aucune indemnité.

(Expropriée pour l'ouverture du boulevard Saint-Germain.)

21. — Carrefour Saint-Benoît, 4.

Vente par l'Administration des Hospices du 3 janvier 1812. — BEAUVAIS, adjudicataire.

CLAUSE. — Art. 15. — L'adjudicataire sera tenu, lors des reconstructions ou reconfortations, de livrer le terrain nécessaire pour l'élargissement de la rue et de se conformer à tous alignements et retranchements qui pourront lui être prescrits par le Conseil des bâtiments civils, sans pouvoir prétendre aucune indemnité.

Il est dit, en outre, à l'article « Désignation » :

« Elle est susceptible d'un retranchement dont les mesures réduites sont de 6m,41. »
(Expropriée pour l'ouverture de la rue de Rennes.)

22. — Rue Gozlin, 30. (Ancien 32.)

Vente par l'Administration des Hospices du 23 avril 1813. — CHOCARDELLE, adjudicataire.

CLAUSE. — Art. 15. — L'adjudicataire sera tenu, lors des reconstructions ou reconfortations, de livrer le terrain nécessaire pour l'élargissement de la rue et de se conformer à tous alignements et retranchements qui pourront lui être prescrits par le Conseil des bâtiments civils, sans pouvoir prétendre aucune indemnité.

Il est dit en outre, à l'article « Désignation » :

« Elle est sujette à retranchement de 1m,55. »
(Expropriée et démolie.)

23. — Rues Gozlin, 35, et de l'Égout, 1.

Vente nationale du 7 fructidor an VI. — N..., adjudicataire.

CLAUSE. — L'adjudicataire sera tenu, dès qu'il en sera requis, de se conformer aux alignements arrêtés par la Commission des travaux publics, et ce sans indemnité.

(Exproprié et démoli pour l'ouverture de la rue de Rennes.)

24. — Rue Gozlin, 14. (Ancien 16.)

Vente par l'Administration des Hospices du 9 juillet 1813. — SURBLED et BAZIN, adjudicataires.

CLAUSE. — Art. 15. — L'adjudicataire sera tenu, lors des reconstructions ou reconfortations, de livrer le terrain nécessaire pour l'élargissement de la rue et de se conformer à tous alignements et retranchements qui pourront lui être prescrits par le Conseil des bâtiments civils, sans pouvoir prétendre aucune indemnité.

Il est dit en outre, à l'article « Désignation » :

« Elles sont susceptibles d'un retranchement de 1m,62. »
(Exproprié pour l'ouverture du boulevard Saint-Germain.)

25. — Rue Gozlin, 12. (Ancien 14.)

Vente par l'Administration des Hospices du 11 juin 1813. — SURBLED, adjudicataire.

CLAUSE. — Art. 15. — L'adjudicataire sera tenu, lors des reconstructions ou reconfortations, de livrer le terrain nécessaire pour l'élargissement de la rue et ds se conformer à tous alignements et retranchements qui pourront lui être prescrits par le Conseil des bâtiments civils, sans pouvoir prétendre aucune indemnité.

Il est dit en outre, à l'article « Désignation » :

« Elle est sujette à un retranchement de 1m,78. »
(Exproprié et démoli pour l'ouverture du boulevard Saint-Germain.)

26. — Place Gozlin, 46.

Vente nationale du 14 thermidor an V. — ESRÉ, adjudicataire. — M. CAILLET, propriétaire en 1876.

CLAUSE. — L'adjudicataire sera tenu de fournir le terrain nécessaire pour c débouché du cul-de-sac de l'Échaudé, et ce sans indemnité contre la République venderesse.

(Exproprié et démoli pour l'ouverture du boulevard Saint-Germain.)

27. — Rues Bourbon-le-Château, 6, et de l'Échaudé, 19.

Vente nationale du 29 pluviôse an VI. — LARUE, adjudicataire.—PANCKOUKE ET AUTRES propriétaires en 1884.

CLAUSE. — L'adjudicataire sera tenu, dès qu'il en sera requis, de se conformer aux alignements arrêtés par la Commission des travaux publics, et ce sans indemnité.

28. — Rue d'Erfurth, 6 et 8, et Gozlin, 24.

Vente nationale du 4 vendémiaire an VI. — N..., adjudicataire.

CLAUSE. — Comme la partie actuelle de l'entrée de l'enclos de l'Abbaye par la rue Sainte-Marguerite doit être démolie ainsi que toutes les échoppes à droite du passage, pour former la petite rue Sainte-Marguerite (rue d'Erfurth) et l'augmenter de largeur, il n'appartiendra à l'adjudicataire de la petite maison dont il s'agit que la portion de mur de face de cette porte qui est vis-à-vis sa maison, le surplus sera démoli et cette maison aura une encoignure avec pan coupé ordinaire.

(La réserve, à l'exception du pan coupé, reçut immédiatement son exécution.)

(Exproprié et démoli pour l'ouverture du boulevard Saint-Germain.)

29. — Rue d'Erfurth, 5.

Vente nationale du 11 nivôse an VI. — DELACROIX, adjudicataire.

CLAUSE. — Enfin il (l'adjudicataire) sera tenu de se conformer, quand il en sera requis et ce sans indemnité, aux alignements arrêtés par la Commission des travaux publics.

(Exproprié et démoli pour l'ouverture du boulevard Saint-Germain.)

30. — Rue d'Erfurth, 3.

Vente nationale du 11 nivôse an VI. — DUVSY, adjudicataire.

CLAUSE. — Enfin il (l'adjudicataire) sera tenu de se conformer, quand il en sera requis et ce sans indemnité, aux alignements arrêtés par la Commission des travaux publics.

(Exproprié et démoli pour l'ouverture du boulevard Saint-Germain.)

31. — Rue d'Erfurth, 1.

Vente nationale du 11 nivôse an VI. — DUVSY, adjudicataire.

CLAUSE. — L'adjudicataire sera tenu de se conformer, quand il en sera requis et ce sans indemnité, aux alignements arrêtés par la Commission des travaux publics.

(Exproprié et démoli pour l'ouverture du boulevard Saint-Germain.)

32. — Rue de Furstemberg, 6 et 8.

Vente nationale du 24 vendémiaire an V. — COUET, adjudicataire. — PANCKOUKE et consorts, propriétaires en 1884.

CLAUSE. — L'adjudicataire sera tenu de se conformer aux alignements qui lui seront donnés par l'Administration des travaux publics, pour la clôture extérieure du présent domaine, et de fournir le terrain nécessaire au percement d'une rue projetée, sans pouvoir exiger d'indemnité. (Extrait.)

Une délibération du Conseil municipal du 23 juin 1860 a classé cette réserve dans la sixième catégorie, comme étant désormais sans objet.

33. — Rue de Furstemberg, 7.

Vente nationale du 4 vendémiaire an VI. — CROUSLÉ, adjudicataire. — LA SOCIÉTÉ DE SAINT-GERMAIN-DES-PRÉS, propriétaire en 1881.

CLAUSE. — A l'expiration des baux ou termes courants des locataires actuels de ceux qui occupent le bâtiment présentement mis en vente, ledit adjudicataire fera même démolir à ses frais la boutique cotée A sur le plan et l'avance cotée B comme nuisibles à la voie publique, à la décoration de la place et à la salubrité du bâtiment.

(Cette réserve a reçu son exécution.)

34. — Rues de Furstemberg, 9, et de l'Abbaye, 4.

Ventes nationales du 2 germinal an V et 15 thermidor an XI. — MERLE DE SALBRUNE, adjudicataire. — LA SOCIÉTÉ CIVILE DE SAINT-GERMAIN-DES-PRÉS, propriétaire en 1881.

CLAUSE. — Ne sont pas comprises dans la présente vente, les caves qui se trouvent sous la rue projetée (rue de l'Abbaye) que les échoppes qui existent sur le sol de ladite rue ; néanmoins, l'acquéreur aura la jouissance desdites caves, seulement jusqu'à l'ouverture de ladite rue, époque à laquelle cette jouissance cessera de plein droit sans que, pour raison de ce, ledit acquéreur puisse réclamer aucune indemnité.

(Réserve exécutée.)

35. — Rues de Furstemberg, 10, et de l'Abbaye, 6.

Vente nationale du 5 brumaire an V. — HENNEQUIN, adjudicataire. — Mᵐᵉ DE FÉBURIER, propriétaire en 1884.

CLAUSE. — L'acquéreur se clora avec la cour restant à la Chapelle de la Vierge, et la moitié du mur lui sera remboursée par l'acquéreur de ladite chapelle.

Il se clora aussi totalement à ses frais sur la ci-devant cour abbatiale, et dans l'alignement de la rue projetée, et aussi en retour et d'alignement sur la face de son bâtiment, pour rejoindre la nouvelle rue et former encoignure.

(Réserve exécutée.)

36. — Rue de l'Abbaye, *partie des nᵒˢ 6 et 8.*

Vente nationale du 24 thermidor an V. — VILLAIN, adjudicataire. — Mᵐᵉ DE FÉBURIER, propriétaire en 1884.

CLAUSE. — L'acquéreur du présent lot, s'il a face sur les rues projetées, sera tenu de faire les premiers frais de pavage, etc. . . . . dans la moitié de la largeur des rues qui le bordent, ainsi qu'il est d'usage à Paris dans les nouvelles rues.

(Clause exécutée.)

37. — Rue de l'Abbaye, 10.

Vente nationale du 1ᵉʳ thermidor an VII. — VILLAIN, adjudicataire. — M. CRANDON, propriétaire en 1884.

CLAUSE. — Il (l'adjudicataire) se conformera, et ce sans indemnité, à tous alignements et retranchements qui pourront être donnés par les Travaux publics.

(Clause exécutée.)

Délibération du Conseil municipal du 20 janvier 1877, déclarant la clause exécutée par l'ouverture de la rue.

38. — Rue de l'Abbaye, 12, 14.

Vente du 18 prairial an VIII. — BOUQUET, adjudicataire. — Mᵐᵉ ROMAGNY, propriétaire en 1884.

CLAUSE. — Il (l'adjudicataire) sera tenu de clore convenablement toute la face de ce lot sur la rue, dans les deux mois qui suivront le jour de ladite adjudication ; il se conformera du reste, et ce sans indemnité, à tous les alignements ou retranchements qui pourront être arrêtés par les Travaux publics.

(Clause exécutée.)

39. — Rues de l'Abbaye, 16 et 18, et Bonaparte, 35, 37. (Anciennement rue Saint-Germain-des-Prés.)

Vente nationale du 18 thermidor an V. — LECŒUR, adjudicataire. — Mᵐᵉ Vᵛᵉ LENIORE, propriétaire en 1884.

CLAUSE. — L'adjudicataire du quatrième lot se clora à ses frais sur les deux nouvelles rues qui le bordent (rue de l'Abbaye et rue Saint-Germain-des-Prés).

(Clause exécutée.)

40. — Rue de l'Abbaye, 9.

Vente nationale du 18 prairial an VIII. — VAUTIER, adjudicataire. — La Ville de Paris propriétaire en 1886.

CLAUSE. — L'acquéreur sera tenu au surplus de se conformer à tous alignements et retranchements qui pourront être arrêtés par les Travaux publics, et ce sans indemnité.

(Clause exécutée.)

41. — Rues Bonaparte, 23, 25, 27, 29, 31, et Jacob, 21, 23, 25, 27, 29. (Anciennement rue du Colombier.)

Vente nationale du 24 vendémiaire an V. — LECŒUX, adjudicataire. — M. TROINET DE LA TOURMELLIÈRE, propriétaire du nᵒ 23 rue Jacob.

CLAUSE. — Enfin, l'acquéreur et ses ayants cause fourniront le terrain nécessaire aux alignements projetés à la face sur la rue du Colombier (rue Jacob), sans pouvoir prétendre aucune indemnité ; mais ce retranchement n'aura lieu qu'en cas de reconstruction ou reconsolidation du mur de face actuel sur cette rue, suivant les lois et règlements de voirie.

(Clause exécutée.)

42. — Rue Jacob, 19. (Anciennement rue du Colombier.)

Vente nationale du 22 brumaire an V. — JANETY, adjudicataire. — M. FALLE, propriétaire en 1884.

CLAUSE. — La partie de terrain dudit domaine faisant face sur la rue du Colombier est susceptible de retranchement ; en conséquence, l'acquéreur sera tenu de se conformer aux lois de la voirie.

(Clause exécutée.)

43. — Rue Jacob, 41. (Ancien 11 et 11 *bis*.)

Vente par l'Administration des Hospices du 7 mai 1813. — Swédioua, adjudicataire. — Les héritiers Fauconnier, propriétaires en 1881.

Clause. — Art. 15. — L'adjudicataire sera tenu, lors des reconstructions ou reconfortations, de livrer le terrain nécessaire pour l'élargissement de la rue et de se conformer à tous alignements et retranchements qui pourront lui être prescrits par le Conseil des bâtiments civils, sans pouvoir prétendre aucune indemnité.

Il est dit en outre, à l'article « Désignation » :

« Elle est sujette à un retranchement de 0^m,12 du côté de la rue des Deux-Anges. »

(La rue des Deux-Anges a été supprimée.)

44. — Rue Jacob, 43. (Ancien 13.)

Vente par l'Administration des Hospices du 21 mai 1813. — Pelletier, adjudicataire. — M. Chambard, propriétaire en 1881.

Clause. — Art. 15. — L'adjudicataire sera tenu, lors des reconstructions ou reconfortations, de livrer le terrain nécessaire pour l'élargissement de la rue et de se conformer à tous alignements et retranchements qui pourront lui être prescrits par le Conseil des bâtiments civils, sans pouvoir prétendre aucune indemnité.

45. — Rue Jacob, 45. (Ancien 15.)

Vente par l'Administration des Hospices du 4 août 1809. — Vᵉ Pelletier, adjudicataire. — Mᵐᵉ Vᵉ Auger, propriétaire en 1881.

Clause. — Art. 15. — L'adjudicataire sera tenu, lors des reconstructions ou reconfortations, de livrer le terrain nécessaire pour l'élargissement de la rue et de se conformer à tous alignements et retranchements qui pourront lui être prescrits par le Conseil des bâtiments civils, sans pouvoir prétendre aucune indemnité.

46. — Rues Saint-Benoît, 1 et 1 bis, Jacob, 31, et Bonaparte, 30.

Vente nationale du 21 vendémiaire an V. — Carrez, adjudicataire. — Mᵐᵉ Vᵉ Desrousseaux, propriétaire en 1884.

Clause. — L'acquéreur sera tenu de se conformer à l'alignement qui lui sera donné par l'Administration des travaux publics, pour la clôture du présent domaine.

(Clause exécutée.)

47. — Rues Saint-Benoît, 3 et 5, et Bonaparte, 34, 36.

Vente nationale du 19 pluviôse an V. — Boivin, adjudicataire.

Clause. — L'acquéreur sera tenu de faire, à ses frais et à la première réquisition, le mur qui devra clore le terrain sur la rue projetée.

Il prendra sur la rue projetée les alignements fixés au plan général de Paris et arrêtés par le Conseil des bâtiments civils, et il supportera, quant à ladite rue, toutes les charges de commune et de police.

Cette rue projetée aura dix mètres de largeur, ce qui répond à environ 30 pieds 9 pouces.

(Clause exécutée.)

48. — Rues Saint-Benoît, 7, et Bonaparte, 38 et *Partie du n° 40.* (Anciennement rue des Petits-Augustins.)

Vente nationale du 21 floréal an VIII. — N..., adjudicataire.

Clause. — Il (l'adjudicataire) sera tenu de faire, immédiatement après son acquisition, le terrasse et pavage de la nouvelle rue, commencés en prolongement de celle des Petits-Augustins, et ce vis-à-vis seulement du terrain présentement vendu.

Il sera également obligé, pour cette rue commencée, à toutes les charges usitées à Paris pour les ouvertures des nouvelles rues.

Il devra faire lesdites terrasse, pavage et clôture, dès qu'il aura acquis, attendu que les autres propriétaires, ayant face sur cette nouvelle rue, s'en occupent à présent, et d'après le Département du 22 nivôse dernier, arrêté le 27 dudit par le Ministre de l'Intérieur et placardé dans Paris.

L'acquéreur sera tenu, en outre, de souffrir, et ce sans indemnité, tous alignements et retranchements qui pourraient être arrêtés par les Travaux publics.

(Clause exécutée.)

49. — Rues Bonaparte, 40, 42 et 44 *(Partie),* **et Saint-Benoît, 9.**

Vente nationale du 18 thermidor an V. — La Glandière, adjudicataire.

Clause. — Il (l'adjudicataire) ne pourra faire d'augmentations au grand appentis qui existe, mais il jouira de moitié de cette partie d'appentis, laquelle il sera obligé de démolir à ses frais, toutefois et quand il en sera requis, pour le débouché sur la rue Saint-Benoît, sans pouvoir prétendre d'indemnité tant pour les terrains que pour les bâtiments, présents et futurs, qu'il pourrait faire sur cet emplacement.

50. — Rue Bonaparte. (Anciennement rue des Petits-Augustins), **et place Saint-Germain-des-Prés.**

Vente nationale du 18 messidor an V. — N..., adjudicataire.

Clause. — L'adjudicataire du deuxième lot sera obligé, à la première réquisition, de livrer le terrain réservé pour le passage de la demi-largeur de la rue projetée pour déboucher, depuis ladite rue prolongée des Petits-Augustins jusqu'à celle Saint-Benoît, et de démolir et enlever toutes les constructions qui existent, ou qu'il pourrait faire sur ce terrain, sans pouvoir prétendre d'indemnité de la République venderesse.

(Exproprié en totalité.)

51. — Rues Saint-Germain-des-Prés, 4, et Sainte-Marthe, 5.

Vente nationale du 18 thermidor an V. — N..., adjudicataire.

Clause. — Il (l'adjudicataire) sera tenu de faire la démolition de toutes les constructions qui existent sur la demi-largeur des rues qui bordent ce 3ᵉ lot.

(Exproprié et démoli.)

52. — Rue Bonaparte, 22. (Anciennement rue des Petits-Augustins, 28.)

Vente par l'Administration des Hospices du 24 avril 1812. — Tavot et Blanchardin, adjudicataires. — M. Dussauce, propriétaire en 1881.

Clause. — Art. 15. — L'adjudicataire sera tenu, lors des reconstructions ou reconfortations, de livrer le terrain nécessaire pour l'élargissement de la rue et de se conformer à tous alignements et retranchements qui pourront lui être prescrits par le Conseil des bâtiments civils, sans pouvoir prétendre aucune indemnité.

Il est dit en outre, à l'article « Désignation » :

« Elle est susceptible d'un retranchement de 0^m.36 . . . . »

53. — Rue de Seine, 12.

Vente nationale du 25 frimaire an XII. — Larroque, adjudicataire. — M. Mulat, propriétaire en 1884.

Clause. — L'adjudicataire sera tenu de se conformer aux alignements qui lui seront donnés par la Commission des travaux publics, et de fournir, s'il y a lieu, le terrain nécessaire pour l'élargissement de la rue, sans pouvoir, pour raison de ce, répéter aucune indemnité.

(Propriété alignée. — Permission du 14 août 1835.)

54. — Rues de Seine et Mazarine. (Provenant du Prytanée de Saint-Cyr.)

Vente nationale du 13 mai 1808. — Champagne, adjudicataire.

Clause. — Attendu que la présente maison est sujette à un retranchement sur chacune de ses faces, savoir : sur la rue de Seine de 1^m,16 et sur la rue Mazarine de 1^m,32, l'adjudicataire ne pourra, en cas de vétusté, faire aux façades de ladite maison aucune réparation ni reconfortation qui puissent la consolider, mais il sera tenu de se conformer à l'alignement qui lui est prescrit, indiqué au plan par une ligne tracée en rouge foncé, et ce sans indemnité.

(Propriété acquise par la Ville de Paris en 1863 et démolie.)

55. — Rues de Seine, 9, et Mazarine, 4, 6, 8. (Provenant du Prytanée de Saint-Cyr.)

Vente nationale du 14 février 1807. — Blot, adjudicataire. — Mᵐᵉ Dupuis, propriétaire en 1884.

Clause. — Attendu que la présente maison est sujette à un retranchement, savoir : sur la rue de Seine, d'un mètre un centimètre, et sur la rue Mazarine, dans une partie, d'un mètre 39 centimètres, dans les autres de un mètre 53 centimètres et d'un mètre 88 centimètres, l'adjudicataire ne pourra, en cas de vétusté, faire à la façade de ladite maison, sur les rues de Seine et Mazarine, aucune réparation ni reconfortation qui puissent la consolider, mais il sera tenu de se conformer exactement à l'alignement qui lui est prescrit, indiqué aux plans par la teinte jaune, et ce sans pouvoir exiger aucune indemnité.

56. — Rue Mazarine, 30.

Vente nationale du 2 thermidor an XII. — Vᵉ Pruvret, adjudicataire. — M. Halloreau, propriétaire en 1884.

Clause. — L'adjudicataire sera tenu de se conformer aux charges d'usage, à tous alignements, redressements, et de fournir tout terrain nécessaire, s'il y a lieu, sans pouvoir prétendre aucune indemnité.

57. — Rue Mazarine, 13. (Provenant du Prytanée de Saint-Cyr.)

Vente nationale du 20 décembre 1806. — Huin, adjudicataire. — M. Bain, propriétaire en 1881.

Clause. — L'adjudicataire sera tenu de se conformer aux alignements et retranchements qui pourraient lui être prescrits par le Conseil des bâtiments civils, et ce sans pouvoir exiger aucune espèce d'indemnité.

(Aligné.)

58. — Rue Mazarine, 38.

Vente nationale du 23 germinal an VII. — N..., adjudicataire. — M. GRANDBARBE, propriétaire en 1884.

CLAUSE. — Il (l'adjudicataire) sera tenu de souffrir, s'il y a lieu et ce sans indemnité, tous alignements et retranchements qui pourraient lui être donnés par les Travaux publics.

---

59. — Rues Mazarine, entre les nᵒˢ **36, 38, et de Seine, 35 et 37.**

Vente nationale du 11 prairial an VII. — TRABUCHI, adjudicataire. — M. BOUCHI, propriétaire en 1884.

CLAUSE. — Ces extrémités sur lesdites rues (de Seine et Mazarine) sont sujettes à retranchement ; celle de la rue de Seine d'un demi-mètre, et celle sur la rue Mazarine, de 1ᵐ,20, suivant les alignements tracés sur les plans desdites rues ; en conséquence, l'adjudicataire de cette maison présentement vendue sera tenu de souffrir le retranchement nécessaire, quant il en sera requis et ce sans indemnité, conformément aux alignements arrêtés ou qui pourront l'être dans la suite par la Commission des travaux publics.

(L'extrémité sur la rue de Seine a été alignée en vertu d'une permission du 20 août 1838.)

---

60. — Rue du Cherche-Midi, 88, 90. (Anciennement rue du Petit-Vaugirard, nᵒ 2.)

Vente par l'Administration des Hospices du 24 septembre 1813. — MOREL, adjudicataire. — LA CONGRÉGATION DES LAZARISTES, propriétaire en 1878.

CLAUSE. — Art. 15. — L'adjudicataire sera tenu, lors des reconstructions ou reconfortations, de livrer le terrain nécessaire pour l'élargissement de la rue et de se conformer à tous alignements et retranchements qui pourront lui être prescrits par le Conseil des bâtiments civils sans pouvoir prétendre aucune indemnité.

' (Clause exécutée.)

---

61. — Rue des Poitevins, 9. (Anciennement 7.) (Provenant du Prytanée de Saint-Cyr.)

Vente nationale du 25 juillet 1807. — VASSEUR, adjudicataire. — M. GUÉRARD, propriétaire en 1878.

CLAUSE. — Attendu que la présente maison est sujette à un retranchement de 85 centimètres sur la rue, l'adjudicataire ne pourra faire à la face de ladite maison, aucune réparation ni reconfortation qui pourraient la consolider, mais il sera tenu d'abandonner à la voie publique le terrain nécessaire et indiqué au plan par une ligne rouge.

---

62. — Rue Pierre-Sarrazin, 7. (Anciennement 5.) (Provenant du Prytanée de Saint-Cyr.)

Vente nationale du 25 juillet 1807. — THÉBAUDAIS, adjudicataire. — M. LELEUX, propriétaire en 1878.

CLAUSE. — Attendu que la présente maison est sujette à un retranchement de 30 centimètres à gauche et de 25 centimètres à droite sur la rue, l'adjudicataire ne pourra faire à la face de la dite maison aucune réparation ni reconfortation qui pourraient la consolider, mais il sera tenu d'abandonner à la voie publique le terrain nécessaire et indiqué au plan par une ligne noire.

---

63. — Rue Pierre-Sarrazin, 9. (Anciennement 6.) (Provenant du Prytanée de Saint-Cyr.)

Vente nationale du 25 juillet 1807. — BROSSON, adjudicataire. — M. LELEUX, propriétaire en 1878.

CLAUSE. — Attendu que la présente maison est sujette à un retranchement de 25 centimètres à gauche et de 20 centimètres à droite, l'adjudicataire ne pourra faire à la face de la dite maison aucune réparation ni reconfortation qui pourraient la consolider, mais il sera tenu d'abandonner à la voie publique le terrain nécessaire et indiqué au plan par une ligne noire.

---

64. — Rue Pierre-Sarrazin, 11. (Ancien 7.) Provenant du Prytanée de Saint-Cyr.)

Vente nationale du 25 juillet 1807. — DUBAIS, adjudicataire. — Mᵐᵉ CLAVIER, propriétaire en 1818.

CLAUSE. — Attendu que la présente maison est sujette à un retranchement de 20 centimètres, l'adjudicataire ne pourra faire à la façade de la dite maison aucune réparation ni reconfortation qui pourraient la consolider, mais il sera tenu d'abandonner à la voie publique le terrain nécessaire et indiqué au plan par une ligne noire.

---

65. — Rues Servandoni, 2 (Anciennement rue des Fossoyeurs), **et Palatine.** (Provenant de la Fabrique de Saint-Sulpice.)

Échange du 18 messidor an VI, entre le DOMAINE NATIONAL et le citoyen PÉRON. — Mᵐᵉ MARTIN, propriétaire en 1885.

CLAUSE. — Le plan de Paris consulté, il a été reconnu, d'après les projets du Conseil des bâtiments civils, qu'une portion de la dite maison se trouvait être construite sur partie de l'emplacement de la rue projetée, et l'alignement de cette rue est indiqué sur le plan joint au dit procès-verbal d'estimation, l'un et l'autre ci-devant annexés, par une grosse ligne rouge AD, qui est parallèle au mur latéral de l'église ; par le même plan on a indiqué la portion de ladite maison, estimée pour fonds et superficie, par les limites lavées en rouge, et celles lavées en jaune sont les portions des bâtiments estimés pour la démolition seulement.

En conséquence, les citoyen et citoyenne Péron seront tenus de démolir à leurs frais toutes les parties de bâtiment lavées en jaune, mais tous les matériaux qui en proviendront leur appartiendront.

Ils seront aussi tenus de construire leur nouvelle clôture suivant les alignements indiqués ci-dessus, et qui leur seront donnés par les commissaires-voyers de cette commune, le tout à la première réquisition des autorités qui seront nommées pour l'exécution de la place et desdites rues adjacentes, sans pouvoir réclamer aucune indemnité pour les portions lavées en jaune au dit plan annexé.

Il en sera de même du retranchement que doit subir la face sur la rue des Fossoyeurs, qui est d'environ trois pieds, sur la longueur de ladite face ; les citoyen et citoyenne Péron ne pourront non plus réclamer aucune espèce d'indemnité lors de la reconstruction de cette face.

La face donnant sur le terrain vague, marqué sur ledit plan CD, ne pourra jouir d'aucun jour sur cette partie.

(Arrêté de sursis du 21 avril 1885 expirant le 31 décembre 1891.)

---

66. — Rue du Regard, 7.

Vente nationale du 21 frimaire an VII. — MOINET, adjudicataire. — M. ABET, propriétaire en 1884.

CLAUSE. — L'acquéreur sera tenu de souffrir, s'il y a lieu, tous alignements et retranchements qui pourront lui être donnés par les Travaux publics.

---

67. — Rue de Vaugirard, 78.

Vente nationale du 22 frimaire an XII. — MÉGEVAND, adjudicataire. — M. ROUARGUE, propriétaire en 1885.

CLAUSE. — L'adjudicataire sera tenu de se conformer, sans indemnité, aux alignements et retranchements qui lui seront indiqués et à première réquisition.

(Arrêté de sursis du 16 mai 1874.)

(Clause exécutée. — Délibération du Conseil municipal du 26 novembre 1886 approuvée par arrêté préfectoral du 10 janvier 1887.)

---

68. — Rue de Vaugirard, 76, à l'angle de la rue d'Assas, 30.

Vente nationale du 22 frimaire an XII. — MÉGEVAND, adjudicataire. — M. ROUARGUE, propriétaire en 1885.

CLAUSE. — L'adjudicataire sera tenu de se conformer sans indemnité aux alignements qui lui seront indiqués, et à première réquisition.

(Clause exécutée. — Délibération du Conseil municipal du 26 novembre 1886, approuvée par arrêté préfectoral du 10 janvier 1887.)

---

69. — Rue du Cherche-Midi, 23.

Vente nationale du 6 germinal an VI. — ALBERT, adjudicataire. — Mᵐᵉ BEAUVAIS, propriétaire en 1884.

CLAUSE. — L'adjudicataire sera tenu de se conformer, s'il y a lieu, aux alignements arrêtés par la Commission des travaux publics.

(Aligné.)

---

70. — Rue du Cherche-Midi, 25. (Ancien 23 bis.)

Vente nationale du 29 prairial an VI. — ALBERT, adjudicataire. — Mᵐᵉ BEAUVAIS, propriétaire en 1884.

CLAUSE. — Le dit acquéreur sera aussi tenu, lorsqu'il en sera requis, de se conformer, sans indemnité, aux alignements arrêtés ou qui pourront l'être dans la suite par la Commission des travaux publics.

---

71. — Rue du Cherche-Midi. (Entrée par le nᵒ 23.)

Vente nationale du 6 germinal an VI. — ALBERT, adjudicataire.

CLAUSE. — L'adjudicataire sera tenu de se conformer, s'il y a lieu, aux alignements arrêtés par la Commission des travaux publics.

---

72. — Rue du Cherche-Midi. (Entrée par le n° 23.)

Vente nationale du 8 fructidor an VIII. — N..., adjudicataire.

CLAUSE. — L'acquéreur se conformera du reste, et sans indemnité, à tous alignements et retranchements qui pourront être arrêtés par les Travaux publics.

---

73. — Rues d'Assas, 1, 3, 5, 7, 9, 2, 4, 6, et du Cherche-Midi, 25 *bis*, 27, 29.

Vente nationale du 15 brumaire an V. — DUCHESNE, adjudicataire.

CLAUSE. — L'acquéreur sera tenu de donner le terrain nécessaire pour l'ouverture des deux rues projetées, ainsi que le tout est indiqué sur le plan, attendu que le terrain ne fait pas partie de la présente vente.

(L'une de ces rues est le prolongement de la partie de la rue d'Assas aboutissant à la rue de Vaugirard, percée sur l'ancien couvent des Carmes ; ce prolongement a été réalisé.

L'autre qui devait partir de la rue du Cherche-Midi, au débouché de la rue d'Assas, pour aboutir en face du portail de Saint-Sulpice, n'a pas été exécutée.

Cette dernière ne devait enlever qu'une minime partie de la propriété rue du Cherche-Midi.)

---

74. — Rues de Vaugirard, 70, 70 *bis*, 84, 88, et d'Assas, 12, 14, 16, 18, 20, 22, 24, 26, 28, 11, 13, 15, 17, 21, 23, 25, 27, 29. (Provenant du Couvent des Carmes-Déchaussés.)

Vente nationale du 21 thermidor an V. — POUSSON, adjudicataire.

CLAUSE. — L'adjudicataire sera tenu de supporter l'ouverture et le percement nécessaires à la formation d'une place demi-circulaire et des rues qui pourraient avoir lieu dans l'étendue du domaine présentement mis en vente, sans pouvoir prétendre contre la République venderesse aucune indemnité, compensation, ni diminution pour cet objet.

Ce domaine devait être vendu en deux lots, teintés en jaune et en rose sur le plan joint au procès-verbal de l'expert ; sur le premier lot figure une rue partant de la rue de Vaugirard, aboutissant à la rue du Cherche-Midi, et exécutée depuis sous le nom de rue d'Assas. Par diverses délibérations des 18 janvier et 21 juin 1856, 11 août 1858, 1er avril 1859 et 13 juin 1862, provoquées par des propriétaires de cette rue, le Conseil municipal a déclaré que le percement grevant le premier lot avait reçu son exécution.

Sur le deuxième lot, teinté en rose, était tracée une rue partant du même point que la précédente et devant aboutir au carrefour de la Croix-Rouge.

Le décret du 26 avril 1849, qui a autorisé Mᵍʳ Affre à faire l'acquisition du Couvent des Carmes, a maintenu la réserve insérée dans le procès-verbal d'adjudication du 21 thermidor an V.

Par une lettre du 4 octobre 1853, M. le Préfet a informé l'archevêque de Paris que l'Administration municipale ne pourrait renoncer au bénéfice de cette clause.

(La Ville a renoncé au bénéfice de la clause, par un contrat en date du 27 novembre 1867. — Vente par la Ville de Paris, au diocèse de Paris, de partie de l'ancienne place d'Assas.)

---

75. — Rue Cassette, 16. (Ancien.)

Vente par l'Administration des Hospices du 23 avril 1813. — MIGNON, adjudicataire. — LES HÉRITIERS LEGAS, expropriés suivant jugement du 8 décembre 1866.

CLAUSE. — Art. 15. — L'adjudicataire sera tenu, lors des reconstructions ou reconfortations, de livrer le terrain nécessaire pour l'élargissement de la rue et de se conformer à tous alignements et retranchements qui pourront lui être prescrits par le Conseil des bâtiments civils, sans pouvoir prétendre aucune indemnité.

Il est dit, en outre, dans l'article « Désignation » :

« Cette maison est susceptible d'un retranchement de 0ᵐ,16. »
(Démoli pour le percement de la rue de Rennes.)

---

76. — Rue Cassette, 8, 10. (Anciennement 18, 20, 22.) (Provenant des Bénédictins du Saint-Sacrement.)

Vente nationale du 14 fructidor an IV. — HENNION et JOCNSEUIL, adjudicataire.

CLAUSE. — ... Fournir le terrain nécessaire à l'ouverture de la nouvelle rue, le tout sans indemnité.

(La rue projetée n'est point indiquée sur le plan annexé à l'acte de vente. Le plan de la Commission des artistes en indique deux, l'une partant de la rue du Cherche-Midi, près la rue d'Assas, pour arriver dans l'axe de l'église Saint-Sulpice ; l'autre allant de la rue de Vaugirard au carrefour de la Croix-Rouge, parallèlement à la rue Cassette.)

---

77. — Rue Cassette, 12. (Ancien 24.) (Provenant des Religieuses du Saint-Sacrement.)

Vente nationale du 27 prairial an IV. — AVRIL, adjudicataire.

CLAUSE. — L'adjudicataire sera tenu, à première réquisition de l'Administration des travaux publics, de fournir le terrain nécessaire pour le percement d'une rue de dix mètres de largeur, et même, s'il y a lieu, de douze mètres, dans la partie de son terrain indiquée sur le plan annexé au procès-verbal d'estimation des experts, et ce sans pouvoir exiger aucune indemnité. En conséquence, et conformément à la demande faite dans le dit procès-verbal, par le citoyen Saget, commissaire du Directoire exécutif, l'adjudicataire ne pourra faire établir sur ledit terrain, destiné au percement de la rue aucune construction qui puisse retarder l'exécution de ladite rue, dès que son ouverture sera dans le cas d'être effectuée.

(La rue dont il s'agit, parallèle à la rue Cassette, devait partir de la rue de Vaugirard pour aboutir au carrefour de la Croix-Rouge.)

---

78. — Rue du Vieux-Colombier, 6, 8. (Provenant des Religieuses de la Mission.)

Vente nationale du 8 thermidor an IV. — DE MONTALEAU, adjudicataire.

CLAUSE. — A la charge par l'acquéreur de fournir le terrain nécessaire pour le percement d'une nouvelle rue, et pour l'élargissement de celle du Vieux-Colombier, et ce sans avoir à prétendre d'indemnité de la République venderesse.

(Exproprié par la Ville et démoli. — Le terrain restant a été revendu, sans clause, en 1868, par la société Thome.)

---

79. — Rue du Vieux-Colombier, 17. (Ancien 25.)

Vente par l'Administration des Hospices du 7 août 1812. — MOUSELER, adjudicataire. — LES HÉRITIERS VALLOT, propriétaires en 1884.

CLAUSE. — Art. 15. — L'adjudicataire sera tenu, lors des reconstructions ou reconfortations, de livrer le terrain nécessaire pour l'élargissement de la rue et de se conformer à tous alignements et retranchements qui pourront lui être prescrits par le Conseil des bâtiments civils, sans pouvoir prétendre aucune indemnité.

(Propriété alignée.)

---

80. — Rue du Vieux-Colombier, 26. (Ancien 28.)

Vente par l'Administration des Hospices du 25 juillet 1807. — DELAMARRE, adjudicataire.

CLAUSE. — Art. 15. — L'adjudicataire sera tenu, lors des reconstructions ou reconfortations, de livrer le terrain nécessaire pour l'élargissement de la rue et de se conformer à tous alignements et retranchements qui pourront lui être prescrits par le Conseil des bâtiments civils, sans pouvoir prétendre aucune indemnité.

(Exproprié et démoli.)

---

81. — Rue du Vieux-Colombier, 28. (Ancien 30.)

Vente par l'Administration des Hospices du 25 juillet 1807. — DELAMARRE, adjudicataire.

CLAUSE. — Art. 15. — L'adjudicataire sera tenu, lors des reconstructions ou reconfortations, de livrer le terrain nécessaire pour l'élargissement de la rue et de se conformer à tous alignements et retranchements qui pourront lui être prescrits par le Conseil des bâtiments civils, sans pouvoir prétendre aucune indemnité.

(Exproprié et démoli.)

---

82. — Rue du Vieux-Colombier, 30 (Actuel). (32 ancien.)

Vente par l'Administration des Hospices du 14 mai 1813. — NANTIER, adjudicataire.

CLAUSE. — Art. 15. — L'adjudicataire sera tenu, lors des reconstructions ou reconfortations, de livrer le terrain nécessaire pour l'élargissement de la rue et de se conformer à tous alignements et retranchements qui pourront lui être prescrits par le Conseil des bâtiments civils, sans pouvoir prétendre aucune indemnité.

Il est dit en outre à l'article « Désignation » :

« Elle est sujette à un retranchement de 0ᵐ,56, mesures réduites. »
(Exproprié et démoli.)

---

83. — Rue du Vieux-Colombier, 32 *bis* (Ancien). (32 actuel.)

Vente par l'Administration des Hospices du 26 mars 1813. — RONGER, adjudicataire.

CLAUSE. — Art. 15. — L'adjudicataire sera tenu, lors des reconstructions ou reconfortations, de livrer le terrain nécessaire pour l'élargissement de la rue et de se conformer à tous alignements et retranchements qui pourront lui être prescrits par le Conseil des bâtiments civils, sans pouvoir prétendre aucune indemnité.

Il est dit en outre, à l'article « Désignation » :

« Cette maison est sujette à un retranchement d'environ soixante-quinze centimètres. »
(Exproprié et démoli.)

84. — Rue Carpentier, 5.

Vente nationale du 28 thermidor an V. — Godefroy, adjudicataire. — M. Perdreau, propriétaire en 1884.

Clause. — L'adjudicataire sera tenu de fournir, sans aucun recours en indemnité contre la République venderesse, le terrain nécessaire à l'élargissement de la rue, lorsqu'il reconstruira ou reconfortera sa maison.

---

85. — Rue Madame, 16. (Anciennement rue du Gindre, 6.)

Vente par l'Administration des Hospices du 25 juillet 1807. — Sanrejouand, adjudicataire. — M. Dallé, propriétaire en 1884.

Clause. — Art. 15. — L'adjudicataire sera tenu lors des reconstructions ou reconfortations, de livrer le terrain nécessaire pour l'élargissement de la rue, et de se conformer à tous alignements et retranchements qui pourront lui être prescrits par le Conseil des bâtiments civils, sans pouvoir prétendre aucune indemnité.

---

86. — Rue Madame, 38. (Ancien 12.) (A l'angle de la rue Honoré-Chevalier.) (Provenant du Noviciat des Jésuites.) (Cinquième lot.)

Vente nationale du 12 frimaire an V. — Sauvageot, adjudicataire. — M. Bouiller, propriétaire en 1884.

Clause. — Il (l'adjudicataire) sera également tenu de souffrir, à la première réquisition qui lui en sera faite, le percement d'une nouvelle rue qui pourra être ordonnée par le Gouvernement, et dont la prolongation aurait lieu sur ledit terrain sans pouvoir prétendre pour cela à aucune espèce d'indemnité pour les légumes et arbres qui se trouveraient dans l'alignement, ainsi que pour le terrain nécessaire au percement de ladite rue.

(Ce percement a été exécuté en 1824.)

---

87. — Rues Madame, 26, 28, 30, 32, 34, 36, et de Mézières, 7. (Quatrième lot de l'ancien Noviciat des Jésuites.)

Vente nationale du 21 fructidor an V. — Simon Paul, adjudicataire. — Mme de Marcilly, propriétaire en 1884 du n° 28.

Clause. — L'adjudicataire du présent lot fera à ses frais, au droit de soi, la démolition de tous bâtiments et murs existant sur l'emplacement de ladite rue projetée, et jouira provisoirement, sans indemnité ni charges de location, de la moitié de la largeur de ladite rue, pour ce qu'il en aura vis-à-vis son lot, à la charge de livrer à la voie publique, à la première réquisition, ledit emplacement de rue, et ce sans indemnité de terrain, plantations, constructions et embellissements qu'il aurait plu audit adjudicataire de faire en attendant la délivrance du sol de ladite rue.

(Ce percement a reçu son exécution en 1834.)

---

88. — Rue Madame 23 à 33. (A l'angle des rues de Mézières et Honoré-Chevalier.) (1er, 2e et 3e lots de l'ancienne maison du noviciat des Jésuites.)

Vente nationale du 18 fructidor an V. — Mme Vve Rousseau (23), Vve Gillot et M. Navet (25), Vve de Guyon (27), Vve Laurence (29), Vinckndon (33), et M. Renard (31), propriétaires en 1884.

Clause. — L'adjudicataire de l'ensemble de ces trois lots jouira, sans redevance de loyers ni autres, excepté l'impôt foncier, de la moitié de la largeur de la rue projetée jusqu'à ce que cette rue soit exécutée.

Alors, ledit adjudicataire sera obligé de livrer à la voie publique cette demi-largeur de rue, sans indemnité des constructions, plantations ou embellissements qu'il aurait pu faire sur icelle, et sans être astreint aux délais ordinaires de congé.

Il sera assujetti aux usages de Paris, à la face de son terrain sur la rue projetée, tels que pavage. . . . . . . etc., après quoi l'entretien de ladite rue deviendra à la charge de la commune.

(Ce percement a été exécuté en 1824.)

---

89. — Rue Princesse, 3.

Vente par l'Administration des Hospices du 23 octobre 1812. — Leclerc, adjudicataire, Mme Vve Barthe, propriétaire en 1884.

Clause. — Art. 15. — L'adjudicataire sera tenu, lors des reconstructions ou reconfortations, de livrer le terrain nécessaire pour l'élargissement de la rue et de se conformer à tous alignements et retranchements qui pourront lui être prescrits par le Conseil des bâtiments civils, sans pouvoir prétendre aucune indemnité.

Il est dit, en outre, à l'article « Désignation » :

« Elle est sujette à un retranchement de 0^m32. »

---

90. — Rue des Canettes, 23, 25.

Vente nationale du 29 floréal an VIII. — Villain, adjudicataire. — M. le baron Trénard, propriétaire en 1884.

Clause. — L'adjudicataire sera tenu, dès qu'il en sera requis, de se conformer aux alignements arrêtés par la Commission des travaux publics, et ce sans indemnité.

(Alignement exécuté.)

---

91. — Rue des Canettes, 20. (Provenant de l'émigré Tersac.)

Vente nationale du 11 thermidor an V. — Rousseau, adjudicataire. — MM. Victor et Auguste Vincent et Houette de la Chesnais, propriétaires en 1884.

Clause. — L'adjudicataire sera tenu de se conformer aux alignements.

---

92. — Rue Guisarde, 9. *(Partie.)*

Vente nationale du 29 prairial an VI. — Estienne, adjudicataire. — Mme Gérard et M. Lamarc, propriétaires en 1884.

Clause. — Il (l'adjudicataire) sera également tenu, dès qu'il en sera requis, de se conformer aux alignements arrêtés par la Commission des travaux publics, et ce sans indemnité.

(Reconstruit en vertu d'une permission du 17 mars 1847. — Le terrain n'a pas été payé.)

(Clause exécutée.)

---

93. — Rue Guisarde, 11.

Vente nationale du 11 floréal an VI. — Salmon, adjudicataire. — Mme Devin, propriétaire en 1884.

Clause. — Il (l'adjudicataire) sera aussi tenu de se conformer aux alignements, s'il y a lieu, qui pourraient lui être donnés par les Travaux publics, et ce sans indemnité.

---

94. — Rue Guisarde, 19. (Provenant de l'émigré Tersac.)

Vente nationale du 2 thermidor an XII. — Martin et Mlle Jouqiemme, adjudicataires. — M. le baron Trénard, propriétaire en 1884.

Clause. — L'adjudicataire sera tenu de se conformer aux charges d'usage, à tous alignements, redressements, et de fournir le terrain nécessaire, s'il y a lieu, sans pouvoir prétendre aucune indemnité. (Extrait de l'acte domanial.)

(Clause exécutée.)

---

95. — Rue de Vaugirard, 75. (Ancien 93.)

Vente nationale du 7 germinal an VII. — N..., adjudicataire. — M. Rozier, propriétaire en 1876.

Clause. — L'acquéreur du présent domaine sera tenu de se conformer aux alignements arrêtés, ou qui pourront l'être, dans la suite, par la Commission des travaux publics, lorsqu'il en sera requis, et ce sans indemnité. (Extrait d'un arrêté préfectoral du 17 juillet 1869.)

(Une délibération du Conseil municipal du 5 novembre 1869 a classé cette clause dans la 6e catégorie des réserves domaniales « comme étant désormais sans objet en ce qui concerne l'immeuble n° 93 ».)

---

96. — Quai des Grands-Augustins, 31. (Bien d'émigré.)

Vente nationale des 13 et 25 germinal an VI. — Delorme, adjudicataire. — Mme V Maitre-Devalon, propriétaire en 1879.

Clause. — L'adjudicataire sera tenu, dès qu'il en sera requis, de se conforme aux alignements arrêtés par la Commission des travaux publics, et notamment à l'alignement des maisons du quai, et ce sans indemnité.

(Arrêtés de sursis des 15 février 1860, 16 mai 1874 et 21 juillet 1882.)

---

97. — Rue Dauphine, 39. (Anciennement rue de Thionville.) (Dotation de la Légion d'honneur.)

Vente nationale du 8 novembre 1806. — Chabanne, adjudicataire. — Mme Vve Miserolle et Mlle Coutrux, propriétaires en 1880.

Clause. — Ledit adjudicataire sera en outre tenu de se conformer aux alignements ou retranchements qui pourront lui être prescrits par le Conseil des bâtiments civils, et ce sans indemnité.

---

98. — Rue Dauphine, 41. (Anciennement rue de Thionville.)

Vente nationale du 21 thermidor an VI. — Benoist, Audrié et Tournez, adjudicataires. — M. Lasson, propriétaire en 1877.

Clause. — Les adjudicataires seront tenus de se conformer, quand ils en seront requis et ce sans indemnité, aux alignements arrêtés ou qui pourraient l'être par la Commission des travaux publics.

(Arrêtés de sursis des 8 novembre 1875 et 10 juillet 1882.)

---

99. — Rue des Quatre-Vents, 22. (Bien d'émigré.)

Vente nationale du 7 floréal an VI. — Charon, adjudicataire. — M. Justz, propriétaire en 1879.

Clause. — L'adjudicataire sera tenu de se conformer, s'il y a lieu, quand il en sera requis et ce sans indemnité, aux alignements arrêtés ou qui pourront l'être par la Commission des travaux publics.

100. — **Rue du Vieux-Colombier, 4.**

M. Picard, propriétaire en 1880. — Même origine que le n° 104.

---

101. — **Rues du Vieux-Colombier, 2, et Bonaparte, 72** *bis*.

M. Maro, propriétaire en 1880. — Même origine que le n° 104.

---

102. — **Rue Bonaparte, 70.**

M⁻ᵉ de Scilla, propriétaire en 1880. — Même origine que le n° 104.

---

103. — **Rue Bonaparte, 70** *bis*.

Mᵐᵉ Vᵛᵉ Husson, propriétaire en 1880. — Même origine que le n° 104.

---

104. — **Rue Bonaparte, 72.** (2ᵐᵉ lot du Domaine national appelé Académie de Vendeuil.)

Vente nationale du 11 messidor an VI. — Olry, adjudicataire. — M. Faivre, propriétaire en 1880.

Clause. — L'adjudicataire livrera, pour l'élargissement de la rue actuelle du Vieux-Colombier, le terrain prescrit pour les alignements et sans indemnité, et ce lorsqu'il reconstruira ou reconfortera les bâtiments actuels sur ladite rue.
(Clause exécutée.)

---

105. — **Rues Monsieur-le-Prince, 5, et Dupuytren, 10.**

Vente par l'Administration des Hospices du 2 octobre 1812. — Vialay, adjudicataire. — M. Anière, propriétaire en 1880.

Clause. — Art. 15. — L'adjudicataire sera tenu, lors des reconstructions ou reconfortations, de livrer le terrain nécessaire pour l'élargissement de la rue et de se conformer à tous alignements et retranchements qui pourront lui être prescrits par le Conseil des bâtiments civils, sans pouvoir prétendre aucune indemnité.

---

106. — **Rue des Quatre-Vents, 17.**

Vente nationale du 6 mai 1808. — Lande, adjudicataire. — Mᵐᵉˢ Morat et Lheureux, propriétaires en 1885.

Clause. — Attendu que la présente maison est sujette à un retranchement d'environ 0ᵐ,30 indiqué au plan par une ligne tracée en rouge foncé, l'adjudicataire ne pourra faire à la façade de ladite maison aucune reconstruction ni reconfortation qui puissent la consolider, mais il sera tenu de se conformer à l'alignement qui lui est prescrit, et ce sans pouvoir exiger aucune indemnité.
(Aligné.)

---

107. — **Cul-de-sac du Paon, 5.** (Provenant du Prytanée de Saint-Cyr.)

Vente nationale du 2 mai 1807. — Montigny, adjudicataire. — École de Médecine (1882).

Clause. — Attendu que la présente maison est sujette à un retranchement d'un côté seulement de 90 centimètres environ, l'adjudicataire ne pourra, en cas de vétusté, faire à la façade aucune reconstruction ni reconfortation qui puissent la consolider, mais il sera tenu de se conformer à l'alignement prescrit et indiqué par une ligne tracée en rouge au plan.
(Exproprié et démoli pour l'agrandissement de l'École de Médecine.)

---

108. — **Rue de l'École-de-Médecine** (Provenant du Prytanée de Saint-Cyr.)

Vente nationale du 27 avril 1810. — Thouret, adjudicataire. — École de Médecine (1882).

Clause. — L'adjudicataire sera tenu, en cas de reconstruction ou de reconfortation, de se conformer aux alignements et retranchements qui lui seront prescrits, et ce sans pouvoir réclamer aucune indemnité.
(Exproprié et démoli pour l'agrandissement de l'École de Médecine.)

---

109. — **Rue du Jardinet, 4.** (Provenant du Prytanée de Saint-Cyr.)

Vente nationale du 18 juillet 1807. — Le Prison, adjudicataire.

Clause. — Attendu que la présente maison doit éprouver un retranchement dans la longueur de sa façade sur la rue de un mètre cinquante, l'adjudicataire ne pourra, en cas de vétusté, faire à ladite façade aucune réparation ni reconfortation qui puissent la consolider, mais il sera tenu de se conformer à l'alignement prescrit et indiqué au plan par une ligne tracée en rouge, et ce sans pouvoir exiger aucune indemnité.
(Exproprié en 1875 et démoli.)

---

110. — **Rues du Jardinet, 2, et Mignon.** (Provenant du Prytanée de Saint-Cyr.)

Vente nationale du 29 août 1807. — Dumotier, adjudicataire.

Clause. — Attendu que la maison présentement mise en vente est sujette à un reculement, savoir sur la rue Mignon de 2 m. et sur celle du Jardinet de 1ᵐ,60 indiqué au plan par les lignes tracées en rouge, l'adjudicataire ne pourra, en cas de vétusté, faire aux dites façades aucune réparation ni reconfortation qui puissent les consolider, mais il sera tenu de se conformer à l'alignement prescrit et d'abandonner à la voie publique le terrain nécessaire, sans pouvoir exiger aucune indemnité.
(Exproprié et démoli.)

---

111. — **Rue Servandoni, 4.** (Anciennement rue des Fossoyeurs.) (Provenant de la Fabrique de Saint-Sulpice.)

Vente nationale du 14 messidor an V. — Lallart, adjudicataire. — M. Fiaux, propriétaire en 1881.

Clause. — La cour qui dépendra de la maison, présentement mise en vente, ne s'étendra que jusqu'à la limite de la nouvelle place qui doit exister au-devant et sur les côtés latéraux du portique de l'Église de Saint-Sulpice, laquelle limite a été provisoirement fixée à l'alignement de l'édifice, formant le retour du Presbytère, du côté opposé de ladite Église, pour quoi l'adjudicataire sera tenu, avant d'établir aucune construction ni mur de clôture, dans cette partie, de faire définitivement déterminer cette limite par l'Administration des travaux publics du Ministère de l'Intérieur.
(Clause sans objet, l'alignement exécuté n'atteint pas l'immeuble.)

---

112. — **Rues de Vaugirard, 50, et Férou, 10.** (Angle.) (Bien d'émigré.)

Vente nationale du 27 décembre 1806. — Duvey, adjudicataire. — La Ville de Paris, propriétaire en 1886.

Clause. — Attendu que la présente maison est sujette à éprouver sur ses deux faces, rues de Vaugirard et Férou, un retranchement indiqué au plan par une ligne rouge B A C, l'adjudicataire ne pourra, en cas de vétusté, faire aux dites aucune reconstruction ni reconfortation qui puissent la consolider, mais il sera tenu de se conformer exactement à l'alignement qui lui est prescrit, et ce sans pouvoir exiger aucune indemnité.

---

113. — **Rue de Tournon, 9.** (Provenant de la succession de Sens.)

Vente nationale du 21 floréal an XIII. — Cazarin, adjudicataire. — Les Héritiers Gouproy, propriétaires en 1872.

Clause. — L'adjudicataire sera tenu de se conformer, et ce sans indemnité, aux alignements, retranchements ou redressements qui pourront lui être ordonnés par le Conseil des bâtiments civils.

---

114. — **Rues du Cherche-Midi, 64, et de l'Abbé-Grégoire, 17.** (Angle.) (Anciennement rue des Missions, plus anciennement rue Saint-Maur.)

Vente nationale du 25 brumaire an VI. — Lemeilleur, adjudicataire. — M. Rouard, propriétaire en 1881.

Clause. — L'adjudicataire sera tenu, dès qu'il en sera requis, de se conformer aux alignements arrêtés par la Commission des travaux publics.
(Arrêté de sursis du 18 mai 1878.)

---

115. — **Rue du Cherche-Midi, 55.** Anciennement rue des Vieilles-Thuileries, 19.

Vente par l'Administration des Hospices du 17 décembre 1813. — Les héritiers Sevaux, adjudicataires. — Mᵐᵉ Vᵛᵉ Schwesin, propriétaire en 1881.

Clause. — Art. 15. — L'adjudicataire sera tenu, lors des reconstructions ou reconfortations, de livrer le terrain nécessaire pour l'élargissement de la rue et de se conformer à tous alignements et retranchements qui pourront lui être prescrits par le Conseil des bâtiments civils, sans pouvoir prétendre aucune indemnité.
(Propriété alignée.)

---

116. — **Rue du Regard, 6.**

Vente par l'Administration des Hospices du 16 juillet 1813. — Lemot, adjudicataire. — Mᵐᵉ Vᵛᵉ Lefèvre, propriétaire en 1881.

Clause. — Art. 15. — L'adjudicataire sera tenu, lors des reconstructions ou reconfortations, de livrer le terrain nécessaire pour l'élargissement de la rue et de se conformer à tous alignements et retranchements qui pourront lui être prescrits par le Conseil des bâtiments civils, sans pouvoir prétendre aucune indemnité.

117. — Rue du Regard, 20. (Ancien 22.)

Vente par l'Administration des Hospices du 4 mars 1814. — Touzet, adjudicataire.

Clause. — Art. 15. — L'adjudicataire, sera tenu, lors des reconstructions ou reconfortations, de livrer le terrain nécessaire pour l'élargissement de la rue et de se conformer à tous alignements et retranchements qui pourront lui être prescrits par le Conseil des bâtiments civils, sans pouvoir prétendre aucune indemnité.

(Propriété alignée.)

118. — Rue Dupuytren, 5.

Vente par l'Administration des Hospices du 13 janvier 1815. — Pinteux, adjudicataire. — MM. Clin et Grison, propriétaires en 1881.

Clause. — Art. 15. — L'adjudicataire sera tenu, lors des reconstructions ou reconfortations, de livrer le terrain nécessaire pour l'élargissement de la rue et de se conformer à tous alignements et retranchements qui pourront lui être prescrits par le Conseil des bâtiments civils, sans pouvoir prétendre à aucune indemnité.

119. — Rue de Vaugirard, 77. *(Partie.)* (Ancien 73.)

Vente nationale du 31 janvier 1812. — M*** Grault, adjudicataire. — M** de Gars de Courcelles, propriétaire en 1886.

Clause. — La présente maison étant sujette à un retranchement d'un mètre quarante centimètres (ou quatre pieds quatre pouces, ancienne mesure) sur la rue de Vaugirard, l'adjudicataire d'icelle sera tenu, en cas de reconstruction ou reconfortation de la façade, de se conformer audit alignement et tel qu'il est indiqué au plan par une teinte rouge, et ce sans pouvoir prétendre à aucune indemnité.

120. — Rue d'Assas, 104 à 138, et avenue de l'Observatoire. (Provenant des Chartreux.)

Vente nationale du 21 messidor an VI. — Hardy, adjudicataire. — MM. Tassu (n° 114) Larmereau (n° 130) et la Société de l'École Alsacienne (n° 128), propriétaires pour partie en 1884.

Clause. — L'acquéreur sera tenu de se conformer, s'il y a lieu, aux retranchements ou alignements qui pourraient lui être donnés par les Travaux publics, ce sans indemnité.

(Aligné.)

121. — Rue Notre-Dame des Champs, 115 à 125.

Vente nationale du 28 décembre 1790. — Dumoa, adjudicataire. — La Société de l'École Alsacienne (n° 115), et M. Labastrre (n° 117), propriétaires pour partie en 1880.

Clause. — Ledit terrain contient en superficie deux arpents et quatorze toises ou environ . . . . déduction faite d'un retranchement à subir par la suite pour l'élargissement de la rue, laquelle doit avoir trente-six pieds dans cette partie, à compter du mud d'un mur qui fait face audit terrain, lequel retranchement est tracé en rouge sur le plan annexé au rapport fait par les experts.

(Aligné.)

122. — Rue Notre-Dame-des-Champs, 105, 107, 107 *bis*, 109 et 111. (Provenant des Chartreux.)

Vente nationale du 28 décembre 1790. — V° Deuchon, adjudicataire. — M. Binot (n° 107 *bis*), et la Société de l'École Alsacienne, propriétaires pour partie en 1880.

Clause. — Ledit terrain contient en superficie deux arpents vingt perches ou environ . . . . . le tout mesuré suivant la nouvelle ligne de clôture à observer du côté du nord, et les alignements à suivre par la suite pour la formation de la rue, lesquels alignements et nouvelle clôture sont tracés en rouge sur le plan annexé au rapport fait par les experts.

(Aligné.)

123. — Rue de Fleurus, 30 *présumé.* (Provenant du Domaine de Monsieur.)

Vente nationale du 12 fructidor an IV. — Faureau-Latoua, adjudicataire. — M. Maillet, propriétaire en 1880.

(Propriété alignée.)

124. — Rue d'Assas, 158, et rue Dugay-Trouin, 1. Anciennement rue de Thimerai. (Provenant de l'émigré Louis de Bourbon.)

Vente nationale du 18 avril 1807. — Cabirax, adjudicataire. — M** Defumade, propriétaire en 1882.

Clause. — L'adjudicataire sera tenu de se conformer, et ce sans indemnité, à tous les alignements qui pourront lui être réclamés par la Commission des travaux publics, pour opérer l'ouverture de la rue projetée, comme aussi de faire paver à ses frais la moitié de ladite rue dans toute la largeur qui se trouvera au droit dudit terrain, par l'entrepreneur du pavé de Paris.

(Clause exécutée.)

125. — Rue du Regard, 10.

Vente par l'Administration des Hospices du 27 décembre 1811. — Desbrieux, adjudicataire. — M. Boieldieu, propriétaire en 1881.

Clause. — Art. 15. — L'adjudicataire sera tenu, lors des reconstructions ou reconfortations, de livrer le terrain nécessaire pour l'élargissement de la rue et de se conformer à tous alignements et retranchements qui pourront lui être prescrits par le Conseil des bâtiments civils, sans pouvoir prétendre aucune indemnité.

(Aligné.)

126. — Rue du Cherche-Midi, 74. (Anciennement rue des Vieilles-Thuileries, 32.)

Vente par l'Administration des Hospices du 28 février 1812. — Fontaine, adjudicataire. — Les héritiers Ledours, propriétaires en 1881.

Clause. — Art. 15. — L'adjudicataire sera tenu, lors des reconstructions ou reconfortations, de livrer le terrain nécessaire pour l'élargissement de la rue et de se conformer à tous alignements et retranchements qui pourront lui être prescrits par le Conseil des bâtiments publics, sans pouvoir prétendre aucune indemnité.

(Aligné en partie.)

127. — Rue de Sèvres, 91. (Ancien 95.)

Vente par l'Administration des Hospices du 10 mai 1811. — Poncet, adjudicataire. — M** Gonin, propriétaire en 1881.

Clause. — Art. 15. — L'adjudicataire sera tenu, lors des reconstructions ou reconfortations, de livrer le terrain nécessaire pour l'élargissement de la rue et de se conformer à tous alignements et retranchements qui pourront lui être prescrits par le Conseil des bâtiments civils, sans pouvoir prétendre aucune indemnité.

128. — Rue de Sèvres, 105, 107.

Vente par l'Administration des Hospices du 27 septembre 1811. — Grosjean, adjudicataire. — M. Grosjean, propriétaire en 1881.

Clause. — Art. 15. — L'adjudicataire sera tenu, lors des reconstructions ou reconfortations, de livrer le terrain nécessaire pour l'élargissement de la rue et de se conformer à tous alignements et retranchements qui pourront lui être prescrits par le Conseil des bâtiments civils, sans pouvoir prétendre aucune indemnité.

129. — Rue Madame, 22. (Anciennement rue du Gindre, 12.)

Vente par l'Administration des Hospices du 11 avril 1807. — Sanejouand, adjudicataire. — M. Evez, propriétaire en 1882.

Clause. — Art. 15. — L'adjudicataire sera tenu, lors des reconstructions ou reconfortations, de livrer le terrain nécessaire pour l'élargissement de la rue et de se conformer à tous alignements et retranchements qui pourront lui être prescrits par le Conseil des bâtiments civils, sans pouvoir prétendre aucune indemnité.

130. — Rue Servandoni, 6. (Ancien 8.)

Vente par l'Administration des Hospices du 10 avril 1812. — Louis, adjudicataire. — M. Fauvage, propriétaire en 1881.

Clause. — Art. 15. — L'adjudicataire sera tenu, lors des reconstructions ou reconfortations, de livrer le terrain nécessaire pour l'élargissement de la rue et de se conformer à tous alignements et retranchements qui pourront lui être prescrits par le Conseil des bâtiments civils, sans pouvoir prétendre aucune indemnité.

131. — Rues Servandoni, 8, et Férou.

Acte administratif du 16 novembre 1811. Vente par Laforge à la Ville de Paris. — M. Beauchêne, propriétaire en 1881.

Extrait....... Les sieur et dame Laforge déclarent aussi se soumettre, pour eux et leurs ayants cause, à construire et ériger à leurs frais, dans la partie de l'autre maison qu'ils conservent et qui est destinée à avoir face sur la rue Servandoni, la façade régulière ordonnée par décision de S. E. le Ministre de l'Intérieur du 20 décembre 1810, et ce en la largeur de D en F, pour séparer les portions qu'ils aliènent d'avec celles qu'ils conservent, tracée ou plutôt indiquée sur le plan annexé au procès-verbal d'estimation, et d'après les alignements qui en seront donnés. Cette partie de façade ne pourra être exigée, néanmoins par l'Administration, *qu'à l'époque où elle fera exécuter le surplus de cette façade* dans la partie vendue à la Ville par les sieur et dame Laforge.

132. Boulevard Saint-Germain, 87. (Anciennement rue de l'École de Médecine, 23.)

Vente par l'Administration des Hospices du 11 octobre 1811. — Binoit, adjudicataire. — M. Mas, propriétaire en 1881.

Clause. — Art. 15. — L'adjudicataire sera tenu, lors des reconstructions ou reconfortations, de livrer le terrain nécessaire pour l'élargissement de la rue et de se conformer à tous alignements et retranchements qui pourront lui être prescrits par le Conseil des bâtiments civils, sans pouvoir prétendre aucune indemnité.

---

133. Boulevard Saint-Germain, 87 (Anciennement rue de l'École-de-Médecine, 21), et rue Dupuytren, 2. (Angle.)

Vente par l'Administration des Hospices du 26 juin 1812. — Briand, adjudicataire. — M. Mas, propriétaire en 1881.

Clause. — Art. 15. — L'adjudicataire sera tenu, lors des reconstructions ou reconfortations, de livrer le terrain nécessaire pour l'élargissement de la rue et de se conformer à tous alignements et retranchements qui pourront lui être prescrits par le Conseil des bâtiments civils, sans pouvoir prétendre aucune indemnité.

---

134. Boulevard Saint-Germain, 89. (Anciennement rue de l'École-de-Médecine, 25.)

Vente par l'Administration des Hospices du 17 juillet 1812. — Rolond, adjudicataire. — M. Poussineau, propriétaire en 1881.

Clause. — Art. 15. — L'adjudicataire sera tenu, lors des reconstructions ou reconfortations, de livrer le terrain nécessaire pour l'élargissement de la rue et de se conformer à tous alignements et retranchements qui pourront lui être prescrits par le Conseil des bâtiments civils, sans pouvoir prétendre aucune indemnité.

---

135. Rue Dupuytren, 4. (Anciennement rue de Touraine.)

Vente par l'Administration des Hospices du 3 avril 1813. — Liénard, adjudicataire. — M. Poussineau, propriétaire en 1881.

Clause. — Art. 15. — L'adjudicataire sera tenu, lors des reconstructions ou reconfortations, de livrer le terrain nécessaire pour l'élargissement de la rue et de se conformer à tous alignements et retranchements qui pourront lui être prescrits par le Conseil des bâtiments civils, sans pouvoir prétendre aucune indemnité.

---

136. Boulevard Saint-Germain, 95. (Anciennement rue de l'École-de-Médecine, 31.)

Vente par l'Administration des Hospices du 2 avril 1813. — Péclet, adjudicataire. — M. Huan, propriétaire en 1881.

Clause. — Art. 15. — L'adjudicataire sera tenu, lors des reconstructions ou reconfortations, de livrer le terrain nécessaire pour l'élargissement de la rue et de se conformer à tous alignements et retranchements qui pourront lui être prescrits par le Conseil des bâtiments civils, sans pouvoir prétendre aucune indemnité.

---

137. Rue de Sèvres, 85.

Vente par l'Administration des Hospices du 15 mai 1812. — Poisson, adjudicataire. — Héritiers Didot, propriétaire en 1881.

Clause. — Art. 15. — L'adjudicataire sera tenu, lors des reconstructions ou reconfortations, de livrer le terrain nécessaire pour l'élargissement de la rue et de se conformer à tous alignements et retranchements qui pourront lui être prescrits par le Conseil des bâtiments civils, sans pouvoir prétendre aucune indemnité.

---

138. Rue de Sèvres, 97.

Vente par l'Administration des Hospices du 24 septembre 1813. — Morel, adjudicataire. — La Congrégation des Missions de Saint-Lazare, propriétaire en 1881.

Clause. — Art. 15. — L'adjudicataire sera tenu, lors des reconstructions ou reconfortations, de livrer le terrain nécessaire pour l'élargissement de la rue et de se conformer à tous alignements et retranchements qui pourront lui être prescrits par le Conseil des bâtiments civils, sans pouvoir prétendre aucune indemnité.

(Propriété alignée.)

---

139. Rue Serpente, 21. (Anciennement rue du Battoir, 3.)

Vente par l'Administration des Hospices du 23 septembre 1812. — Dedouvre, adjudicataire. — M. Delfault, propriétaire en 1881.

Clause. — Art. 15. — L'adjudicataire sera tenu, lors des reconstructions ou reconfortations, de livrer le terrain nécessaire pour l'élargissement de la rue et de se conformer à tous alignements et retranchements qui pourront lui être prescrits par le Conseil des bâtiments civils, sans pouvoir prétendre aucune indemnité.

---

140. — Rue Dupuytren, 6. (Anciennement rue de Touraine.)

Vente par l'Administration des Hospices du 16 avril 1813. — Boucher-Desnoyers, adjudicataire. — M. Massé, propriétaire en 1881.

Clause. — Art. 15. — L'adjudicataire sera tenu, lors des reconstructions ou reconfortations, de livrer le terrain nécessaire pour l'élargissement de la rue et de se conformer à tous alignements et retranchements qui pourront lui être prescrits par le Conseil des bâtiments civils, sans pouvoir prétendre aucune indemnité.

---

141. — Rue Dupuytren, 8. (Anciennement rue de Touraine.)

Vente par l'Administration des Hospices du 2 avril 1813. — Coulon, adjudicataire. — M. Rouzeau, propriétaire en 1881.

Clause. — Art. 15. — L'adjudicataire sera tenu, lors des reconstructions ou reconfortations, de livrer le terrain nécessaire pour l'élargissement de la rue et de se conformer à tous alignements et retranchements qui pourront lui être prescrits par le Conseil des bâtiments civils, sans pouvoir prétendre aucune indemnité.

---

142. — Rue Dupuytren, 3. (Anciennement rue de Touraine.)

Vente par l'Administration des Hospices du 4 décembre 1812. — Brouard, adjudicataire. — M. Malherbe, propriétaire en 1882.

Clause. — Art. 15. — L'adjudicataire sera tenu, lors des reconstructions ou reconfortations, de livrer le terrain nécessaire pour l'élargissement de la rue et de se conformer à tous alignements et retranchements qui pourront lui être prescrits par le Conseil des bâtiments civils, sans pouvoir prétendre aucune indemnité.

---

143. — Rues Madame, 46 et de Vaugirard. (Angle.) (Provenant des Religieuses du Précieux-Sang.)

Vente Nationale du 4 fructidor an V. — Dupont, adjudicataire. — M. Simier, propriétaire en 1881.

Clause. — L'adjudicataire fournira, lorsqu'il en sera requis par qui de droit, le terrain nécessaire pour l'établissement du prolongement de la rue Madame, et fera à cet effet, au bâtiment donnant sur cette rue, les démolitions nécessaires pour le mettre à l'alignement figuré sur le plan annexé à l'enchère par les lettres M, N et O.

(Clause exécutée.)

---

144. — Rues du Cherche-Midi, 39, et du Regard, 2. (Angle.)

Vente par l'Administration des Hospices du 7 mars 1807. — Duru, adjudicataire. — M. Martin, propriétaire en 1881.

Clause. — Art. 15. — L'adjudicataire sera tenu, lors des reconstructions ou reconfortations, de livrer le terrain nécessaire pour l'élargissement de la rue et de se conformer à tous alignements et retranchements qui pourront lui être prescrits par le Conseil des bâtiments civils, sans pouvoir prétendre aucune indemnité.

---

145. — Rue du Cherche-Midi, 41. (Anciennement rue des Vieilles-Thuileries.)

Vente par l'Administration des Hospices du 7 mars 1807. — Duru, adjudicataire. — M. Duszaux, propriétaire en 1881.

Clause. — Art. 15. — L'adjudicataire sera tenu, lors des reconstructions ou reconfortations, de livrer le terrain nécessaire pour l'élargissement de la rue et de se conformer à tous alignements et retranchements qui pourront lui être prescrits par le Conseil des bâtiments civils, sans pouvoir prétendre aucune indemnité.

---

146. — Rue du Regard, 4.

Vente par l'Administration des Hospices du 7 mars 1807. — Duru, adjudicataire. — Mme Ve Guindorff, propriétaire en 1881.

Clause. — Art. 15. — L'adjudicataire sera tenu, lors des reconstructions ou reconfortations, de livrer le terrain nécessaire pour l'élargissement de la rue et de se conformer à tous alignements et retranchements qui pourront lui être prescrits par le Conseil des bâtiments civils, sans pouvoir prétendre aucune indemnité.

---

147. — Rue Madame, 45. (Ancien 23, à l'angle de la rue de Vaugirard.) (Provenant des Religieuses du Précieux-Sang.)

Vente nationale du 4 fructidor an V. — Dupont, adjudicataire. — M. Inproit, propriétaire en 1886.

Clause. — L'adjudicataire fournira, lorsqu'il en sera requis par qui de droit, le terrain nécessaire pour l'établissement du prolongement de la rue Madame et fera à cet effet, au bâtiment donnant sur cette rue, les démolitions nécessaires pour le mettre à l'alignement figuré sur le plan annexé à l'enchère par les lettres M, N et O.

(Clause exécutée.)

148. — **Rue Madame, 43.** (Ancien 21.) (Provenant des Religieuses du Précieux-Sang.)

Vente nationale du 4 fructidor an V. — Dupont, adjudicataire. — M. Gruot, propriétaire en 1884.

Clause. — L'adjudicataire fournira, lorsqu'il en sera requis par qui de droit, le terrain nécessaire à l'établissement du prolongement de la rue Madame et fera à cet effet, au bâtiment donnant sur cette rue, les démolitions nécessaires pour le mettre à l'alignement figuré sur le plan annexé à l'enchère par les lettres M, N et O.

(Clause exécutée.)

149. — **Rue Madame, 41.** (Ancien 19.) (Provenant des Religieuses du Précieux-Sang.)

Vente nationale du 4 fructidor an V. — Dupont, adjudicataire. — Mme Quantin, propriétaire en 1886.

Clause. — L'adjudicataire fournira, lorsqu'il en sera requis par qui de droit, le terrain nécessaire à l'établissement du prolongement de la rue Madame et fera à cet effet, au bâtiment donnant sur cette rue, les démolitions nécessaires pour le mettre à l'alignement figuré sur le plan annexé à l'enchère par les lettres M, N et O.

(Clause exécutée.)

150. — **Rue Madame, 39.** (Ancien 17.) (Provenant des Religieuses du Précieux-Sang.)

Vente nationale du 4 fructidor an V. — Dupont, adjudicataire — M. Lecoffre, propriétaire en 1886.

Clause. — L'adjudicataire fournira, lorsqu'il en sera requis par qui de droit, le terrain nécessaire à l'établissement du prolongement de la rue Madame et fera à cet effet, au bâtiment donnant sur cette rue, les démolitions nécessaires pour le mettre à l'alignement figuré à l'enchère par les lettres M, N et O.

(Clause exécutée.)

151. — **Rue Madame, 37.** (Ancien 15.) (Provenant des Religieuses du Précieux-Sang.)

Vente nationale du 4 fructidor an V. — Dupont, adjudicataire. — M. Gsell, propriétaire en 1896.

Clause. — L'adjudicataire fournira, lorsqu'il en sera requis par qui de droit, le terrain nécessaire pour l'établissement du prolongement de la rue Madame et fera à cet effet, au bâtiment donnant sur cette rue, les démolitions nécessaires pour le mettre à l'alignement figuré sur le plan annexé à l'enchère par les lettres M, N et O.

(Clause exécutée.)

152. — **Rue Madame, 42.** (Anciens 16 et 18.) (Provenant des Religieuses du Précieux-Sang.)

Vente nationale du 4 fructidor an V. — Dupont, adjudicataire. — La Ville de Paris, propriétaire en 1886.

Clause. — L'adjudicataire fournira, lorsqu'il en sera requis par qui de droit, le terrain nécessaire à l'établissement du prolongement de la rue Madame et fera à cet effet, au bâtiment donnant sur cette rue, les démolitions nécessaires pour le mettre à l'alignement figuré sur le plan annexé à l'enchère par les lettres M, N et O.

(Clause exécutée.)

153 — **Rue Madame, 44.** (Ancien 20.) (Provenant des Religieuses du Précieux-Sang.)

Vente nationale du 4 fructidor an V. — Dupont, adjudicataire. — M. Gomme, propriétaire en 1886.

Clause. — L'adjudicataire fournira, lorsqu'il en sera requis par qui de droit, le terrain nécessaire à l'établissement du prolongement de la rue Madame et fera à cet effet, au bâtiment donnant sur cette rue, les démolitions nécessaires pour le mettre à l'alignement figuré sur le plan annexé à l'enchère par les lettres M, N et O.

(Clause exécutée.)

154. — **Rue de Vaugirard, 64.** (Provenant des Religieuses du Précieux-Sang.)

Vente nationale du 4 fructidor an V. — Dupont, adjudicataire. — M. Bauche, propriétaire en 1886.

Clause. — L'adjudicataire fournira, lorsqu'il en sera requis par qui de droit, le terrain nécessaire à l'établissement du prolongement de la rue Madame et fera à cet effet, au bâtiment donnant sur cette rue, les démolitions nécessaires pour le mettre à l'alignement figuré sur le plan annexé à l'enchère par les lettres M, N et O.

(Clause exécutée.)

155. — **Rue de Vaugirard, 60.** (Provenant de Religieuses du Précieux-Sang.)

Vente nationale du 4 fructidor an V. — Dupont, adjudicataire. — M. Cazaux, propriétaire en 1885.

Clause. — L'adjudicataire fournira, lorsqu'il en sera requis par qui de droit, le terrain nécessaire à l'établissement du prolongement de la rue Madame et fera à cet effet, au bâtiment donnant sur cette rue, les démolitions nécessaires pour le mettre à l'alignement figuré sur le plan annexé à l'enchère par les lettres M, N et O.

(Clause exécutée.)

156. — **Rue Duguay-Trouin, 3.**

Vente nationale du 3 fructidor an VI. — Wandin, adjudicataire. — M. Michel, propriétaire en 1882.

Clause. — L'adjudicataire sera tenu de fournir le terrain convenable pour le percement de la rue projetée, indiquée au plan sous le n° 3, dans le cas où le gouvernement voudrait donner une continuité à la rue déjà percée, désignée au dit plan sous le n° 3, et ce sans pouvoir faire aucune répétition et prétendre à aucune espèce d'indemnité, comme aussi il sera obligé de se soumettre à tout autre percement et à l'alignement jugé nécessaire à l'élargissement des rues pour l'embellissement et sous lesdites conditions.

157. — **Rue des Quatre-Vents, 8.**

Vente par l'Administration des Hospices du 4 septembre 1812. — Cleff, adjudicataire. — M. Cléray, propriétaire en 1881.

Clause. — Art. 15. — L'adjudicataire sera tenu, lors des reconstructions ou reconfortations, de livrer le terrain nécessaire pour l'élargissement de la rue et de se conformer à tous alignements et retranchements qui pourront lui être prescrits par le Conseil des bâtiments civils, sans pouvoir prétendre aucune indemnité.

La propriété est sujette à un retranchement de 1^m,21 c.

158. — **Rue de Sèvres, 33, 35.**

Vente par l'Administration des Hospices du 4 juin 1813. — Jourdain, adjudicataire. — La Société civile de Saint-Germain, propriétaire en 1880.

Clause. — Art. 15. — L'adjudicataire sera tenu, lors des reconstructions ou reconfortations, de livrer le terrain nécessaire pour l'élargissement de la rue et de se conformer à tous alignements et retranchements qui pourront lui être prescrits par le Conseil des bâtiments civils, sans pouvoir prétendre aucune indemnité.

159. — **Rue de l'École-de-Médecine, 9.** (Provenant des Cordeliers de Paris.)

Vente nationale du 7 frimaire an VIII. — Méquignon, adjudicataire. — Les Héritiers Pichon, propriétaires en 1882.

Clause. — L'adjudicataire sera tenu de se conformer, sans indemnité, à tous alignements ou retranchements qui pourraient être arrêtés par les Travaux publics.

160. — **Rue de l'École-de-Médecine, 11, 13.** (Provenant des Cordeliers de Paris.)

Vente nationale du 7 frimaire an VIII. — Méquignon, adjudicataire. — M. Rocka, propriétaire en 1882.

Clause. — L'adjudicataire sera tenu de se conformer, sans indemnité, à tous alignements ou retranchements qui pourraient être arrêtés par les Travaux publics.

161. — **Rue d'Assas, 51.** (Ancien 11.)

Vente nationale du 14 ventôse an VIII. — Dedde et Manso, adjudicataires. — M. Saglio, propriétaire en 1882.

Clause. — Ouverture de la rue d'Assas.

(Clause exécutée.)

162. — **Rues Madame, de Fleurus, Jean-Bart et de Vaugirard** (Tout l'îlot compris entre ces rues.) (Terrain provenant du Luxembourg.)

Vente nationale du 9 messidor an IV. — Bailly, adjudicataire.

Clause. — L'acquéreur sera tenu de donner le terrain qui sera nécessaire pour l'ouverture des rues projetées conformément au nouveau plan de Paris, le tout sans indemnité.

(Clause exécutée.)

163. — **Rues des Quatre-Vents, 20 et Grégoire-de-Tours.** (Angle.) (Bien d'émigré.)

Vente nationale du 16 floréal an VIII. — Mounot, adjudicataire. — Les héritiers Malliavin, propriétaires en 1883.

164. — **Rue Duguay-Trouin, 5.** (Domaine de Monsieur.)

Vente nationale du 3 fructidor an VI. — WANDIN, adjudicataire. — M. BOURNON, propriétaire en 1882.

CLAUSE. — L'adjudicataire sera tenu de fournir le terrain convenable pour le percement de la rue projetée, indiquée au plan sous le n° 3, dans le cas où le gouvernement voudrait donner une continuité à la rue déjà percée, désignée audit plan sous le n° 3, et ce sans pouvoir faire aucune répétition et prétendre à aucune espèce d'indemnité; comme aussi il sera obligé de se soumettre à tout autre percement et à l'alignement jugé nécessaire à l'élargissement des rues pour l'embellissement et sous lesdites conditions.

165. — **Rue Duguay-Trouin, 7.** (Domaine de Monsieur.)

Vente nationale du 3 fructidor an VI. — WANDIN, adjudicataire. — LES SŒURS SERVANTES DE MARIE, propriétaires en 1882.

CLAUSE. — L'adjudicataire sera tenu de fournir le terrain convenable pour le percement de la rue projetée, indiquée au plan sous le n° 3, dans le cas où le Gouvernement voudrait donner une continuité à la rue déjà percée, désignée audit plan sous le n° 3, et ce sans pouvoir faire aucune répétition et prétendre à aucune espèce d'indemnité, comme aussi il sera obligé de se soumettre à tout autre percement et à l'alignement jugé nécessaire à l'élargissement des rues pour l'embellissement et sous lesdites conditions.

166. — **Rues Duguay-Trouin, 19, 21, et de Fleurus, 21.**

Vente nationale du 29 frimaire an VI. — MOREL, adjudicataire. — MM. MARCHAND et GRATTERY, propriétaires en 1882.

CLAUSE. — Les vendeurs déclarent que le procès-verbal énoncé a une clause domaniale pour l'alignement des voies de la Ville de Paris.

167. — **Rue de Fleurus, 23.**

Vente nationale du 29 frimaire an VI. — MOREL, adjudicataire. — M. BLOTTIÈRE, propriétaire en 1882.

CLAUSE. — Les vendeurs déclarent que le procès-verbal énoncé a une clause domaniale pour l'alignement des voies de la Ville de Paris.

168 — **Rue de Fleurus, 25.**

Vente nationale du 29 frimaire an VI. — MOREL, adjudicataire. — M. GAUDIN, propriétaire en 1882.

CLAUSE. — Les vendeurs déclarent que le procès-verbal énoncé a une clause domaniale pour l'alignement des voies de la Ville de Paris.

169. — **Rue de Fleurus, 27, 29.**

Vente nationale du 29 frimaire an VI. — MOREL, adjudicataire. — M. GAUDIN et Mme HUET, née GAUDIN, propriétaires en 1882.

CLAUSE. — Les vendeurs déclarent que le procès-verbal énoncé a une clause domaniale pour l'alignement des voies de la Ville de Paris.

170 — **Rue Duguay-Trouin, 17.**

Vente nationale du 29 frimaire an VI. — MOREL, adjudicataire. — M. NOLLE, propriétaire en 1882.

CLAUSE. — Les vendeurs déclarent que le procès-verbal énoncé a une clause domaniale pour l'alignement des voies de la Ville de Paris.

171. — **Place Saint-André-des-Arts.** (Anciennement rues Saint-André-des-Arts, Hautefeuille et du Cimetière.) (Église Saint-André-des-Arts.)

Vente nationale du 4 fructidor an V. — BOURBON, adjudicataire. — LA VILLE DE PARIS, acquéreur de M. PARREIN et des HÉRITIERS BOURET, suivant acte administratif du 24 mars 1809.

« ..... Le terrain de l'ancienne église Saint-André-des-Arts, contenant 1,046 mètres » de superficie, déduction de ce que, aux termes de l'adjudication faite par le » Domaine national de l'église Saint-André, les acquéreurs originaires devaient » céder à la voie publique. »
(Démoli.)

172. — **Rues Notre-Dame-des-Champs et de Vaugirard, n°s 63 et 65.** (anciens.)

Vente par l'Administration des Hospices du 11 avril 1807. — DESRÉ, adjudicataire.

CLAUSE. — Art. 15. — L'adjudicataire sera tenu, lors des reconstructions ou reconfortations, de livrer le terrain nécessaire pour l'élargissement de la rue et de se conformer à tous alignements et retranchements qui pourront lui être prescrits par le Conseil des bâtiments civils, sans pouvoir prétendre aucune indemnité.

(Exproprié et démoli pour l'ouverture de la rue de Rennes.)

173. — **Rues Madame, de Fleurus et d'Assas** (anciennement rue de l'Ouest.)

Échange du 11 juin 1806, entre GOBAUT et le DOMAINE NATIONAL.

CLAUSE. — L'échangiste sera tenu de livrer au gouvernement, quand il en sera requis, la partie du terrain nécessaire au percement de la rue de l'Ouest, lequel prendra à l'extrémité, du côté du couchant, une superficie de 30 toises ou 115 mètres.
(Clause exécutée.)

174. — **Rue Notre-Dame-des-Champs, n°s 97 partie, 99, 101 et 103.** (Provenant des Chartreux.)

Vente nationale du 8 janvier 1791. — LELIÈVRE, adjudicataire. — MM. MURET (99), TASSU (103) et STEINMETZ (97), propriétaires en 1882.

CLAUSE. — Il (le terrain vendu) contient un arpent quatre-vingt-neuf perches... le tout mesuré, suivant les nouvelles lignes de clôture à observer du Midi et du Nord et l'alignement à suivre pour l'élargissement de la rue, laquelle doit avoir trente-six pieds dans cette partie à compter du nud du mur qui fait face audit terrain. lesquels alignements et nouvelles clôtures sont tracés en rouge sur le plan annexé au rapport des experts.
(Clause exécutée.)

175. — **Rue Grégoire-de-Tours, 36.** (Anciennement rue du Cœur-Volant, 12.)

Vente par l'Administration des Hospices du 27 novembre 1812. — GUITET, adjudicataire. — M. DENOYALLE, propriétaire en 1885.

CLAUSE. — Art. 15. — L'adjudicataire sera tenu, lors des reconstructions ou reconfortations, de livrer le terrain nécessaire pour l'élargissement de la rue et de se conformer à tous alignements et retranchements qui pourront lui être prescrits par le Conseil des bâtiments civils, sans pouvoir prétendre aucune indemnité.

176 — **Rue Notre-Dame-des-Champs, 83 à 89.**

Vente nationale du 23 décembre 1790. — Veuve BARASSIN et GISLAIN, adjudicataires. — MM. CIBOT (83), PEZAS (83 bis), DUMOULIN-FROMENT (85), Mme ALAUZET (85) et les DAMES AUGUSTINES DE SAINTE-MARIE (89), propriétaires en 1886.

CLAUSE. — Ce terrain contient en superficie un arpent quatre-vingt-douze perches huit toises. . . le tout mesuré suivant l'alignement à suivre par la suite pour le redressement de la rue, laquelle doit avoir trente-six pieds de large dans cette partie, ledit alignement tracé en rouge sur le plan.

177. — **Rue Notre-Dame-des-Champs, 93 et partie du 97.**

Vente nationale du 23 décembre 1790. — Mlle HUS et LELIÈVRE, adjudicataires. — Les DAMES AUGUSTINES DE SAINTE-MARIE (93) et M. STEINMETZ (97), propriétaires en 1885.

CLAUSE. — Ledit terrain contient en superficie un arpent quatre-vingt-cinq perches sept toises ou environ, compris la demi-épaisseur . . . . . Le tout mesuré suivant la nouvelle ligne à observer pour la clôture du côté du Midi et les alignements à suivre pour l'élargissement de la rue, laquelle doit avoir trente-six pieds dans cette partie, à compter du nud du mur qui fait face audit terrain; lesquels alignements et nouvelles clôtures sont tracés en rouge sur le plan annexé au rapport fait par les experts.

178. — **Rue de Vaugirard, n°s 104 bis, 106 et 108 en 1859.** (Anciens 92, 94.)

Vente par l'Administration des Hospices du 7 mai 1813. — BERNARD, TESSIER ET LACROIX, adjudicataires.

CLAUSE. — Art. 15. — L'adjudicataire sera tenu, lors des reconstructions ou reconfortations, de livrer le terrain nécessaire pour l'élargissement de la rue et de se conformer à tous alignements et retranchements qui pourront lui être prescrits par le Conseil des bâtiments civils, sans pouvoir prétendre aucune indemnité.

(Exproprié sur MM. Bernard et Desprez et Mme Ve Lacroix. (Jugement d'expropriation du 12 avril 1859.)

179. — **Rue Mazarine, 31.** (Ancien 35.)

Vente nationale du 27 septembre 1806. — MOREL, adjudicataire. — Mmes DE ROCQUES ET PORTEFIN, propriétaires en 1884.

CLAUSE. — La présente maison étant sujette à un reculement marqué au plan joint par une ligne foncée rouge, l'adjudicataire ne pourra faire à la façade, en cas de vétusté, aucune reconstruction ni reconfortation qui puissent la consolider, mais il sera tenu de fournir le terrain nécessaire à l'élargissement de la rue et ce sans pouvoir exiger aucune indemnité.

180. — Rue de Buci, 27 *(partie)* (Ancien 31.)

Vente par l'Administration des Hospices du 17 juillet 1812. — M⁰⁰ Leroux de la Madeleine, adjudicataire. — M. Deshayes, propriétaire en 1885.

Clause. — Art. 15. — L'adjudicataire sera tenu, lors des reconstructions ou reconfortations, de livrer le terrain nécessaire pour l'élargissement de la rue et de se conformer à tous alignements et retranchements qui pourront lui être prescrits par le Conseil des bâtiments civils, sans pouvoir prétendre aucune indemnité.

181. — Rue de Seine, 79.

Vente nationale du 2 mars 1810. — Dumont, adjudicataire. — Mᵐᵉ Vᵉ et M. Topinard, propriétaires en 1883.

Clause. — ...à la charge de démolir les constructions qui se trouvent sur le passage de la rue de Seine. (Ouverture de ladite rue.)
(Clause exécutée.)

182. — Rue de Vaugirard, 92, 94. (Ancien 98.)

Vente par l'Administration des Hospices du 11 avril 1807. — Duvey et Meslier, adjudicataires. — L'Œuvre de Saint-Nicolas, propriétaire en 1886.

Clause. — Art. 15. — L'adjudicataire sera tenu, lors des reconstructions ou reconfortations, de livrer le terrain nécessaire pour l'élargissement de la rue et de se conformer à tous alignements et retranchements qui pourront lui être prescrits par le Conseil des bâtiments civils, sans pouvoir prétendre aucune indemnité.

183. — Rue du Cherche-Midi, 100. (Anciennement rue du **Petit-Vaugirard, 12.**)

Vente par l'Administration des Hospices du 29 novembre 1841. — Lacour, adjudicataire. — M. Bertot, propriétaire en 1885.

Clause. — Art. 15. — L'adjudicataire sera tenu, lors des reconstructions ou reconfortations, de livrer le terrain nécessaire pour l'élargissement de la rue et de se conformer à tous alignements et retranchements qui pourront lui être prescrits par le Conseil des bâtiments civils, sans pouvoir prétendre aucune indemnité.

184. — Rue du Cherche-Midi, 98. (Anciennement rue du **Petit-Vaugirard, 10**)

Vente par l'Administration des Hospices du 11 novembre 1843. — Vallarnaud, adjudicataire. — Mᵐᵉ Vᵉ Frapié, propriétaire en 1885.

Clause. — Art. 15. — L'adjudicataire sera tenu, lors des reconstructions ou reconfortations, de livrer le terrain nécessaire pour l'élargissement de la rue et de se conformer à tous alignements et retranchements qui pourront lui être prescrits par le Conseil des bâtiments civils, sans pouvoir prétendre aucune indemnité.

185. — Rue Saint-Placide, 14. (Ancien 10.)

Vente par l'Administration des Hospices du 23 mai 1807. — Olivier, adjudicataire. — M. Dubranchet, propriétaire en 1878.

Clause. — Art. 15. — L'adjudicataire sera tenu, lors des reconstructions ou reconfortations, de livrer le terrain nécessaire pour l'élargissement de la rue et de se conformer à tous alignements et retranchements qui pourront lui être prescrits par le Conseil des bâtiments civils, sans pouvoir prétendre aucune indemnité.

186. — Rues du Regard, 22 et partie du 24 (ancien 22), **et Saint-Placide, 53, 55** *(partie)* **et 58.**

Vente par l'Administration des Hospices du 8 novembre 1825. — May, adjudicataire. — MM. Boutté (rue 22) et Noblecourt (nᵒ 24), propriétaires en 1885.

Clause. — Art. 15. — L'adjudicataire sera tenu, lors des reconstructions ou reconfortations, de livrer le terrain nécessaire pour l'élargissement de la rue et de se conformer à tous alignements et retranchements qui pourront lui être prescrits par le Conseil des bâtiments civils, sans pouvoir prétendre aucune indemnité.

L'adjudicataire était tenu, en outre, de souffrir sans aucune indemnité « à quelque époque que ce soit, l'ouverture d'une rue de 12 mètres de large à travers la propriété. »

187. — Rues du Regard, 24. *(partie)* (anciens 28 et 30), **et Saint-Placide, 55.** *(partie.)*

Vente par l'Administration des Hospices du 25 septembre 1812. — Morel, adjudicataire. — M. Noblecourt, propriétaire en 1886.

Clause. — Art. 15. — L'adjudicataire sera tenu, lors des reconstructions ou reconfortations, de livrer le terrain nécessaire pour l'élargissement de la rue et de se conformer à tous alignements et retranchements qui pourront lui être prescrits par le Conseil des bâtiments civils, sans pouvoir prétendre aucune indemnité.

188. — Rue de Vaugirard, 104, ancien.

Vente par l'Administration des Hospices du 25 septembre 1812. — Morel, adjudicataire. — Les Héritiers Thorry, propriétaires en 1869.

Clause. — Art. 15. — L'adjudicataire sera tenu, lors des reconstructions ou reconfortations, de livrer le terrain nécessaire pour l'élargissement de la rue et de se conformer à tous alignements et retranchements qui pourront lui être prescrits par le Conseil des bâtiments civils, sans pouvoir prétendre aucune indemnité.
(Exproprié et démoli.)

189. — Rue de Vaugirard, 91 à 101. (Ancien 87.) (Provenant des Incurables.)

Vente nationale du 8 fructidor an III. — Hérault et Langlois, adjudicataires. — MM. Douléans, Leprieur, Glaize, Migeon, Lambert et Bourgogne, propriétaires en 1885.

Clause. — L'adjudicataire qui élèvera des bâtiments sur le terrain vendu, s'adressera à la Commission exécutive des Travaux publics de la commune de Paris, à l'effet de demander l'alignement, et ledit terrain subira un retranchement indiqué par les propriétés voisines.

190. — Rues de Vaugirard, 31 à 37, Jean-Bart et de Fleurus. (Provenant du Luxembourg.)

Échange entre le Gouvernement et le citoyen Cagnion, du 28 messidor an VI.

Clause. — Nous pensons qu'il n'y a aucun inconvénient à accorder au citoyen Cagnion le terrain de ces deux rues projetées, à la charge de le rendre au prix de l'estimation si le percement s'effectuait par la suite, et de n'exiger aucune espèce de remboursement pour la construction qu'il aurait pu faire sur lesdites rues. (Extrait du procès-verbal d'estimation du 11 germinal an VI.)

Quant au terrain des deux rues projetées à droite et à gauche du domaine, contenant ensemble 1,991 mètres, que ledit citoyen Cagnion avait aussi demandé, il est expliqué que la valeur de ce terrain, fixée par ledit procès-verbal d'estimation à la somme de 13,125 francs, ne fait point partie des 34,000 francs ci-dessus énoncés, et que ledit terrain n'est point compris, au présent abandon, étant expressément réservé à la République. (Extrait de l'acte d'échange du 28 messidor an VI.) L'une de ces deux rues est la rue Jean-Bart; l'autre, projetée en prolongement de la rue Duguay-Trouin, n'a pas été exécutée.

191. — Rue de Vaugirard, 77 *(partie)*, **79.**

Vente nationale du 19 floréal an VII. — Grenou de Mirande, adjudicataire. — Mᵐᵉ de Gars (nᵒ 77), et la Communauté des Sœurs Augustines de Sainte-Marie-de-Lorette (nᵒ 79), propriétaires en 1886.

Clause. — L'acquéreur du présent domaine sera tenu de fournir, sans indemnité, tout le terrain nécessaire pour l'élargissement de la rue de Vaugirard, conformément au plan de cette rue, arrêté par le Ministre de l'Intérieur, et à la ligne rouge tracée au plan, et ce lorsqu'il reconstruira ou rétablira la face de cette maison sur la rue, conformément aux lois et règlements de la voirie de Paris.

192. — Boulevard du Montparnasse, 61, 71 (ancien 29), **rues de Vaugirard, 77.** *(partie)* (ancien 75) *(partie)* **et de Rennes, 155 à 171, 142 à 152, et place de Rennes, 1 à 7 et 2 à 8.** (Provenant de l'émigré Montmorency-Laval.)

Vente nationale du 8 messidor an VIII. — Parker, adjudicataire. — Les Frères de la Société de Sainte-Marie (rue de Rennes nᵒ 155), MM. Galante (rue de Rennes, nᵒ 157), Fournier (rue de Rennes, nᵒ 159), Pillet (rue de Rennes nᵒ 161), Tronquois (rue de Rennes, nᵒ 163), Mᵐᵉ Vᵉ Sourdeval, (rue de Rennes, nᵒ 165), Mᵐᵉ Anquetil, (rue de Rennes, nᵒ 167), MM. Gaudin (rue de Rennes, nᵒ 169), Vivier (rue de Rennes, nᵒ 171), Bourdin (place de Rennes, nᵒ 1), Balleby (place de Rennes, nᵒ 3), Virey (rue de Rennes, nᵒ 142), Cavaroc (rue de Rennes, nᵒ 152), Piatier (place de Rennes, nᵒ 2), Voyer (place de Rennes, nᵒ 4), Mᵐᵉ Vᵉ Gueman, (place de Rennes, 6 et boulevard du Montparnasse, nᵒ 61) et M. de Gars (rue de Vaugirard, nᵒ 77), propriétaires.

Clause. — L'adjudicataire sera tenu de se conformer sans indemnité à tous alignements et retranchements qui pourraient être arrêtés par les Travaux publics.

Une délibération du Conseil municipal, du 10 novembre 1865, a classé cette clause dans la 6ᵉ catégorie, comme étant désormais sans objet en ce qui concerne la propriété rue de Rennes, 165, appartenant à Mᵐᵉ Sourdeval.

193. — Rue d'Assas, 92. (Anciennement rue de l'Ouest.) (Provenant des Chartreux.)

Vente nationale du 19 messidor an VI. — Hanspergue, adjudicataire. — M. Marinoni, propriétaire en 1886.

Clause. — L'acquéreur sera tenu de se conformer, et ce sans indemnité, aux retranchements et alignements qui pourraient lui être donnés par les Travaux publics.

194. — Rue Notre-Dame-des-Champs, 77 et 81.

Vente nationale du 29 janvier 1791. — Hanspergue, adjudicataire. — Mᵐᵉ Vᵉ Billard (nᵒ 77), M. Marinoni (nᵒ 81), propriétaires en 1886.

Clause. — Ce terrain contient en superficie 91 perches 2 toises environ. . . . . . . le tout mesuré suivant l'alignement à suivre par la suite pour le redressement de la rue, laquelle doit avoir 36 pieds de large dans cette partie.

195. — Rue d'Assas, 94 à 102. (Anciennement rue de l'Ouest.)

Vente nationale des 19 et 21 messidor an VI. — DEDDE, adjudicataire. — MM. MARINONI (94-96), AUBRUN (98-100) et BONTÉ (102), propriétaires en 1886.

CLAUSE. — L'acquéreur sera tenu de se conformer aux retranchements et alignements qui pourraient lui être donnés par les Travaux publics, et ce sans indemnité.

---

196. — Rue Pierre-Sarrazin, 3.

Vente nationale du 27 juin 1807. — BASSET, adjudicataire.

CLAUSE. — Attendu que la présente maison est sujette à un retranchement de 4 décimètres à gauche et 3 à droite, l'adjudicataire ne pourra, en cas de vétusté, faire à la façade de ladite maison aucune réparation ni reconfortation qui puissent la consolider, mais il sera tenu d'abandonner le terrain nécessaire à l'élargissement de la rue, et ce, sans pouvoir exiger aucune indemnité.

(Exproprié et démoli.)

---

197. — Rue de la Harpe, 98.

Vente nationale du 25 thermidor an IV. — ACOSS, adjudicataire.

CLAUSE. — L'acquéreur sera tenu de livrer sans indemnité le terrain nécessaire à l'élargissement de la rue.

(Exproprié et démoli.)

---

198. — Rue de la Harpe, 96.

Vente nationale du 25 thermidor an IV. — Veuve CAUTRELLE, adjudicataire.

CLAUSE. — L'acquéreur sera tenu de livrer sans indemnité le terrain nécessaire à l'élargissement de la rue.

(Exproprié et démoli.)

---

199. — Rue Monsieur-le-Prince, 19. (Ancien 21.)

Vente par l'Administration des Hospices du 21 février 1812. — ROUSSEAU, adjudicataire. — M. COANU, propriétaire en 1885.

CLAUSE. — Art. 15. — L'adjudicataire sera tenu, lors des reconstructions ou reconfortations, de livrer le terrain nécessaire pour l'élargissement de la rue et de se conformer à tous alignements et retranchements qui pourront lui être prescrits par le Conseil des bâtiments civils, sans pouvoir prétendre aucune indemnité.

---

200. — Rue d'Enfer, 10.

Vente nationale du 23 novembre 1810. — Veuve RENAUD, adjudicataire. — Les héritiers BÉRANGER, expropriés suivant jugement du 16 juin 1852.

CLAUSE. — Attendu que la présente maison est sujette à un retranchement d'environ 1 mètre sur la nouvelle rue projetée, dont elle fera l'angle à gauche et d'environ $3^m,25$ sur la rue d'Enfer, ces deux retranchements indiqués au plan par une ligne tracée en rouge. l'adjudicataire ne pourra, en cas de vétusté, faire aux façades de ladite maison aucune réparation ni reconfortation qui puissent la consolider, mais il sera tenu d'abandonner le terrain nécessaire à l'élargissement de la rue d'Enfer et à la formation de la nouvelle rue Soufflot.

Une délibération du Conseil municipal du 3 décembre 1841 a classé cette clause dans la 3ᵉ catégorie.

(Démoli.)

---

201. — Rue de l'Ancienne-Comédie, 19.

Vente par l'Administration des Hospices du 26 juillet 1811. — DE CHENNEVIÈRES, adjudicataire.

CLAUSE. — Art. 15. — L'adjudicataire sera tenu, lors des reconstructions ou reconfortations, de livrer le terrain nécessaire pour l'élargissement de la rue et de se conformer à tous alignements et retranchements qui pourront lui être prescrits par le Conseil des bâtiments civils, sans pouvoir prétendre aucune indemnité.

---

202. — Rue Jacob, 49. (Anciens 23 et 23 *bis*.)

Vente par l'Administration des Hospices du 21 mai 1813. — CHASLIN et BOUHEY, adjudicataires. — L'ASSISTANCE PUBLIQUE s'est rendue propriétaire du n° 23, par adjudication aux criées du 20 août 1859, sur les héritiers BOUHEY ; et CLÉMENT MOTTEAU, propriétaire du n° 23 *bis*, a été exproprié par la Ville de Paris, suivant jugement du 24 décembre 1861.

CLAUSE. — Art. 15. — L'adjudicataire sera tenu, lors des reconstructions ou reconfortations, de livrer le terrain nécessaire pour l'élargissement de la rue et de se conformer à tous alignements et retranchements qui pourront lui être prescrits par le Conseil des bâtiments civils, sans pouvoir prétendre aucune indemnité.

(Démoli.)

---

203. — Rues Jacob, 51 et des Saints-Pères, 31.

Vente par l'Administration des Hospices du . . . . 1813. — COUSSNON, adjudicataire. — Les héritiers COUSSNON expropriés suivant jugement du 24 décembre 1861.

CLAUSE. — Art. 15. — L'adjudicataire sera tenu, lors des reconstructions ou reconfortations, de livrer le terrain nécessaire pour l'élargissement de la rue et de se conformer à tous alignements et retranchements qui pourront lui être prescrits par le Conseil des bâtiments civils, sans pouvoir prétendre aucune indemnité.

(Démoli.)

---

204. — Rue des Saints-Pères, 31, 33. (Anciennement 29, 31.)

Vente par l'Administration des Hospices du 23 juillet 1813. — VAILLANT, adjudicataire. — M. DAMAY, exproprié suivant jugement du 24 décembre 1861.

CLAUSE. — Art. 15. — L'adjudicataire sera tenu, lors des reconstructions ou reconfortations, de livrer le terrain nécessaire pour l'élargissement de la rue et de se conformer à tous alignements et retranchements qui pourront lui être prescrits par le Conseil des bâtiments civils, sans pouvoir prétendre aucune indemnité.

(Démoli.)

---

205. — Rue du Regard, 12. (Anciennement 12 et 14.)

Vente par l'Administration des Hospices du 16 avril 1813. — BOISARD, adjudicataire. — M. POULLAIN DE LA DREUE, propriétaire en 1886.

CLAUSE. — Art. 15. — L'adjudicataire sera tenu, lors des reconstructions ou reconfortations, de livrer le terrain nécessaire pour l'élargissement de la rue et de se conformer à tous alignements et retranchements qui pourront lui être prescrits par le Conseil des bâtiments civils, sans pouvoir prétendre aucune indemnité.

---

206. — Rue de l'École-de-Médecine, 61. (Anciennement rue des Boucheries, 11.)

Vente par l'Administration des Hospices du 5 décembre 1807. — PLUYER, adjudicataire. — Mᵐᵉ veuve GIRARD, propriétaire en 1877.

CLAUSE. — Art. 15. — L'adjudicataire sera tenu, lors, etc.

(Exproprié, suivant jugement du 26 septembre 1877, et démoli pour l'ouverture du boulevard Saint-Germain.)

---

207. — Rue Clément, 4. (Maison située anciennement passage de la Treille, 49.)

Vente par l'Administration des Hospices du 4 mars 1817. — GIGNOUX, adjudicataire. — Mᵐᵉ veuve DEVILLE, propriétaire en 1886.

CLAUSE. — Art. 15. — L'adjudicataire sera tenu, lors, etc. *(Voir l'avertissement.)*

(Exécutée.)

---

208. — Rue Saint-Sulpice, 28. (Anciennement rue du Petit-Bourbon, 10.)

Vente par l'Administration des Hospices du 13 septembre 1811. — GODFRINT, adjudicataire. — M. MIGNARD, propriétaire en 1886.

CLAUSE. — Art. 15. — L'adjudicataire sera tenu, lors, etc. *(Voir l'avertissement.)*

---

209. — Rue Saint-Sulpice, 38. (Anciennement rue du Petit-Bourbon 18, plus anciennement rue des Aveugles 549.) (Provenant de la Fabrique de Saint-Sulpice.)

Vente nationale du 21 thermidor an VI. — VALTON, adjudicataire. — M. BREDIN, propriétaire en 1892.

CLAUSE. — L'adjudicataire sera tenu de reculer la face de son bâtiment sur la rue des Aveugles, pour l'élargissement de ladite rue, qui aura $14^m,613$ de largeur, et ce sans indemnité ni diminution sur le prix de l'adjudication.

(Clause exécutée.)

---

210. — Rue de Vaugirard, 47. (Ancien 49.) (Provenant de l'émigré de Pauly.)

Vente nationale du 15 nivôse an VI. — Veuve DELASALLE, adjudicataire. — M. GUIBERT, propriétaire en 1888.

CLAUSE. — L'adjudicataire sera tenu de se conformer, quand il en sera requis, et ce, sans indemnité, aux alignements arrêtés par la Commission des Travaux publics.

---

211. — Passage de la Treille.

Vente par l'administration des Hospices du 26 novembre 1816. — BEAUQUAIN, adjudicataire. — Les héritiers SARAZIN, propriétaires, en 1876.

CLAUSE. — Art. 15. — L'adjudicataire sera tenu, lors, etc. . . . .

(Exproprié suivant jugement du 5 août 1876 et démoli pour l'ouverture du boulevard Saint-Germain.)

---

212. — **Rue de Fleurus, 26.** (Ancien 12.) (Provenant du Domaine de Monsieur.)

Vente nationale du 12 Vendémiaire, an XIII. — Mégevand, adjudicataire. — M. Moreau, propriétaire en 1891.

Clause. — L'adjudicataire sera tenu de se conformer, sans indemnité, aux alignements et retranchements qui lui seront donnés par le Conseil des bâtiments civils, et ce à la première réquisition.
(Clause exécutée.)

213. — **Rues Notre-Dame-des-Champs, n°ˢ 30 à 36, et du Montparnasse, n°ˢ 1 à 21.** (Provenant de la Cure de Vaugirard.)

Vente nationale du 6 Prairial, an XII. — Quantinet, adjudicataire. — MM. Malmain, Languin, Duvoir-Leblanc, Bourdier, Rapise, Touité, Mᵐᵉˢ Vᵉ Weyl, la Société Larousse et la Compagnie Générale des Voitures, propriétaires.

Clause. — L'adjudicataire se conformera aux alignements arrêtés par le ministre de l'Intérieur, pour se clore sur les rues du Montparnasse et Notre-Dame-des-Champs.
(Clause exécutée.)

214. — **Rues de l'École-de-Médecine, n° 1, et Racine, n° 2.** (Ancienne Église Saint-Côme-Saint-Damien.)

Vente nationale du 12 Nivôse, an V. — Damas, adjudicataire. — Mᵐᵉ Vᵉ Crochard, propriétaire en 1894.

Clause. — L'acquéreur sera tenu de donner le terrain nécessaire pour l'ouverture d'une nouvelle rue projetée, sans pouvoir exiger aucune indemnité ni diminution sur le prix de la présente vente.
(Clause exécutée.)

215. — **Rues Racine, n°1, et de la Harpe, n° 84.** (Angle.) (Ancienne Église Saint-Côme-Saint-Damien.)

Vente nationale du 12 Nivôse, an V. — Damas, adjudicataire.

Clause. — L'acquéreur sera tenu de donner le terrain nécessaire pour l'ouverture d'une nouvelle rue projetée, sans pouvoir exiger aucune indemnité ni diminution sur le prix de la vente.
(Clause exécutée en 1837. — La propriété a été expropriée en 1860 et démolie pour le percement du boulevard Saint-Michel.)

216. — **Rue Notre-Dame-des-Champs, n°ˢ 19, 21, 23, 25.** (Anciens numéros 7 et 9.)

Vente par l'Administration des Hospices du 6 novembre 1812. — Santerre, adjudicataire. — Le Diocèse de Paris (Petit Séminaire), propriétaire.

Clause. — Art. 15. — L'adjudicataire sera tenu, lors, etc. *(Voir l'avertissement).*

217. — **Rues de Fleurus, 41, 43, 45, et Notre-Dame-des-Champs, 11, 13, 15, 17.**

M. Haguet, propriétaire en 1895.

Cette propriété n'est pas d'origine hospitalière; elle provient d'une vente par Jean-Baptiste Chebarne à Guy-André-Pierre de Laval, du 28 février 1735. C'est donc à tort qu'on rappelle dans le cahier des charges de l'adjudication à M. Haguet sur Lesobre, du 10 février 1887, que la rue de Fleurus serait soumise à l'article 15 de la vente par les Hospices à Santerre.

(L'immeuble vendu par les Hospices est situé aux numéros 19, 21, 23, 25 de la rue Notre-Dame des-Champs. — Voir l'article 216 ci-dessus.

218. — **Rue Percée, 9.** (Provenant du collège de Tours.)

Vente nationale du 12 Thermidor, an IV. — Legoubey, adjudicataire. — M. Thouvenin, exproprié suivant jugement du 8 mai 1856.

Clause. — Fournir le terrain nécessaire, même la totalité de celui compris dans l'adjudication, s'il en est requis pour l'emplacement d'une nouvelle rue à ouvrir en face du pont Saint-Michel, et ce sans pouvoir prétendre d'indemnité.
(Démoli pour l'ouverture du boulevard Saint-Michel.)

219. — **Carrefour de l'Odéon, 13.**

Vente par l'Administration des Hospices du 10 janvier 1812. — Chauvin, adjudicataire. — M. Desmazures, propriétaire en 1895.

Clause. — Art. 15. — L'adjudicataire sera tenu, etc. *(Voir l'avertissement).*

220. — **Boulevard Saint-Germain, 91.** (Anciennement rue de l'École-de-Médecine, 27.)

Vente par l'Administration des Hospices du 18 octobre 1811. — Pessard, adjudicataire. — Mᵐᵉˢ Lafosse, propriétaire en 1895.

Clause. — Art. 15. — L'adjudicataire sera tenu, lors, etc. *(Voir l'avertissement).*
(Clause exécutée.)

221. — **Rue Monsieur-le-Prince, 15.** (Anciennement rue des Fossés-Monsieur-le-Prince, 17.)

Vente par l'Administration des Hospices du 21 février 1812. — Mᵐᵉ Vᵉ Baron, adjudicataire. — M. Dutilloy, propriétaire en 1886.

Clause. — Art. 15. — L'adjudicataire sera tenu, lors, etc. *(Voir l'avertissement).*

222. — **Rue Saint-Romain, 11.**

Vente par l'Administration des Hospices du 23 octobre 1812. — Marchand, adjudicataire. — M. Griart, propriétaire en 1886.

Clause. — Art. 15. — L'adjudicataire sera tenu, lors, etc. *(Voir l'avertissement.)*

223. — **Rues du Cherche-Midi, 83** (anciennement rue des Vieilles-Thuileries, 47) **et de Bagneux, 1, 3, 5.** (Angle.)

Vente par l'Administration des Hospices du 15 juillet 1807. — Bontemps, adjudicataire. — MM. Loysel (rue de Bagneux, 3 et 5) Andriveau (pour le surplus), propriétaires en 1895.

Clause. — Art. 15. — L'adjudicataire sera tenu, lors, etc. *(Voir l'avertissement).*

224. — **Boulevard du Montparnasse, 3** *(partie).* (A l'angle de la rue de Sèvres).

Vente nationale du 25 janvier 1806. — Davia, adjudicataire. — M. Frottin, propriétaire en 1884.

Clause. — L'adjudicataire sera tenu, en cas de démolition desdits bâtiments, soit pour vétusté, soit pour reconstruction d'iceux, de fournir le terrain nécessaire à l'élargissement de l'espace qui sera alors déterminé à partir de la dernière rangée d'arbres de la contre-allée du boulevard.
(Clause exécutée. — Arrêtés préfectoraux des 26 avril 1845 et 20 juin 1855, refusant une indemnité pour le terrain livré à la voie publique en exécution de l'alignement.)

225. — **Rue de l'Abbaye, 3, 5, 7,** et passage de la Petite-Boucherie (3ᵉ lot de l'Abbaye-Saint-Germain-des-Prés.)

Vente nationale des 21-24 Thermidor, an V. — Vautier et Demailly, adjudicataires. — M. Camus de la Guibourgère, propriétaire en 1892.

Clause. — Livrer sans indemnité le sol des rues indiquées par la Commission des artistes.
(Clause exécutée.)

226. — **Rues Bonaparte et de l'Abbaye.** (Angle.) (6ᵉ lot de l'Abbaye Saint-Germain-des-Prés.)

Vente nationale du 18 Thermidor, an V. — Courtiller, adjudicataire. — La Ville de Paris, propriétaire en 1895.

Clause. — Livrer sans indemnité le sol des rues indiquées par la Commission des artistes.
(Clause exécutée.)

227. — **Rue d'Assas, 64.** (Anciennement rue de l'Ouest, 12.) (Provenant de l'enclos des Chartreux).

Vente nationale du 12 Messidor, an VI. — Mᵐᵉ Vᵉ Maheu, acquéreur sur soumission en vertu de la loi du 28 Ventôse, an IV. — Les héritiers Lacaille, propriétaires en 1891.

Clause. — Alignement de la rue de l'Ouest.
(Aligné.)

228. — **Rue d'Assas, 66 à 78.** (Anciennement rue de l'Ouest.) (Provenant de l'enclos des Chartreux.)

Vente nationale du 12 Messidor, an VI. — Jacques Vavin, acquéreur sur soumission, en vertu de la loi du 28 Ventôse, an IV. — La Cure de Saint-Sulpice (n°ˢ 66, 68), MM. Poussineau (70, 78), le baron Pichon (72), Tissot (76) et Mˡˡᵉ Bénard (74), propriétaires en 1888.

Clause. — Alignement de la rue de l'Ouest.
(Aligné.)

229. — **Rue d'Assas, 82 à 90.** (Anciennement rue de l'Ouest, 14 à 20. (Provenant de l'enclos des Chartreux.)

Vente nationale du 12 Messidor, an VI. — Henry Vavin, acquéreur sur soumission, en vertu de la loi du 28 Ventôse, an IV. — MM. Droz (82, 84), Lemercier (90) et Mme Daunay (86, 88), propriétaires en 1885.

Clause. — Alignement de la rue de l'Ouest.

(Aligné.)

---

230. — **Rue d'Assas, 80.** (Anciennement rue de l'Ouest.) (Provenant de l'enclos des Chartreux.)

Vente nationale du 12 Messidor, an VI. — Parent, acquéreur sur soumission en vertu de la loi du 28 Ventôse, an IV. — La Congrégation de Notre-Dame-de-Sion, propriétaire en 1888.

Clause. — Alignement de la rue de l'Ouest.

(Aligné).

---

231. — **Rue d'Assas, 104.** (Anciennement rue de l'Ouest, 24.) (Provenant de l'enclos des Chartreux.)

Vente nationale du 12 Messidor, an VI. — Lelièvre, acquéreur sur soumission en vertu de la loi du 28 Ventôse, an IV. — M. Prémont, propriétaire en 1888.

Clause. — Alignement de la rue de l'Ouest.

(Aligné.)

---

232. — **Rue du Pont-de-Lodi, 2.** (Provenant du couvent des Grands-Augustins.)

Vente nationale du 1er Brumaire, an VI. — 2e lot. — Gechter, adjudicataire. — La Ville de Paris, propriétaire.

Clause. — Livrer gratuitement le terrain nécessaire à l'ouverture d'une rue de trente pieds de largeur.

(Clause exécutée).

---

233. — **Rue du Pont-de-Lodi, 4 et 6.** (Provenant du couvent des Grands-Augustins.)

Vente nationale du 1er Brumaire, an VI. — 3e lot. — Gechter, adjudicataire. — La Compagnie des Omnibus (n° 4), M. Bonavous (n° 6), propriétaires en 1895.

Clause. — Livrer gratuitement le terrain nécessaire à l'ouverture d'une rue de trente pieds de largeur.

(Clause exécutée.)

---

234. — **Rue du Pont-de-Lodi, 5.** (Provenant du couvent des Grands-Augustins.)

Vente nationale du 1er Brumaire an VI. — 4e lot. — Gechter, adjudicataire. — M. Maitre, propriétaire en 1895.

Clause. — Livrer gratuitement le terrain nécessaire à l'ouverture d'une rue de trente pieds de largeur.

(Clause exécutée.)

---

235. — **Rue du Pont-de-Lodi, 3.** (Provenant du couvent des Grands-Augustins.)

Vente nationale du 13 ventôse an V. — Frapier, acquéreur sur soumission, en vertu de la loi du 28 ventôse an IV. — La Société des Papeteries du Marais et de Sainte-Marie, propriétaire en 1895.

Clause . . . .

L'adjudicataire devait donner le terrain nécessaire pour le percement de la rue du Pont-de-Lodi. Cette rue fut ouverte en l'an VI et les alignements en ont été approuvés par le ministre de l'Intérieur le 13 brumaire an X.

(Clause exécutée.)

---

236. — **Quai des Grands-Augustins, 53, 53** *bis*, **53** *ter*, **55, et rue des Grands-Augustins, 2,** et partie du **4.** (Provenant du couvent des Grands-Augustins.)

Vente nationale du 13 ventôse an V. — Bois, acquéreur sur soumission. — M. Gauthier-Villars, propriétaire de l'immeuble n° 55. (Les autres propriétés occupent l'emplacement de l'ancien marché de la Vallée, dont le terrain a été vendu par la Ville de Paris, suivant contrat du 21 avril 1869.)

Clause. — L'acquéreur sera tenu de donner le terrain nécessaire pour le percement de nouvelles rues sans indemnité.

---

237. — **Rue du Pont-de-Lodi, 1,** et rue des Grands-Augustins, 8. (Angle.)

Vente nationale du 1er brumaire an VI. — 3e lot. — Delestre, adjudicataire. — M. Noziet, propriétaire en 1890.

Clause. — Livrer gratuitement le terrain nécessaire à l'ouverture d'une rue de trente pieds de largeur.

(Clause exécutée.)

---

238. — **Rues Duguay-Trouin, 2 à 16, de Fleurus 9 à 19, et d'Assas, 39 à 43, 46 à 56.**

Vente nationale du 24 pluviôse an V. — Hanot, adjudicataire. — MM. Testard, Bernier, Barrère, Armbruster, Fourey, Bessinetton, Guion, Tétin; Mme Guérin, Ve Currivand, Beaulieu, Chatellier, et la Société de l'Imprimerie Générale, propriétaires en 1891.

Clause . . . .

Ouverture d'une rue I, en prolongement de la rue Jean-Bart.

Lors de l'ouverture de la rue d'Assas, la rue I a été supprimée, et la Ville de Paris, par un contrat du 7 octobre 1808, en a cédé le terrain à un sieur Gobaut, acquéreur de Hanot.

---

239. — **Rue de Vaugirard, 90 à 100 et rue du Regard, 19.** (Angle.)

Vente nationale du 4 thermidor an VI. — Soulavie et Trusson, acquéreurs sur soumission, en vertu de la loi du 28 ventôse an IV.

Clause. — Élargissement de la rue de Vaugirard, projeté par la Commission des Artistes.

Exproprié suivant jugement du 8 décembre 1866 et démoli pour l'ouverture de la rue de Rennes.

---

240. — **Rues d'Assas, 8, 10. et du Cherche-Midi, 31.** *(Partie.)* (Ancien 33.) (Provenant des religieuses du Cherche-Midi.)

Vente nationale du 25 pluviôse an VI. — Larue-Sauviac, adjudicataire. — Mme de Grovestins (rue d'Assas, 8 et 10) et M. Bourgeaux, (rue du Cherche-Midi, 31), propriétaires en 1894.

Clause . . . .

En vendant à Florentin Gilbert, le 1er pluviôse an X, Larue-Sauviac a déclaré : « que depuis l'ouverture d'une rue qui doit communiquer de la rue du Cherche-Midi à celle de Vaugirard et au terrain des Chartreux, une portion du terrain formant ledit jardin a été prise par le Gouvernement pour la formation de ladite rue dans l'alignement indiqué. »

---

241. — **Place Saint-Sulpice, 10 et 12.** *(Partie.)* (Anciennement rue du Vieux-Colombier.) (1er lot de l'Académie de Vandeuil, (Provenant de Tersac, émigré.)

Vente nationale du 13 messidor an VI. — Deville, André, Gémond et Chevrier, adjudicataires. — MM. Joannès (n° 10), et Deville (n° 12), propriétaires.

Clause . . . .

L'adjudicataire était tenu de donner sans indemnité le terrain nécessaire pour la formation de la place Saint-Sulpice.

(Clause exécutée.)

---

242. — **Rue de l'Abbaye, 11 et 13.** (Anciens 9 et 11.) (Provenant de l'abbaye de Saint-Germain-des-Prés.)

Vente nationale du 25 nivôse an VI. — Vauthier, adjudicataire. MM. Valois et Tombal, propriétaires en 1887.

Clause. — Ouverture de la rue de l'Abbaye.

(Clause exécutée.)

---

243. — **Rue d'Erfurth,** (anciennement petite rue Sainte-Marguerite), **et rue Gozlin.** (Provenant de l'abbaye de Saint-Germain-des-Prés.)

Vente nationale du 10 fructidor an X. — Duvey, adjudicataire.

Clause. — Il (l'adjudicataire) sera tenu de se conformer, et ce, sans indemnité, à tous alignements ou retranchements qui pourront être arrêtés par les Travaux publics.

Exproprié et démoli pour l'ouverture du boulevard Saint-Germain. (Jugement du 24 juin 1875.)

---

244. — **Rue d'Erfurth.** (Anciennement petite rue Sainte-Marguerite.) (Boutiques et dépendances provenant de l'abbaye de Saint-Germain-des-Prés.)

Vente nationale du 11 nivôse an VI. — Lallard, adjudicataire.

Clause. — Se conformer à tous alignements qui pourraient être ordonnés, sans pouvoir, pour ce, prétendre aucune indemnité.

(Démoli.)

---

245. — **Rue de Savoie, 11.**

Vente par l'Administration des Hospices du 2 octobre 1812. — De Gombert, adjudicataire. — Les héritiers de Gombert, propriétaires en 1885.

Clause. — Art. 13. — L'adjudicataire sera tenu, etc. *(Voir l'avertissement).*

246. — Rue de Sèvres, 99, 101.

Vente par l'Administration des Hospices du 9 avril 1822. — CHANGEUX, adjudicataire. — MM. DUTARTRE et LEDAN propriétaire.

CLAUSE. — Art. 15. — L'adjudicataire sera tenu, lors, etc. *(Voir l'avertissement).*

247. — Rue des Poitevins, 12.

Vente par l'Administration des Hospices du 15 octobre 1822. — DESÖZE, adjudicataire. — M. et Mme Oscar de Vallée, propriétaires en 1896.

CLAUSE. — Art. 15. — L'adjudicataire sera tenu, lors, etc. *(Voir l'avertissement).*

Les renseignements qui suivent, établis postérieurement au 1er janvier 1887, complètent les articles précédents, ayant le même numéro.

3. — Rue du Cherche-Midi, 113 à 121 (et non 123).

28. — Rues d'Erfurth, 6, 8 et Gozlin, 24.

BAILE, adjudicataire.

39. — Rues de l'Abbaye, 16, 18 et Bonaparte 33, 35, 37.

M. CRÈVECŒUR (rue Bonaparte, 33) et Mme Vve LENÈGRE (pour le surplus), propriétaires en 1893.

41. — Rues Bonaparte, 23 à 31 et Jacob, 21 (partie), **23 à 29.**

42. — Rue Jacob, 19 et partie du **21.**

MM. FALLE (n° 19) et GAILLARD (n° 21), propriétaires en 1884.

59. — Rues Mazarine, entre les n^{os} **36, 38 et de Seine,** entre les n^{os} **35 et 37.**

Vente nationale du 11 germinal an VII (au lieu de 11 prairial).

La clause doit être modifiée ; au lieu de : ces extrémités sur lesdites rues, etc., il faut lire : ces extrémités d'*allées* sur lesdites rues (de Seine et Mazarine), sont sujettes à retranchement, etc.

65. Rues Servandoni, 2 et Palatine.

(Clause exécutée).

76. — Rue Cassette, 8, 10.

Le Conseil municipal, par une délibération du 14 novembre 1892, approuvée par arrêté préfectoral du 8 décembre suivant, a déclaré que la clause est sans objet en ce qui concerne la propriété de Mme Chaveroudier, rue de Rennes, 83.

84. — Rue Pape-Carpentier, 5 (anciennement rue Carpentier).

Vente nationale du 1er fructidor an V (au lieu de 28 thermidor).

88. — Rue Madame, 23 à 33.

Vente nationale du 21 fructidor an V (au lieu de 18 fructidor).

95. — Rue de Vaugirard, 75.

Vente nationale du 17 germinal an VII (au lieu de 7 germinal). — DELPONT, adjudicataire.

102. — Rue Bonaparte, 66, 68, 70.

Mme DE SCILLA (n° 70) ; MM. THÉMÉRICOURT et MABOLLES (n°s 65, 68), propriétaires.

120. — Rue d'Assas, 106 (Au lieu de 104) **à 138 et avenue de l'Observatoire.**

Le Conseil municipal, par une délibération du 25 juillet 1888, a déclaré la clause exécutée en ce qui concerne la propriété rue d'Assas, 114, appartenant à M. Joannis.

124. — Rue d'Assas, 58 (Au lieu de 158).

126. — Rue du Cherche-Midi, 74.

(Aligné en totalité). (Permission du 20 avril 1893.)

130. — Rue Servandoni, 6.

(Aligné par permission du 14 septembre 1887.)
(Clause exécutée.)

135. — Rue Dupuytren, 4.

Vente par l'Administration des Hospices du 9 avril 1813 (au lieu de 3 avril).

171. — Place Saint-André-des-Arts.

CLAUSE. — L'adjudicataire sera tenu de laisser subsister le passage au-devant de l'église, allant de la rue Saint-André-des-Arts à celle du Cimetière-Saint-André-des-Arts ; dans le cas où ledit adjudicataire démolirait totalité ou partie de ladite église sur les faces des rues, il sera tenu de céder à la voie publique, et ce sans indemnité contre la République venderesse, le terrain nécessaire à effectuer les alignements des rues environnantes, et même du passage en face du portail, s'il est jugé nécessaire de le convertir en rue.

176. — Rue Notre-Dame-des-Champs, 83 à 89.

La propriété n° 89, appartenant aux dames Augustines de Sainte-Marie, a été mise à l'alignement en exécution d'une permission de voirie du 31 mars 1884.

183. — Rue du Cherche-Midi, 100.

Vente par l'Administration des Hospices du 29 décembre 1821 (au lieu de 29 novembre).

192. — Boulevard du Montparnasse, rues de Vaugirard, etc.

Vente nationale du 8 messidor an V (au lieu de an VIII).

197-198. — Rue de la Harpe, 96, 98.

Arrêt de la Cour Royale de Paris du 6 juin 1845, réformant deux jugements qui avaient déclaré prescrite l'action de la Ville de Paris.

203. — Rues Jacob, 51 et des Saints-Pères, 31.

Vente par l'Administration des Hospices du 23 juillet 1813.

205. — Rue du Regard, 12.

(Clause exécutée.) (Permission du 3 mai 1895.)

SEPTIEME ARRONDISSEMENT

Voir pour la situation et l'étendue des propriétés la cinquième carte.

1. — **Rues Paul-Louis-Courier, et Saint-Simon.** (Provenant des Religieuses de la Visitation de Sainte-Marie.)

Vente nationale du 5 thermidor an IV. — Beuzet, adjudicataire. — MM. Bourges, Détailleurs, et autres propriétaires.

Clause. — L'acquéreur sera tenu de fournir dans toute l'étendue du domaine par lui acquis, et sans indemnité, les emplacements nécessaires pour l'ouverture desdites rues qui doivent avoir trente pieds de large, et ce d'après les alignements qui lui en seront donnés par l'Administration des travaux publics.

2. — **Rues Cler, 7, et de Grenelle, 182.**

Vente par l'Administration des Hospices du 24 janvier 1842. — Petit, adjudicataire. — La Congrégation des Filles du Calvaire de Saint-Vincent de Paul, propriétaire en 1878.

Clause. — Art. 15. — L'adjudicataire sera tenu, lors des reconstructions ou reconfortations, de livrer le terrain nécessaire pour l'élargissement de la rue et de se conformer à tous alignements ou retranchements qui pourront lui être prescrits par le Conseil des bâtiments civils, sans pouvoir prétendre aucune indemnité.

(Clause exécutée, la propriété est alignée sur les deux voies.)

3. — **Avenue de La Motte-Piquet, 1, 3, 5, 7.**

Vente nationale du 28 septembre 1813. — Rognon, adjudicataire. — MM. Détrimont (1), et Arnaud (7), propriétaires en 1881.

Clause. — Se conformer également sans indemnité aux alignements qui lui seront donnés, dans le cas où leurs ayants droit viendraient à ériger des constructions sur lesdits terrains.

(Jugement du 27 janvier 1881, qui condamne Bibard à délaisser gratuitement.)

4. — **Rues Barbet-de-Jouy, de Varenne, de Babylone, 50 à 70, et de Chanaleilles, 6, 13, (partie), 15, 17** (Provenant de l'Hôtel d'Orsay.)

Vente nationale du 21 prairial an VI. — Huin, Dabrin, Huguet et autres, adjudicataires.

Clause. — L'adjudicataire devra supporter sans indemnité tous alignements décrétés par la Commission des travaux publics.

(Extrait des ventes des 15 mai 1852 et 11 septembre 1859, ventes par Barbet de Jouy à Vᵉ Lemaire et Amédée de Viart, et vente du 17 juillet 1872, héritiers Gros à Boyer.)

5. — **Rue des Saints-Pères, 30.**

Vente par l'Administration des Hospices du 17 mai 1811. — Deloche, adjudicataire. — MM. Anne et Alfred Chauveroux, propriétaires en 1886.

Clause. — Art. 13. — L'adjudicataire sera tenu, lors des reconstructions ou reconfortations, de livrer le terrain nécessaire pour l'élargissement de la rue et de se conformer à tous alignements et retranchements qui pourront lui être prescrits par le Conseil des bâtiments civils, sans pouvoir prétendre aucune indemnité.

(Suivant l'avis de la Commission des réserves, la propriété dont il s'agit a été classée dans la 6ᵉ catégorie. — Séance du 16 février 1847.)

6. — **Rue de Grenelle, 29.** (Bien d'émigré.)

Vente nationale du 11 thermidor an VI. — Chavée, adjudicataire. — Les héritiers de Croix, propriétaires en 1862.

Clause. — L'adjudicataire sera tenu, dès qu'il en sera requis, de se conformer aux alignements arrêtés par la Commission des travaux publics, et ce sans indemnité.

(Arrêté de sursis du 10 juillet 1882.)

7. — **Boulevard Saint-Germain, 198.** (Anciennement rue Saint-Dominique, 12.

Vente nationale du 29 frimaire an VI. — Savay-Guerras, adjudicataire. — M. Sallantin, propriétaire en 1879.

Clause. — L'adjudicataire sera tenu, dès qu'il en sera requis, de se conformer aux alignements arrêtés par la Commission des travaux publics, et ce sans indemnité.

(Arrêté de sursis du 23 juin 1863. — N'a plus d'objet, la propriété n'est pas atteinte par le nouvel alignement du boulevard Saint-Germain.)

8. — **Rue de Sèvres.** (A l'angle de la rue Vaneau, anciennement rue des Brodeurs.)

Vente nationale du 9 frimaire an VI. — Moullin, adjudicataire. — MM. Dorigny et Vrayet de Surcy, propriétaires en 1880.

Clause. — L'adjudicataire sera tenu, dès qu'il en sera requis, de se conformer aux alignements arrêtés par la Commission des travaux publics, et ce sans indemnité.

(Arrêté de sursis du 16 mai 1874. La propriété est alignée sur la rue de Sèvres. — Nouvel arrêté de sursis du 24 juillet 1882.)

9. — **Boulevard Saint-Germain, 206.** (Anciennement rue Saint Dominique, 20.

Vente par l'Administration des Hospices du 5 mars 1813. — Lenoble, adjudicataire. — M. Lardier, propriétaire en 1886.

Clause. — Art. 15. — L'adjudicataire sera tenu, lors des reconstructions ou reconfortations, de livrer le terrain nécessaire pour l'élargissement de la rue et de se conformer à tous alignements et retranchements qui pourront lui être prescrits par le Conseil des bâtiments civils, sans pouvoir prétendre aucune indemnité.

10. — **Rues de Sèvres et du Bac.**

Vente par l'Administration des Hospices du 15 mai 1812. — Becquet, adjudicataire. — Mᵐᵉ Vᵉ Boucicaut, propriétaire en 1879.

Clause. — Art. 15. — L'adjudicataire sera tenu, lors des reconstructions ou reconfortations, de livrer le terrain nécessaire pour l'élargissement de la rue et de se conformer à tous alignements et retranchements qui pourront lui être prescrits par le Conseil des bâtiments civils, sans pouvoir prétendre aucune indemnité.

11. — **Rue Perronet, 5.** (Anciennement rue Saint-Guillaume.)

Vente par l'Administration des Hospices du 4 septembre 1812. — Paillard, adjudicataire. — M. Hertsman, propriétaire en 1886.

Clause. — Art. 15. — L'adjudicataire sera tenu, lors des reconstructions ou reconfortations, de livrer le terrain nécessaire pour l'élargissement de la rue et de se conformer à tous alignements ou retranchements qui pourront lui être prescrits par le Conseil des bâtiments civils, sans pouvoir prétendre aucune indemnité.

Il est dit, en outre, dans le procès-verbal d'enchères : « La maison de la rue » Saint-Guillaume, nᵒ 5, est susceptible d'un retranchement de 0ᵐ,21. »

12. — **Rues de Sèvres, 24** (ancien 34), **et du Bac, 137.** (Anciens 133 et 135.)

Vente par l'Administration des Hospices du 29 décembre 1821. — Pécourt, adjudicataire. — Mᵐᵉ Vᵉ Boucicaut, propriétaire en 1881.

Clause. — Art. 15. — L'adjudicataire sera tenu, lors des reconstructions ou reconfortations, de livrer le terrain nécessaire pour l'élargissement de la rue et de se conformer à tous alignements et retranchements qui pourront lui être prescrits par le Conseil des bâtiments civils, sans pouvoir prétendre aucune indemnité.

13. — **Rue du Bac, 104.** (Ancien 96.)

Vente par l'Administration des Hospices du 15 octobre 1816. — Fleury, adjudicataire — M. Josset, propriétaire en 1880.

Clause. — Art. 15. — L'adjudicataire sera tenu, lors des reconstructions ou reconfortations, de livrer le terrain nécessaire pour l'élargissement de la rue et de se conformer à tous alignements et retranchements qui pourront lui être prescrits par le Conseil des bâtiments civils, sans pouvoir prétendre aucune indemnité.

14. — **Rue de l'Université, 82.** A l'angle de la rue de Bellechasse. (Provenant de la succession Lachastre.)

Vente nationale du 3 prairial an XII. — Durreton, adjudicataire. — M. de Valsn, propriétaire en 1871.

Clause. — L'adjudicataire sera tenu de se conformer aux alignements et retranchements qui lui seront donnés par le Conseil des bâtiments civils, sans qu'il puisse prétendre aucune indemnité.

(La propriété est alignée sur la rue de l'Université.)

15. — **Boulevard Saint-Germain, 200, anciennement rue Saint-Dominique, 14, et rue Saint-Guillaume, 17.** (Angle.)

Vente par l'Administration des Hospices du 5 mars 1813. — Sallantin, adjudicataire. — M. Sallantin, propriétaire en 1881.

Clause. — Art. 15. — L'adjudicataire sera tenu, lors des reconstructions ou reconfortations, de livrer le terrain nécessaire pour l'élargissement de la rue et de se conformer à tous alignements et retranchements qui pourront lui être prescrits par le Conseil des bâtiments civils, sans pouvoir prétendre aucune indemnité.

16. — **Rue du Bac, 103.** (Ancien 93.)

Vente par l'Administration des Hospices du 24 janvier 1812. — Mᵐᵉ la Duchesse de Saint-Agnan, adjudicataire. — MM. Bernard frères et Rozer, propriétaires en 1881.

Clause. — Art. 15. — L'adjudicataire sera tenu, lors des reconstructions ou reconfortations, de livrer le terrain nécessaire pour l'élargissement de la rue et de se conformer à tous alignements et retranchements qui pourront lui être prescrits par le Conseil des bâtiments civils, sans pouvoir prétendre aucune indemnité.

17. — **Rue de Bellechasse, 29, et partie du 31.** (Provenant du Couvent de Bellechasse.)

Vente nationale du 15 brumaire an XI. — Monge, adjudicataire. — M. Bour (29) et Mᵐᵉ Rolland (31), propriétaires en 1886.

Clause. — Le présent acquéreur sera également tenu de se conformer, et ce sans indemnité, à tous les alignements ou retranchements qui auront lieu pour la rue dans le prolongement de celle de Bellechasse.

(Clause exécutée.)

18. — **Rue de Bellechasse, 31 partie, et 33 partie.** (Provenant des Couvents de Bellechasse et de Panthémont.)

Vente nationale du 15 brumaire an XI. — Monge, adjudicataire. — Mᵐᵉ Rolland (31) et M. Wanner (33), propriétaires en 1886.

Clause. — Le présent acquéreur sera tenu de se conformer, et ce sans indemnité, à tous alignements ou retranchements qui auront lieu pour la rue projetée dans le prolongement de celle de Bellechasse.

(Clause exécutée.)

19. — **Rue de Bellechasse, 33 partie, et 35.** (Provenant des Couvents de Bellechasse et de Panthémont.)

Vente nationale du 29 prairial an XI. — Monge, adjudicataire. — MM. Wanner (33), et Robert Houdin (35), propriétaires en 1886.

Clause. — L'acquéreur prendra la grandeur de son terrain du côté de la rue projetée, suivant les alignements qui lui seront donnés par les commissaires-voyers de la Ville de Paris, et sera tenu de clore, suivant lesdits alignements, dans le cours de la quinzaine qui suivra son adjudication.

(Clause exécutée.)

20. — **Rue de Bellechasse, 35 bis.** — (Provenant du Couvent de Panthémont.)

Vente nationale du 25 frimaire an XII. — Monge, adjudicataire.

Clause. — L'acquéreur sera tenu de prendre la grandeur de son terrain sur la rue projetée, à cinq mètres vingt-cinq centimètres, à partir du milieu du mur mitoyen entre la présente propriété et celle du citoyen Monge, et l'autre point de distance sera le milieu du mur mitoyen à construire.

(Clause exécutée. — La rue projetée dont il est parlé dans cette clause est celle de Bellechasse.)

21. — **Rue de Grenelle, 102.**

Procès-verbal de mise en possession du 12 brumaire an IV. — Crauch (de Boston), gagnant à la loterie. — M. Herbert, propriétaire en 1880.

La propriété est traversée par le prolongement de la rue Paul-Louis-Courrier. — Projet de la Commission des artistes.

22. **Rues Saint-Dominique, 9, et de Bellechasse, 36.** (Angle.) (Provenant du Couvent de Bellechasse.)

Vente nationale du 29 prairial an XI. — Pierre d'Amnan, adjudicataire. — Les Héritiers Marquis, propriétaires en 1874.

Clause. — L'adjudicataire du terrain présentement mis en vente, prendra la grandeur de son terrain sur la rue projetée et sur celle Saint-Dominique, d'après les alignements qui lui seront donnés par la Commission des travaux publics.

(Clause exécutée. — La rue projetée dont il est parlé dans cette clause est celle de Bellechasse.)

23. — **Rues de Bellechasse, 40, 42, 44, et Las-Cases, 1, 3, 5.** (Provenant de l'enclos de Bellechasse.)

Vente nationale du 3 juin 1828. — Fontaine, adjudicataire. — MM. Mauban, Fassier, de Candolle, et Mᵐᵉˢ de la Trémoille et de Bressieux, propriétaires en 1884.

Clause. — La face sur la rue Neuve-de-Bellechasse des trois premiers bâtiments dépendant de ce deuxième lot, est susceptible, pour l'alignement de cette rue, d'un retranchement de deux mètres au point à droite et de deux mètres soixante centimètres au point à gauche sur une longueur de vingt-quatre mètres, ce qui produit une superficie de cinquante-cinq mètres vingt-cinq centimètres, le tout environ.

(Clause exécutée.)

24. — **Rue de Bellechasse, 56.** A l'angle de la rue de Grenelle. (Provenant du couvent de Panthémont.)

Vente nationale du 29 prairial an XI. — Renaubert-Lavarde, adjudicataire. — L'État, propriétaire en 1882.

Clause. — L'acquéreur du domaine présentement vendu, prendra la grandeur de son terrain du côté de la rue projetée, d'après les repères et alignements qui lui seront donnés par les commissaires-voyers de la Ville de Paris.

(Clause exécutée. — La rue projetée dont il est parlé ci-dessus est celle de Bellechasse.)

25. — **Rues de Bourgogne, 27, 29, et Saint-Dominique, 35,** *(partie.)* (Provenant des Couvents des Carmélites et de Bellechasse.)

Vente nationale du 14 mai 1793. — Vᵗᵉ Lignerac, adjudicataire.

Clause. — D'après la désignation du cahier des charges, la propriété tenait « du midi à la rue projetée ».

Cette « rue projetée » était une voie en prolongement du passage de la Visitation ; elle a depuis été remplacée par la rue Las Cases.)

26. — **Avenue de Breteuil, 1 à 9,** *(partie)*, **avenue de Villars, 2 à 14 et rue d'Estrée, 4.** (Provenant des Invalides.)

Vente nationale du 24 brumaire an V. — Litez, adjudicataire.

Clause. — L'acquéreur sera tenu de supporter tout retranchement qui sera exigé par la voirie sans réclamer de réduction de prix. (Extrait de l'acte de vente par Desnoyers à Lecluse. — Contrat du 5 septembre 1822. Mᵉ Deguingand, notaire.)

27. — **Rues de Sèvres, 16, et de La Chaise, 11.** (Provenant de l'Abbaye-aux-Bois.)

Vente nationale du 5 frimaire an VI. — La Caisse des Rentiers, adjudicataire. — La Communauté des Dames Religieuses de Saint-Augustin, propriétaire en 1881.

Cette propriété est traversée par le projet de la Commission des Artistes indiqué n° 31.

28 — **Rues de Babylone, 42 à 48, Vaneau, 24 à 40, 19 à 39, et de Chanaleilles, 2, 4, et 1 à 13** *(partie.)* (Provenant de l'émigré Barbançon.)

Procès-verbal de mise en possession du 18 germinal an IV. — Mᵐᵉ Bonnet, gagnante à la loterie.

La propriété est traversée par la rue Vaneau et le projet de rue de la Commission des Artistes allant du carrefour de la Croix-Rouge à l'avenue de Tourville ; la première a été exécutée, la rue de Chanaleilles est sur le tracé de la seconde qui ne paraît avoir été imposée que dans la vente n° 31.

29. — **Rues de Babylone, 38, 40, et Vaneau, 41.** (Angle).

Vente nationale du 16 messidor an IV. — Laruz-Sauriac, adjudicataire.

(Propriété alignée.)

30. — **Rue de Lille, 52.** En 1854. (Provenant de la succession d'Harcourt.)

Vente nationale du 30 fructidor an XI. — Jourdan, adjudicataire. — La Caisse des Dépôts et Consignations, propriétaire en 1886.

Clause. — Ledit adjudicataire sera enfin tenu de se conformer aux charges d'usage et à tous alignements, règlements, redressements et de fournir tous terrains nécessaires, s'il y a lieu, sans pouvoir prétendre aucune indemnité.

(Propriété alignée.)

31. — **Rues de Babylone, 20, 22, et du Bac, 128.** (Provenant des Missions-Étrangères.)

Vente nationale du 25 vendémiaire an V. — Salmont, adjudicataire. — Les Missions Étrangères, propriétaires en 1881.

Clause. — A charge par l'acquéreur de livrer, sans indemnité, le terrain nécessaire au percement d'une rue projetée. — Cette rue arrêtée par la Commission des Artistes devait aller du carrefour de la Croix-Rouge à l'avenue de Tourville.

32. — Rue du Bac, 101. (Ancien 91.)

Vente par l'Administration des Hospices du 3 juillet 1812. — De La Feuillade, adjudicataire. — Mme Vve Coustou, propriétaire en 1881.

Clause. — Art. 15. — L'adjudicataire sera tenu, lors des reconstructions ou reconfortations, de livrer le terrain nécessaire pour l'élargissement de la rue et de se conformer à tous alignements et retranchements qui pourront lui être prescrits par le Conseil des bâtiments civils, sans pouvoir prétendre aucune indemnité.

———————

33. — Rue du Bac, 106. (Ancien 98.)

Vente par l'Administration des Hospices du 25 septembre 1812. — Fixhtea, adjudicataire. — Mme Vve Boucicaut, propriétaire en 1882.

Clause. — Art. 15. — L'adjudicataire sera tenu, lors des reconstructions ou reconfortations, de livrer le terrain nécessaire pour l'élargissement de la rue et de se conformer à tous alignements et retranchements qui pourront lui être prescrits par le Conseil des bâtiments civils, sans pouvoir prétendre aucune indemnité.

———————

34. — Rue du Bac, 105, 107. (Anciens 95, 97.)

Vente par l'Administration des Hospices du 24 mai 1811. — Quinette de Rochemont, adjudicataire. — Mme Vve Lejeune, propriétaire en 1881.

Clause. — Art. 15. — L'adjudicataire sera tenu, lors des reconstructions ou reconfortations, de livrer le terrain nécessaire pour l'élargissement de la rue et de se conformer à tous alignements et retranchements qui pourront lui être prescrits par le Conseil des bâtiments civils, sans pouvoir prétendre aucune indemnité.

———————

35. — Rue du Bac, 129. (Ancien 121.)

Vente par l'Administration des Hospices du 27 septembre 1811. — Ricsand, adjudicataire. — Mme Vve Boucicaut, propriétaire en 1881.

Clause. — Art. 15. — L'adjudicataire sera tenu, lors des reconstructions ou reconfortations, de livrer le terrain nécessaire pour l'élargissement de la rue et de se conformer à tous alignements et retranchements qui pourront lui être prescrits par le Conseil des bâtiments civils, sans pouvoir prétendre aucune indemnité.

(Aligné par permission du 27 février 1886.)

———————

36. — Rue du Bac, 142. (Ancien 134.)

Vente par l'Administration des Hospices du 12 juin 1812. — Darenne, adjudicataire. — Mme Guérin, propriétaire en 1881.

Clause. — Art. 15. — L'adjudicataire sera tenu, lors des reconstructions ou reconfortations, de livrer le terrain nécessaire pour l'élargissement de la rue et de se conformer à tous alignements et retranchements qui pourront lui être prescrits par le Conseil des bâtiments civils, sans pouvoir prétendre aucune indemnité.

———————

37. — Rue de Babylone, 19. (Ancien 9.)

Vente par l'Administration des Hospices du 27 décembre 1811. — Lachaux, adjudicataire. — M. Boades, propriétaire en 1881.

Clause. — Art. 15. — L'adjudicataire sera tenu, lors des reconstructions ou reconfortations, de livrer le terrain nécessaire pour l'élargissement de la rue et de se conformer à tous alignements et retranchements qui pourront lui être prescrits par le Conseil des bâtiments civils, sans pouvoir prétendre aucune indemnité.

———————

38. — Rue de Grenelle, 50. (Ancien 48 *bis.*)

Acte administratif du 19 septembre 1843. — Yvonnet, adjudicataire. — Mme Vve Péronne, propriétaire en 1881.

Il est déclaré qu'en vertu d'une autorisation spéciale de l'autorité compétente, il a été établi, dans la maison portant autrefois le n° 48 *bis*, un poitrail entre le rez-de-chaussée et le premier étage, mais que cette autorisation n'a été accordée qu'à la condition de reculer et démolir ladite maison, portant le n° 48 *bis*, dans le cas où celle contiguë, portant le n° 50, ou tout le surplus de la maison n° 48, viendrait, pour quelque cause que ce soit, à être démolie ou reculée. L'adjudicataire devra, en conséquence, se conformer à cet égard aux conditions et obligations imposées par la Ville de Paris, qui a pris une inscription pour sûreté de l'exécution desdites obligations.

———————

39. — Avenue de Tourville, 12 à 20. (Angle de la rue Chevert.) (Provenant des Invalides.)

Vente nationale du 28 germinal an V. — Devinast, adjudicataire. — MM. de Brissac (12), Bertin (14), Simonet Carot (16), Cuerrien (18) et Lantome (20), propriétaires.

Clause. — L'acquéreur ne pourra construire sur le boulevard de l'École-Militaire, qu'en s'assujettissant à l'alignement qui sera donné par le bureau de voirie ou tous autres à ce préposés.

———————

40. — Avenue et impasse de Saxe, n° 1.

Vente nationale du 29 messidor an VII. — Fontanel, adjudicataire. — M. Jardinet, propriétaire en 1881.

Clause. — . . . . Il a été dit que l'acquéreur souffrirait les servitudes qui pouvaient exister, s'il n'y avait titre contraire, ainsi que tous alignements ou retranchements qui pourraient lui être donnés par les Travaux publics, et ce sans indemnité, et qu'il ne pourrait changer le sentier existant sur l'avenue, qui resterait tel qu'il est figuré au plan annexé audit procès-verbal, et qu'il fournirait moitié de terrain pour ledit sentier, et ce aussi sans indemnité.

(Extrait de l'acte de vente par Mme Vve Coin à Jardinet, propriétaire actuel.)

———————

41. — Avenue de Breteuil. (Ancien n° 40.) (Partie de la propriété n°s 52, 54 actuels.)

Vente nationale du 25 janvier 1806. — Fialon, adjudicataire. — La Société Duval et Lescophy, propriétaire en 1881.

Clause. — L'adjudicataire sera tenu de se conformer aux alignements ou retranchements qui pourraient lui être donnés par le Conseil des bâtiments civils, et ce sans indemnité.

———————

42. — Rue de Sèvres, 30. (Ancien 40.)

Vente par l'Administration des Hospices du 27 septembre 1811. — Viard, adjudicataire. — M. Mozano, propriétaire en 1881.

Clause. — Art. 15. — L'adjudicataire sera tenu, lors des reconstructions ou reconfortations, de livrer le terrain nécessaire pour l'élargissement de la rue et de se conformer à tous alignements et retranchements qui pourront lui être prescrits par le Conseil des bâtiments civils, sans pouvoir prétendre aucune indemnité.

———————

43. — Rue de Bourgogne, 48. (Ancien 36.)

Vente par l'Administration des Hospices du 10 janvier 1812. — Hardy, adjudicataire. — M. Ginoux de Fermont, propriétaire en 1881.

Clause. — Art. 15. — L'adjudicataire sera tenu, lors des reconstructions ou reconfortations, de livrer le terrain nécessaire pour l'élargissement de la rue et de se conformer à tous alignements et retranchements qui pourront lui être prescrits par le Conseil des bâtiments civils, sans pouvoir prétendre aucune indemnité.

———————

44. — Rue de l'Université, 20.

Vente par l'Administration des Hospices du 7 février 1812. — Dutillet, adjudicataire. — M. Dutillet, propriétaire en 1881.

Clause. — Art. 15. — L'adjudicataire sera tenu, lors des reconstructions ou reconfortations, de livrer le terrain nécessaire pour l'élargissement de la rue et de se conformer à tous alignements et retranchements qui pourront lui être prescrits par le Conseil des bâtiments civils, sans pouvoir prétendre aucune indemnité.

———————

45. — Boulevard Saint-Germain, 208. (Anciennement rue Saint-Dominique, 24.)

Vente par l'Administration des Hospices du 1er octobre 1816. — Carles, adjudicataire. — M. Mignon, propriétaire en 1881.

Clause. — Art. 15. — L'adjudicataire sera tenu, lors des reconstructions ou reconfortations, de livrer le terrain nécessaire pour l'élargissement de la rue et de se conformer à tous alignements et retranchements qui pourront lui être prescrits par le Conseil des bâtiments civils, sans pouvoir prétendre aucune indemnité.

———————

46. — Rue du Bac, 110. (Ancien 102.)

Vente par l'Administration des Hospices du 21 juin 1811. — Robert Morel, adjudicataire. — M. Teil, propriétaire en 1881.

Clause. — Art. 15. — L'adjudicataire sera tenu, lors des reconstructions ou reconfortations, de livrer le terrain nécessaire pour l'élargissement de la rue et de se conformer à tous alignements et retranchements qui pourront lui être prescrits par le Conseil des bâtiments civils, sans pouvoir prétendre aucune indemnité.

(Propriété alignée.)

———————

47. — Rue du Bac, 136. (Ancien 128.)

Vente par l'Administration des Hospices du 24 janvier 1812. — Cadet de Chambine, adjudicataire. — Congrégation des Filles de la Charité de Saint-Vincent-de-Paul, propriétaire en 1881.

Clause. — Art. 15. — L'adjudicataire sera tenu, lors des reconstructions ou reconfortations, de livrer le terrain nécessaire pour l'élargissement de la rue et de se conformer à tous alignements et retranchements qui pourront lui être prescrits par le Conseil des bâtiments civils, sans pouvoir prétendre aucune indemnité.

———————

48. — Boulevard Saint-Germain, 210. (Anciennement rue Saint-Dominique, 24.)

Vente par l'Administration des Hospices du 29 mai 1812. — Épinette, adjudicataire. — M. Joliot, propriétaire en 1881.

Clause. — Art. 15. — L'adjudicataire sera tenu, lors des reconstructions ou reconfortations, de livrer le terrain nécessaire pour l'élargissement de la rue et de se conformer à tous alignements et retranchements qui pourront lui être prescrits par le Conseil des bâtiments civils, sans pouvoir prétendre aucune indemnité.

49. — Boulevard Saint-Germain, 212. (Anciennement rue Saint-Dominique, 24.)

1° Vente par l'Administration des Hospices du 26 juin 1812. — Ladainte, adjudicataire. — M. Guglielmi, propriétaire en 1881.

2° Vente par l'Administration des Hospices du 25 juin 1813. — Delohme, adjudicataire. — M. Guglielmi, propriétaire en 1881.

Clause. — Art. 15. — L'adjudicataire sera tenu, lors des reconstructions ou reconfortations, de livrer le terrain nécessaire pour l'élargissement de la rue et de se conformer à tous alignements et retranchements qui pourront lui être prescrits par le Conseil des bâtiments civils, sans pouvoir prétendre aucune indemnité.

50. — Rue et place Saint-Thomas-d'Aquin, 1 et 3, boulevard Saint-Germain, 228. (Angles.) (Anciennement rue Saint-Dominique, 38, plus anciennement n° 952.) (Les Religieux Jacobins.)

Vente nationale du 11 ventôse an V. — Delmond, adjudicataire. — M. Rebour., propriétaire en 1881.

Charges et conditions. — . . . . . Se soumettre sans recours ni diminution de prix aux reculements qui pourraient être exigés par la Ville de Paris.

51. — Avenue de La Motte-Piquet, 15. (Provenant des Invalides.)

Vente nationale du 14 juin 1806. — Gardès, adjudicataire. — M. Lottin, propriétaire en 1881.

Clause. — A la fin dudit bail (bail emphytéotique du 1er janvier 1780 au 1er janvier 1879), ledit adjudicataire sera tenu de se conformer aux alignements et retranchements qui pourront lui être prescrits par le Conseil des bâtiments civils, et ce sans indemnité.

52. — Rue Chevert, 12. (Provenant des Invalides.)

Vente nationale du 14 juin 1806. — Gardès, adjudicataire. — M. Bauis, propriétaire en 1882.

Clause. — A la fin dudit bail (bail emphytéotique du 1er janvier 1780 au 1er janvier 1879), ledit adjudicataire sera tenu de se conformer aux alignements et retranchements qui pourront lui être prescrits par le Conseil des bâtiments civils, et ce sans indemnité.

53. — Avenue de La Motte-Piquet 17, rues Chevert et Bougainville, n° 1. (Provenant des Invalides.)

Vente nationale du 14 juin 1806. — Gardès, adjudicataire. — M. Bacot, propriétaire en 1881.

Clause. — A la fin dudit bail (bail emphytéotique du 1er janvier 1780 au 1er janvier 1879) ledit adjudicataire sera tenu de se conformer aux alignements et retranchements qui pourront lui être prescrits par le Conseil des bâtiments civils, et ce sans indemnité.

54. — Rue Chevert, 20 et 20 bis. (Présumé.)

Vente nationale du 14 floréal an V. — Rognon, adjudicataire. — Mme Dubois, pour le n° 20 et M. Boutay, pour le n° 20 bis, propriétaires en 1882.

Clause. — La face de ce terrain donnant sur ladite avenue, sera assujettie aux alignements arrêtés pour laisser aux arbres leur croissance, et cet alignement sera exécuté sans indemnité lorsque l'acquéreur ou ses représentants feront construire, clore ou reconforter les clôtures actuelles sur ladite avenue.

55. — Avenue de La Motte-Piquet, 21, et rue Chevert, 18.

Vente nationale du 14 floréal an V. — Rognon, adjudicataire. — M. Leclerc, propriétaire, en 1881.

Clause. — La face de ce terrain, donnant sur ladite avenue sera assujettie aux alignements arrêtés pour laisser aux arbres leur croissance, et cet alignement sera exécuté sans indemnité lorsque l'acquéreur ou ses représentants feront construire, clore ou reconforter les clôtures actuelles sur ladite avenue.

56. — Avenue de La Motte-Piquet, 23.

Vente nationale du 14 floréal an V. — Rognon, adjudicataire. — MM. Polack et Moussard, propriétaires en 1882.

Clause. — La face de ce terrain donnant sur ladite avenue sera assujettie aux alignements arrêtés pour laisser aux arbres leur croissance, et cet alignement sera exécuté sans indemnité lorsque l'acquéreur ou ses représentants feront construire, clore ou reconforter les clôtures actuelles sur ladite avenue.

(Une délibération du Conseil municipal, en date du 6 août 1869, a classé cette clause dans la 6° catégorie des réserves domaniales, comme étant désormais sans objet en ce qui concerne la propriété n° 23, qui est alignée.)

57. — Avenue de La Motte-Piquet, 23 bis.

Vente nationale du 14 floréal an V. — Rognon, adjudicataire. — M. Marsillon, propriétaire en 1881.

Clause. — La face de ce terrain donnant sur ladite avenue sera assujettie aux alignements arrêtés pour laisser aux arbres leur croissance, et cet alignement sera exécuté sans indemnité lorsque l'acquéreur ou ses représentants feront construire, clore ou reconforter les clôtures actuelles sur ladite avenue.

Une délibération du Conseil municipal en date du 6 août 1869 a classé cette clause dans la 6° catégorie des réserves domaniales, comme étant désormais sans objet en ce qui concerne la propriété n° 23 bis, qui est alignée.

58. — Avenue de La Motte-Piquet, 25.

Vente nationale du 14 floréal an V. — Rognon, adjudicataire. — M. Leroy, propriétaire en 1881.

Clause. — La face de ce terrain donnant sur ladite avenue sera assujettie aux alignements arrêtés pour laisser aux arbres leur croissance, et cet alignement sera exécuté sans indemnité, lorsque l'acquéreur ou ses représentants feront construire, clore ou reconforter les clôtures actuelles sur ladite avenue.

Une délibération du Conseil municipal en date du 6 août 1869, a classé cette clause dans la 6° catégorie des réserves domaniales, comme étant désormais sans objet en ce qui concerne la propriété n° 25, qui est alignée.

59. — Avenue de La Motte-Piquet, 27.

Vente nationale du 14 floréal an V. — Rognon, adjudicataire. — MM. Kauffmann et Boillot, propriétaires en 1881.

Clause. — La face de ce terrain donnant sur ladite avenue sera assujettie aux alignements arrêtés pour laisser aux arbres leur croissance, et cet alignement sera exécuté sans indemnité, lorsque l'acquéreur ou ses représentants feront construire, clore ou reconforter les clôtures actuelles sur ladite avenue.

60. — Avenue de La Motte-Piquet, 29.

Vente nationale du 14 floréal an V. — Rognon, adjudicataire. — M. Millet, propriétaire en 1881.

Clause. — La face de ce terrain sur ladite avenue sera assujettie aux alignements arrêtés pour laisser aux arbres leur croissance, et cet alignement sera exécuté sans indemnité lorsque l'acquéreur ou ses représentants feront construire, clore ou reconforter les clôtures actuelles sur ladite avenue.

61. — Avenue de La Motte-Piquet, 19, rues Bougainville, 2, et Chevert.

Vente nationale du 24 pluviôse an V. — Dorville, adjudicataire. — M. Hurien, propriétaire en 1886.

Clause. — Les acquéreurs seront tenus de laisser un chemin de 15 pieds, ou, nouvelle mesure, 5 mètres . . . . , ...

(Aligné.) (Permission du 31 octobre 1885.)

62. — Rues de la Chaise, 14, et de Varenne, 2. (Anciennement rue de la Planche.) (Provenant de l'émigré Varaquin de Beaupré.)

Vente nationale du 9 pluviôse an VI. — Évrard, adjudicataire. — M. Testard, propriétaire en 1886.

Clause. — L'adjudicataire sera tenu, dès qu'il en sera requis, de se conformer aux alignements arrêtés par la Commission des travaux publics, et ce sans indemnité.

Arrêt du Conseil d'État du 21 juillet 1853, décidant que la clause se réfère pour la rue de Varenne à l'alignement arrêté par le Ministre le 2 thermidor an V.

63. — Rue Vaneau, 81. (Anciennement rue des Brodeurs, 27, plus anciennement, 21.)

Vente par l'Administration des Hospices du 2 mars 1810. — Dreux, adjudicataire. — Mme Macquet, propriétaire en 1885.

Clause. — Art. 15. — L'adjudicataire sera tenu, lors des reconstructions ou reconfortations, de livrer le terrain nécessaire pour l'élargissement de la rue et de se conformer à tous alignements et retranchements qui pourront lui être prescrits par le Conseil des bâtiments civils, sans pouvoir prétendre aucune indemnité.

64. — Rue de Varenne, 10. (Anciennement rue de la Planche.)

Vente nationale du 23 nivôse an VII. — Bourdon et Jouennault, adjudicataires. — M. de Carondelet, propriétaire en 1885.

Clause. — L'adjudicataire sera tenu, dès qu'il en sera requis, de se conformer aux alignements arrêtés par la Commission des travaux publics, et ce sans indemnité.

65. — Rue Vaneau, 75. (Anciennement rue des Brodeurs, 17.)

Vente par l'Administration des Hospices du 2 mars 1810. — PETIT, adjudicataire. — M. PALADE, propriétaire en 1885.

CLAUSE. — Art. 15. — L'adjudicataire sera tenu, lors des reconstructions ou reconfortations, de livrer le terrain nécessaire pour l'élargissement de la rue et de se conformer à tous alignements et retranchements qui pourront lui être prescrits par le Conseil des bâtiments civils, sans pouvoir prétendre aucune indemnité.

66. — Rue Vaneau, 59. *(Partie.)* (Anciennement rue des Brodeurs, 3, *partie.*)

Vente par l'Administration des Hospices du 2 mars 1810. — BRUNET, adjudicataire. — M. FERRISS, propriétaire en 1885.

CLAUSE. — Art. 15. — L'adjudicataire sera tenu, lors des reconstructions ou reconfortations, de livrer le terrain nécessaire pour l'élargissement de la rue et de se conformer à tous alignements et retranchements qui pourront lui être prescrits par le Conseil des bâtiments civils, sans pouvoir prétendre aucune indemnité.

67. — Rue Vaneau, 65. (Anciennement rue des Brodeurs, 9.)

Vente par l'Administration des Hospices du 2 mars 1810. — CHARPENTIER, adjudicataire. — LES HOSPICES CIVILS, propriétaires en 1885.

CLAUSE. — Art. 15. — L'adjudicataire sera tenu, lors des reconstructions ou reconfortations, de livrer le terrain nécessaire pour l'élargissement de la rue et de se conformer à tous alignements et retranchements qui pourront lui être prescrits par le Conseil des bâtiments civils, sans pouvoir prétendre aucune indemnité.

68. — Rue de Varenne, 47 (Ancien 17.)

Vente par l'Administration des Hospices du 21 février 1807. — DE PRÉAMENEU, adjudicataire. — M. DE LA ROCHEFOUCAULT-BISACCIA, propriétaire en 1877.

CLAUSE. — Art. 15. — L'adjudicataire sera tenu, lors des reconstructions ou reconfortations, de livrer le terrain nécessaire pour l'élargissement de la rue et de se conformer à tous alignements et retranchements qui pourront lui être prescrits par le Conseil des bâtiments civils, sans pouvoir prétendre aucune indemnité.

69. — Boulevard Saint-Germain, 244 (anciennement rue Saint-Dominique, 58), **et rue du Bac, 36.** *(Partie.)*

Vente nationale du 29 germinal an X. — ISNARD, adjudicataire. — L'ÉTAT, MM. PÉRIER, DESGRANGES, DE NICOLAY, héritiers KELLERMANN et héritiers DURAND-FORNAS, propriétaires en 1886.

CLAUSE. — L'adjudicataire sera également tenu de se conformer aux alignements du plan de Paris sur les rues Saint-Dominique et du Bac, et ce sans indemnité.

Délibération du Conseil municipal du 22 avril 1887, déclarant la réserve exécutée en ce qui concerne la propriété des héritiers DURAND-FORNAS.

70. — Boulevard des Invalides, 36 à 46, rues d'Estrées, 1, 3, 5 *(partie)*, **et Éblé, 2, 4 et 6.**

Vente nationale du 29 pluviôse an IX. — DRUONT et BARBIER, adjudicataires.

CLAUSE. — La ligne C indiquée sur le plan annexé au procès-verbal d'estimation joint à ces présentes, étant destinée à former une face de rue en continuation de celle de Babylone, est sujette à un redressement déjà commencé vers la maison ; en conséquence, l'acquéreur sera tenu de donner le terrain nécessaire pour le redressement, sans pouvoir exiger aucune indemnité ni diminution sur le prix de la présente vente.

(Exécuté.)

71. — Rue de Bellechasse, 48, 50. (Provenant du Couvent de Panthemont.)

Vente nationale du 29 prairial an XI. — GUYOT DE LISLE, adjudicataire. — M. DELAPERRIÈRE (n° 50), Mme DE LA BOURDONNAYE (n° 48), propriétaires en 1885.

CLAUSE. — Il (l'adjudicataire) sera en outre chargé de contribuer pour sa part au pavage de la nouvelle rue, dans toute la longueur de son terrain et dans la moitié de la largeur de ladite rue projetée.

72. — Rue de Bellechasse, 46.

Vente nationale du 13 prairial an XII. — CORDIVAL, adjudicataire. — Mme DE LA BOURDONNAYE, propriétaire en 1884.

CLAUSE. — Il (l'adjudicataire) livrera à la voie publique, sans indemnité, le terrain triangulaire IJK, lorsqu'on démolira le bâtiment HI ; il jouira jusqu'à cette époque en toute propriété dudit terrain triangulaire ; il ne pourra y établir qu'en se reculant à l'alignement définitif de la rue en JK ; le mur de clôture IJ ayant été construit provisoirement en biais pour la sûreté et la salubrité publiques dans cette nouvelle rue ; il contribuera pour sa portion au pavage et éclairage de nouvelle rue.

73. — Rue de Lille, 28.

Vente par l'Administration des Hospices du 3 juillet 1812. — HENRIOT, adjudicataire. — M. LALLEMAND, propriétaire en 1886.

CLAUSE. — Art. 15. — L'adjudicataire sera tenu, lors des reconstructions ou reconfortations, de livrer le terrain nécessaire pour l'élargissement de la rue et de se conformer à tous alignements et retranchements qui pourront lui être prescrits par le Conseil des bâtiments civils, sans pouvoir prétendre aucune indemnité.

74. — Rues de Lille, 44 à 48, de Beaune, 2 à 8, et quai Voltaire, 29 à 33.
(Provenant de l'émigré de Nesle.)

Vente nationale des 21 et 23 frimaire an VII. — KANGUEN, adjudicataire.

CLAUSE. — L'adjudicataire sera tenu, dès qu'il en sera requis, de se conformer aux alignements arrêtés par la Commission des travaux publics, et ce sans indemnité.

75. — Rues du Bac, 49, et Saint-Dominique, 39.

Vente par l'Administration des Hospices du 26 juin 1812. — BOURIAT, adjudicataire. — LE HÉRITIERS BOURIAT, expropriés suivant jugement du 27 septembre 1876.

CLAUSE. — Art. 15. — L'adjudicataire sera tenu, lors des reconstructions ou reconfortations, de livrer le terrain nécessaire pour l'élargissement de la rue et de se conformer à tous alignements et retranchements qui pourront lui être prescrits par le Conseil des bâtiments civils, sans pouvoir prétendre aucune indemnité.

(Démoli.)

76. — Rue Pérignon, 24, 26, 28. (Anciennement ruelle des Paillassons.)

Vente nationale du 29 messidor an VII. — HÉBRARD, adjudicataire. — LES DAMES CARMÉLITES, propriétaires en 1891.

CLAUSE. — L'adjudicataire sera tenu de se conformer à l'alignement déterminé pour la ruelle des Paillassons, de ne pas obstruer le petit chemin bordant ledit terrain, et de se soumettre, et ce sans indemnité, à tous alignement et retranchement qui pourraient lui être donnés par les Travaux publics.

77. — Avenues de Breteuil, 68, 70, 72, 74, de Saxe, 33, 35, 37, 39, 41, et place de Breteuil, 2. (Provenant des Invalides.)

Vente nationale du 29 nivôse an VI. — GAMBIN, adjudicataire. — MM. GAUTRET, LECLÈRE, DUPUY, DE VERCY, CHAMPENOIS, GENDREY, propriétaires en 1892.

CLAUSE. — L'adjudicataire sera tenu de se conformer, toujours sans aucun recours contre les vendeurs, sans même aucune diminution de prix et sans aucune espèce de garantie, aux alignements qui pourraient être donnés par le Gouvernement, et par conséquent à souffrir les retranchements que ledit terrain pourrait éprouver, ainsi que ledit feu sieur Hébrard pouvait y être tenu aux termes du procès-verbal de vente en date à Paris au commencement du 25 nivôse an VI.

78. — Rue Pérignon, 16, 18, 20, 22. (Anciennement ruelle des Paillassons.)

Vente nationale du 29 messidor an VII. — ÉTIENNE, adjudicataire. — LES DAMES CARMÉLITES propriétaires en 1891.

CLAUSE. — L'acquéreur suivra l'alignement déterminé pour la ruelle des Paillassons, et fournira, s'il y a lieu, et ce sans indemnité, le terrain nécessaire à cet effet.
Il se conformera, et ce aussi sans indemnité, à tous autres alignements ou retranchements qui pourraient lui être donnés par les Travaux publics.
(Clause exécutée.)

79. — Rue Pérignon, 12 (anciennement ruelle des Paillassons), **et avenue de Saxe, 24, 26.**

Vente nationale du 19 pluviôse an VI. — LAPORTE, adjudicataire. — LES DAMES CARMÉLITES, propriétaires en 1891.

CLAUSE. — L'acquéreur sera tenu de se conformer, quand il en sera requis, et ce sans indemnité, aux alignements arrêtés ou qui pourront lui être donnés par la Commission des travaux publics, tant sur l'avenue de Ségur que sur la ruelle des Paillassons.
(Clause exécutée.)

80. — Avenue de La Motte-Picquet, 9, 11, 13, 13 *bis*, et rue Chevert, 4, 6, 8, 10.

Vente nationale du 5ᵉ jour complémentaire an XI. — Ruelle, adjudicataire. — Mᵐᵉˢ Renaudin et MM. Basillot, d'Audiffret et Fournier, propriétaires en 1882.

Clause. — Abandonner, sans indemnité et aussitôt que l'acquéreur en sera requis, la partie triangulaire dudit terrain destinée au passage du nouveau boulevard. (Clause devenue sans objet.)

81. — Avenue de La Motte-Picquet, 35 à 43, Duquesne, 1 et 3, et de Tourville, 24, 26, 28.

Vente nationale du 1ᵉʳ jour complémentaire an V. — Dupuich et Gombert, adjudicataires. — MM. Appert, Dossemaine, Poulet, Cosson, Roulin, Duhordel, Portal et Mᵐᵉˢ Vᵉ Baudron, propriétaires.

Clause. — Se conformer au procès-verbal d'adjudication susdaté, en cas de construction de murs ou bâtiments, et en conséquence souffrir sans répétition toute diminution de terrain résultant du reculement auxquel ils seraient assujettis par les autorités compétentes.

82. — Avenues de Saxe, 2 à 20, et place de Fontenoy, 2.

Vente nationale du 9 germinal an VI. — Joulet, adjudicataire. — L'État (Dépôt d'artillerie) propriétaire.

Clause. — L'acquéreur sera tenu de se conformer, quand il en sera requis, et ce sans indemnité, aux alignements arrêtés ou qui pourraient l'être par la Commission des travaux publics. (Clause exécutée.)

83. — Rue de l'Université. (Provenant du Domaine de la Ville.)

Vente nationale du 2 frimaire an IX. — Guillotin, adjudicataire. — L'État (Magasins des hôpitaux militaires), propriétaire en 1894.

Clause. — Fournir le terrain qui pourrait être jugé nécessaire par la Commission des travaux publics, sans indemnité. (Aligné.)

84. — Rue de Varenne, 46. (Ancien 4.) (Bien d'émigré.)

Vente nationale du 21 floréal an VII. — De Perey, adjudicataire. — M. Bénard des Glajeux, propriétaire en 1888.

Clause. — L'adjudicataire sera tenu, dès qu'il en sera requis, de se conformer aux alignements arrêtés par la Commission des travaux publics, et ce sans indemnité.

85. — Rues du Bac, 87, et de Varenne, 30, 32, 34. (Anciennement rue de la Planche, 26, 28.) (Provenant des Récollets.)

Vente nationale du 21 pluviôse an VI. — Gaudon, Delespine, Cambis, Mᵐᵉ Thierry, Mᵐᵉ Vᵉ Romet et ses enfants, adjudicataires. — M. Roquet, propriétaire en 1891.

Clause. — L'acquéreur sera tenu de se conformer, quand il en sera requis, et sans indemnité, aux alignements arrêtés par la Commission des travaux publics.

86. — Quai Voltaire, 13. (Ancien 6.) (Bien d'émigré.)

Vente nationale du 23 messidor an V. — Richebraque, adjudicataire. — La Société des Publications périodiques, propriétaire en 1888.

Clause. — L'adjudicataire sera tenu, dès qu'il en sera requis, de se conformer aux alignements arrêtés par la Commission des travaux publics, et ce sans indemnité.

87. — Rue de Lille, 3 et 5. (Anciens 3 et 3 *bis*.) (Bien d'émigré.)

Vente nationale du 17 mai 1806. — Dumuy, adjudicataire. — Mᵐᵉˢ Prétavoine (nᵒ 3) et les héritiers Darasse (nᵒ 5), propriétaires en 1888.

Clause. — L'adjudicataire sera en outre tenu de se conformer aux alignements et retranchements qui pourront être prescrits par le Conseil des bâtiments civils, et ce sans indemnité.

88. — Rue de Verneuil, 13. (Ancien 11.)

Vente par l'Administration des Hospices, du 13 novembre 1812. — Duplessis de Mornay, adjudicataire. — M. Loyer, propriétaire en 1886.

Clause. — Art. 15. — L'adjudicataire sera tenu, etc. *(Voir l'avertissement).*

89. — Rue de l'Université, 18.

Vente par l'Administration des Hospices du 15 mai 1812. — De Dreux, adjudicataire. — Les héritiers Lemercier, propriétaires en 1887.

Clause. — Art. 15. — L'adjudicataire sera tenu, etc. *(Voir l'avertissement).*

90. — Rue de l'Université, 10. (Bien d'émigré.)

Vente nationale du 29 pluviôse an VII. — Haley, adjudicataire. — M. Delafontaine, propriétaire en 1888.

Clause. — L'adjudicataire sera tenu de se conformer, quand il en sera requis, et ce sans indemnité, aux alignements arrêtés ou qui pourraient l'être par la Comsion des travaux publics.

Par une délibération du Conseil municipal du 21 mars 1859, cette clause a été classée dans la 6ᵉ catégorie des réserves domaniales, comme étant désormais sans objet.

91. — Rue des Saints-Pères, 18. (Ancien 20.) (Bien d'émigré.)

Vente nationale du 17 germinal an VI. — Abbéma, adjudicataire. — M. Baduel, propriétaire en 1887.

Clause. — L'acquéreur est tenu de se conformer à l'alignement sans indemnité.

92. — Boulevard Saint-Germain, parties des nᵒˢ **199 et 201.** — (Anciennement rue Saint Dominique, nᵒ 25; plus anciennement nᵒ 27.)

Vente par l'administration des Hospices du 2 octobre 1812. — Benoist, adjudicataire. — M. Lefèvre, propriétaire actuel.

Clause. — Art. 15. — L'adjudicataire sera tenu, etc. *(Voir l'avertissement).*

Clause devenue sans objet, la partie en bordure de la rue Saint-Dominique ayant été expropriée pour l'ouverture du boulevard Saint-Germain, en vertu d'un jugement du 27 septembre 1876.

93. — Rue de Grenelle, 42. (Bien d'émigré.)

Vente nationale du 7 vendémiaire an VII, de 1/3 indivis de la propriété. — Baudoin, adjudicataire. — M. Deschamps et Mᵐᵉˢ Dansin, propriétaires en 1888.

Clause. — L'adjudicataire sera en outre tenu, dès qu'il en sera requis, de se conformer aux alignements arrêtés par la Commission des travaux publics, et ce sans indemnité.

94. — Rue de Varenne, 33. (Ancien 3.) (Bien d'émigré).

Vente nationale du 25 brumaire an VI. — Mᵐᵉ Lenas, adjudicataire. — Mᵐᵉ veuve Girard, propriétaire en 1895.

Clause. — L'adjudicataire devra, dès qu'il en sera requis, se conformer à tous nouveaux alignements qui seraient pris par l'autorité pour l'alignement de la propriété, et ce sans indemnité.

95. — Boulevard des Invalides, 26 *(partie)*, **28, 30, 32, 34, Avenue de Villars, 15** *(partie)*, **15 *bis*, 17, 19 et rue d'Estrées, 2.** (Provenant des Invalides.)

Vente nationale du 25 pluviôse an V. — Dupont, adjudicataire. — Mᵐᵉ Gibory, MM. Lucas, du Bacq, Neveu et Ferté, propriétaires en 1892.

Clause. — L'acquéreur sera tenu de se conformer aux alignements prescrits pour les boulevards et avenues qui entourent ce petit domaine.

96. — Boulevard des Invalides, 41.

M. le comte de Chambrun, propriétaire.

Le 16 juin 1880, M. de Chambrun s'est engagé à céder gratuitement à la voie publique le terrain situé au-devant de son immeuble, et à mettre à l'alignement la partie de droite de sa propriété, lorsque le mur de la propriété voisine, nᵒ 43, sera également reconstruit à l'alignement.

L'immeuble de M. de Chambrun, d'une façade totale de 48ᵐ,85, a été mis à l'alignement dans une longueur de 41ᵐ,20, en exécution d'une permission de voirie du 29 juillet 1880.

97. — Rue de Bellechasse, 31. *(Partie.)* — Bien d'émigré.)

Vente nationale du 13 thermidor an VI. — Mᵐᵉ Monge, adjudicataire. — Mᵐᵉ Rolland-Gosselin, propriétaire en 1886.

Clause. — L'adjudicataire de la maison présentement vendue sera tenu, dès qu'il en sera requis, de se conformer aux alignements arrêtés par la Commission des travaux publics, et ce sans indemnité. (Aligné.)

98. — Rue de Varenne, 15. (Anciennement rue de la Planche.).

Vente par l'administration des Hospices du 8 octobre 1813. — De Fleury et Quinette, adjudicataires. — (Grand jardin de 9350 mètres, derrière l'hôtel, rue de la Planche, 15.)

Clause. — Art. 15. — L'adjudicataire sera tenu, lors, etc. *(Voir l'avertissement).* (Clause sans objet.)

99. — Avenue de Lowendal, près la place de Fontenoy. (Provenant des Invalides.)

Vente nationale du 16 frimaire an XIV. — Janton, adjudicataire. — L'État (caserne de cavalerie), propriétaire.

Clause. — Ledit adjudicataire sera tenu de se conformer aux alignements qui pourront lui être donnés par le Conseil des travaux publics, sans pouvoir, pour ce, prétendre à aucune indemnité.

Clause sans objet. — Le terrain vendu par le domaine n'est pas en bordure de la voie publique.

100. — Rue de Varenne, 45. (Ancien 15.)

Vente par l'administration des Hospices du 9 janvier 1821. — Mᵐᵉ la duchesse de Damas, adjudicataire. — M. le comte de Brissac, propriétaire en 1896.

Clause. — Art. 15. — L'adjudicataire sera tenu, lors, etc. *(Voir l'avertissement).*

101. — Rue Saint-Guillaume, 16. (Ancien 20.)

Vente par l'administration des Hospices du 24 décembre 1827. — Le comte Grimaldi de Monaco, adjudicataire. — Mᵐᵉ la comtesse Grimaldi, princesse de Monaco, propriétaire en 1896.

Clause. — Art. 15. — L'adjudicataire sera tenu, lors, etc. *(Voir l'avertissement).*

102. — Place de Breteuil, aux angles de la rue Duroc. (Provenant des Invalides.)

Vente nationale du 8 août 1807. — Bourson, adjudicataire.

Clause. — L'adjudicataire sera tenu de fournir le terrain nécessaire pour le passage des voitures entre les arbres de l'avenue circulaire et les terrains présentement vendus ; il se conformera au surplus à tous les alignements qui lui seront prescrits, le tout sans indemnité.

(Clause exécutée.)

Les renseignements qui suivent, établis postérieurement au 1ᵉʳ janvier 1887, complètent les articles précédents, ayant le même numéro.

10. — Rues de Sèvres et du Bac.

La Société civile du Bon Marché, propriétaire en 1895.

Aligné après retranchement, en exécution d'une permission de voirie du 15 septembre 1853.

Une délibération du Conseil municipal du 23 avril 1869, a classé la clause dans la 6ᵉ catégorie, comme ayant reçu son exécution.

12. — Rues de Sèvres, 24, et du Bac, 137.

La Société civile du Bon Marché, propriétaire en 1895.

(Clause exécutée.)

16. — Rue du Bac, 103. (Ancien 93.)

(Clause exécutée.) Permission de voirie du 1ᵉʳ août 1882.

21. — Rue de Grenelle, 102.

Les immeubles mis en loterie ne sont pas affectés de clauses d'alignement ou de percement.

26. — Avenues de Breteuil, 1 à 9 *(Partie.)* **et de Villars, 2 à 14.**

Les propriétés de MM. Lestanville, Coirre et Lebreton, situées avenue de Villars, nᵒˢ 4, 6 et 14 ont été mises à l'alignement en exécution de permissions de voirie des 6 septembre 1879, 14 mai 1891 et 13 janvier 1875.

27. — Rues de Sèvres, 16, et de la Chaise, 11.

Au lieu de : cette propriété est traversée. . . . .
Il faut lire : cette propriété *était* traversée . . . . . .

28. — Rues de Babylone, 42 à 48, Vaneau, 24 à 40, 19 à 39, et de Chanaleilles, 2, 4 et 1 à 13. *(Partie.)*

Clause. — La propriété est traversée par la rue Vaneau, et le projet de rue de la Commission des artistes, allant du carrefour de la Croix-Rouge à l'avenue de Tourville ; la première a été exécutée, la rue de Chanaleilles est sur le tracé de la seconde, mais les immeubles mis en loterie ne sont pas affectés de clauses d'alignement ou de percement.

35. — Rue du Bac, 129. (Ancien 121.)

La Société civile du Bon Marché, propriétaire en 1896.

(Clause exécutée.) — (Jugement du Tribunal civil de la Seine du 22 juin 1894.)

40. — Avenue et Impasse de Saxe.

Péclet, adjudicataire.

41. — Avenue de Breteuil. (Ancien 40.) (Partie de la propriété nᵒ 52 actuel) (Au lieu de nᵒˢ 52 et 51.)

M. Lescophy, propriétaire en 1893.

Par une délibération du 30 décembre 1893, le Conseil municipal a déclaré que la clause n'a plus d'intérêt, et que l'immeuble doit en demeurer désormais affranchi.

46. — Rue du Bac, 110, 112. (Ancien 102.)

Les héritiers Thil, (nᵒ 110) et Mᵐᵉ Veuve Rathery (nᵒ 112) propriétaires en 1894.

50. — Rue et place Saint-Thomas-d'Aquin, 1 et 3, boulevard Saint-Germain, 228.

La condition de « se soumettre sans recours ni diminution de prix aux reculements qui pourraient être exigés par la Ville de Paris » a été insérée dans un acte de vente par Mᵐᵉ Veuve Legrip à Mᵐᵉ Andry, du 5 octobre 1838, mais l'acte de vente par le domaine national, du 11 ventôse au V, ne contient pas de réserve en faveur de la voie publique.

65. — Rue Vaneau, 75.

Acquis par la Ville de Paris, suivant adjudication aux criées du 31 juillet 1895, sur Michel Palade.

69. — Boulevard Saint-Germain, 244, et rue du Bac, 36.

Délibération du Conseil municipal du 22 avril 1887, déclarant la réserve exécutée en ce qui concerne la propriété des héritiers Durand-Fornas, sise rue du Bac, 40, au fond du passage.

70. — Avenue de Villars 16, 18, boulevard des Invalides, 36 à 46, rues Éblé, 2, 4, 6, et d'Estrées, 1, 3, 5. *(Partie.)*

Vente nationale du 29 pluviôse an V (au lieu de an IX).

HUITIÈME ARRONDISSEMENT

Voir pour la situation et l'étendue des propriétés la sixième carte.

1. — **Rue Tronchet.** (Provenant des Religieuses de la Ville-l'Évêque.)

Vente nationale du 9 germinal an XIII. — Levasseur, adjudicataire.

Clause. — L'adjudicataire du présent domaine sera aussi tenu de se conformer, lorsqu'il en sera requis, et ce sans indemnité, aux alignements qui pourraient lui être donnés par la Commission des travaux publics et aux charges d'usage. (Clause exécutée.)

2. — **Rue Boissy-d'Anglas, 33-37.** (Anciennement rue de la Madeleine, 17, 19.)

Vente nationale du 14 juin 1806. — MM. de Montmorency-Laval et de Luynes, adjudicataires. — M. de Grandmaison, propriétaire en 1886.

Clause. — L'adjudicataire de la maison présentement mise en vente sera tenu, lors de la reconstruction de cette maison sur la rue, de livrer le terrain nécessaire pour l'élargissement de ladite rue et de se conformer à tous alignements et retranchements qui pourront lui être prescrits par le Conseil des bâtiments civils, sans pouvoir prétendre aucune indemnité.

3. — **Rue Richepanse.**

(Voir les n⁰ˢ 1 et 2 du I⁰ʳ arrondissement.)

4. — **Avenue Montaigne, 53 et 57** *(Partie).* (Anciennement allée des Veuves.)

Vente nationale du 1ᵉʳ septembre 1792. — Gastellier, adjudicataire. — MM. Legrand de Villiers (53) et Thomas (57), propriétaires en 1879.

Clause. — Si l'adjudicataire vient à construire sur ladite pièce de terre, il sera tenu de se conformer à tous les règlements concernant la construction des boulevards.

La limite de ladite pièce de terre, du côté de l'allée des Veuves, sera fixée à douze pieds de distance du point milieu de la dernière rangée d'arbres de cette avenue, attendu que le terrain qui se trouve dans cet espace n'est point compris dans la présente vente. (Clause exécutée.)

5. — **Avenue Montaigne, 43, 45, 47, 49 et 51.** (Anciennement allée des Veuves.)

Vente nationale du 1ᵉʳ septembre 1792. — Gastellier, adjudicataire. — M. de Bonnechose (n° 43), Mᵐᵉ Vᵛᵉ Magne (n° 45), M. Magne (n° 47), M. Lefèvre (n° 49) et les Héritiers Cavé (n° 51), propriétaires en 1881.

Clause. — La limite de ladite pièce de terre du côté de l'avenue des Veuves sera fixée à douze pieds de distance du point milieu de la dernière rangée d'arbres de cette avenue, attendu que le terrain qui se trouve dans cet espace n'est point compris dans la présente vente. (Clause exécutée.)

6. — **Rue Marbeuf, 36, et passage Marbeuf, 4, 6, 6 *bis*, 8, 10, 10 *bis*, 12, 14, 16 et 18.**

Vente nationale du 4 août 1792. — Buzelin, adjudicataire. — MM. d'Avril (n° 36), Allez (n° 4), Lenoble (n⁰ˢ 6 et 6 *bis*), Maugen (n° 8), Chauliac (n⁰ˢ 10, 10 *bis*), Héritiers Gillot (n° 12) et Boyer (n⁰ˢ 14, 16), propriétaires en 1881.

Clause. — Semblable à la précédente. (Exproprié et démoli.)

7. — **Avenue Montaigne, 37, 39, 41** (Anciennement allée des Veuves), **et rue Marbeuf.** (Provenant de la Visitation Sainte-Marie de Chaillot.)

Vente nationale du 4 août 1792. — Amand, adjudicataire. — MM. Letourneau, Bernard de Rosenzart et Akermann, propriétaires en 1881.

Clause. — La limite de ladite pièce de terre, du côté de l'allée des Veuves, sera fixée à douze pieds de distance du point milieu de la dernière rangée des arbres de cette allée, attendu que le terrain qui se trouve dans cet espace n'est pas compris dans la présente vente ; à l'égard de la limite du côté de l'égout, elle sera prescrite par les Commissaires de la voirie, et dans le cas où, par la situation de ces limites, l'adjudicataire viendrait à perdre quelques parties de terrain, il ne pourra exiger de la municipalité aucune indemnité ni diminution sur le prix de son adjudication. (Clause exécutée.)

8. — **Rue Marbeuf, 32.** (Provenant du Couvent Sainte-Marie de Chaillot.)

Vente nationale du 24 août 1792. — Gautrin, adjudicataire. — Letourneau, exproprié suivant jugement du 7 janvier 1882.

Clause. — Si l'adjudicataire vient à construire sur les dites pièces de terre, ou à se clore du côté de l'égout, il sera tenu de se conformer aux us et coutumes, pour les égouts de la Ville, et avant d'élever aucune construction sur lesdites pièces de terre, il sera tenu pareillement de prendre l'avis des Commissaires de la voyerie de la municipalité, lesquels Commissaires fixeront la limite de sa propriété du côté dudit égout, et, dans le cas où par la fixation de cette limite, le dit adjudicataire viendrait à perdre quelques parties de terrain, il ne pourra exiger de la municipalité aucune indemnité ni diminution sur le prix de son adjudication. (Démoli.)

9. — **Rue Marbeuf, 28, et cité Montaigne, 16, 18, 20, 22.** (Provenant du Couvent de la Visitation Sainte-Marie.)

Vente nationale du 24 août 1792. — Gautrin, adjudicataire. — Mᵐᵉ Storelli, expropriée suivant jugement du 17 janvier 1882.

Clause. — Si l'adjudicataire vient à construire sur les dites pièces de terre, ou à se clore du côté de l'égout, il sera tenu de se conformer aux us et coutumes, pour les égouts de la Ville, et avant d'élever aucune construction sur lesdites pièces de terre, il sera tenu pareillement de prendre l'avis des Commissaires à la voirie de la municipalité, lesquels fixeront la limite de sa propriété du côté du dit égout de la Ville, et dans le cas où, par la fixation de cette limite, le dit adjudicataire viendrait à perdre quelque partie de terrain il ne pourra exiger de la municipalité aucune indemnité ni diminution sur le prix de son adjudication. (Démoli.)

10. — **Avenue Montaigne, 31, 35** (Anciennement allée des Veuves), **et cité Montaigne, 2, 4, 6, 8, 10, 12.**

Vente nationale du 8 août 1792. — Godot, adjudicataire. — Mᵐᵉˢ Milbank (pour le n° 35) et les Héritiers Godot de Mauroy (pour le surplus), propriétaires en 1881.

Clause. — La limite de ladite pièce de terre, du côté de l'allée des Veuves, sera fixée à douze pieds de distance du point milieu de la dernière rangée d'arbres de cette avenue, attendu que le terrain qui se trouve dans cet espace n'est point compris dans la présente vente. (Exproprié et démoli, à l'exception de la propriété n° 35, avenue Montaigne, pour laquelle la clause a reçu son exécution.)

11. — **Cité Montaigne** (Côté des numéros impairs), **rue Montaigne, 29, et rue Marbeuf, 26.** (Provenant des Religieuses Sainte-Marie de la Visitation.)

Vente nationale du 27 août 1792. — Godot.

Clause. — La limite de ladite pièce de terre, du côté de l'allée des Veuves, sera fixée à douze pieds de distance du point milieu de la dernière rangée d'arbres de cette allée, attendu que le terrain qui se trouve dans cet espace n'est pas compris dans la présente vente ; à l'égard de la limite du côté de l'égout, elle sera prescrite par les Commissaires de la voirie, et dans le cas où, par la fixation de ces limites, l'adjudicataire viendrait à perdre quelque partie de terrain, il ne pourra exiger de la municipalité aucune indemnité ni diminution sur le prix de son adjudication. (Exproprié et démoli, à l'exception de la propriété n° 1, cité Montaigne, actuellement rue Boccador, n° 1, pour laquelle la clause a reçu son exécution.)

12. — **Rue Marbeuf, 24, et passage des Douze-Maisons.** (Provenant du Couvent de la Visitation.)

Vente nationale du 27 août 1792. — Lonmetot, adjudicataire.

Clause. — Si l'adjudicataire vient à construire sur ladite pièce de terre, ou se clore du côté de l'égout, il sera tenu de se conformer aux us et coutumes pour les égouts de la Ville, et, avant d'élever aucune construction sur ladite pièce, il sera tenu pareillement de prendre l'avis des Commissaires à la voirie de la Ville, et dans le cas où, par la fixation de cette limite, l'adjudicataire viendrait à perdre quelque partie de terrain, il ne pourra exiger de la municipalité aucune indemnité ni diminution sur le prix de son adjudication. (Exproprié et démoli.)

13. — Avenue Montaigne, 23 *bis*, 25, 27 (Anciennement allée des Veuves), et passage des Douze-Maisons.

Vente nationale du 17 juillet 1792. — LESCQ, adjudicataire. — M. DE LILLER *(23 bis)*, LA SOCIÉTÉ DU QUARTIER MARBEUF (25), et M. HECKENER (27), propriétaires en 1886.

CLAUSE. — La limite de ladite pièce de terre du côté de l'allée des Veuves sera fixée à douze pieds de distance du point milieu de la dernière rangée d'arbres de cette avenue, attendu que le terrain qui se trouve dans cet espace n'est point compris dans la présente vente.

(Clause exécutée.)

---

14. — Rue du Faubourg-Saint-Honoré, 217. (Ancien 219.) (Anciennement rue du Faubourg-du-Roule, 73.)

Vente par l'Administration des Hospices du 11 octobre 1811. — MONTMÉJA, adjudicataire. — M. BROSSEL et Mme HERMET, propriétaires en 1881.

CLAUSE. — Art. 15. — L'adjudicataire sera tenu, lors des reconstructions ou reconfortations, de livrer le terrain nécessaire pour l'élargissement de la rue et de se conformer à tous alignements et retranchements qui pourront lui être prescrits par le Conseil des bâtiments civils, sans pouvoir exiger aucune indemnité.

---

15. — Rue de Monceau, 3 à 23 (*Partie*), et boulevard Haussmann, 190, 192. (Provenant de l'émigré Choiseul Beaupré.)

Vente nationale du 27 messidor an VII. — DELPONT, adjudicataire. — M. FÉNON (3), LEMOINE (5, 7, 7 *bis*), HAUTESERVE (9), LA CONGRÉGATION DES FILLES DE LA CHARITÉ (11, 13), L'ASSISTANCE PUBLIQUE (17, 19, 21), LA SOCIÉTÉ L'URBAINE (23), M. NORMAND (boulevard Haussmann, 190) et Mme Vve RODIN (boulevard Haussmann, 192), propriétaires en 1886.

CLAUSE. — Il est ici observé qu'aux termes du procès-verbal d'adjudication sus-énoncé, dressé par l'Administration des domaines du département de la Seine, . . . il a été stipulé, comme condition particulière, que l'adjudicataire serait tenu de se conformer aux usages et à tous alignements et redressements, et qu'il devait fournir le terrain nécessaire sans pouvoir prétendre aucune indemnité.

(Extrait de l'acte de vente par M. Hachette à M. Hauteserve, en date des 21 et 23 août 1856. — Me Delapalme, notaire.)

---

16. — Boulevard de Courcelles, 11 à 29. (Provenant de la Ferme générale.)

Vente nationale du 15 vendémiaire an V. — VIGER DE JOLIVAL, adjudicataire. — MM. DESFOURNEAUX (n° 11), CHAMPONNOIS (n° 13), QUATRE-SOLTZ DE MAROLLES (n° 15), AICARDI (n° 17), Mme Vve DREYFUS (n° 19), MM. DE ROTHSCHILD (nos 21, 23), CAHAND (n° 25), LEYS (n° 27) et THURNEYSSENN (n° 29), propriétaires en 1896.

CLAUSE. — Laisser établir le long du mur de la clôture de Paris, et intérieurement s'il y a jamais lieu, un chemin de ronde de la largeur de dix-huit pieds, parallèlement audit mur de clôture.

(Clause exécutée.)

---

17. — Rue de Surène, 39.

Traité du 22 avril 1880 entre la VILLE DE PARIS et M. PRILLEUX, propriétaire.

ANALYSE. — M. Prilleux a été autorisé à exécuter des travaux confortatifs à la façade sujette à retranchement de sa maison, sise rue de Surène, 39, à charge par lui de mettre à l'alignement ladite maison dans un délai qui ne dépassera pas dix années à partir du 1er avril 1880, et de payer à la Ville de Paris, pendant ce laps de temps, une redevance annuelle de deux cents francs.

---

18. — Rues de Chaillot et Vernet. (Ancienne rue des Vignes.) (Ancien Château des Fleurs.)

Vente nationale des 11 et 13 pluviôse an VII. — BOROT, adjudicataire.

CLAUSE. — . . . Subir sans indemnité tous alignements et retranchements prescrits par la Commission des travaux publics. . . . .

(Clause exécutée.)

---

19. — Rues de l'Arcade, 40 (Ancien 42), **et des Mathurins, 46** (ancien 78). (Provenant des Religieux Mathurins.)

Vente nationale du 21 pluviôse an VI. — DE LA ROCHEFOUCAULD, adjudicataire. — Mme BORDA, propriétaire en 1883.

CLAUSE. — L'acquéreur sera tenu de se conformer, quand il en sera requis et ce sans indemnité, aux alignements arrêtés par la Commission des travaux publics.

(Bail emphytéotique du 1er décembre 1774.)

---

20. — Rue de l'Arcade, 42 (*Partie*). (Ancien 44.) (Provenant des Religieux Mathurins).

Vente nationale du 9 germinal an XIII. — HOCHU, adjudicataire. — LA COMPAGNIE D'ASSURANCES GÉNÉRALES SUR LA VIE, propriétaire en 1884.

CLAUSE. — Il (l'adjudicataire) sera aussi tenu à l'expiration du bail (bail emphytéotique du 1er décembre 1774) de se conformer, et ce sans indemnité, aux alignements qui pourront lui être donnés par le Conseil des bâtiments civils.

(Clause exécutée.)

---

21. — Rue de l'Arcade, 42 (*Partie*). (Ancien 46.) (Provenant des Religieux Mathurins.)

Vente nationale du 30 fructidor an XI. — DEFIENNES, adjudicataire. — LA COMPAGNIE D'ASSURANCES SUR LA VIE, propriétaire en 1884.

CLAUSE. — A l'expiration dudit bail emphytéotique (du 1er décembre 1774), l'adjudicataire sera tenu de se conformer aux alignements qui pourront lui être donnés par le Conseil des bâtiments civils, et ce sans indemnité.

(Clause exécutée.)

---

22. — Rue de l'Arcade, 42 *(Partie)*. (Ancien 48.) (Provenant des Religieux Mathurins.)

Vente nationale des 11 et 13 thermidor an VI. — Vve APPÉ, adjudicataire. — LA COMPAGNIE D'ASSURANCES GÉNÉRALES SUR LA VIE, propriétaire en 1884.

CLAUSE. — L'acquéreur sera tenu de se conformer, quand il en sera requis, et ce sans indemnité, aux alignements ou retranchements arrêtés, ou qui pourraient l'être, par la Commission des travaux publics.

(Clause exécutée.)

---

23. — Rue de l'Arcade, 42 *(Partie)*. (Ancien 50,) **et boulevard Haussmann, 69.** (Provenant des Religieux Mathurins.)

Vente nationale du 2 thermidor an XII. — DEFIENNES, adjudicataire. — LA COMPAGNIE D'ASSURANCES GÉNÉRALES SUR LA VIE, propriétaire en 1884.

CLAUSE. — L'adjudicataire se conformera, à l'expiration de la jouissance emphytéotique. . . . . . . aux retranchements et alignements qui pourraient lui être donnés par le Conseil des bâtiments civils, sans qu'il pût prétendre à aucune indemnité.

(Clause exécutée.)

---

24. — Rue du Faubourg-Saint-Honoré, 36. (Ancien 18.) (Provenant de la Fabrique de la Madeleine.)

Vente nationale du 24 novembre 1792. — LEROY, adjudicataire. — MM. LEROUX, propriétaires en 1834.

CLAUSE. — A la première réquisition du Commissaire à la voirie de Paris, l'adjudicataire sera tenu de se conformer au nouvel alignement de la rue, ainsi qu'il est indiqué sur le plan par la ligne AB.

---

25. — Rue du Faubourg-Saint-Honoré, 38. (Ancien 18.) (Provenant de la Fabrique de la Madeleine.)

Vente nationale du 24 novembre 1792. — LEROY, adjudicataire. — M. MOREL, propriétaire en 1884.

CLAUSE. — A la première réquisition du Commissaire à la voirie de Paris, l'adjudicataire sera tenu de se conformer au nouvel alignement de la rue, ainsi qu'il est indiqué sur le plan par la ligne AB.

---

26. — Rue de Courcelles, 20 et 22, et avenue Percier, 11 et 13. (Ancienne Pépinière Royale.)

Vente nationale du 11 novembre 1828. — DE LA BAUME, adjudicataire.

CLAUSE. — Aux termes de la délibération du Conseil général du département de la Seine, rendue dans sa séance du 11 avril dernier, et en conformité de la décision de Son Excellence le Ministre des Finances, en date du 10 juillet suivant, il est interdit à l'adjudicataire du présent domaine d'élever des façades et d'ouvrir des portes et fenêtres sur les avenues de l'abattoir du Roule.

---

27. — Cours la Reine, 18, 20 et partie du 22. (Provenant de l'émigré Marcotte du Coudray.)

Vente nationale du 14 fructidor an V. — REGNAULT, adjudicataire. — Mme REISNER (18), M. DE NOUS (20) et Mme ZIFONN (22), propriétaires en 1886.

CLAUSE. — L'adjudicataire sera tenu de souffrir le retranchement de la portion du fossé vendu, lequel retranchement sera d'environ 161 toises de superficie et est déterminé par l'alignement arrêté par le Conseil des bâtiments civils du ministre de l'Intérieur, en vertu d'un arrêté du Pouvoir exécutif concernant les alignements de Paris, le tout sans indemnité et sans aucun recours contre la République venderesse.

(Clause exécutée.)

28. — **Cours la Reine, 6 présumé et partie du 4.**

Vente nationale du 22 mai 1793. — Réveillon, adjudicataire. — Mmes Lannelongue (6) et Lepelletier (4), propriétaires en 1886.

Clause. — Dans le cas où l'adjudicataire voudrait faire quelques constructions sur cette portion de terrain, il sera tenu de prendre l'alignement des faces extérieures à douze pieds de distance de l'alignement du rang d'arbres des contre-allées du cours, à partir du centre des troncs d'arbres, et pour se conformer aux règlements concernant les entrées et faces sur les promenades publiques, il s'adressera à la voirie de Paris.

(Clause exécutée.)

---

29. — **Avenue d'Antin, 7 et 9.**

Vente nationale du 22 mai 1793. — Réveillon, adjudicataire. — MM. Watin (7) et Le Marois (9), propriétaires en 1886.

Clause. — Dans le cas où l'adjudicataire voudrait faire quelques constructions sur cette portion de terrain, il sera tenu de prendre l'alignement du rang d'arbres des contre-allées de ladite avenue, dite de Marigny, à partir du centre des troncs d'arbres, et, pour se conformer aux règlements concernant les entrées et faces sur les promenades publiques, il s'adressera à la commune de la Ville de Paris.

(Clause exécutée.)

---

30. — **Cours la Reine, partie du n° 4, et avenue d'Antin, 1, 3, 5.**

Vente nationale du 22 mai 1793. — Tonnelier, adjudicataire. — Mme Le Pelletier, Vte Nélaton, de Montérimont et M. Meffre, propriétaires en 1886.

Clause. — Dans le cas où l'adjudicataire voudrait faire quelques constructions sur cette portion de terrain, il sera tenu de prendre l'alignement des faces extérieures à douze pieds de distance de l'alignement du rang d'arbres des contre-allées du cours de la Demi-Lune et de l'avenue en retour, à partir du centre des troncs d'arbres, et, pour se conformer aux règlements concernant les entrées et face sur les promenades publiques, il s'adressera à la voirie de la commune de Paris.

(Clause exécutée.)

---

31. — **Boulevard de Courcelles, n°s 43 à 53, et rue de Courcelles** (Angle.)

Vente nationale du 28 prairial an IV. — Renard, adjudicataire.

Clause. — Il (l'adjudicataire) livrera le passage de ronde qui lui sera indiqué à la première réquisition de l'autorité qui en doit connaître. (Réuni au parc Monceau et exproprié sur l'État en 1860 pour la formation des rues aux abords du parc Monceau conservé.)

---

32. — **Quai de Chaillot.** — (Provenant de la Ferme générale.)

Vente nationale du 26 janvier 1793. — Cagin-Boutonne, adjudicataire.

Clause. — L'adjudicataire... sera tenu de demander en conséquence, aussitôt après l'adjudication, l'alignement au Département des travaux publics, à l'effet de clore les terrains en question, en réservant comme il est marqué audit plan au moins trente pieds de large pour la rue des Gourdes, depuis le hors-d'œuvre du mur à construire pour la clôture desdits terrains, jusqu'au parement de face des bâtiments construits du côté opposé.

Il sera tenu enfin de démolir l'angle de la petite serre saillant sur la rue des Gourdes, ainsi qu'il est marqué sur le plan, pour laisser à ladite rue la largeur de trente pieds, comme il est dit ci-dessus, et dans le cas où le Département des travaux publics jugerait convenable de donner plus de largeur à cette rue, l'adjudicataire sera tenu de s'y conformer.

(Exproprié et démoli.)

---

33. — **Place de la Madeleine.** (Cloître de la Ville-l'Évêque.)

Vente nationale du 8 floréal an VI. — Chatillon, Montauriol et Camin, adjudicataires.

Clause. — Les c^{ens} Châtillon, Montauriol et Camin, acquéreurs, ou leurs ayants droit, seront expressément tenus, ainsi que lesdits acquéreurs l'ont proposé et consenti, de fournir au Gouvernement, à la première réquisition qui leur en sera faite, et au même prix de leur acquisition, tout le terrain bâti et non bâti qui sera jugé nécessaire tant pour l'exécution et l'accomplissement des projets d'embellissement de Paris, que pour la place nouvelle que pourra nécessiter le monument de la ci-devant église de la Madeleine dont les constructions sont restées suspendues.

(Clause exécutée.)

---

34. — **Rues de l'Arcade, 26 (présumé) et 30, et de Castellane, 14 et 19.**

Vente nationale du 10 mai 1792. — Mme Grimaldi, adjudicataire.

Clause. — Aux termes du procès-verbal dudit jour, 10 mai 1792, l'adjudicataire, dans le cas où le mur de face dudit terrain viendrait à être démoli, a été soumis à reculer son nouveau mur de face de 4 pieds 6 pouces ou environ parallèlement dans toute la face sur la rue de l'Arcade, afin de se conformer à l'alignement de ladite rue, sans que néanmoins il pût, pour raison de ce reculement, exiger de la municipalité aucune indemnité ni diminution sur le prix de son adjudication.

(Clause exécutée.)

---

35. — **Rue de la Ferme-des-Mathurins.** (Provenant des Religieux Mathurins.)

Vente nationale du 14 floréal an V. — Mlle Soynier, adjudicataire.

Clause. — Il est observé que, sur ce terrain présentement vendu, il doit être fourni la partie qui en sera nécessaire pour la prolongation de la rue de la Ferme, suivant une des clauses de la vente faite par le Domaine national, le quatorze floréal an cinq ci-après relatée, quand le propriétaire dudit terrain présentement vendu en sera requis par les propriétaires voisins qui ont droit à la prolongation de ladite rue de la Ferme, et ce sans aucun recours contre la nation.

(Exproprié et démoli.)

---

36. — **Rues La Boëtie, 101 à 105, de Ponthieu, 29 à 39 et du Colysée. 7 à 21.** (Bien d'émigré.)

Vente national du 21 floréal an VI. — Boucher, adjudicataire. — MM. Axcel, Raskin Préaut, Dépinay, Rousseau, de Léautaud-Donine, Grandidier, Lebel, Mme Vve Clave et la Société Michau et Douane, propriétaires en 1894.

Clause. — L'adjudicataire sera aussi tenu de se conformer, quand il en sera requis, et ce sans indemnité quelconque, aux alignements arrêtés ou qui pourront l'être par la Commission des travaux publics.

(Par une délibération du 11 janvier 1846, le Conseil municipal a classé cette clause dans la sixième catégorie, comme étant désormais sans objet en ce qui concerne la propriété, sise rues de Ponthieu 31 et du Colisée, 19, appartenant aujourd'hui à M. Dépinay.)

---

37. — **Rue de la Ferme-des-Mathurins, 43.** (Provenant des Religieux Mathurins).

Vente nationale du 20 janvier 1809. — Debureau, adjudicataire. — Manscourt, propriétaire en 1864.

Clause. — L'adjudicataire sera tenu à la fin du bail emphytéotique de se conformer à tous alignements et retranchements qui pourront lui être prescrits par le Conseil des bâtiments civils et sans indemnité.

(Bail emphytéotique du 22 août 1769. Exproprié et démoli pour l'ouverture du boulevard Haussmann.)

(Jugement du 10 mai 1864.)

---

38. — **Rue des Mathurins, 36** (ancien 92).

Vente nationale du 1er nivôse an VI. — Charlut, adjudicataire. — Les Héritiers Charlut propriétaires en 1875.

Clause. — Il (l'adjudicataire) sera tenu de se conformer lorsqu'il en sera requis et ce sans indemnité aux alignements arrêtés par la Commission des travaux publics.

(Délibération du Conseil municipal du 30 juillet 1875, déclarant que la propriété doit être considérée comme affranchie de toute réserve en faveur de la voie publique.)

---

39. — **Rues de l'Arcade et de la Madeleine** (Angle).

Vente nationale du 18 floréal an VI. — Pernot, adjudicataire.

Clause. — Le sieur Pernot, ou ses ayants droit, est expressément tenu de fournir au Gouvernement, à la première réquisition qui lui en serait faite, tout le terrain bâti ou non bâti qui serait jugé nécessaire, tant pour le percement d'un nouveau boulevard, que pour l'exécution ou l'accomplissement des projets d'embellissements de Paris, que pour une nouvelle place que pourrait nécessiter le monument de la Madeleine dont les constructions restent en suspens.

(Démoli pour l'ouverture du boulevard Malesherbes.)

---

40. — **Rues de l'Arcade, 52, et Saint-Nicolas-d'Antin. 77-79.**
(Provenant des Religieux Mathurins.)

Vente nationale du 7 fructidor an VII. — PHILIPOT, adjudicataire. — M. BLAES, propriétaire en 1864.

CLAUSE. — Il (l'adjudicataire) sera aussi tenu de se conformer, quand il en sera requis, et ce sans indemnité, aux alignements arrêtés ou qui pourraient l'être par la Commission des travaux publics.

(Bail emphytéotique du 1er décembre 1774.)

(Exproprié et démoli pour l'ouverture du boulevard Haussmann.

(Jugement du 10 mai 1864.)

41. — **Rue de Surène. 6.** (ancien 1043).
(Provenant de la Doctrine chrétienne.)

Vente nationale du 7 fructidor an VI. — TISSIEN, adjudicataire. — CAVE, propriétaire en 1809.

CLAUSE . . . .

Acquis par l'Etat, le 30 septembre 1809 et démoli pour l'ouverture du boulevard Malesherbes.

42. — **Avenue Montaigne, 39** et partie du **41.** (Anciennement allée des Veuves, 25, 27, 29.)
(Provenant du Couvent de la Visitation de Sainte-Marie de Chaillot.)

Vente nationale du 22 août 1792. — GAUTRIN ET FROYEZ, adjudicataires. — M. CHAMBRY (n° 39) et Mme la Baronne BRO DE COMÈRE (n° 41) propriétaires en 1889.

CLAUSE. — La limite de ladite pièce de terre du côté de l'avenue des Veuves, sera fixée à douze pieds de distance du point milieu de la dernière rangée d'arbres de cette avenue, attendu que le terrain qui se trouve dans cet espace n'est point compris dans la présente vente.

(Clause exécutée.)

43. **Avenue Montaigne, 37.** (Anciennement allée des Veuves, 55, 57.)
(Provenant du Couvent de la Visitation.)

Vente nationale du 22 août 1792. — BROU, adjudicataire. — M. THOMAS, propriétaire en 1889.

CLAUSE. — La limite de ladite pièce de terre du côté de l'avenue des Veuves, sera fixée à douze pieds de distance du point milieu de la dernière rangée d'arbres de cette avenue, attendu que le terrain qui se trouve dans cet espace n'est pas compris dans la présente vente.

(Clause exécutée.)

44. — **Avenue Montaigne, 8, 10, 12, 14, 16, 18, 20, 22 et 24** *(Partie.)*
(Anciennement allée des Veuves.)
(Provenant du Couvent de la Visitation.)

Vente nationale du 17 juillet 1792. — RÉNARD, adjudicataire. — MM. LABADIE-LAGRAVE (n° 8), COMMINES DE MARCILLY (n° 10), LEVASSEUR (n° 12), CROS (n° 14), DE PALFFY (n°s 16, 18), DE QUINSONNAS (n° 20), CHEVILLOT (n° 22) et ROLLAND D'ESTAPE (n° 24), propriétaires en 1889.

CLAUSE. — La limite de ladite pièce de terre du côté de l'avenue des Veuves sera fixée à douze pieds de distance du point milieu de la dernière rangée d'arbres de cette avenue, attendu que le terrain qui se trouve dans cet espace n'est point compris dans la présente vente.

(Clause exécutée.)

45. — **Rue Vernet, 4,** anciennement rue des Vignes, **et avenue de l'Alma, 68.**
(Provenant de l'émigré Laforest d'Armaillé.)

Vente nationale du 13 pluviôse an VII. — DURAND, adjudicataire. — M. DE GRAMONT D'ASTER propriétaire en 1891.

CLAUSE. — L'adjudicataire sera tenu de se conformer s'il y a lieu et sans indemnité aux alignements et retranchements qui pourront lui être prescrits par la Commission des travaux publics.

46. — **Rue de Chaillot, 81-83,** ancien 107, **et rue Vernet, 2.**
(Provenant de l'émigré Laforest d'Armaillé.)

Vente nationale du 13 pluviôse an VII. — DURAND, adjudicataire. — Mme DE BIENCOURT, propriétaire en 1891.

CLAUSE. — L'adjudicataire sera tenu de se conformer s'il y a lieu et sans indemnité aux alignements et retranchements qui pourront lui être prescrits par la Commission des travaux publics.

47. — **Rue La Boëtie, 77.** (Anciennement rue de Morny, 134.) (Bien d'émigré).

Vente nationale du 27 ventôse an VII. — CHAUVELIN, adjudicataire. — M. DE MAUPEOU, propriétaire en 1888.

CLAUSE. — L'adjudicataire sera tenu de se conformer, lorsqu'il en sera requis, et ce sans indemnité, aux alignements arrêtés ou qui pourraient l'être par la suite, par la Commission des Travaux publics.

(Une délibération du Conseil municipal, du 29 novembre 1861, a classé cette clause dans la 6e catégorie des réserves domaniales, comme ayant reçu son exécution.)

48. — **Rue de Morny 38, 40** (actuellement rue La Boëtie) **et rue du Colisée, 37.**
(Bien d'émigré.)

Vente nationale du 27 ventôse an VII. — CHAUVELIN, adjudicataire.

CLAUSE. — L'adjudicataire sera tenu de se conformer, lorsqu'il en sera requis, et ce sans indemnité, aux alignements arrêtés ou qui pourraient l'être par la suite, par la Commission des Travaux publics.

(Acquis par la Ville de Paris de M. de Préaulx, suivant contrat du 28 juin 1867, et démoli pour l'ouverture de l'avenue d'Antin. Le terrain restant après l'opération a été vendu à MM. Lapeyre et Petit par contrats des 11 mars et 30 juin 1870.)

49. — **Rue du Colisée, 35.** (En 1863.) (Bien d'émigré.)

Vente nationale du 27 ventôse an VII. — CHAUVELIN, adjudicataire.

CLAUSE. — L'adjudicataire sera tenu de se conformer, lorsqu'il en sera requis, et ce sans indemnité, aux alignements arrêtés ou qui pourraient l'être par la suite, par la Commission des Travaux publics.

(Acquis par la Ville de Paris de M. de Luçay, le 12 avril 1863, et démoli pour l'ouverture de l'avenue d'Antin.)

50. — **Rue Boissy-d'Anglas, 30.** (Anciennement rue de la Madeleine, 16.)

Vente par la Ville de Paris du 30 janvier 1844. — M. MILLIN DE GRANDMAISON, adjudicataire. — M. DYVANDRE, propriétaire en 1892.

CLAUSE. — L'adjudicataire du 2e lot sera tenu, lors de la reconstruction du mur de face sur la rue de la Madeleine, soit de sa propre volonté, soit pour cause de vétusté, de se conformer à l'alignement qui lui sera donné par l'Administration, et ce sans aucune indemnité de la part de la Ville de Paris.

51. — **Cours la Reine, 24 à 48 et avenue Montaigne, 2 et 6.**

Vente nationale du 7 messidor an IV. — FORTIN, adjudicataire. — Mmes DE PÉRUSSE (n°s 24-26), MM. ROCH (n° 28), LE COMTE ROGER (n° 30), DE LA FERRONNAYS (n° 32), Mmes DE LA ROCHE-AYMON et DE LA FERRONNAYS (n° 34), DE VILLEROY (n° 36), DE BERGHES (n° 38), Veuve FAVIER (n° 48), la Société anonyme des Chalets de Nécessité (n°s 44-46), MM. DE CLERMONT-TONNERRE (avenue Montaigne n° 2) et BONNIER (avenue Montaigne n° 6), propriétaires en 1892.

CLAUSE. — L'acquéreur sera tenu de ne pouvoir bâtir qu'à 12 pieds de distance des arbres et de demander préalablement l'alignement à l'Administration des Travaux publics.

(Clause exécutée.)

52. — **Avenue Montaigne, 61, 63, 65.** (Anciennement allée des Veuves, 41 *bis*, 43) et rond-point des Champs-Elysées, 7.

Vente nationale du 8 fructidor an IV. — DUBERTRET, adjudicataire. — Mme veuve SABATIER D'ESPEYRAN (n°s 61 et 65) et M. DIEULAFOY (n° 63), propriétaires en 1888.

CLAUSE. — . . . . à la charge par l'acquéreur de ne pouvoir bâtir qu'à 4 mètres de distance des arbres.

(Clause exécutée.)

53. — **Cours la Reine, 18.** *(Partie.)*

Vente nationale du 2 messidor an V. — OGER DORNELLE, adjudicataire. — Mme REISNER, propriétaire en 1886.

CLAUSE. — La limite du terrain sera prise à partir de la seconde rangée d'arbres de la contre-allée de la route de Chaillot, et à 12 pieds de leur axe.

(Clause exécutée.)

54. — **Rue de la Ville-l'Évêque.** (Provenant de la Fabrique de la Madeleine.)

Vente nationale du 28 fructidor an IV. — BOYÉ, adjudicataire.

CLAUSE. — A la charge par l'acquéreur de fournir le terrain nécessaire pour l'ouverture du nouveau boulevard, et sans autre indemnité que le remboursement de la somme pour laquelle la partie de terrain abandonnée à l'État serait entrée dans le prix de la vente.

(Exproprié suivant jugement du 13 octobre 1860, et démoli pour l'ouverture du boulevard Malesherbes.)

55. — **Rues de la Ville-l'Évêque et de la Madeleine.** (Angle.) (Ancienne église de la Ville-l'Évêque.)

Vente nationale du 4 pluviôse an V. — CARLET, adjudicataire.

CLAUSE. — A la charge par l'acquéreur de fournir, sans indemnité de la part du Gouvernement, le terrain nécessaire pour l'ouverture du nouveau boulevard.

(Exproprié suivant jugement du 13 octobre 1860, et démoli pour l'ouverture du boulevard Malesherbes.)

56. — **Rues des Mathurins, 23** *(partie)* (anciennement rue Neuve-des-Mathurins, 35) **et Tronchet, 29.** *(Partie.)* (Anciennement impasse de la Ferme-des-Mathurins, 9 et 11.) (Provenant des Religieux Mathurins.)

Vente nationale du 21 frimaire an VI. — MASSON SAINT-AMAND, adjudicataire. — Mme MOLINET, propriétaire en 1894.

CLAUSE. — Céder gratuitement à la voie publique une superficie de terrain de 33^m,21.

(Clause exécutée.)

57. — **Rue des Écuries-d'Artois, 5 à 29** (anciennement rue Neuve-de-Poitiers) **.et rues La Boëtie, 102 à 116, de Ponthieu, 44 à 66 et de Berry, 16 à 34.**

Vente nationale des 21-27 prairial an IV. — FORTIN, adjudicataire.

CLAUSE. — Livrer gratuitement le terrain nécessaire à l'ouverture de la rue Neuve-de-Poitiers sur 30 pieds de largeur.

(Clause exécutée.)

58. — **Rue des Écuries-d'Artois, 14.** (Anciennement rue Neuve-de-Poitiers.)

Vente nationale du 17 messidor an IV. — FORTIN, adjudicataire.

CLAUSE. — Livrer gratuitement le terrain nécessaire à l'ouverture de la rue Neuve-de-Poitiers sur 30 pieds de largeur.

(Clause exécutée.)

59. — **Rue des Écuries-d'Artois, 1, 2, 3, 4, 6, 8.** (Anciennement rue Neuve-de-Poitiers) et rue La Boëtie, 86 à 100.

Ventes nationales des 17 et 21 messidor an IV. — GILBERT FOLLOPE, adjudicataire.

CLAUSE. — Livrer gratuitement le terrain nécessaire à l'ouverture de la rue Neuve-de-Poitiers sur 30 pieds de largeur.

(Clause exécutée.)

60. — **Rue de l'Arcade, 36.** (Ancien 14.) (Provenant des Religieux Mathurins.)

Vente nationale du 7 thermidor an IV. — DÉSARNOD, adjudicataire. — M. PLISSON, propriétaire en 1889.

CLAUSE. — . . . 2° Le petit terrain sur une partie duquel est bâtie ladite maison, et dont le surplus a été restitué à la voie publique.

(Clause exécutée.)

61. — **Rue de Laborde, 1.**

Délibération du Conseil municipal du 4 décembre 1896.

M. Chain, représentant Mme veuve Calimas, est autorisé à faire exécuter, conformément aux plans produits et approuvés par la Commission supérieure de voirie dans sa séance du 31 juillet 1896, des travaux confortatifs à l'immeuble sis rue de Laborde, 1, et ce à la charge par cette dernière :

1° De payer une somme annuelle de 100 francs;

2° De mettre cet immeuble à l'alignement au plus tard en juillet 1904;

3° De céder, à cette époque, à la Ville de Paris, le terrain retranchable dudit immeuble, moyennant le prix de 500 francs le mètre carré, dès à présent ainsi fixé et accepté par Mme Calimas, tant en son nom personnel qu'au nom de tout acquéreur ou détenteur dudit immeuble;

4° De signer par-devant le notaire de la Ville un acte destiné à consacrer ces engagements;

5° De payer tous les frais relatifs à cet acte.

Les renseignements qui suivent, établis postérieurement au 1er janvier 1887, complètent les articles précédents, ayant le même numéro.

2. — **Rue Boissy-d'Anglas, 33, 37.**

La maison n° 37 a été mise à l'alignement en vertu d'une permission de voirie du 11 août 1883.

17. — **Rue de Surène, 39.**

M. Prilleux a satisfait à son engagement en reconstruisant sa maison à l'alignement.

(Permission de bâtir du 22 février 1892.)

18. — **Rues de Chaillot et Vernet.**

CLAUSE. — L'acquéreur sera tenu de se conformer, s'il y a lieu, aux alignements et retranchements qui pourront lui être prescrits par la Commission des Travaux publics, et ce, sans indemnité. (Clause rappelée dans un acte de vente par Mme Ve Haentjens à la Société *la Caisse paternelle,* d'une propriété rue Vernet n° 3, ledit acte du 21 décembre 1887.)

24. — **Rue du Faubourg Saint-Honoré, 36.**

Cette propriété n'est pas grevée de réserve en faveur de la voie publique.

27. — **Cours la Reine, 20 et partie des n°s 18 et 22.**

NEUVIÈME ARRONDISSEMENT

Voir pour la situation et l'étendue des propriétés, la septième carte.

1. — Rue Boudreau, 7. (Provenant des Religieux Mathurins.)

Vente nationale du 17 nivôse an VIII. — Héritiers d'Imécourt, adjudicataires. — La Société de l'Éden-Théâtre, propriétaire en 1886.

Clause. — Il (l'adjudicataire) sera tenu de souffrir tous alignements et retranchements arrêtés ou qui pourront l'être par la suite, par la Commission des travaux publics, lorsqu'il en serait requis et ce sans pouvoir prétendre aucune espèce d'indemnité, et il devra en outre se conformer aux charges d'usage.

(Clause exécutée.)

2. — Passage Sandrier. (Provenant des Religieux Mathurins.)

Vente nationale du 1er floréal an VI. — Bouchon, adjudicataire. — La Société de l'Éden-Théâtre, propriétaire en 1886.

Clause. — Il (l'adjudicataire) sera aussi tenu de se conformer aux alignements, s'il y a lieu, qui pourraient lui être donnés par la Commission des travaux publics, lorsqu'il en sera requis, et ce sans indemnité.

3. — Rue Richer, 48 à 60, à l'angle du Faubourg-Montmartre.

Vente nationale du 29 prairial an VI. — Forest et Madiné, adjudicataires. — MM. Anquetin (48), Beurdeley (50), Musnier (52), Mme Pelletier de Chambure (54-56), des Ligneries (58), et M. Postu (60), propriétaires en 1886.

Clause. — Le présent terrain subira un retranchement de 12 décimètres à son extrémité vers le levant, et de 1 mètre 65 centimètres vers le faubourg Montmartre. L'acquéreur sera tenu de subir ce retranchement, et ce sans indemnité.

(Propriété alignée.)

Délibération du Conseil municipal du 21 novembre 1884, déclarant la réserve exécutée.

4. — Rue Rodier, 38. (Anciennement cité Rodier, à l'angle de la rue de la Tour-d'Auvergne.)

Par une soumission du 4 août 1846, présentée à la Ville et acceptée par diverses délibérations du Conseil municipal, M. Morise, auteur de M. Bonami, propriétaire actuel, s'est engagé à fournir, gratuitement et à mesure des constructions et reconstructions, le terrain nécessaire à l'élargissement de la rue à 10 mètres.

5. — Rue Rodier, 50. (Anciennement cité Rodier.)

Par une soumission du 4 août 1846, présentée à la Ville et acceptée par diverses délibérations du Conseil municipal, M. Morise, auteur de MM. Petit et Hervet, propriétaires actuels, s'est engagé à fournir gratuitement et à mesure des constructions et reconstructions, le terrain nécessaire pour l'élargissement de la rue à 10 mètres.

6. — Rues Cadet, 29, 31, 33, et Lamartine, 3. (Anciennement rue Coquenard. (Provenant de la Fabrique de Saint-Eustache.)

Vente nationale du 18 floréal an VIII. — Graver, adjudicataire. — M. Gervais, propriétaire en 1880.

Clause. — Il sera aussi tenu de se conformer, et ce sans indemnité, à tous les alignements ou retranchements qui pourraient être arrêtés par les Travaux publics.

(Extrait de l'adjudication du 1er août 1848 à J. Depetasse.)

7. — Rue du Faubourg-Montmartre, 10.

Vente par l'Administration des Hospices du 27 novembre 1812. — Gillard, adjudicataire. La Société de l'Imprimerie Schiller, propriétaire en 1881.

Clause. — Art. 15. — L'adjudicataire sera tenu, lors des reconstructions ou reconfortations, de livrer le terrain nécessaire pour l'élargissement de la rue et de se conformer à tous alignements et retranchements qui pourront lui être prescrits par le Conseil des bâtiments civils, sans pouvoir prétendre aucune indemnité.

8. — Rue du Faubourg-Montmartre, 14, à l'angle de la rue Bergère.

Vente par l'Administration des Hospices du 23 octobre 1812. — Massonnier, adjudicataire. — M. Legrand, propriétaire en 1881.

Clause. — Art. 15. — L'adjudicataire sera tenu, lors des reconstructions ou reconfortations, de livrer le terrain nécessaire pour l'élargissement de la rue et de se conformer à tous alignements et retranchements qui pourront lui être prescrits par le Conseil des bâtiments civils, sans pouvoir prétendre aucune indemnité.

(Clause exécutée.)

9. — Rues de la Chaussée-d'Antin, 31, et de Provence, 71, 73.

Vente par l'Administration des Hospices du 14 mai 1813. — Dommange, adjudicataire. — M. de Ferrer, propriétaire en 1886.

Clause. — Art. 15. — L'adjudicataire sera tenu, lors des reconstructions ou reconfortations, de livrer le terrain nécessaire pour l'élargissement de la rue et de se conformer à tous alignements et retranchements qui pourront lui être prescrits par le Conseil des bâtiments civils, sans pouvoir prétendre aucune indemnité.

Clause exécutée. (Permission du 16 mars 1886.)

10. — Rue Caumartin, 46. (Provenant des Religieux Mathurins.)

Vente nationale du 4 thermidor an XI. — Canonge, adjudicataire. — La Compagnie du Canal interocéanique, propriétaire en 1881.

Clause. — A cette époque (fin du bail emphytéotique, 12 novembre 1869), l'adjudicataire sera en outre tenu de se conformer, sans indemnité, aux alignements qui pourront lui être donnés par le Conseil des bâtiments civils.

11. — Rue du Faubourg-Poissonnière, 53. (Ancien 31.)

Vente nationale du 14 messidor an X. — Touchard, adjudicataire. — M. Cochin, propriétaire en 1881.

Clause. — L'adjudicataire se conformera, et ce sans indemnité, aux alignements qui pourraient être arrêtés par les Travaux publics.

Délibération du Conseil municipal du 29 novembre 1867 classant cette clause dans la 6e catégorie comme ayant reçu sa complète exécution en ce qui concerne la propriété, rue du faubourg Poissonnière, 53.)

12. — Rue de Caumartin, 26.

Vente nationale du 27 frimaire an VII. — Hébert, adjudicataire. — M. Guyot de Villeneuve, propriétaire en 1881.

Clause. — L'adjudicataire sera tenu, dès qu'il en sera requis, de se conformer aux alignements arrêtés par la Commission des travaux publics, et ce sans indemnité.

13. — Rue de la Chaussée-d'Antin, 29. (Ancien 33.)

Vente par l'Administration des Hospices du 28 août 1812. — Jeanne Foubert, femme divorcée de Aumont, adjudicataire. — M. Muller-Soéhnée, propriétaire en 1881.

Clause. — Art. 15. — L'adjudicataire sera tenu, lors des reconstructions ou reconfortations, de livrer le terrain nécessaire pour l'élargissement de la rue et de se conformer à tous alignements et retranchements qui pourront lui être prescrits par le Conseil des bâtiments civils, sans pouvoir prétendre aucune indemnité.

14. — Rue de Provence, 75. (Anciennement rue Saint-Nicolas, 5.)

Vente par l'Administration des Hospices du 23 octobre 1812. — Thibault, adjudicataire. — M. Richard, propriétaire en 1881.

Clause. — Art. 15. — L'adjudicataire sera tenu, lors des reconstructions ou reconfortations, de livrer le terrain nécessaire pour l'élargissement de la rue et de se conformer à tous alignements et retranchements qui pourront lui être prescrits par le Conseil des bâtiments civils, sans pouvoir prétendre aucune indemnité.

(Le Conseil municipal, par une délibération du 16 août 1867, a classé cette clause dans la 6e catégorie des réserves domaniales, comme étant désormais sans objet en ce qui concerne la propriété rue Saint-Nicolas, n° 5, reconstruite en 1821.

15. — Rue de Provence, 77. (Anciennement rue Saint-Nicolas, 7, plus anciennement 5 bis.

Vente par l'Administration des Hospices du 23 octobre 1812. — Thibault, adjudicataire. — Les Héritiers Hasbrno, propriétaires en 1881.

Clause. — Art. 15. — L'adjudicataire sera tenu, lors des reconstructions ou reconfortations, de livrer le terrain nécessaire pour l'élargissement de la rue et de se conformer à tous alignements et retranchements qui pourront lui être prescrits par le Conseil des bâtiments civils, sans pouvoir prétendre aucune indemnité.

16. — Rue de Provence, 79. (Anciennement rue Saint-Nicolas, 5 *bis*.)

Vente par l'Administration des Hospices du 23 octobre 1812. — THIBAULT, adjudicataire. — Mme Ve ROBIN, propriétaire en 1881.

CLAUSE. — Art. 15. — L'adjudicataire sera tenu, lors des reconstructions ou reconfortations, de livrer le terrain nécessaire pour l'élargissement de la rue et de se conformer à tous alignements et retranchements qui pourront lui être prescrits par le Conseil des bâtiments civils, sans pouvoir prétendre aucune indemnité.

17. — Rue de Provence, 81. (Anciennement rue Saint-Nicolas, 7.)

Vente par l'Administration des Hospices du 21 août 1812. — ROYER, adjudicataire. — M. D'HAMELINCOURT, propriétaire en 1881.

CLAUSE. — Art. 15. — L'adjudicataire sera tenu, lors des reconstructions ou reconfortations, de livrer le terrain nécessaire pour l'élargissement de la rue et de se conformer à tous alignements et retranchements qui pourront lui être prescrits par le Conseil des bâtiments civils, sans pouvoir prétendre aucune indemnité.

18. — Rue de Provence, 83. (Anciennement rue Saint-Nicolas, 9.)

Vente par l'Administration des Hospices du 21 août 1812. — ROYER, adjudicataire. — M. DESLOGES, propriétaire en 1881.

CLAUSE. — Art. 15. — L'adjudicataire sera tenu, lors des reconstructions ou reconfortations, de livrer le terrain nécessaire pour l'élargissement de la rue et de se conformer à tous alignements et retranchements qui pourront lui être prescrits par le Conseil des bâtiments civils, sans pouvoir prétendre aucune indemnité.

19. — Rue de Provence, 85. (A l'angle de la rue de Mogador, 14.)

Vente par l'Administration des Hospices du 21 août 1812. — ROYER, adjudicataire. — M. BÉNARD, propriétaire en 1881.

CLAUSE. — Art. 15. — L'adjudicataire sera tenu, lors des reconstructions ou reconfortations, de livrer le terrain nécessaire pour l'élargissement de la rue et de se conformer à tous alignements et retranchements qui pourront lui être prescrits par le Conseil des bâtiments civils, sans pouvoir prétendre aucune indemnité.

(Clause exécutée.)

20. — Rue de Provence, 87. (A l'angle de la rue de Mogador, 13.)

Vente par l'Administration des Hospices du 7 août 1812. — FRANÇOISE FOUBERT, femme divorcée de AUMONT, adjudicataire. — M. GEORGE, propriétaire en 1881.

CLAUSE. — Art. 15. — L'adjudicataire sera tenu, lors des reconstructions ou reconfortations, de livrer le terrain nécessaire pour l'élargissement de la rue et de se conformer à tous alignements et retranchements qui pourront lui être prescrits par le Conseil des bâtiments civils, sans pouvoir prétendre aucune indemnité.

21. — Rue de Provence, 89. (Anciennement rue Saint-Nicolas, 19.)

Vente par l'Administration des Hospices du 17 juillet 1812. — HUGLA, adjudicataire. — Mme Ve BLETON, propriétaire en 1881.

CLAUSE. — Art. 15. — L'adjudicataire sera tenu, lors des reconstructions ou reconfortations, de livrer le terrain nécessaire pour 'élargissement de la rue et de se conformer à tous alignements et retranchements qui pourront lui être prescrits par le Conseil des bâtiments civils, sans pouvoir prétendre aucune indemnité.

22. — Rue de Provence, 91. (Anciennement rue Saint-Nicolas, 21.)

Vente par l'Administration des Hospices du 21 février 1807. — BILLIARD, adjudicataire. — M. BAZANA, propriétaire en 1881.

CLAUSE. — Art. 15. — L'adjudicataire sera tenu, lors des reconstructions ou reconfortations, de livrer le terrain nécessaire pour l'élargissement de la rue et de se conformer à tous alignements et retranchements qui pourront lui être prescrits par le Conseil des bâtiments civils, sans pouvoir prétendre aucune indemnité.

(Le Conseil municipal, par une délibération du 28 novembre 1859, a classé cette clause dans la 6e catégorie comme étant désormais sans objet en ce qui concerne la propriété rue Saint-Nicolas, 21, reconstruite en 1822.)

23. — Rue de Provence, 93. (Anciennement rue Saint-Nicolas, 23.)

Vente par l'Administration des Hospices du 24 juillet 1812. — FÉASSE, adjudicataire. — LA BANQUE PARISIENNE, propriétaire en 1881.

CLAUSE. — Art. 15. — L'adjudicataire sera tenu, lors des reconstructions ou reconfortations, de livrer le terrain nécessaire pour l'élargissement de la rue et de se conformer à tous alignements et retranchements qui pourront lui être prescrits par le Conseil des bâtiments civils, sans pouvoir prétendre aucune indemnité.

(Clause exécutée. — Permission du 23 mai 1884.)

24. — Rue de Provence, 95. (Anciennement rue Saint-Nicolas, 25.)

Vente par l'Administration des Hospices du 4 août 1809. — TROCHON, adjudicataire. — M. DELL ANGELO, propriétaire en 1881.

CLAUSE. — Art. 15. — L'adjudicataire sera tenu, lors des reconstructions ou reconfortations, de livrer le terrain nécessaire pour l'élargissement de la rue et de se conformer à tous alignements et retranchements qui pourront lui être prescrits par le Conseil des bâtiments civils, sans pouvoir prétendre aucune indemnité.

25. — Rue de Provence, 97. (Anciennement rue Saint-Nicolas, 27.)

Vente par l'Administration des Hospices du 21 février 1807. — PUTHOD, adjudicataire. — Mme Ve CORBY, propriétaire en 1881.

CLAUSE. — Art. 15. — L'adjudicataire sera tenu, lors des reconstructions ou reconfortations, de livrer le terrain nécessaire pour l'élargissement de la rue et de se conformer à tous alignements et retranchements qui pourront lui être prescrits par le Conseil des bâtiments civils, sans pouvoir prétendre aucune indemnité.

26. — Rue de Provence, 97 *bis* et 99, *(Partie.)* (Anciennement rue Saint-Nicolas, 27 *bis*.)

Vente par l'Administration des Hospices du 7 juillet 1809. — NEVVEU, adjudicataire. — Mme Ve CORBY (pour le n° 97 *bis*) et LA COMPAGNIE DES CHEMINS DE FER DU MIDI (pour le n° 99), propriétaires en 1881.

CLAUSE. — Art. 15. — L'adjudicataire sera tenu, lors des reconstructions ou reconfortations, de livrer le terrain nécessaire pour l'élargissement de la rue et de se conformer à tous alignements et retranchements qui pourront lui être prescrits par le Conseil des bâtiments civils, sans pouvoir prétendre aucune indemnité.

27. — Rue de Provence, 99, *(Partie.)* (Anciennement rue Saint-Nicolas, 29), à l'angle de la rue Charras.

Vente par l'Administration des Hospices du 5 juillet 1811. — DE MORTEMART, adjudicataire. — LA COMPAGNIE DU CHEMIN DE FER DU MIDI, propriétaire en 1881.

CLAUSE. — Art. 15. — L'adjudicataire sera tenu, lors des reconstructions ou reconfortations, de livrer le terrain nécessaire pour l'élargissement de la rue et de se conformer à tous alignements et retranchements qui pourront lui être prescrits par le Conseil des bâtiments civils, sans pouvoir prétendre aucune indemnité.

(Clause exécutée en 1826. Délibération du Conseil municipal du 13 juillet 1860.)

28. — Rue de Provence, 101. (Anciennement rue Saint-Nicolas), à l'angle de la rue Charras.

Vente par l'Administration des Hospices du 7 juillet 1809. — MARIETTE, adjudicataire. — LA SOCIÉTÉ DU CANAL DE SUEZ, propriétaire en 1881.

CLAUSE. — Art. 15. — L'adjudicataire sera tenu, lors des reconstructions ou reconfortations, de livrer le terrain nécessaire pour l'élargissement de la rue et de se conformer à tous alignements et retranchements qui pourront lui être prescrits par le Conseil des bâtiments civils, sans pouvoir prétendre aucune indemnité.

(Clause exécutée.)

29. — Rue de Provence, 103. (Anciennement rue Saint-Nicolas, 35.)

Vente par l'Administration des Hospices du 21 février 1807. — DE BARRAN, adjudicataire. — M. GENUIT, propriétaire en 1881.

CLAUSE. — Art. 15. — L'adjudicataire sera tenu, lors des reconstructions ou reconfortations, de livrer le terrain nécessaire pour l'élargissement de la rue et de se conformer à tous alignements et retranchements qui pourront lui être prescrits par le Conseil des bâtiments civils, sans pouvoir prétendre aucune indemnité.

30. — Rue de Provence, 105. (Anciennement rue Saint-Nicolas, 37.)

Vente par l'Administration des Hospices du 4 août 1809. — MOUILLON, adjudicataire. — Mme Ve ROBERT, propriétaire en 1881.

CLAUSE. — Art. 15. — L'adjudicataire sera tenu, lors des reconstructions ou reconfortations, de livrer le terrain nécessaire pour l'élargissement de la rue et de se conformer à tous alignements et retranchements qui pourront lui être prescrits par le Conseil des bâtiments civils, sans pouvoir prétendre aucune indemnité.

31. — Rue de Provence. (Anciennement rue Saint-Nicolas, 31.)

Vente par l'Administration des Hospices du 21 février 1807. — MARIETTE, adjudicataire.

CLAUSE. — Art. 15. — L'adjudicataire sera tenu, lors des reconstructions ou reconfortations, de livrer le terrain nécessaire pour l'élargissement de la rue et de se conformer à tous alignements et retranchements qui pourront lui être prescrits par le Conseil des bâtiments civils, sans pouvoir prétendre aucune indemnité.

(Démoli pour l'ouverture de la rue Charras.)

32. — Rue Bergère, 30. (Ancien 22, *Partie*.)

Vente par l'Administration des Hospices du 23 octobre 1812. — PANHARD, adjudicataire. — Mme Vve DUFOUR et M. PANHARD, propriétaires en 1881.

CLAUSE. — Art. 15. — L'adjudicataire sera tenu, lors des reconstructions ou reconfortations, de livrer le terrain nécessaire pour l'élargissement de la rue et de se conformer à tous alignements et retranchements qui pourront lui être prescrits par le Conseil des bâtiments civils, sans pouvoir prétendre aucune indemnité.

(Clause exécutée.)

33. — Rue Bergère, 30 *bis*. (Ancien 22, *Partie*.)

Vente par l'Administration des Hospices du 23 octobre 1812. — PANHARD, adjudicataire. — Les HÉRITIERS PANHARD, propriétaires en 1882.

CLAUSE. — Art. 15. — L'adjudicataire sera tenu, lors des reconstructions ou reconfortations, de livrer le terrain nécessaire pour l'élargissement de la rue et de se conformer à tous alignements et retranchements qui pourront lui être prescrits par le Conseil des bâtiments civils, sans pouvoir prétendre aucune indemnité.

(Clause exécutée.)

34. — Rue Bergère, 32. (Ancien 24.)

Vente par l'Administration des Hospices du 13 novembre 1812. — VIGUIÉ, adjudicataire et propriétaire en 1881.

CLAUSE. — Art. 15. — L'adjudicataire sera tenu, lors des reconstructions ou reconfortations, de livrer le terrain nécessaire pour l'élargissement de la rue et de se conformer à tous alignements et retranchements qui pourront lui être prescrits par le Conseil des bâtiments civils, sans pouvoir prétendre aucune indemnité.

35. — Rues Bergère, 34 (Ancien 26), **et du Faubourg-Montmartre.**

Vente par l'Administration des Hospices du 21 mai 1813. — POTIER, adjudicataire. — M. BEUROELEY, propriétaire en 1881.

CLAUSE. — Art. 15. — L'adjudicataire sera tenu, lors des reconstructions ou reconfortations, de livrer le terrain nécessaire pour l'élargissement de la rue et de se conformer à tous alignements et retranchements qui pourront lui être prescrits par le Conseil des bâtiments civils, sans pouvoir prétendre aucune indemnité.

36. — Rue Bergère, 28. (Ancien 20.)

Vente par l'Administration des Hospices du 3 avril 1812. — CAYLUS, adjudicataire. — M. PETIT, propriétaire en 1882.

CLAUSE. — Art. 15. — L'adjudicataire sera tenu, lors des reconstructions ou reconfortations, de livrer le terrain nécessaire pour l'élargissement de la rue et de se conformer à tous alignements et retranchements qui pourront lui être prescrits par le Conseil des bâtiments civils, sans pouvoir prétendre aucune indemnité.

(Classé dans la 7e catégorie comme étant sans objet par délibération du Conseil municipal du 15 mars 1880.)

37. — Rue Bergère, 20. (Ancien 18.)

Vente par l'Administration des Hospices du 3 avril 1812. — CAYLUS, adjudicataire. — M. MONTRIERS, propriétaire en 1882.

CLAUSE. — Art. 15. — L'adjudicataire sera tenu, lors des reconstructions ou reconfortations, de livrer le terrain nécessaire pour l'élargissement de la rue et de se conformer à tous alignements et retranchements qui pourront lui être prescrits par le Conseil des bâtiments civils, sans pouvoir prétendre aucune indemnité.

(Classé dans la 7e catégorie comme étant sans objet par délibération du Conseil municipal du 15 mars 1880.)

38. — Rue Monthyon, 3.

Vente par l'Administration des Hospices du 3 avril 1812. — CAYLUS, adjudicataire. — Mme Vve HUSON, propriétaire en 1882.

CLAUSE. — Art. 15. — L'adjudicataire sera tenu, lors des reconstructions ou reconfortations, de livrer le terrain nécessaire pour l'élargissement de la rue et de se conformer à tous alignements et retranchements qui pourront lui être prescrits par le Conseil des bâtiments civils, sans pouvoir prétendre aucune indemnité.

39. — Rue de la Chaussée-d'Antin, 45 (*Partie*). (Provenant du Marais des Porcherons.)

Vente par l'Administration des Hospices du 30 décembre 1813. — JARY, adjudicataire. — M. D'HUNOLSTEIN, propriétaire en 1881.

CLAUSE. — Art. 15. — L'adjudicataire sera tenu, lors des reconstructions ou reconfortations, de livrer le terrain nécessaire pour l'élargissement de la rue et de se conformer à tous alignements et retranchements qui pourront lui être prescrits par le Conseil des bâtiments civils, sans pouvoir prétendre aucune indemnité.

(Clause exécutée.)

40. — Rue de la Chaussée-d'Antin, 43.

Vente par l'Administration des Hospices du 30 décembre 1813. — JARY, adjudicataire. — M. CORSON, propriétaire en 1881.

CLAUSE. — Art. 15. — L'adjudicataire sera tenu, lors des reconstructions ou reconfortations, de livrer le terrain nécessaire pour l'élargissement de la rue et de se conformer à tous alignements et retranchements qui pourront lui être prescrits par le Conseil des bâtiments civils, sans pouvoir prétendre aucune indemnité.

(Clause exécutée.)

41. — Rue Rochechouart, 26 et 28. (Angle de la rue de Bellefond.)

Traité entre la Ville de Paris et Mmes V^{ves} LAMY et MABRIOT, contrat du 4 août 1883.

ANALYSE. — Autorisation par le Préfet de reconforter le mur de face de leur immeuble dans sa partie retranchable, à la condition de mettre ledit immeuble à l'alignement dès le 1er juillet 1893, en exécutant le pan coupé circulaire prescrit, ainsi qu'en cédant gratuitement le terrain à annexer à la voie publique.

42. — Rues de Provence, 115 (Anciennement rue Saint-Nicolas, 47, plus anciennement 45) **et de Caumartin, 59.** (Anciennement rue Thiroux, 13.)

Vente nationale de la nue propriété le 19 germinal an XI. — LANGLOIS, adjudicataire. — M. JALUZOT et la SOCIÉTÉ DU PRINTEMPS, propriétaires en 1883.

CLAUSE. — Se conformer à tous alignements ou retranchements qui pourraient lui être donnés par les Travaux publics, et ce sans indemnité.

(Bail emphytéotique du 11 novembre 1770.)

(Clause exécutée.)

43. — Rue de Provence, 117. (Anciennement rue Saint-Nicolas, 49, plus anciennement, 47.)

Vente nationale de la nue propriété le 13 prairial an XI. — DELAHAYE, adjudicataire. — M. JALUZOT et la SOCIÉTÉ DU PRINTEMPS, propriétaires en 1883.

CLAUSE. — L'adjudicataire sera en outre tenu de se conformer aux alignements arrêtés par M. le Ministre de l'Intérieur, sans pouvoir prétendre à aucune indemnité.

(Bail emphytéotique du 11 novembre 1770.)

(Clause exécutée.)

44. — Rue de Provence, 119. (Anciennement rue Saint-Nicolas, 51, plus anciennement 49.)

Vente nationale de la nue propriété le 20 pluviôse an XIII. — LEBESNEROIS, adjudicataire. — M. JALUZOT et LA SOCIÉTÉ DU PRINTEMPS, propriétaires en 1883.

CLAUSE. — A la même époque (fin du bail emphytéotique) il sera aussi tenu de se conformer aux alignements qui pourront lui être donnés par la Commission des travaux publics, sans pouvoir prétendre aucune indemnité.

(Bail emphytéotique du 11 novembre 1770.)

(Clause exécutée.)

45. — Rue de Provence, 121. (Anciennement rue Saint-Nicolas, 53, plus anciennement 54.)

Vente nationale de la nue propriété le 20 pluviôse an XIII. — LEDUC, adjudicataire. — M. JALUZOT et LA SOCIÉTÉ DU PRINTEMPS, propriétaires en 1883.

CLAUSE. — L'adjudicataire sera tenu de se conformer aux alignements et retranchements qui pourraient être arrêtés par le Conseil des bâtiments civils, sans pouvoir prétendre à aucune indemnité.

(Bail emphytéotique du 11 novembre 1770.)

(Clause exécutée.)

46. — **Rue de Provence, 123.** (Anciennement rue Saint-Nicolas, 55, plus anciennement 53.)

Vente nationale de la nue propriété le 28 fructidor an XII. — Bouxel, adjudicataire. — M. Jaluzot et la Société du Printemps, propriétaires en 1883.

Clause. — L'adjudicataire sera tenu de se conformer, à l'expiration du bail emphytéotique qui existe sur la propriété mise en vente, à tous alignements ou retranchements qui pourraient lui être donnés par les Travaux publics, et ce sans indemnité.

(Bail emphytéotique du 11 novembre 1770.)
(Clause exécutée.)

47. — **Rue Neuve-des-Mathurins, 49, en 1860.** (Provenant des Religieux Mathurins.)

Vente nationale du 20 messidor an XI. — Baruch-Cerfberr, adjudicataire. — M. Mélien, propriétaire en 1860.

Clause. — Il (l'adjudicataire) sera tenu, à la fin du dit bail (bail emphytéotique du 15 février 1779), de se conformer aux alignements qui pourront lui être donnés par le Conseil des bâtiments civils.

(Exproprié et démoli. — Jugement d'expropriation du 17 novembre 1860.)

48. — **Rue Neuve-des-Mathurins, 47, en 1860, et rue Trudon, 9.** (Provenant des Religieux Mathurins.)

Vente nationale du 20 messidor an XI. — Baruch-Cerfberr, adjudicataire. — M. Rénaud, propriétaire en 1860.

Clause. — Il (l'adjudicataire) sera tenu, à la fin du dit bail (bail emphytéotique du 15 février 1779), de se conformer aux alignements qui pourront lui être donnés par le Conseil des bâtiments civils.

(Exproprié et démoli. — Jugement d'expropriation du 17 novembre 1860.)

49. — **Rue des Mathurins, 9** (*Partie*). (Anciennement rues Neuve-des-Mathurins, 43, 45, et Trudon 10.) (Provenant des Religieux Mathurins.)

Vente nationale du 20 pluviôse an XIII. — Gravet, adjudicataire. — Mme Vve Durand, propriétaire en 1884.

Clause. — Il (l'adjudicataire) sera aussi tenu de se conformer aux alignements qui pourront lui être donnés par la Commission des travaux publics, et ce sans indemnité.

(Bail emphytéotique du 15 février 1779.)

50. — **Rue des Mathurins, 7.** (Anciennement rue Neuve-des-Mathurins, 41.) (Provenant des Religieux Mathurins.)

Vente nationale du 20 pluviôse an XIII. — Gravet, adjudicataire. — M. Hennecart, propriétaire en 1884.

Clause. — Il (l'adjudicataire) sera aussi tenu de se conformer à tous alignements et retranchements qui pourront être arrêtés par le Conseil des bâtiments civils, sans pouvoir prétendre à aucune indemnité.

(Bail emphytéotique du 11 novembre 1770.)

51. — **Rue du Faubourg-Poissonnière, 59.** (Ancien 35.)

Vente nationale du 14 messidor an X. — Robert-Mouel, adjudicataire. — Mme Vve Levaufre, propriétaire en 1884.

Clause. — L'adjudicataire sera également tenu de se conformer, et ce sans indemnité aux alignements et retranchements qui pourraient être arrêtés par les Travaux publics.

Une délibération du Conseil municipal du 28 mai 1869 a classé cette clause dans la 5e catégorie des réserves domaniales comme étant désormais sans objet en ce qui concerne la propriété rue du Faubourg-Poissonnière, 59.

52. — **Rue du Faubourg-Poissonnière, 61.** (Ancien 37.)

Vente nationale du 23 pluviôse an XI. — (5e lot) Tessien, adjudicataire. — M. Leduc-Biel, propriétaire en 1884.

Clause. — Cette adjudication (l'adjudication domaniale) a eu lieu à la charge par l'adjudicataire, notamment de se conformer, et ce sans indemnité, aux alignements ou retranchements qui pourraient être arrêtés par les Travaux publics.

(Aligné.)

53. — **Rue du Faubourg-Poissonnière, 63.** (Ancien 39.)

Vente nationale du 23 pluviôse an XI. — (6e lot) Georges, adjudicataire. — M. Tessier, propriétaire en 1884.

Clause. — Satisfaire à toutes les clauses du procès-verbal d'adjudication. (Extrait du contrat du 26 prairial an XII. — Moyrou, acquéreur de Georges.)

(Aligné.)

54. — **Rue Bleue, 3.**

Vente nationale du 23 pluviôse an XI. — (7e lot) Duvey, adjudicataire. — M. Gardet, propriétaire en 1884.

Clause. — Satisfaire vis-à-vis de la nation à toutes les charges du procès-verbal d'adjudication. — (Extrait du contrat du 23 germinal an XI. — Giroust, acquéreur de Duvey.)

(Aligné.)

55. — **Rue Bleue, 3 *bis*.**

Vente nationale du 23 pluviôse an XI. — (7e lot). Duvey, adjudicataire. — M. Dasset, propriétaire en 1886.

Clause. — Satisfaire vis-à-vis de la nation à toutes les charges du procès-verbal d'adjudication. — (Extrait du contrat du 23 germinal an XI. — Giroust, acquéreur de Duvey.)

(Aligné.)

56. — **Rue du Faubourg-Poissonnière, 55.** (Ancien 33.)

Vente nationale du 14 messidor an X. — Thomas, adjudicataire. — M. Bizot, propriétaire en 1884.

Clause. — Ledit adjudicataire sera tenu aussi de se conformer, et ce sans indemnité, aux alignements ou retranchements qui pourraient être arrêtés par les Travaux publics.

(Aligné.)

57. — **Rue du Faubourg-Poissonnière, 57.** (Ancien 33 *bis*.)

Vente nationale du 14 messidor, an X. — Thomas, adjudicataire. — M. Gally, propriétaire en 1884.

Clause. — Ledit adjudicataire sera tenu aussi de se conformer, et ce sans indemnité, aux alignements ou retranchements qui pourraient être arrêtés par les Travaux publics.

(Aligné.)

58. — **Rue de Provence, 92.** (Anciennement rue Saint-Nicolas.)

Vente nationale du 31 août 1809. — Chosson et Mme Miler, adjudicataires. — M. Roxot, propriétaire en 1882.

Clause. — . . . . supporter les dépenses du pavé au droit du terrain, se conformer aux alignements qui seront donnés par le Conseil des bâtiments civils, et ce sans pouvoir réclamer aucune indemnité.

(Clause exécutée de 1810 à 1824.)

59. — **Rue du Faubourg-Poissonnière, 47.** (Ancien 27.)

Vente nationale du 14 messidor an X. — Descoux, adjudicataire. — M. Lejeune, propriétaire en 1885.

Clause. — Il (l'adjudicataire) sera également tenu de se conformer, et ce sans indemnité, à tous alignements ou retranchements qui pourraient être arrêtés par les Travaux publics.

(Aligné.)

60. — **Rue Richer, 4,**

Vente nationale du 14 messidor an X. — Descoux, adjudicataire. — Mme veuve Duclos, propriétaire en 1885.

Clause. — L'adjudicataire sera tenu de souffrir l'égout passant sous le mur de l'angle de la rue Richer et de la rue du Faubourg-Poissonnière. Il sera également tenu de se conformer, et ce sans indemnité, à tous alignements ou retranchements qui pourraient être arrêtés par les Travaux publics.

(Aligné.)

61. — **Rues Richer, 2, et du Faubourg-Poissonnière, 45.** (Ancien 25.)

Vente nationale du 14 messidor an X. — Descoux, adjudicataire. — Mme Vve Bourguigna, propriétaire en 1885.

Clause. — L'adjudicataire sera tenu de souffrir l'égout passant sous le mur de l'angle de la rue Richer et de la rue du Faubourg-Poissonnière. Il sera également tenu de se conformer, et ce sans indemnité, à tous alignements ou retranchements qui pourraient être arrêtés par les Travaux publics.

62. — **Rue de la Chaussée-d'Antin, 51.**

Vente par l'Administration des Hospices du 5 juin 1821. — Holme, adjudicataire. — M. Jean Billaud et Mmes Pastoureau et Vve Cuénot (toutes deux nées Billaud), propriétaires en 1883.

Clause. — Art. 15. — L'adjudicataire sera tenu, lors des reconstructions ou reconfortations, de livrer le terrain nécessaire pour l'élargissement de la rue et de se conformer à tous alignements et retranchements qui pourront lui être prescrits par le Conseil des bâtiments civils, sans pouvoir prétendre aucune indemnité.

63. — **Rue Richer, 41.** (Ancien 23.)

Vente par l'Administration des Hospices du 14 mars 1813. — Duvois, adjudicataire. — M. Vachette, propriétaire en 1886.

Clause. — Art. 15. — L'adjudicataire sera tenu, lors des reconstructions ou reconfortations, de livrer le terrain nécessaire pour l'élargissement de la rue et de se conformer à tous alignements et retranchements qui pourront lui être prescrits par le Conseil des bâtiments civils, sans pouvoir prétendre aucune indemnité.

64. — **Rue de la Chaussée-d'Antin, 42.**

Vente nationale du 9 thermidor an XII. — Ytasse, adjudicataire.

Clause. — . . . .

Délibération du Conseil municipal du 23 avril 1874, considérant l'immeuble comme affranchi de toute réserve.

65. — **Rue Neuve-des-Mathurins, 16.** (En 1822.) (Provenant des Religieux Mathurins.)

Vente nationale du 7 frimaire an VIII. — Béchet, adjudicataire.

Clause. — L'adjudicataire sera tenu de souffrir tous retranchements et alignements arrêtés ou qui pourraient l'être dans la suite par la Commission des travaux publics, lorsqu'il en sera requis et sans pouvoir prétendre à aucune espèce d'indemnité. (Exproprié et démoli en 1866 pour le percement du boulevard Haussmann.)

---

66. — **Rue des Mathurins, 3.** (Anciennement rue Neuve-des-Mathurins, 37.) (Provenant des Religieux Mathurins.)

Vente nationale du 8 germinal an VI. — Boucher, adjudicataire. — M. le comte Rozan, propriétaire en 1889.

Clause. — L'acquéreur sera tenu de se conformer, quand il en sera requis, et ce sans indemnité, aux alignements arrêtés ou qui pourront l'être par la Commission des travaux publics.

---

67. — **Rue des Mathurins, 5.** (Anciennement rue Neuve-des-Mathurins, 39.) (Provenant des Religieux Mathurins.)

Vente nationale du 27 thermidor an VII. — Droz, adjudicataire. — La Compagnie Générale Transatlantique, propriétaire en 1889.

Clause. — L'adjudicataire sera pareillement tenu de se conformer, lorsqu'il en sera requis, et ce sans indemnité, aux alignements arrêtés ou qui pourront l'être dans la suite par la Commission des travaux publics.

---

68. — **Rue des Mathurins. 26.** (Anciennement rue Neuve-des-Mathurins, 74. (Provenant des Religieux Mathurins.)

Vente nationale du 19 prairial an VI. — Veuve Palsa, adjudicataire. — M. Barbé, propriétaire en 1891.

Clause. — L'adjudicataire de ladite maison sera tenu de se conformer, quand il en sera requis, et sans indemnité, aux alignements arrêtés ou qui pourraient l'être par la Commission des travaux publics.

---

69. — **Rue de la Ferme-des-Mathurins, 48.** (Provenant des Religieux Mathurins.)

Vente nationale du 25 prairial an VI. — Peyre dit Lamy, adjudicataire. — M. Saladin, propriétaire en 1863.

Clause. — L'adjudicataire sera tenu de se conformer, lorsqu'il en sera requis, et sans indemnité aux alignements arrêtés par la Commission des travaux publics. (Bail emphytéotique du 11 novembre 1770.·

Exproprié et démoli pour le percement du boulevard Haussmann. (Jugement du 31 décembre 1863.)

---

70. — **Rue de la Ferme-des-Mathurins, 52.** (Provenant des Religieux Mathurins.)

Vente nationale du 23 germinal an VI. — Saint-Amand, adjudicataire. — M. Legontdec, propriétaire en 1863.

Clause. — L'acquéreur se conformera, s'il y a lieu, aux alignements arrêtés ou qui pourront l'être par la Commission des travaux publics, et ce sans indemnité. Décision du Conseil de Préfecture du 5 juin 1844.

(Bail emphytéotique du 11 novembre 1770.)

Exproprié et démoli pour le percement du boulevard Haussmann. (Jugement du 31 décembre 1863.)

---

71. — **Rue de la Ferme-des-Mathurins, 56.**

Vente nationale du 13 fructidor an VI. — Pia, adjudicataire. — Bénard, propriétaire en 1863.

Clause. — L'adjudicataire sera tenu de se conformer, s'il y a lieu et quand il en sera requis, et ce sans indemnité, aux alignements arrêtés ou qui pourront l'être par la Commission des travaux publics.

(Bail emphytéotique du 23 mars 1769.)

Décision du Conseil de préfecture du 5 juin 1844.

Exproprié et démoli pour le percement du boulevard Haussmann. (Jugement du 31 décembre 1863.)

---

72. — **Rue de la Ferme-des-Mathurins, 58.**

Vente nationale du 13 fructidor an VI. — Pia, adjudicataire. — M. Muson, propriétaire en 1863.

Clause. — L'adjudicataire sera tenu de se conformer, s'il y a lieu, et quand il en sera requis, et ce sans indemnité, aux alignements arrêtés ou qui pourront l'être par la Commission des travaux publics.

(Bail emphytéotique du 23 mars 1769.)

Décision du Conseil de préfecture du 5 juin 1844.

Exproprié et démoli pour le percement du boulevard Haussmann (Jugement du 31 décembre 1863.)

---

73. — **Rue Caumartin, 24.**

Vente nationale du 3e jour complémentaire an VI. — Nay, adjudicataire. — M. Schneider, propriétaire en 1888.

Clause. — L'adjudicataire sera tenu, dès qu'il en sera requis, de se conformer aux alignements arrêtés par la Commission des travaux publics, et ce sans indemnité.

---

74. — **Rue Neuve-des-Mathurins, 21 à 27, et passage Sandrié.** (Angle.) (Provenant des Religieux Mathurins.)

Vente nationale du 28 ventôse an XI. — Pinault, adjudicataire. — La Compagnie du chemin de fer d'Orléans, propriétaire en 1860.

Clause. — L'adjudicataire sera tenu de se conformer, et ce sans aucune indemnité à tous alignements ou retranchements qui pourraient lui être prescrits par les Travaux publics.

(Bail emphytéotique du 11 novembre 1770.)

Exproprié et démoli pour la formation des abords de l'Opéra. (Jugement du 11 novembre 1860.)

---

75. — **Rue de la Chaussée-d'Antin, 21.** (Ancien 27.) (Provenant des Religieux Mathurins.)

Vente nationale du 19 thermidor an VI. — Delafosse, adjudicataire. — M. Maurel, propriétaire en 1889.

Clause. — A l'expiration du bail emphytéotique, l'adjudicataire sera tenu de se conformer aux alignements qui pourraient être arrêtés par la Commission des travaux publics, et ce sans indemnité.

(Bail emphytéotique du 5 avril 1769.)

---

76. — **Rue de la Tour-d'Auvergne, 20.** (Ancien 14.) (Provenant de la succession de Mme Ve Grattier.)

Vente nationale du 11 brumaire an XIV. — Maillé, adjudicataire. — La Société Immobilière de Notre-Dame-de-Lorette, propriétaire en 1888.

Clause. — L'adjudicataire sera en outre tenu de se conformer aux alignements et retranchements qui pourront lui être donnés par le Conseil des bâtiments civils, et ce sans indemnité.

Aligné par permission du 12 avril 1888.

---

77. — **Rue de la Tour-d'Auvergne, 18.** (Anciens 10 et 12) (Provenant de la succession de Mme Ve Grattier.)

Vente nationale du 11 brumaire an XIV. — Toupy, adjudicataire. — La Société Immobilière de Notre-Dame-de-Lorette, propriétaire en 1888.

Clause. — Analogue à la précédente.

Aligné par permission du 12 avril 1888.

---

78. — **Rue Montholon, 22.** (En 1862.) (Provenant de l'émigré Dorfeuille.)

Vente nationale du 17 germinal an XII. — Fournier, adjudicataire. — Mme Ve Boudrot, propriétaire en 1862.

Clause. — L'adjudicataire sera tenu de se conformer, dès qu'il en sera requis, aux alignements arrêtés par la Commission des travaux publics, et ce sans indemnité. Exproprié et démoli pour la formation du square Montholon. (Jugement du 22 mai 1862.)

---

79. — **Rue Montholon, 24.** (En 1862.) (Provenant de l'émigré Dorfeuille.)

Vente nationale du 17 germinal an XII. — Fournier, adjudicataire. — M. Detouche, propriétaire en 1862.

Clause. — L'adjudicataire sera tenu de se conformer, dès qu'il en sera requis, aux alignements arrêtés par la Commission des Travaux publics, et ce sans indemnité Exproprié et démoli pour la formation du square Montholon. (Jugement du 22 mai 1862.)

---

80. — **Rue des Martyrs, 9.** (Anciens 11 et 13.)

Vente par l'Administration des Hospices du 3 novembre 1809. — Duval, adjudicataire. M. Lévy, propriétaire en 1892.

Clause. — Art 15. — L'adjudicataire sera tenu, lors des reconstructions ou reconfortations, de livrer le terrain nécessaire pour l'élargissement de la rue, et de se conformer à tous alignements et retranchements qui pourront lui être prescrits par le Conseil des bâtiments civils, sans pouvoir prétendre aucune indemnité.

81. — Rue du Helder, 17. (Provenant des Religieux Mathurins.)

Vente nationale du 21 brumaire an VI. — Mme V Courtin de Saint-Vincent, adjudicataire. — Les Héritiers Joly de Bammeville, propriétaires en 1887.

Clause. — L'adjudicataire sera tenu de se conformer à première réquisition aux alignements arrêtés par la Commission des Travaux publics et sans indemnité.
Bail emphytéotique du 15 septembre 1768.

---

82. — Rue de la Chaussée-d'Antin, 34. (Provenant des Religieux Mathurins.)

Vente nationale du 3 vendémiaire an VII. — Defiennes, adjudicataire. — Les Héritiers Agasse, propriétaires en 1865.

Clause. — L'acquéreur sera tenu de se conformer, s'il y a lieu, aux alignements qui pourraient être donnés par les Travaux Publics, et ce sans indemnité.
Exproprié et démoli pour l'ouverture de la rue Lafayette. (Jugement du 28 décembre 1865.)

---

83. — Rue de la Chaussée-d'Antin, 30. (Provenant des Religieux Mathurins.)

Vente nationale du 3 vendémiaire an VII. — Defiennes, adjudicataire. — M. Crandon, propriétaire en 1865.

Clause. — L'acquéreur sera tenu de se conformer, s'il y a lieu, aux alignements qui pourraient être donnés par les Travaux publics et ce sans indemnité.
(Exproprié et démoli pour l'ouverture de la rue Lafayette.) (Jugement du 28 décembre 1865.)

---

84. — Rues de Provence, 69 (Ancien 31), et de la Chaussée d'Antin, 54. (Angle.) (Provenant des Religieux Mathurins.)

Vente nationale du 16 fructidor an XI. — Pérault-Deschaunes, adjudicataire. — M. Foucher, propriétaire en 1887.

Clause. — L'adjudicataire sera tenu, à l'expiration du bail emphytéotique, de se conformer aux alignements qui pourront lui être donnés par le Conseil des bâtiments civils, et ce sans indemnité.
(Bail emphytéotique du 28 thermidor an X, devant avoir une durée de 35 années.)

---

85. — Rue Taitbout, 6. (Provenant des Religieux Mathurins.)

Vente nationale du 27 prairial an VIII. — Mme veuve Talbot, adjudicataire. — M. Champion, propriétaire en 1889.

Clause. — L'adjudicataire sera tenu de se conformer, et ce sans indemnité, à tous alignements ou retranchements qui pourraient être arrêtés par les Travaux publics.
(Bail emphytéotique du 15 septembre 1768.)

---

86. — Rue Rodier, 42. (Anciennement cité Rodier.)

Par une soumission du 4 août 1846, présentée à la Ville et acceptée par diverses délibérations du Conseil municipal, M. Morise, auteur de M. Muller, propriétaire actuel, s'est engagé à fournir gratuitement, et à mesure des constructions et reconstructions, le terrain nécessaire pour l'élargissement de la rue à 10 mètres.
(Exécuté.)

---

87. — Rue Rodier, 44. (Anciennement cité Rodier.)

Par une soumission du 4 août 1846 présentée à la Ville et acceptée par diverses délibérations du Conseil Municipal, M. Morise, auteur de M. Decloux, propriétaire actuel, s'est engagé à fournir gratuitement, et à mesure des constructions et reconstructions, le terrain nécessaire pour l'élargissement de la rue à 10 mètres.
(Exécuté.)

---

88. — Rue Neuve-des-Mathurins, 64. (Provenant des Religieux Mathurins.)

Vente nationale du 21 floréal an XIII. — Bouchen, adjudicataire. — M. Lefèvre, propriétaire en 1863.

Clause. — Il (l'adjudicataire) sera en outre tenu à l'expiration dudit bail (bail emphytéotique de 99 années commencé le jour de la Saint-Martin d'hiver en 1770) de se conformer aux alignements et retranchements qui pourront lui être donnés par le Conseil des Travaux publics.
Exproprié et démoli. — Jugement du 31 décembre 1863.

---

89. — Rue Laffitte, 9, 11, 13, 15. (Terrain provenant des Religieux Mathurins.)

Vente nationale du 24 brumaire an IX. — Dupuy, adjudicataire. — MM. Sabatier (n° 9), Estradère (n° 13), Mme veuve Emery (n° 11) et veuve Hébert (n° 15), propriétaires en 1887.

Clause. — L'acquéreur sera enfin tenu de se conformer aux alignements qui pourront être arrêtés par les Travaux publics, et ce sans indemnité.
Clause sans objet. — Le terrain vendu par le Domaine n'est pas en bordure de la rue.

90. — Rue de la Ferme-des-Mathurins, 50. (Provenant des Religieux Mathurins.)

Vente nationale du 7 messidor an VI. — Bonvallet, adjudicataire. — Reis, propriétaire en 1863.

Clause. — . . .
(Bail emphytéotique du 23 mars 1769.)
Arrêté préfectoral du 13 novembre 1843 refusant une indemnité pour 12^m97 de terrain livrés à la voie publique.)
Exproprié et démoli pour le percement du boulevard Haussmann. (Jugement du 31 décembre 1863.)

---

91. — Rue de la Ferme-des-Mathurins, 54. (Provenant des Religieux Mathurins.)

Vente nationale du 23 messidor an VI. — Bouchen, adjudicataire. — M. de Greffulhe, propriétaire en 1863.

Clause. — . . .
(Bail emphytéotique du...)
Exproprié et démoli pour le percement du boulevard Haussmann.
(Jugement du 31 décembre 1863.)

---

92. — Rues Caumartin, 32, et Boudreau, 4 et 6. *(Partie.)* (Provenant des Religieux Mathurins.)

Vente nationale du 17 nivôse an VIII. — Ladoucette, adjudicataire. — MM. Juliani, Delapalme et de Franqueville, propriétaires en 1894.

Clause. — L'adjudicataire sera tenu de souffrir tous alignements et retranchements arrêtés ou qui pourront l'être dans la suite par la Commission des Travaux publics, lorsqu'il en sera requis et ce sans pouvoir prétendre à aucune espèce d'indemnité.
(Bail emphytéotique du 15 février 1779.)
(Clause exécutée.)

---

93. — Rue Neuve-des-Mathurins, 68. (En 1864.) (Maison provenant des Religieux Mathurins.)

Vente nationale du 27 fructidor an VI. — Lachaise, adjudicataire. — M. Vannier, exproprié suivant jugement du 31 décembre 1863.

Clause. — L'acquéreur du présent domaine sera tenu de se conformer, lorqu'il en sera requis, et ce sans indemnité, aux alignements arrêtés ou qui pourraient l'être dans la suite, par la Commission des Travaux publics.
(Bail emphytéotique du 11 novembre 1770.)
(Démoli pour l'ouverture de la rue Auber.)

---

94. — Rue Rodier, 52. (Anciennement cité Rodier.)

M. Perrot (acquéreur de Boitelle), propriétaire en 1895.

Par une soumission du 4 août 1846, présentée à la Ville de Paris, et acceptée par diverses délibérations du Conseil municipal, MM. . . . Boitelle . . . riverains de droite, sont encore convenus d'abandonner à ladite voie, devant leurs propriétés, le terrain nécessaire pour compléter la largeur de 10 mètres.
(Exécuté.) (Permission de voirie du 15 mai 1894.)

---

95. — Rues Montyon, 6, et de la Boule-Rouge, 1. (Ancien 11.) (Angle.) (1er lot de l'enclos de la Boule-Rouge.)

Vente par l'Administration des Hospices du 14 mai 1813. — Goulet, adjudicataire. — M. Boinelle, propriétaire en 1886.

Clause. — Art. 15. — L'adjudicataire sera tenu, lors, etc. *(Voir l'avertissement.)*
(Clause exécutée.)

---

96. — Rue de la Boule-Rouge, 3 et 5. (Anciens 13 et 15.) (2e lot de l'enclos de la Boule-Rouge.)

Vente par l'Administration des Hospices du 4 juin 1813. — Pichard, adjudicataire. — M. Perdriel (n° 3), La Ville de Paris (n° 5), propriétaires en 1886.

Clause. — Art. 15. — L'adjudicataire sera tenu, lors, etc. . *(Voir l'avertissement.)*
Par une délibération du Conseil municipal du 8 août 1856, cette clause a été classée dans la 6e catégorie des réserves domaniales comme étant désormais sans objet en ce qui concerne la propriété n° 3.

---

97. — Rue de la Boule-Rouge, 7. (Ancien 17.) (3e lot de l'enclos de la Boule-Rouge.)

Vente par l'Administration des Hospices du 4 juin 1813. — Cuvelier et Michaud, adjudicataires. — M. Marie, propriétaire en 1887.

Clause. — Art. 15. — L'adjudicataire sera tenu, lors, etc. *(Voir l'avertissement.)*

98. — Rues de la Boule-Rouge, 9 (Ancien 19), et Richer, 29. *(Partie.)* (Ancien 15.) (4ᵉ lot de l'enclos de la Boule-Rouge.)

Vente par l'Administration des Hospices du 28 mai 1813. — Pichard, adjudicataire. — M. Sauvagnac et Mᵐᵉ veuve Rousselle, propriétaires en 1887.

Clause. — Art. 15. — L'adjudicataire sera tenu, lors, etc. *(Voir l'avertissement.)*

99. — Rue de la Boule-Rouge, 2 *(Partie)*, **et 4.** (Ancien 4 *bis.*)

Vente par l'Administration des Hospices du 23 septembre 1828. — Leroux, adjudicataire. — M. Blondel (nᵒ 2), M. Duroyaume et Mᵐᵉ Lublond (nᵒ 4), propriétaires en 1895.

Clause. — Art. 15. — L'adjudicataire sera tenu, lors, etc. *(Voir l'avertissement.)*

100. — Impasse de la Boule-Rouge. (Fond de la propriété rue Richer, 41.)

Vente par l'Administration des Hospices du 14 mai 1813. — Jolibois, adjudicataire. — La Compagnie d'assurances « Le Patrimoine », propriétaire en 1887.

Clause. — Art. 15. — L'adjudicataire sera tenu, lors, etc. *(Voir l'avertissement).* (Clause sans objet.)

101. — Impasse Geoffroy-Marie. (4ᵉ lot de l'enclos de la Boule-Rouge.)

Vente par l'Administration des Hospices du 28 mai 1813. — Michaud, adjudicataire. — M. Jacquier, propriétaire en 1895.

Clause. — Art. 15. — L'adjudicataire sera tenu, etc. *(Voir l'avertissement.)* (Clause sans objet.)

102. — Rue Geoffroy-Marie, 7, et Impasse de la Boule-Rouge. (Angle., (2ᵉ et 3ᵉ lots de l'enclos de la Boule-Rouge.)

Vente par l'Administration des Hospices du 28 mai 1813. — Moranne, adjudicataire. — M. Boutot, propriétaire.

Clause. — Art. 15. — L'adjudicataire sera tenu, lors, etc. *(Voir l'avertissement.)* (Clause sans objet.)

103. — Rue Montyon, 18 et 20. *(Partie.)* (Anciennement rue de la Boule-Rouge 3. (5ᵉ lot de l'enclos de la Boule-Rouge.)

Vente par l'Administration des Hospices du 4 juin 1813. — Commaignac, adjudicataire. — MM. Lecène (nᵒ 18) et Gastinne (nᵒ 20), propriétaires en 1887.

Clause. — Art. 15. — L'adjudicataire sera tenu, lors, etc. *(Voir l'avertissement.)*

104. — Rue Bergère, 25. (Ancien 17.)

Vente par l'Administration des Hospices du 7 juillet 1809. — Bernard, adjudicataire. — M. Chapu, propriétaire en 1885.

Clause. — Art. 15. — L'adjudicataire sera tenu, etc. *(Voir l'avertissement.)*

Les renseignements qui suivent, établis postérieurement au 1ᵉʳ janvier 1887, complètent les articles précédents, ayant le même numéro.

5. — Rue Rodier, 50.

M. Lévy, propriétaire en 1896.

(Exécuté.) (Permission du 26 août 1896.)

6. — Rues Cadet, 27, 29, 31, 33, 35 et Lamartine, 1, 3. (Provenant de la Fabrique de Saint-Eustache.)

Vente nationale du 18 Floréal an VIII. — Gravet, adjudicataire. — La Société du Petit Journal, propriétaire en 1896.

Clause. — L'acquéreur se conformera, et ce sans indemnité, aux alignements ou retranchements qui pourraient être arrêtés par les Travaux publics.

(Bail emphytéotique du 16 octobre 1789.)

9. — Rues de la Chaussée d'Antin, 31, et de Provence, 71, 73.

La Compagnie d'assurances La Centrale, propriétaire en 1888.

Jugement du Tribunal civil de la Seine du 10 mars 1894, confirmé par arrêt de la Cour d'appel de Paris du 9 juillet 1895.

23. — Rue de Provence, 93.

La Banque Parisienne, propriétaire en 1895.

Jugement du Tribunal civil de la Seine, du 10 mars 1894, confirmé par arrêt de la Cour d'appel de Paris, du 9 juillet 1895.

30. — Rue de Provence, 105.

La Compagnie du Canal de Suez, propriétaire en 1890.

(Clause exécutée) (Permission de voirie du 22 avril 1890.)

35. — Rues Bergère, 34 et du Faubourg-Montmartre, 16.

41. — Rue Rochechouart, 26, 28.

Mᵐᵉ Vᵉ Harriot, propriétaire en 1893.

Une délibération du Conseil municipal du 13 mars 1893, approuvée par un arrêté préfectoral du 1ᵉʳ avril suivant a autorisé Mᵐᵉ Harriot à reporter au 1ᵉʳ juillet 1903, l'exécution de l'alignement, moyennant le paiement d'une redevance annuelle de 931 fr. 21 c.

42. — Rues de Provence, 115, et de Caumartin, 59.

Vente nationale du 26 germinal an XI (au lieu de 19 germinal).

50. — Rue des Mathurins, 7.

M. Boivin, propriétaire en 1890.

Par une délibération du 17 mars 1890, approuvée par arrêté préfectoral du 24 mai suivant, le Conseil municipal a reconnu la clause exécutée en ce qui concerne la propriété de M. Boivin.

63. — Rue Richer, 41.

Vente par l'Administration des Hospices du 14 mai 1813 (au lieu de 14 mars). — La Compagnie d'assurances Le Patrimoine, propriétaire en 1887.

DIXIÈME ARRONDISSEMENT

Voir pour la situation et l'étendue des propriétés la huitième carte.

1. — Rue de Paradis-Poissonnière, 4. (Provenant de la Congrégation de Saint-Lazare.)

Partie de la vente nationale du 7 messidor an IV. — GALLIMARD, adjudicataire. — M. PICON, propriétaire en 1879.

CLAUSE. — Fournir le terrain nécessaire pour l'ouverture d'une rue nouvelle.

2. — Rue de Paradis-Poissonnière, 6. (Provenant de la Congrégation de Saint-Lazare.)

Partie de la vente nationale du 7 messidor an IV. — GALLIMARD, adjudicataire. — M. BACQUOT-GUÉDON, propriétaire en 1879.

CLAUSE. — Fournir le terrain nécessaire pour l'ouverture d'une rue nouvelle.

3. — Rue de Paradis-Poissonnière, 8. (Provenant de la Congrégation de Saint-Lazare.)

Partie de la vente nationale du 7 messidor an IV. — GALLIMARD, adjudicataire. — M. DEBRAY, propriétaire en 1879.

CLAUSE. — Fournir le terrain nécessaire pour l'ouverture d'une rue nouvelle.

4. — Rue de Paradis-Poissonnière, 10. (Provenant de la Congrégation de Saint-Lazare.)

Partie de la vente nationale du 7 messidor an IV. — GALLIMARD, adjudicataire. — M⁻ᵉ LECOU-TEUX, propriétaire en 1879.

CLAUSE. — Fournir le terrain nécessaire pour l'ouverture d'une rue nouvelle.

5. — Rue de Paradis-Poissonnière, 12. (Provenant de la Congrégation de Saint-Lazare.)

Partie de la vente nationale du 7 messidor an IV. — GALLIMARD, adjudicataire. — M. LYON, propriétaire en 1879.

CLAUSE. — Fournir le terrain nécessaire pour l'ouverture d'une rue nouvelle.

6. — Rue de Paradis-Poissonnière, 14. (Provenant de la Congrégation de Saint-Lazare.)

Partie de la vente nationale du 7 messidor an IV. — GALLIMARD, adjudicataire. — Mᵐᵉ Vᵛᵉ BANON, propriétaire en 1879.

CLAUSE. — Fournir le terrain nécessaire pour l'ouverture d'une rue nouvelle.

(Une délibération du Conseil municipal du 2 mai 1862 a classé cette clause dans la sixième catégorie des réserves domaniales comme étant désormais sans objet en ce qui concerne la propriété n° 14.)

7. — Rue de Paradis-Poissonnière, 16. (Provenant de la Congrégation de Saint-Lazare.)

Partie de la vente nationale du 7 messidor an IV. — GALLIMARD, adjudicataire. — M. GUILLEMONET, propriétaire en 1879.

CLAUSE. — Fournir le terrain nécessaire pour l'ouverture d'une rue nouvelle.

8. — Rue de Paradis-Poissonnière, 18. (Provenant de la Congrégation de Saint-Lazare.)

Partie de la vente nationale du 7 messidor an IV. — GALLIMARD, adjudicataire. — Mᵐᵉ MARCHAND, propriétaire en 1879.

CLAUSE. — Fournir le terrain nécessaire pour l'ouverture d'une rue nouvelle.

(Une délibération du Conseil municipal du 31 mars 1865, a classé cette clause dans la sixième catégorie des réserves domaniales, comme étant désormais sans objet en ce qui concerne la propriété n° 18.)

9. — Rue de Paradis-Poissonnière, 20. (Provenant de la Congrégation de Saint-Lazare.)

Partie de la vente nationale du 7 messidor an IV. — GALLIMARD, adjudicataire. — M. APPERT, propriétaire en 1879.

CLAUSE. — Fournir le terrain nécessaire pour l'ouverture d'une rue nouvelle.
(Cette clause a pour objet le prolongement de la rue Martel.)

10. — Rue de Paradis-Poissonnière, 22. (Provenant de la Congrégation de Saint-Lazare.)

Partie de la vente nationale du 7 messidor an IV. — GALLIMARD, adjudicataire. — M. NICOLAS, propriétaire en 1879.

CLAUSE. — Fournir le terrain nécessaire pour l'ouverture d'une rue nouvelle,

11. — Rue de Paradis-Poissonnière, 24. (Provenant de la Congrégation de Saint-Lazare.)

Partie de la vente nationale du 7 messidor an IV. — GALLIMARD, adjudicataire. — Mᵐᵉ BETH-MONT, propriétaire en 1879.

CLAUSE. — Fournir le terrain nécessaire pour l'ouverture d'une rue nouvelle.

12. — Rue de Paradis-Poissonnière, 26. (Provenant de la Congrégation de Saint-Lazare.)

Partie de la vente nationale du 7 messidor an IV. — GALLIMARD, adjudicataire. — M. THIÉ-BAUT, propriétaire en 1879.

CLAUSE. — Fournir le terrain nécessaire pour l'ouverture d'une rue nouvelle.

13. — Rues des Petites-Écuries, 37, et d'Hauteville, 39. (Provenant des Religieuses Filles-Dieu.)

Vente nationale des 29 vendémiaire et 5 brumaire an X. — (Nue propriété) Vᵛᵉ LOYER, adjudicataire. — LES HÉRITIERS BECKER, propriétaires en 1880.

CLAUSE. — La présente vente est faite à charge :

1° De prendre les deux maisons vendues dans l'état où elles se trouvent, sans pouvoir prétendre à aucune indemnité pour raison de grosses ou menues réparations qui pourraient être nécessaires, ou pour raison de tous retranchements qui pourraient être exigés par la Ville ou le Gouvernement. — (Extrait d'un acte du 30 août 1821) Voir, n° 14, la rédaction de l'acte primitif.
(Bail emphytéotique du 19 septembre 1771.)

14. — Rue des Petites-Écuries, 39. (Provenant des Religieuses Filles-Dieu.)

Vente nationale du 5 brumaire an X. — (Nue propriété) GRAVET, adjudicataire. — M. LA-GANDE, propriétaire en 1881.

CLAUSE. — Il (l'adjudicataire) sera tenu aussi de se conformer, et ce sans indemnité, à tous les alignements et retranchements qui pourront être arrêtés par les Travaux publics, ainsi qu'aux charges de ville et servitudes s'il en existe.
(Bail emphytéotique du 17 septembre 1771.) — (Permission du 30 mars 1882.)

Délibération du Conseil municipal du 2 février 1883, déclarant la clause exécutée par la mise à l'alignement.

15. — Rue des Petites-Écuries, 41. (Provenant des Religieuses Filles-Dieu.)

Vente nationale du 5 brumaire an X. — (Nue propriété) GRAVET, adjudicataire. — M. HER-NANDEZ, propriétaire en 1880.

CLAUSE. — Il (l'adjudicataire) sera tenu aussi de se conformer, et ce sans indemnité, à tous alignements ou retranchements qui pourront être arrêtés par les Travaux publics, ainsi qu'aux charges de ville et servitudes, s'il en existe.
(Bail emphytéotique du 19 septembre 1771.)

16. — Rue des Petites-Écuries, 43. (Provenant des Religieuses Filles-Dieu.)

Vente nationale du 5 brumaire an X. — (Nue propriété) GRAVET, adjudicataire. — M. WET-ZEL, propriétaire en 1880.

CLAUSE. — Il (l'adjudicataire) sera tenu aussi de se conformer, et ce sans indemnité, à tous les alignements ou retranchements qui pourront être arrêtés par les Travaux publics, ainsi qu'aux charges de ville et servitudes, s'il en existe.
(Bail emphytéotique du 19 septembre 1771.)

17. — Rue des Petites-Écuries, 49. (Ancien 32.) (Provenant des Religieuses Filles-Dieu.)

Vente nationale du 24 vendémiaire an VI. — (Nue propriété) GAUTIER, adjudicataire des numéros 31 et 32. — Mᵐᵉ DUBOIS, propriétaire en 1880.

CLAUSE. — Il (l'adjudicataire) supportera également tous retranchements sur son terrain qui pourraient être exigés par la Ville.

(Bail emphytéotique du 19 septembre 1771.)

(Propriété alignée.)

18. — Rue des Petites-Écuries, 51. (Ancien 31). (Provenant des Religieuses Filles-Dieu.)

Vente nationale du 24 vendémiaire an VI. — (Nue propriété) GAUTIER, adjudicataire des numéros 31, 32. — M. BABA, propriétaire en 1880.

CLAUSE. — Il (l'adjudicataire) supportera également tous retranchements sur son terrain qui pourraient être exigés par la Ville.

(Bail emphytéotique du 19 septembre 1771.)

19. — Rue des Petites-Écuries, 53. (Provenant des Religieuses Filles-Dieu.)

Vente nationale du 3 vendémiaire an XI. — (Nue propriété) ROARD, adjudicataire. — M. PETITPONT, propriétaire en 1880.

CLAUSE. — Il (l'adjudicataire) sera également tenu de se conformer et ce sans indemnité à tous les alignements ou retranchements qui pourront être arrêtés par les Travaux publics.

(Clause exécutée.) — (Jugement du 30 avril 1870.)

(Bail emphytéotique du 19 septembre 1771.)

20. — Rue des Petites-Écuries, 55. (Provenant des Religieuses Filles-Dieu.)

Vente nationale du 15 février 1811. — (Nue propriété) ROUSSEL, adjudicataire. — M. PETITPONT, propriétaire en 1880.

CLAUSE. — (Semblable à la précédente.)

(Clause exécutée.)

(Bail emphytéotique du 19 septembre 1771.)

21. — Rues des Petites-Écuries, 61, et du Faubourg-Poissonnière, 42, 42 bis. (Provenant des Religieuses Filles-Dieu.)

Vente nationale du 27 pluviôse an VIII. — BARREAU, adjudicataire. — M. BARBEAU, propriétaire en 1880.

CLAUSE. . . . .

22. — Rues des Messageries et d'Hauteville.

Soumission des propriétaires, acceptée par délibération du Corps municipal de Paris du 18 juin 1793.

Vu la soumission de ces propriétaires de supporter sans indemnité, et au fur et à mesure des reconstructions des murs de face, ou des ouvrages tendant à les réconforter, un retranchement de 4 pieds 1/2 de chaque côté dudit passage, qui n'a actuellement que 21 pieds, pour le porter à 30 pieds, de faire paver à leurs frais ledit passage. . . . .

Cette clause frappe encore les immeubles suivants:

Rue d'Hauteville, 63, — propriétaire, M. ROUXIN ;
Id. 78, — id. M. GONTIER ;
Rue des Messageries, 9, — propriétaire Mᵐᵉ CASTILLE ;
Id. 11, — id. Mᵐᵉ DUFOUR ;
Id. 13, — id. M. DELACOUR ;
Id. 15, — id. M. LATREILLE;
Id. 17, — id. Mᵐᵉ JORRET ;
Id. 19, — id. Mᵐᵉ ROUSSEAU ;
Id. 21, — id. M. GIROULT ;
Id. 23, — id. M. DURAND ;
Id. 14, — id. M. MARCHAL ;
Id. 16, — id. Mᵐᵉ PAJOU ;
Id. 18, — id. M. TAVENOT ;
Id. 24, — id. M. ROUMESTANT.

23. — Boulevard de la Villette, 119 à 131, et quai de Jemmapes.

Vente nationale du 3 fructidor an IV. — PIA, adjudicataire. — Mᵐᵉ Vᵛᵉ BUISSON, propriétaire en 1885.

CLAUSE. — Fournir au Gouvernement le terrain nécessaire pour l'ouverture d'une nouvelle rue sans prétendre d'indemnité. . . . .

24. — Rues des Vinaigriers, 37 *(Partie)*, **et des Marais, 68.** (Provenant de la fabrique de Saint-Nicolas-des-Champs.)

Vente nationale du 11 fructidor an VII. — MION, adjudicataire. — M. VIEILLARD-MIGEON, (rue des Vinaigriers), et Mˡˡᵉ TRUC (rue des Marais), propriétaires en 1886.

CLAUSE. — L'acquéreur du présent domaine sera aussi tenu de souffrir, lorsqu'il en sera requis et ce sans indemnité, tous alignements et retranchements arrêtés ou qui pourront l'être dans la suite par la Commission des travaux publics.

(Clause exécutée.)

(Bail emphytéotique du 24 août 1775.)

25. — Rues des Vinaigriers, 58 à 62 et du Faubourg-Saint-Martin, 120. (3ᵉ lot de l'Hôtel de Boysne.)

Vente nationale du 23 août 1811. — DUBAIL, adjudicataire. — Mᵐᵉ Vᵛᵉ DUBAIL, propriétaire en 1882.

CLAUSE. — Il (l'adjudicataire) supportera, quand il en sera requis et ce sans indemnité aucune, le retranchement de terrain nécessaire, dans la partie seulement où le mur est resté sur la ruelle des Vinaigriers, pour lui donner la largeur fixée par S. E. le Ministre de l'Intérieur, à dix mètres comme autour du faubourg.

26. — Rue des Vinaigriers, 46 à 56. (Provenant de l'Hôtel de Boysne.)

Vente nationale du 30 août 1811. — DUBAIL, adjudicataire. — M. MICHELIN (46 à 52 bis), LES HÉRITIERS DUBAIL (54), et Mᵐᵉ Vᵛᵉ DUBAIL (56), propriétaires en 1882.

CLAUSE. — Il (l'adjudicataire) supportera le retranchement de terrain nécessaire pour la largeur à donner à la ruelle des Vinaigriers, fixée par S. E. le Ministre de l'Intérieur à dix mètres, sans pouvoir, pour raison de ce, prétendre aucune diminution de prix de la valeur foncière ; ce retranchement est indiqué par une ligne rouge sur ledit plan.

27. — Rue Sibour, 4. (Anciennement rue de la Fidélité.) (Provenant de la fabrique Saint-Laurent.)

Vente nationale du 4 messidor an V. — ROUSSEAU, adjudicataire. — M. HERSANT, propriétaire en 1881.

CLAUSE. — L'adjudicataire sera tenu de se conformer, s'il y a lieu, aux alignements arrêtés par la Commission des travaux publics.

(Clause exécutée en 1832.)

28. — Boulevard Bonne-Nouvelle, 40. (Ancien nº 10.) (Provenant de l'émigré de Conflans.)

Vente nationale du 3 fructidor an VI. — Mᵐᵉ DE CONFLANS, adjudicataire. — M. DENFER, propriétaire en 1880.

CLAUSE. — Le terrain du trottoir et celui faisant partie de deux boutiques en saillie sur le boulevard, à partir de l'alignement du mur d'appui désigné sur le plan par les lettres AB, ne font pas partie de cette estimation ; l'adjudicataire en jouira tant que le Gouvernement accordera cette faveur. L'adjudicataire sera tenu, dès qu'il en sera requis, de se conformer aux alignements arrêtés par la Commission des travaux publics et ce sans indemnité.

(Clause exécutée.)

29. — Rues Sibour, 2 (Anciennement rue de la Fidélité), **et du Faubourg-Saint-Martin, 121.** (Provenant de la fabrique de Saint-Laurent.)

Vente nationale des 4 et 28 messidor an V. — ROUSSEAU, adjudicataire. — M. FORGEOT, propriétaire en 1881.

CLAUSE. — L'adjudicataire sera tenu de se conformer, s'il y a lieu, aux alignements arrêtés par la Commission des travaux publics.

30. — Rue du Faubourg-Poissonnière, 144. (Provenant des religieux Lazaristes.)

Vente nationale du 27 avril 1810. — HÉDOUIN, adjudicataire. — La Société LA RENTE FONCIÈRE, propriétaire en 1882.

CLAUSE. — Attendu que le terrain est sujet à un petit retranchement sur la rue du Faubourg-Poissonnière, qui n'a pu être précisé ni indiqué au plan, l'acquéreur d'icelui sera tenu, lorsqu'il en sera requis, de se conformer à l'alignement qui lui sera donné par le Conseil des bâtiments civils, et ce sans pouvoir prétendre aucune indemnité.

31. — Rue de Bondy, 17, et boulevard Saint-Martin, 16 et 18.

Vente nationale du 14 germinal an VII. — DUGAS, adjudicataire. — Mᵐᵉˢ Vᵛᵉ GAY, Vᵛᵉ BOURGAIN, CHEVALIER, NERVOUET DE LA CHARDONNIÈRE, BOUGLÉ, Vᵛᵉ BOUCLIER, Vᵛᵉ BÉNAZET, et M. BÉNAZET, propriétaires en 1874.

CLAUSE. — . . . . . Au bout, du côté du Nord, sur la rue de Bondi, existe un trottoir couvert qui ne peut être supprimé, ayant été conservé trottoir public par l'acte de vente que le Département a originairement fait de cette propriété.

(Exécuté.)

32. — Boulevard de Bonne-Nouvelle, 42, 44. (Anciens 10 et 12), **et Faubourg Poissonnière, 2.** (Provenant de l'émigré Conflans.)

Vente nationale du 27 thermidor an VI. — Mᵐᵉ DE CONFLANS, adjudicataire. — M. BORDA, propriétaire en 1883.

CLAUSE. — L'adjudicataire sera tenu, dès qu'il en sera requis, de se conformer aux alignements arrêtés par la Commission des travaux publics, et ce sans indemnité.

(Clause exécutée.)

33. — Rue du Faubourg-Saint-Martin, 139. (Ancien 149.)

Vente par l'Administration des Hospices du 12 septembre 1807. — Martin, adjudicataire. — M. Martin, propriétaire en 1883.

Clause. — Art. 15. — L'adjudicataire sera tenu, lors des reconstructions ou reconfortations, de livrer le terrain nécessaire pour l'élargissement de la rue et de se conformer à tous alignements et retranchements qui pourront lui être prescrits par le Conseil des bâtiments civils, sans pouvoir prétendre aucune 'ndemnité.

---

34. — Rues d'Enghien 29 (*Partie*), 31, 33, d'Hauteville, 18 bis, 18, 16, et de l'Echiquier, 34, 32. (Provenant des Filles-Dieu.)

Vente nationale du 27 juin 1791. — Le Pescheur, adjudicataire. — MM. Triard, Grenon, M᷉ᵉ Vᵉ Ribat, MM. Renon, Bauonies et Cancey, propriétaires en 1883.

Clause. — Dans les 423 toises 9 pieds que contient la portion de terrain dont il s'agit, n'est point comprise celle destinée à être employée à la rue d'Enghien projetée, conformément au plan, et qui, actuellement, fait partie du terrain dont jouissent les sieurs Lépine et Robert : la portion nécessaire à la rue projetée, qui doit avoir trente pieds, n'est pas en conséquence vendue.

(Clause exécutée.)

---

35. — Rue d'Enghien, 9 et 11. (Anciens 7 et 9.) (Provenant des Filles-Dieu.)

Vente nationale du 19 juillet 1793. — Lavelle, adjudicataire. — Mᵐᵉ Vᵉ Paillard de Villeneuve et M. Collet-Duclos pour le n° 9 et M. Dedome pour le n° 11, propriétaires en 1883.

Clause. — L'adjudicataire sera tenu, aussitôt que la notification lui sera faite de l'ouverture de la rue d'Enguyen, de faire construire un mur de clôture sur la face de ladite rue, de la hauteur de six pieds au moins, tant du dessous du sol du parc qu'en fondation, avec contremur suffisant pour retenir la poussée des terres jectices qui seront rapportées au droit de l'alignement d'icelle pour l'exhaussement du sol.

(Clause exécutée.)

---

36. — Rue du Faubourg-Saint-Denis, 62. (Ancien 64.)

Vente par l'Administration des Hospices du 16 juillet 1813. — Pogin, adjudicataire. — Mᵐᵉ Bollard, propriétaire en 1883.

Clause. — Art. 15. — L'adjudicataire sera tenu, lors des reconstructions ou reconfortations, de livrer le terrain nécessaire pour l'élargissement de la rue et de se conformer à tous alignements et retranchements qui pourront lui être prescrits par le Conseil des bâtiments civils, sans pouvoir prétendre aucune indemnité.

---

37. — Rue des Marais, 55, et rue de Lancry, 28. (Provenant de l'Émigré de Nicolay.)

Vente nationale du 29 fructidor an VI. — Prévost, adjudicataire.

Clause. — L'adjudicataire sera tenu de se conformer, quand il en sera requis et ce sans indemnité, aux alignements arrêtés ou qui pourraient l'être par la Commission des travaux publics.

(Exproprié pour l'ouverture du boulevard de Magenta, sur Mᵐᵉ Vᵉ Lyon-Allemand, par jugement du 22 octobre 1864, et démoli.)

---

38. — Rue du Faubourg-du-Temple, 131. (Ancien 127.)

Vente par l'Administration des Hospices du 8 décembre 1813. — Desnoyers, adjudicataire. — M. Foucher, propriétaire en 1883.

Clause. — Art. 15. — L'adjudicataire sera tenu, lors des reconstructions ou reconfortations, de livrer le terrain nécessaire pour l'élargissement de la rue et de se conformer à tous alignements et retranchements qui pourront lui être prescrits par le Conseil des bâtiments civils, sans pouvoir prétendre aucune indemnité.

---

39. — Rue du Faubourg-Poissonnière, 38. (Ancien 40.)

Vente nationale des 5 et 11 ventôse an VIII. — Vᵉ Christophle, adjudicataire. — M. Hudot, propriétaire en 1880.

Clause. — L'adjudicataire sera tenu de se conformer aux charges d'usage et à tous alignements, redressements, et de fournir tout terrain nécessaire, s'il y a lieu, sans pouvoir prétendre à aucune indemnité.

---

40. — Rue d'Hauteville, 27, 31. (Angles du passage Violet.)

Vente nationale du 11 ventôse an VIII. — Caylus et Gévaudan, adjudicataires. — MM. Galand (27) et Chébon (31), propriétaires en 1885.

Clause. — L'adjudicataire se conformera aux charges d'usage et à tous alignements et redressements, et fournira tout terrain nécessaire, s'il y a lieu, sans pouvoir prétendre à aucune indemnité.

---

41. — Rues de la Fidélité, 24 et 22 (*Partie*,) et du Faubourg-Saint-Denis, 96 à 106. (Provenant du Couvent de la Charité.)

Vente nationale du 28 vendémiaire an V. — Sérange, adjudicataire. — Mˡˡᵉ Deloynes. M. Barbat, Mᵐᵉ de Polignac et M. Chevillot, propriétaires en 1886.

Clause. — Ledit citoyen Sérange sera tenu de fournir, sans aucune indemnité ni garantie envers la nation, la partie du terrain sur laquelle est le hangar en charpente, compris dans les objets par lui acquis pour l'ouverture de la nouvelle rue tracée au plan joint au procès-verbal ci-dessus visé et projetée d'après le nouveau plan de Paris.

(Clause exécutée par l'ouverture de la rue de la Fidélité. Délibération du Conseil municipal du 21 mars 1876, prise en ce qui concerne la propriété Barbat.)

---

42. — Rue de la Fidélité, 22, (*Partie*) 20 et 18 (*Partie*). (Provenant du couvent de la Charité.)

Vente nationale du 4 frimaire an V. — Bertrand, adjudicataire. — MM. Gille, Laveissière et Wetzel, propriétaires.

Clause. — L'acquéreur sera tenu de livrer, sans indemnité, le terrain nécessaire pour le percement d'une rue nouvelle devant communiquer de la place demi-circulaire à former devant l'église Saint-Laurent à la rue du Faubourg-Saint-Denis.

(Clause exécutée.)

Aux termes d'une délibération du Conseil municipal du 27 juillet 1860, cette clause a été classée dans la 6ᵉ catégorie comme étant désormais sans objet, en ce qui concerne les immeubles 20 et 22.

---

43. — Rue de la Fidélité, 8 à 18 (*Partie*), du Faubourg Saint-Denis, 108 (ancien 110), et boulevard Magenta, 67, 69. (Provenant du Couvent de la Charité.)

Vente nationale du 27 brumaire an V. — Auvry, adjudicataire. — MM. Armengaud (12), Coman et Accendre (14), Dubois (16), Wetzel (18) et Mᵐᵉ Vᵉ Varin (faubourg Saint-Denis, 108), propriétaires en 1886.

Clause. — L'emplacement dudit domaine ci-dessus décrit contient en superficie, y compris la demi-épaisseur du mur mitoyen et la moitié de l'emplacement de la nouvelle rue qui sera fournie sans aucune indemnité et garantie de la part de l'acquéreur, comme une des conditions expresses de la présente vente, environ 1,329 toises.

(Clause exécutée.)

---

44. — Rues de la Charité, Saint-Laurent et du Faubourg-Saint-Denis, 110, et place de la Fidélité. (Provenant du Couvent de la Charité.)

Vente nationale du 28 germinal an V, — Pelletier, adjudicataire.

Clause. — L'acquéreur sera tenu de supporter le percement de la nouvelle rue qui, partant de celle de Saint-Laurent, ira aboutir à la demi-portion circulaire formant la nouvelle place projetée au-devant du portail de l'église.

Cette propriété a été expropriée et démolie pour l'ouverture des boulevards de Magenta et de Strasbourg. Les immeubles élevés sur son emplacement portent actuellement les nᵒˢ 70, 71, 72, 73, 75 sur le boulevard de Magenta, 79, sur le boulevard de Strasbourg et 110 sur le faubourg Saint-Denis.

---

45. — Rue de la Charité. (Angle de la rue Saint-Laurent.) (Provenant de la fabrique de Saint-Laurent.)

Vente nationale du 4 floréal an V. — Guénet, adjudicataire. — M. Baticle, exproprié en 1843 pour le boulevard de Strasbourg.

Clause. — ... fournir le terrain nécessaire pour la nouvelle rue projetée à l'endroit où est située ladite maison, sans pouvoir, à raison de ce, prétendre par la suite aucun dédommagement.

(Démoli.)

---

46. — Place de la Fidélité, 1, 3, 5. (Provenant de la cure de Saint-Laurent).

Vente nationale du 7 messidor an VI. — Montigny, adjudicataire.

Clause. — Par suite du percement de la nouvelle rue dans le terrain des ci-devant Sœurs-Grises et du projet de la place demi-circulaire, l'acquéreur sera tenu de fournir le terrain tel qu'il est déterminé sur le plan.

(Démoli.)

47. — **Rues de la Fidélité, 7 à 17 anciens, et Neuve-de-la-Fidélité, 23 à 31 et 28 à 40.** (Provenant du Couvent de la Charité.)

Vente nationale du 4 frimaire, an V. — Bertrand, adjudicataire.

CLAUSE. — A l'époque de l'ouverture de la rue projetée et désignée aux procès-verbal et plan du 4 fructidor dernier, l'acquéreur des objets ci-dessus énoncés sera tenu de fournir, sans aucune indemnité ni garantie, dans l'étendue de sa propriété, la moitié du terrain nécessaire pour la formation de ladite rue.

Cette propriété a été traversée par le boulevard de Strasbourg et démolie, à l'exception des nos 3 et 5 (anciens 15 et 17) de la rue de la Fidélité, pour lesquels la clause a reçu son exécution. — Sur son emplacement ont été élevés les immeubles portant actuellement les nos 62, 64, 66, 68, 71, 73, 75, sur le boulevard de Strasbourg et le no 1 sur la rue de la Fidélité.

48. — **Rue de la Fidélité, 7, 9, 11.** (Anciens 19, 21, 23.) (Couvent de la Charité.)

Vente nationale du 29 vendémiaire, an V. — Mme Monnet, adjudicataire. — MM. Ernest et Louis Demay et Violot, propriétaires en 1886.

CLAUSE. — Les acquéreurs seront tenus de livrer sans indemnité le terrain nécessaire à l'ouverture d'une rue projetée.

(Clause exécutée).

49. — **Boulevard de la Villette, 77, 79, 81, 83, 85.** (Angle de la rue Grange-aux-Belles, 42.)

Vente nationale du 3 frimaire, an V. — Pernot, adjudicataire. — Mme Vve Duponchel (77, 79) et M. Georges (81, 83, 85), propriétaires en 1885.

CLAUSE. — Fournir, sans indemnité, le chemin de ronde le long du mur de la nouvelle clôture.

50. — **Rue Basse-Porte-Saint-Denis, 14, et impasse Saint-Laurent.**

Vente par l'Administration des Hospices du 1er octobre 1815. — Lebayand, adjudicataire.

CLAUSE. — Art. 15. — L'adjudicataire sera tenu, lors des reconstructions ou reconfortations, de livrer le terrain nécessaire pour l'élargissement de la rue et de se conformer à tous alignements et retranchements qui pourront lui être prescrits par le Conseil des bâtiments civils, sans pouvoir prétendre aucune indemnité.

(Acquis par la Ville le 4 octobre 1834 pour l'ouverture de la rue Mazagran, et démoli.)

51. — **Rue des Petites-Écuries, 58, et du Faubourg-Poissonnière, 44.** (Angle.) (Provenant de l'émigré Rouillé Lantemy.)

Vente nationale du 2e jour complémentaire, an IV. — Cocu, adjudicataire. — La Société Michel et Cie, propriétaire en 1886.

CLAUSE. — L'acquéreur du domaine a consenti à tous les retranchements de terrain qui pourraient être exigés par la suite par le Gouvernement ou tous autres par lui proposés, sans pouvoir répéter aucune indemnité, ni rétribution pour raison des retranchements demandés.

52. — **Rue du Faubourg-Saint-Denis, 101** *(Partie).* (Le fonds de la propriété provient de la Congrégation de Saint-Lazare.)

Vente nationale du 7 messidor, an IV. — Galimard, adjudicataire. — M. Poussard, propriétaire en 1889.

CLAUSE. — Fournir le terrain nécessaire pour l'ouverture d'une rue nouvelle.

Une délibération du Conseil municipal du 9 avril 1869 a classé cette clause dans la septième catégorie.

53. — **Rue du Faubourg-Poissonnière, 32.** (Propriété ne bordant pas la rue.)

Vente nationale du 7 fructidor, an VII. — Caylan, adjudicataire. — Les Héritiers Versepuy, propriétaires en 1880.

CLAUSE. — L'adjudicataire sera tenu de se conformer, quand il en sera requis, et ce sans indemnité, aux alignements arrêtés ou qui pourront l'être par la suite par la Commission des travaux publics.

Une délibération du Conseil municipal du 25 juin 1869 a classé cette clause dans la 7e catégorie, comme étant sans objet et sans intérêt pour la Ville de Paris.

54. — **Rue du Faubourg-Poissonnière, 148.** (Anciens nos 124 et 126.) (Provenant des Religieux Lazaristes.)

Vente nationale du 17 février 1809. — Ruelle et Demouy, adjudicataires. — M. Clair-Leproust, propriétaire en 1894.

CLAUSE. — L'adjudicataire sera tenu de se conformer, et ce sans indemnité, aux retranchements et alignements qui pourront lui être prescrits par le Conseil des bâtiments civils.

(Aligné par permission du 26 février 1894.)

55. — **Rue du Faubourg-Poissonnière, 150.** (Ancien 130.) (Provenant des Religieux Lazaristes.)

Vente nationale du 17 février 1809. — Ruelle et Demouy, adjudicataires. — Mme Vve Domenc, propriétaire, en 1890, de la partie en bordure de la rue.

CLAUSE. — L'adjudicataire sera tenu de se conformer, et ce sans indemnité, aux retranchements et alignements qui pourront lui être prescrits par le Conseil des bâtiments civils.

56. — **Rue du Faubourg-Poissonnière, 154.** (Ancien 130.) (Provenant des Religieux Lazaristes.)

Vente nationale du 17 février 1809. — Ruelle et Demouy, adjudicataires. — Mme Bonnaio, propriétaire en 1890.

CLAUSE. — L'adjudicataire sera tenu de se conformer, et ce sans indemnité, aux retranchements et alignements qui pourront lui être prescrits par le Conseil des bâtiments civils.

57. — **Rue du Faubourg-Poissonnière, 156, 158.** (Ancien 132.) (Provenant des Religieux Lazaristes.)

Vente nationale du 17 février 1809. — Ruelle et Demouy, adjudicataires. — M. Marie, propriétaire en 1890.

CLAUSE. — L'adjudicataire sera tenu de se conformer et ce sans indemnité, aux retranchements et alignements qui pourront lui être prescrits par le Conseil des bâtiments civils.

58. — **Rue du Faubourg-Poissonnière, 160.** (Ancien 134.) (Provenant des Religieux Lazaristes.)

Vente nationale du 17 février 1809. — Ruelle et Demouy, adjudicataires. — M. Boucart, propriétaire en 1890.

CLAUSE. — L'adjudicataire sera tenu de se conformer, et ce sans indemnité, aux retranchements et alignements qui pourront lui être prescrits par le Conseil des Bâtiments civils.

59. — **Rue du Faubourg-Poissonnière, 162.** (Ancien 136.) (Provenant des Religieux Lazaristes.)

Vente nationale du 17 février 1809. — Ruelle et Demouy, adjudicataires. — Mme Vve Thoret, propriétaire en 1890.

CLAUSE. — L'adjudicataire sera tenu de se conformer, et ce sans indemnité, aux retranchements et alignements qui pourront lui être prescrits par le Conseil des bâtiments civils.

60. — **Rues Saint-Laurent, 11** (Ancien 13) **et de la Charité, 4.** (Provenant de la Fabrique de Saint-Laurent.)

Vente nationale du 21 thermidor an VI. — Chanas, adjudicataire. — Delignon, propriétaire en 1853.

CLAUSE. — L'adjudicataire sera tenu de fournir, quand il en sera requis, et ce sans indemnité, le terrain nécessaire pour l'ouverture d'une nouvelle rue.

(Exproprié et démoli pour l'ouverture du boulevard de Strasbourg. — Jugement du 21 janvier 1853.)

61. — **Rues Saint-Laurent, 13** (Ancien 15) **et de la Charité, 6.** (Provenant de la Fabrique de Saint-Laurent.)

Vente nationale du 21 thermidor an VI. — Chanas, adjudicataire. — Delignon, propriétaire en 1853.

CLAUSE. — L'adjudicataire sera tenu de fournir, quand il en sera temps, et ce sans indemnité, l'emplacement nécessaire pour l'ouverture d'une nouvelle rue.

(Exproprié et démoli pour l'ouverture du boulevard de Strasbourg. — Jugement du 21 janvier 1853.

62. — **Boulevard Bonne-Nouvelle, 32 et 24.**

Vente à la Fabrique de Notre-Dame-de-Bonne-Nouvelle, suivant sentence du Bureau de la Ville du 21 février 1759, d'une portion de terrain de 144 toises séparant l'immeuble de la Fabrique du rempart de la ville. — MM. Guyvney, propriétaire en 1886.

Cette vente a été faite moyennant une redevance en argent et sous la condition que la Ville pourrait rentrer en possession du terrain quand il serait nécessaire pour satisfaire à un objet d'utilité publique, et ce sans avoir à payer aucune indemnité ni aucun dédommagement que l'abandon de la redevance due par la Fabrique.

M. Chou, propriétaire, ayant cédé gratuitement, vers 1817, le terrain nécessaire pour l'alignement du boulevard et le prolongement de la rue d'Hauteville, le Préfet de la Seine, dans une transaction entre la Ville et M. Chou du 7 mai 1835 a déclaré renoncer au bénéfice des réserves contenues dans la sentence susmentionnée.

63. — Rue d'Enghien, 17. (Ancien 15.) (Provenant des Religieuses Filles-Dieu.)

Vente nationale du 22 Prairial an V. — Chapotin, adjudicataire. — Mᵐᵉ Terrat, propriétaire en 1891.

Clause. — Analogue à celle ci-dessous, n° 64.

(Exécutée.)

64. — Rue d'Enghien, 15. (Ancien 13.) (Provenant des Religieuses Filles-Dieu.)

Vente nationale du 22 juillet 1793. — Delépine, adjudicataire. — M. Dallemagne, propriétaire en 1891.

Clause. — L'adjudicataire sera tenu, aussitôt que la notification lui sera faite de l'ouverture de la rue d'Enghien, de faire construire un mur de clôture sur la face de ladite rue de la hauteur de six pieds au moins tant du dessus du sol du pavé qu'en fondation avec contre-mur suffisant pour retenir la poussée des terres jectices qui seront rapportées au droit de l'alignement d'icelle pour l'exhaussement du sol,

(Clause exécutée.)

65. — Rues Marqfoy, nᵒˢ 1 à 3, du Terrage, nᵒˢ 1 à 7 *bis*, des Écluses-Saint-Martin, nᵒˢ 3 à 15, et quais de Jemmapes, nᵒˢ 136 à 140, et de Valmy, nᵒˢ 137 à 141. (Provenant des Religieux Lazaristes.)

Vente nationale du deuxième jour complémentaire an IV. — Marqfoy, adjudicataire. — Mˡˡᵉ Jeanne Treilhard, MM. Lhopital, Ravignot et Grange, propriétaires en 1892.

Clause. — Fournir le terrain nécessaire pour l'emplacement de nouvelles rues.

Par une délibération du 1ᵉʳ mai 1868, le Conseil municipal a classé cette clause dans la sixième catégorie des réserves domaniales comme étant désormais sans objet.

66. — Rue de la Grange-aux-Belles, n° 39. (Anciennement rue de l'Hôpital-Saint-Louis, 17.) (Provenant des Religieux Lazaristes.)

Vente nationale du 3 messidor an IV. — Gohin, adjudicataire. — La Société Caular, Bayard et Cⁱᵉ, propriétaire en 1892.

Clause. — L'acquéreur sera tenu de fournir le terrain nécessaire pour le percement des nouvelles rues.

Par une délibération du 16 janvier 1863, le Conseil municipal a classé cette clause dans la sixième catégorie des réserves domaniales, comme étant devenue sans objet.

67. — Rue du Faubourg-Saint-Denis, 148. (Ancien 156.) (Fond de la propriété), (Provenant des Religieux Lazaristes.)

Vente nationale du 10 fructidor an X. — Rislex, adjudicataire. — Mˡˡᵉ Delanos, propriétaire en 1892.

Clause. — Il (l'adjudicataire) sera tenu de se conformer, et ce sans indemnité, à tous les alignements ou retranchements qui pourront être arrêtés par les Travaux publics.

(Clause sans objet.)

68. — Rue des Marais, 55. (Fond de la propriété.)

Vente nationale du 25 frimaire an XII. — Robert Monel, adjudicataire.

Clause. — L'adjudicataire sera tenu de se conformer aux charges d'usage, à tous alignements et redressements, et de fournir tout terrain nécessaire s'il y a lieu sans pouvoir prétendre aucune indemnité.

(Exproprié suivant jugement du 22 octobre 1864, et démoli pour l'ouverture du boulevard Magenta.)

69. — Rue du Faubourg-Saint-Denis, nᵒˢ 179, 181, 183.

Vente nationale du 18 floréal an VIII. — Mᵐᵉ Muguet de Champallier, adjudicataire. — La Compagnie du chemin de fer du Nord, propriétaire.

Clause. — L'adjudicataire sera tenu, en outre, de se conformer à tous alignements ou retranchements qui pourraient être arrêtés par les Travaux publics, et ce sans indemnité.

(Aligné.)

70. — Cour des Petites-Écuries, 11, 13, 15, 18, 19, 20, 21, 22.

Vente nationale du 3 vendémiaire an V. — Lefèvre, adjudicataire.

Clause. — Le citoyen Dujox aura la jouissance du puits qui est dans le jardin des citoyens Ribot, père et fils, jusqu'au percement de la rue qui est projetée par le Gouvernement, et qui doit passer par ce jardin. (Extrait d'un acte de vente par Lefèvre à Dujon, du 16 frimaire an X.)

71. — Rue de la Charité et place de la Fidélité. (Provenant de la Fabrique de Saint-Laurent.)

Vente nationale du 25 frimaire an VI. — Pelletier, adjudicataire.

Clause. — L'acquéreur sera tenu de se conformer aux alignements arrêtés par la Commission des travaux publics, lorsqu'il en sera requis, et sans indemnité.

(Exproprié et démoli pour l'ouverture des boulevards de Magenta et de Strasbourg.)

72. — Rue du Faubourg-Saint-Martin, 134-136.

Délibération du Conseil municipal du 16 novembre 1896.

MM. Honeix et Bapaume sont autorisés à conserver les travaux confortatifs exécutés à la façade de leurs propriétés retranchables rue du Faubourg-Saint-Martin, 134 et 136, à la charge par eux :

1° De mettre ces immeubles à l'alignement au plus tard le 1ᵉʳ octobre 1921, soit dans un délai maximum de vingt-cinq ans ;

2° De céder gratuitement à la Ville de Paris le terrain retranchable desdits immeubles ;

3° De signer par-devant le notaire de la Ville un contrat destiné à consacrer ces engagements ;

4° De payer tous les frais relatifs à ce contrat.

73. — Rue du Faubourg-Saint-Denis, 105. (Ancien 111.)

Vente nationale du 28 messidor an III. — Saubert et Mˡˡᵉ Daudier d'Arson, adjudicataires. — Mᵐᵉ Baylin de Montbel, propriétaire en 1896.

Dans un acte d'adjudication aux criées du 30 prairial an XIII (Houllier sur les héritiers Boudet), on cite une clause de l'acte domanial ainsi conçue :

La maison voisine à droite, aujourd'hui la prison Saint-Lazare, a des vues droites et des égouts d'eaux sur la cour de la maison mise en vente ; les choses resteront dans leur état actuel, tant que ladite maison voisine sera domaine national, mais, lors de l'aliénation d'icelle, l'adjudicataire pourra contraindre l'acquéreur de ladite maison voisine à retirer lesdites eaux de son côté, et à boucher lesdites vues, ou à les réduire, conformément à la coutume.

Les renseignements qui suivent, établis postérieurement au 1ᵉʳ janvier 1887, complètent les articles précédents, ayant le même numéro.

2. — Rue de Paradis, 6.

Le Conseil municipal, par une délibération du 8 mars 1867 a classé la clause dans la septième catégorie, comme étant désormais sans objet, en ce qui concerne cette propriété.

6. — Rue de Paradis, 14.

M. Brunschwick, propriétaire en 1888.

Une délibération du Conseil municipal du 2 mai 1862, a classé cette clause dans la sixième catégorie des réserves domaniales comme étant désormais sans objet en ce qui concerne la partie de la propriété en façade sur la rue.

Par une autre délibération du 13 juillet 1888 approuvée par le Préfet de la Seine le 31 du même mois, le Conseil municipal a également déclaré la clause sans objet en ce qui concerne la partie du fond de l'immeuble appartenant alors à M. Georges.

7. — Rue de Paradis, 16.

M. Guillemant, propriétaire en 1889.

Le Conseil municipal, par une délibération du 18 mars 1889, approuvée par arrêté préfectoral du 25 avril suivant, a déclaré que la clause est sans objet en ce qui concerne cette propriété.

10. — Rue de Paradis, 22 et 22 bis.

M. Nicolas (n° 22) et Mᵐᵉ Botzot (n° 22 *bis*), propriétaires en 1890.

Par une délibération du 25 avril 1856, le Conseil municipal a déclaré que la clause était désormais sans objet en ce qui concerne ces deux immeubles, dont Mᵐᵉ Thiébault était propriétaire.

17-18. — Rue des Petites-Écuries, 49 et 51.

La clause citée est indiquée dans l'acte du 14 juillet 1821, (vente par les héritiers Lego à Blessebois.) Il résulte de l'examen des actes antérieurs, communiqués par le propriétaire du n° 49, que cette clause n'avait pas le sens général mentionné par le rédacteur de l'acte. — Elle était insérée dans une cession partielle du bail Goupy, du 3 octobre 1772, et n'avait trait qu'à l'alignement de la rue du Faubourg-Poissonnière.

Le procès-verbal du 24 vendèmiaire an VI n'impose aucune charge d'alignement à l'adjudicataire.

---

21. — Rues des Petites-Écuries, 61, et du Faubourg-Poissonnière, 42, 42 *bis*.

M. BERTRAND, propriétaire en 1894.

CLAUSE. — L'adjudicataire se conformera sans indemnité aux alignements et retranchements qui pourraient être arrêtés par les Travaux publics. (Clause rappelée dans l'acte d'adjudication au profit de M. Bertrand, en date du 21 avril 1894.)
(Bail emphytéotique du 19 septembre 1771.)

---

22. — Rue des Messageries.

Les immeubles n°ˢ 9 et 14 de la rue des Messageries, et 63 de la rue d'Hauteville, ont été mis à l'alignement en vertu de permissions de voirie des 1ᵉʳ février 1892, 27 mai 1895 et 24 décembre 1896.

---

37. — Rues des Marais, 55 et de Lancry, 28.

Vente nationale du 3ᵉ jour complémentaire an VI (au lieu de 29 fructidor).

---

44. — Rues Saint-Laurent et du Faubourg-Saint Denis, 110.

---

51. — Rues des Petites-Écuries, 58, et du Faubourg-Poissonnière, 44.

Mᵐᵉ Vᵛᵉ MICHEL, propriétaire.

CLAUSE exécutée. (Permission de voirie du 13 février 1893.)

ONZIÈME ARRONDISSEMENT

Voir pour la situation et l'étendue des propriétés la neuvième carte.

1. — **Rues d'Angoulême, 6** (ancien 1), **et Amelot, 134.** (Provenant de l'Ordre de Malte.)

Vente nationale de nue propriété du 23 pluviôse an XI. — BEAUPOIL SAINT-AULAIRE, adjudicataire. — M. DELABATISTE, propriétaire en 1878.

CLAUSE. — Il (l'adjudicataire) sera tenu de fournir le terrain nécessaire aux alignements arrêtés par le Conseil des bâtiments civils.

---

2. — **Rue de Malte, 31** (en 1862). (Provenant de l'Ordre de Malte.)

Vente nationale du 20 brumaire an XII. — DUTEY, adjudicataire. — M. DUOIS, propriétaire en 1862.

CLAUSE. — A la même époque (fin du bail emphytéotique, 3 juin 1882), l'adjudicataire sera également tenu de se conformer aux alignements qui pourront lui être donnés par le Conseil des bâtiments civils.

(Propriété expropriée en 1862 et démolie pour l'ouverture du boulevard Voltaire.)

---

3. — **Rue de Malte, 29** (en 1862). (Provenant de l'Ordre de Malte.)

Vente nationale du 20 brumaire an XII. — DUTEY, adjudicataire. — M. DUCAMP, propriétaire en 1862.

CLAUSE. — A l'expiration du bail, l'adjudicataire sera tenu de se conformer aux alignements qui pourront lui être donnés par le Conseil des bâtiments civils. (Extrait de l'acte domanial.)

(Bail emphytéotique du 5 octobre 1786.)

(Exproprié en 1862 et démoli pour l'ouverture du boulevard Voltaire.)

---

4. — **Rue de Malte, 25** (en 1862). (Provenant de l'Ordre de Malte.)

Vente nationale du 7 pluviôse an XII. — GRAVET, adjudicataire. — LA VILLE DE PARIS, propriétaire en 1862.

CLAUSE. — Il (l'adjudicataire) sera en outre tenu de se conformer, et ce sans indemnité, aux alignements ou retranchements qui pourront être arrêtés par les Travaux publics.

(Bail emphytéotique du 1er juillet 1788.)

(Exproprié en 1862 et démoli pour l'ouverture du boulevard Voltaire.)

---

5. — **Rue de Malte, 23** (en 1862.) (Provenant de l'Ordre de Malte.)

Vente nationale du 15 brumaire an XI. — ROBIT, adjudicataire. — M. PORTELLETTE, propriétaire en 1862.

CLAUSE. — Il (l'adjudicataire) sera également tenu de se conformer, et ce sans indemnité, à tous les alignements ou retranchements qui pourront être arrêtés par les Travaux publics.

(Bail emphytéotique du 19 juin 1788.)

(Exproprié en 1862 et démoli pour l'ouverture du boulevard Voltaire.)

---

6. — **Rue Amelot, 140 à 146, et passage du Jeu-de-Boules.** (Provenant de l'Ordre de Malte.)

Vente nationale de nue propriété du 5 prairial an VIII. — SÉRAN, adjudicataire. — M. ANCELLE (140), M⁻ᵉ ACCAULT (142) et M. LAMARY (146), propriétaires en 1886.

CLAUSE. — . . . .

Dans l'acte de vente par Séran à Mocquot, passé le 2 brumaire an XIII devant Mᵉ Caigné, notaire, transcrit le 9 suivant, vol. 150, nᵒ 6, il est dit ce qui suit :

Les acquéreurs seront tenus d'accomplir et exécuter, ainsi que le dit sieur Séran peut en être tenu, toutes les charges, clauses et conditions portées en son procès-verbal d'adjudication du 5 prairial an VIII, desquelles les dits sieur et dame acquéreurs ont déclaré avoir pris une parfaite connaissance.

---

7. — **Rue de Crussol, 12.** (Provenant de l'Ordre de Malte.)

Vente nationale du 16 fructidor an VIII. — Mᵐᵉ BAURILLON, adjudicataire. — M. GREYVELDINGER, propriétaire en 1879.

(Bail emphytéotique du 12 avril 1786.)

Énonciation du bail emphytéotique :

3ᵉ De faire paver la rue qu'il conviendrait de percer dans ledit terrain pour l'exploitation des marais, de se conformer aux alignements et de payer les impositions et les contributions de toute nature.

(Propriété alignée.)

---

8. — **Rue Amelot, 132.** (Provenant de l'Ordre de Malte.)

Vente nationale du 26 germinal an XI. — LE ROI, adjudicataire. — M. COUPET, propriétaire, en 1879.

CLAUSE. — L'adjudicataire sera en outre tenu, à l'expiration dudit bail (le bail emphytéotique) de se conformer, et ce sans indemnité, à tous alignements ou retranchements qui pourraient lui être prescrits par les Travaux publics.

(Bail emphytéotique du 27 décembre 1787.)

---

9. — **Rue Amelot, 122.** (Anciennement rue des Fossés-du-Temple, 36.) (Provenant de l'Ordre de Malte.)

Vente nationale du 15 fructidor an XI. — ROBIT, adjudicataire. — M. LEFILS, propriétaire en 1879.

CLAUSE. — L'adjudicataire de la nue propriété présentement vendue, sera tenu, à l'expiration dudit bail (bail emphytéotique du 27 juin 1783) de se conformer, et ce sans indemnité, aux alignements qui pourront lui être donnés par le Conseil des bâtiments civils.

---

10. — **Rues Amelot, 120,** (Anciennement rue des Fossés-du-Temple, 36), **et de Crussol, 5.** (Provenant de l'Ordre de Malte.)

Vente nationale du 15 fructidor an XI. — ROBIT, adjudicataire. — Mᵐᵉ Vᵛᵉ THOUVENIN propriétaire en 1879.

CLAUSE. — A l'expiration dudit bail (bail emphytéotique du 27 juin 1783), il (l'adjudicataire) sera également tenu de se conformer, et ce sans indemnité, aux alignements qui pourront lui être donnés par le Conseil des bâtiments civils.

---

11. — **Rue de Crussol, 8.** (Ancien numéro 6.) (Provenant de l'Ordre de Malte.)

Vente nationale du 3 vendémiaire an XI. — CUILLÉ, adjudicataire. — M. PETIT ROBERT, propriétaire en 1879.

CLAUSE. — Il (l'adjudicataire) sera également tenu de se conformer, et ce sans indemnité, à tous alignements ou retranchements qui pourront être arrêtés par les Travaux publics.

(Bail emphytéotique du 13 février 1783.)

(Propriété alignée.)

---

12. — **Rue de Crussol, 6.** (Provenant de l'Ordre de Malte.)

Vente nationale du 3 vendémiaire an XI. — CUILLÉ, adjudicataire. — M. PETIT ROBERT, propriétaire en 1879.

CLAUSE. — Il (l'adjudicataire) sera également tenu de se conformer, et ce sans indemnité, à tous alignements ou retranchements qui pourront être arrêtés par les Travaux publics.

(Bail emphytéotique du 13 février 1783.)

(Propriété alignée.)

---

13. — **Rues de Crussol, 4, et Amelot, 118.** (Anciennement rue des Fossés-du-Temple, 14.) (Provenant de l'Ordre de Malte.)

Vente nationale du 3 vendémiaire an XI. — CUILLÉ, adjudicataire. — Les HÉRITIERS OUVRÉ propriétaires en 1879.

CLAUSE. — Il (l'adjudicataire) sera également tenu de se conformer, et ce sans indemnité, à tous alignements ou retranchements qui pourront être arrêtés par les Travaux publics.

(Bail emphypothétique du 13 février 1783.)

(Propriété alignée sur la rue de Crussol.)

---

14. — **Rue d'Angoulême, 8.** (Ancien 2.) (Provenant de l'Ordre de Malte.)

Vente nationale du 16 fructidor an XI. — DUCASSEL, adjudicataire. — M. CUÉRET, propriétaire en 1879.

CLAUSE. — A l'expiration dudit bail (bail emphytéotique du 27 décembre 1787), il (l'adjudicataire) sera également tenu de se conformer, et ce sans indemnité, aux alignements qui pourront lui être donnés par le Conseil des bâtiments civils.

(Propriété alignée.)

15. — Rues de Malte, 2, 4, et Oberkampf, 23 à 29, angle du boulevard Voltaire. (Provenant de l'Ordre de Malte.)

Vente nationale du 20 messidor an XI. — Orsel, adjudicataire. — MM. Roux (rue de Malte 2 et 4) et Mayeur (pour le surplus), propriétaires en 1882.

(Bail emphytéotique du 28 février 1782.)

Clause. — L'adjudicataire. . . sera tenu, à la fin du bail emphytéotique, de se conformer aux alignements qui pourront lui être donnés par le Conseil des bâtiments civils.

16. — Rues des Fossés-du-Temple, 52, et de la Tour, 2. (Provenant de l'Ordre de Malte.)

Vente nationale du 20 messidor an XI. — Fortin, adjudicataire.

Clause. — Il (l'adjudicataire) sera tenu, à la fin dudit bail (bail emphytéotique du 24 décembre 1779), de se conformer aux alignements qui pourront lui être donnés par le Conseil des bâtiments civils.

(Exproprié et démoli pour l'ouverture du boulevard Voltaire.)

17. — Rue de la Tour, 4.

Vente nationale du 26 germinal an XI. — Fortin, adjudicataire.

Clause. — Ledit adjudicataire sera en outre tenu, à l'expiration dudit bail (bail emphytéotique du 24 décembre 1779), de se conformer, et ce sans indemnité, à tous alignements ou retranchements qui pourraient lui être prescrits par les Travaux publics.

(Exproprié et démoli pour l'ouverture du boulevard Voltaire.)

18. — Rue de la Tour, 6.

Vente nationale du 26 germinal an XI. — Janton, adjudicataire.

Clause. — Ledit adjudicataire sera en outre tenu, à l'expiration dudit bail (bail emphytéotique du 24 décembre 1779), de se conformer, et ce sans indemnité, à tous alignements ou retranchements qui pourraient lui être prescrits par les Travaux publics.

(Exproprié et démoli pour l'ouverture du boulevard Voltaire.)

19. — Rues Oberkampf, 7 à 15, (Anciennement rue de Ménilmontant), **et de Crussol, 10.** (Provenant de l'Ordre de Malte.)

Vente nationale du 13 frimaire an XI. — Orsel, adjudicataire. — Mme Vve Barrier, propriétaire en 1878.

Clause. — L'adjudicataire sera tenu de se conformer aux alignements ou retranchements qui pourront être arrêtés par les Travaux publics, et ce sans indemnité.

(Bail emphytéotique du 28 février 1782.)

20. — Rue de Crussol, 14. (Provenant de l'Ordre de Malte.)

Vente nationale du 7 pluviôse an XII. — Morel, adjudicataire. — M. Poulet, dit Dufour, propriétaire en 1881.

Clause. — Il (l'adjudicataire). . . . . se conformera aux alignements ou retranchements qui pourraient être arrêtés par les Travaux publics. (Bail emphytéotique du 7 juillet 1784.)

(Propriété alignée.)

21. — Rues Oberkampf (Anciennement rue de Ménilmontant, 112) **et du Grand-Prieuré.** (Provenant de l'Ordre de Malte.)

Vente nationale du 20 messidor an XI. — Orsel, adjudicataire.

Clause. — Il (l'adjudicataire) sera tenu, à la fin dudit bail emphytéotique (bail emphytéotique du 28 février 1782) de se conformer aux alignements qui pourront lui être donnés par le Conseil des bâtiments civils.

(Exproprié et démoli pour l'ouverture du boulevard Voltaire.)

22. — Rue d'Angoulême. (Provenant de l'Ordre de Malte.)

Vente nationale du 20 brumaire an XII. — Rousseau, adjudicataire.

Clause. — A l'expiration dudit bail (bail emphytéotique du 4 avril 1781), l'adjudicataire sera tenu de se conformer aux alignements qui pourront lui être donnés par le Conseil des bâtiments civils.

(Exproprié et démoli pour l'ouverture du boulevard Voltaire.)

23. — Rue des Fossés-du-Temple. (Provenant de l'Ordre de Malte.)

Vente nationale du 16 fructidor an XI. — Robit, adjudicataire.

Clause. — A l'expiration dudit bail (bail emphytéotique du 24 décembre 1779), il sera également tenu de se conformer (sans qu'il puisse prétendre aucune indemnité) aux alignements qui pourront lui être donnés par le Conseil des bâtiments civils.

(Exproprié et démoli pour l'ouverture du boulevard Voltaire.)

24. — Rues du Grand-Prieuré, d'Angoulême, de Crussol, de la Folie-Méricourt. (Provenant de l'Ordre de Malte.)

Vente nationale du 23 fructidor an VI. — Masson, adjudicataire.

Clause. — La totalité de ce terrain tient du nord à la rue Folie-Méricourt, du midi à la rue du Grand-Prieuré, du levant à la rue de Crussol et du couchant à la rue d'Angoulême, et contient, déduction faite des propriétés étrangères qui y sont enclavées et, d'après l'alignement des rues qui l'entourent, sauf ce que la plus grande régularité de l'alignement desdites rues pourra exiger, la quantité de 89 ares 80 centiares ou environ de superficie.

L'adjudicataire prendra ladite portion de terrain . . . . . . sans pouvoir exercer aucun recours ni répétition . . . . . soit enfin pour les portions du terrain qui pourraient, par la suite, être prises pour les alignements des rues actuellement existantes, ou de celles projetées et bordant ladite portion de terrain. (Extrait d'un acte d'adjudication aux criées du 3 septembre 1812. — Lafaulotte, adjudicataire sur saisie, contre Mérat de Vaumartoise.)

(Aligné.)

25. — Rue de la Roquette, 124, 126, 128. (Ancien hôtel Montalembert.)

Vente nationale du 6 prairial an XII. — Parte, adjudicataire. — MM. Schumacher (n° 124) et Viallet (n°° 126, 128), propriétaires en 1878.

Clause. — L'adjudicataire sera tenu de se conformer aux alignements qui pourront lui être donnés par le Conseil des bâtiments civils, et ce sans indemnité.

26. — Rue du Faubourg-Saint-Antoine, 107. (Ancien 115.) (Provenant de la succession Vve Grattier.)

Vente nationale du 11 brumaire an XIV. — Valadon, adjudicataire. — M. Truois, propriétaire en 1878.

Clause. — L'adjudicataire sera tenu de se conformer aux alignements et retranchements qui pourront lui être donnés par le Conseil des bâtiments civils, et ce sans indemnité.

27. — Rue Popincourt, 4. (Provenant des Dames de la Croix-Saint-Gervais.)

Vente nationale du 26 brumaire an XIII. — De la Motte, adjudicataire. — M. Barthélemy propriétaire en 1879.

Clause. — L'adjudicataire dudit terrain présentement en vente sera en outre tenu de se conformer aux alignements qui pourront lui être donnés par le Conseil des travaux publics, le tout sans indemnité.

(Propriété alignée.)

28. — Rue de Charonne, 23 et 25. (Provenant du Couvent des Dames Anglaises.)

Vente nationale du 21 fructidor an VII. — Vve Kéranguen, adjudicataire. — MM. Duvelleroy et Courtois, propriétaires en 1881.

Clause. — L'adjudicataire sera tenu de se conformer, lorsqu'il en sera requis, et ce sans indemnité, à tous alignements ou retranchements qui pourront être arrêtés par les Travaux publics.

29. — Rue Saint-Bernard, 15 (ancien 17), **17** (ancien 19), **19, 21, 23, 25** (ancien 21.)

Vente par l'Administration des Hospices du 22 septembre 1800. — Mavné, adjudicataire. — MM. Boisset (15), Rochan (17), Bécket (19 à 25), propriétaires en 1881.

Clause. — Art. 15. — L'adjudicataire sera tenu, lors des reconstructions ou reconfortations, de livrer le terrain nécessaire pour l'élargissement de la rue et de se conformer à tous alignements et retranchements qui pourront lui être prescrits par le Conseil des bâtiments civils, sans pouvoir prétendre aucune indemnité.

Il est dit, en outre, à l'article « Désignation » :

Ces trois maisons sont contiguës. . . . . . . celle numérotée 17 est sujette à un retranchement de 1m,60. . . . . . . celle numérotée 19 . . . . . à un retranchement de 1m,90, et enfin celle numérotée 21 . . . à un retranchement de 1m,60

30. — Rue Saint-Bernard, 13.

Vente par l'Administration des Hospices du 12 septembre 1807. — Epaulard, adjudicataire. — M. Retou, propriétaire en 1881.

Clause. — Art. 15. — L'adjudicataire sera tenu, lors des reconstructions ou reconfortations, de livrer le terrain nécessaire pour l'élargissement de la rue et de se conformer à tous alignements et retranchements qui pourront lui être prescrits par le Conseil des bâtiments civils, sans pouvoir prétendre aucune indemnité.

31. — Rue des Boulets, 107 (*Partie*). (Anciennement rue de la Muette, 33.)

Vente nationale du 16 floréal an VIII. — Roussel, adjudicataire. — MM. Mignon et Rouard, propriétaires en 1881.

Clause. — L'acquéreur sera tenu de souffrir, et ce sans indemnité, tous alignements et retranchements qui pourront être arrêtés par les Travaux publics. (Clause exécutée.)

32. — Rue du Faubourg-Saint-Antoine, 17.

Vente par l'Administration des Hospices du 14 juin 1811. — Minachon, adjudicataire. — Mme Vve Frémy, propriétaire en 1881.

Clause. — Art. 15. — L'adjudicataire sera tenu, lors des reconstructions ou reconfortations, de livrer le terrain nécessaire pour l'élargissement de la rue et de se conformer à tous alignements et retranchements qui pourront lui être prescrits par le Conseil des bâtiments civils, sans pouvoir prétendre aucune indemnité.

33. — Rue du Faubourg-Saint-Antoine, 25.

Vente par l'Administration des Hospices du 10 mai 1811. — Weisling, adjudicataire. — M. Semry, propriétaire en 1881.

Clause. — Art. 15. — L'adjudicataire sera tenu, lors des reconstructions ou reconfortations, de livrer le terrain nécessaire pour l'élargissement de la rue et de se conformer à tous alignements et retranchements qui pourront lui être prescrits par le Conseil des bâtiments civils, sans pouvoir prétendre aucune indemnité.

34. — Rue de la Roquette, 26. (Provenant des Religieuses Anglaises.)

Vente nationale du 21 vendémiaire an VIII. — Muller, adjudicataire. — M. Meygret, propriétaire en 1881.

Clause. — L'acquéreur sera tenu de souffrir tous retranchements et alignements arrêtés, ou qui pourront l'être par la suite, pour l'embellissement et l'assainissement de cette commune, par la Commission des travaux publics, lorsqu'il en sera requis, et sans pouvoir prétendre à aucune espèce d'indemnité.

(Une délibération du Conseil municipal en date du 22 janvier 1864 a classé cette clause dans la 6e catégorie des réserves domaniales, comme étant désormais sans objet en ce qui concerne la propriété n° 26, rue de la Roquette.)

35. — Rue de Lappe, 18. (Anciennement rue Louis-Philippe). (Provenant des Religieuses Anglaises.)

Vente nationale du 27 fructidor an VII. — Muller, adjudicataire. — Mme Vve Dugelay, propriétaire en 1881.

Clause. — L'acquéreur sera tenu de se conformer, et ce sans indemnité, à tous alignements ou retranchements qui pourraient être arrêtés par la Commission des travaux publics.

36. — Rues Mercœur, 3, 5, 7, 9, 11, 13, 15, 17, 19, et des Murs-de-la-Roquette, 2, 4, 6, 8.

Vente par l'Administration des Hospices du 8 avril 1823. — Tournillon, adjudicataire. — M. Jamain, pour le n° 9, rue Mercœur, et M. Trenoin, pour le surplus, propriétaires en 1886.

Clause. — Art. 15. — L'adjudicataire sera tenu, lors des reconstructions ou reconfortations, de livrer le terrain nécessaire pour l'élargissement de la rue et de se conformer à tous alignements et retranchements qui pourront lui être prescrits par le Conseil des bâtiments civils, sans pouvoir prétendre aucune indemnité. (Clause exécutée.)

37. — Rues du Chemin-Vert, 34, 36, 38, et Saint-Sabin, 9. (Ancienne petite rue Saint-Pierre.)

Vente par l'Administration des Hospices du 25 juin 1813. — Douaud et Lacasse, adjudicataires. — MM. Brianchon (34-36) et Quignon (38), propriétaires en 1886.

Clause. — Art. 15. — L'adjudicataire sera tenu, lors des reconstructions ou reconfortations, de livrer le terrain nécessaire pour l'élargissement de la rue et de se conformer à tous alignements ou retranchements qui pourront lui être prescrits par le Conseil des bâtiments civils, sans pouvoir prétendre aucune indemnité.

(Dans une lettre du 17 novembre 1852, le Préfet de la Seine a déclaré que cette clause est devenue sans objet, par suite de la mise à l'alignement de la propriété.)

38. — Rue Saint-Sabin, 48. (Ancienne petite rue Saint-Pierre.)

Vente par l'Administration des Hospices du 4 juin 1818. — Dulac. — M. Dulac, propriétaire en 1882.

Clause. — Art. 15. — L'adjudicataire sera tenu, lors des reconstructions ou reconfortations, de livrer le terrain nécessaire pour l'élargissement de la rue et de se conformer à tous les alignements et retranchements qui pourront lui être prescrits par le Conseil des bâtiments civils, sans pouvoir prétendre aucune indemnité.

39. — Rue Popincourt, 25. (Ancien 13.)

Vente nationale du troisième jour complémentaire de l'an VI. — Mme Vve Marchand-Hébrard, adjudicataire des 2/20es de la propriété. — M. Martin, propriétaire en 1881.

Clause. — Livrer gratuitement tout le terrain dont le retranchement serait nécessaire par suite du nouvel alignement de la voie publique.

Le Conseil municipal, dans sa séance du 8 décembre 1863, a classé cette clause dans la 6e catégorie, comme étant désormais sans objet en ce qui concerne la propriété rue Popincourt, 25.

40. — Rue du Faubourg-Saint-Antoine, 23. (Ancien 25.)

Vente par l'Administration des Hospices du 14 juin 1811. — Dalleret, adjudicataire. — M. Cheillan, propriétaire en 1882.

Clause. — Art. 15. — L'adjudicataire sera tenu, lors des reconstructions ou reconfortations, de livrer le terrain nécessaire pour l'élargissement de la rue et de se conformer à tous alignements et retranchements qui pourront lui être prescrits par le Conseil des bâtiments civils, sans pouvoir prétendre aucune indemnité.

41. — Rue de Lappe, 20. (Provenant des Dames Anglaises.)

Vente nationale du 27 fructidor an VII. — Muller, adjudicataire. — MM. Pascal, Chaudron et les héritiers Surret, propriétaires en 1854.

Clause. — L'acquéreur sera tenu de se conformer, et ce sans indemnité, à tous alignements ou retranchements qui pourraient être arrêtés par la Commission des travaux publics.

42. — Rue de Lappe, 22 et 24. (Provenant des Dames Anglaises.)

Vente nationale des 23 et 27 fructidor an VII. — Rentièr et Moussat, adjudicataires. — M. Moussat, propriétaire en 1882.

Clause. — L'acquéreur sera tenu de se conformer, et ce sans indemnité, à tous alignements ou retranchements qui pourraient être arrêtés par la Commission des travaux publics.

43. — Rue Saint-Bernard, 30, 32, 34. (Provenant de la Fabrique de l'Eglise Sainte-Marguerite.)

Vente nationale du 7 vendémiaire an VIII. — Biard, adjudicataire. — La Fabrique de l'Église Sainte-Marguerite, propriétaire en 1885.

Clause. — . . . .

44. — Rue Rampon, 6. (Anciennement rue de la Tour, 12.) (Provenant de l'Ordre de Malte.)

Vente nationale du 8 fructidor an VIII. — Dufrayer, adjudicataire. — M. Garsaut, propriétaire en 1886.

Clause. — Il (l'adjudicataire) sera tenu d'exécuter le bail emphytéotique jusqu'à son expiration et sera également tenu de se conformer, et ce sans indemnité, aux alignements et retranchements qui pourront être arrêtés par les Travaux publics. — Bail emphytéotique du 24 décembre 1879, ayant commencé le 1er janvier 1783.

45. — Rues de Crussol, 17, 19 et de Malte, 19. (Provenant de l'Ordre de Malte.)

Vente nationale du 23 germinal an VIII. — Stouf, adjudicataire. — M. Bécret, propriétaire en 1886.

Clause. —. . . . .
Bail emphytéotique au profit de Stouf, pour 99 années, à partir du 1er janvier 1788.

---

46. — Rue de la Roquette, 44, 46, 48. (2e lot des maisons et terrains provenant des Religieuses Anglaises.)

Vente nationale du 21 fructidor, an VII. — Ve Kéranguen, adjudicataire. — MM. Languerreau (44), Chauvin (46) et Thierre (48), propriétaires en 1886.

Clause. — Il (l'adjudicataire) sera tenu de souffrir s'il y a lieu, et ce sans indemnité, tous alignements ou retranchements qui pourraient être arrêtés par les Travaux publics.

Par contrat du 17 novembre 1886, M. Chauvin, propriétaire du n° 46, s'est engagé à démolir sa façade pour la reporter à l'alignement le 1er janvier 1892 et à céder gratuitement le terrain retranché.

---

47. — Rues des Boulets, 129, 131, de la Roquette, 142, 152, 154 et des Murs de la Roquette, 12, 14 et 16. (6e et 9e lots du Couvent de la Roquette.)

Vente par l'Administration des Hospices du 16 septembre 1817. — Pennot, adjudicataire. — M. Rougier (rue des Boulets, 131 et de la Roquette, 152, 154). — Mme Ve Yoos (rues de la Roquette, 142 et des Murs-de-la-Roquette, 14, 16), et Mme Ve Bonnet (rue des Murs de la Roquette, 12), propriétaires en 1886.

Clause. — Art. 15. — L'adjudicataire sera tenu, lors des reconstructions ou reconfortations, de livrer le terrain nécessaire pour l'élargissement de la rue et de se conformer à tous alignements et retranchements qui pourront lui être prescrits par le Conseil des bâtiments civils, sans pouvoir prétendre aucune indemnité.

---

48. — Rues Mercœur, 21 à 29 et des Boulets, 123, 125, 127. (7e lot du Couvent de la Roquette.)

Vente par l'Administration des Hospices du 16 septembre 1817. — Fournier, adjudicataire. — MM. Silvaert (rue Mercœur, 21, 23), Poisséaun (rue des Boulets, 125 et Mercœur, 27), Boisson (rue des Boulets, 123 et Mercœur, 29) et Ménlat (rue des Boulets, 127), propriétaires, en 1884.

Clause. — Art. 15. — L'adjudicataire sera tenu, lors des reconstructions ou reconfortations, de livrer le terrain nécessaire pour l'élargissement de la rue et de se conformer à tous alignements et retranchements qui pourrront lui être prescrits par le Conseil des bâtiments civils, sans pouvoir prétendre aucune indemnité.

---

49. — Rue du Faubourg-Saint-Antoine. (Sol de l'ancien chemin de Lagny.)

Vente nationale du 28 décembre 1810. — Mispoulet, adjudicataire.

Clause. — L'acquéreur dudit terrain sera en outre tenu de se conformer aux alignements qui pourraient lui être prescrits par le Conseil des bâtiments civils, et ce sans pouvoir réclamer aucune indemnité.

---

50. — Avenue de Taillebourg, 4 et 6 *(Partie)* **et boulevard de Charonne, 5.** (Sol de l'ancien chemin de Lagny.)

Vente nationale du 18 pluviôse an IX. — Laurenceau, adjudicataire. — M. Lapeyre, propriétaire en 1886.

Dans un acte de vente du 8 mai 1878, par Schmidt à Lapeyre, il est dit ce qui suit :

« Suivant acte administratif, en date du 18 pluviôse an IX, contenant vente de l'immeuble dont il s'agit par l'État à M. Laurenceau, il avait été stipulé une réserve domaniale qui, depuis, a été reconnue sans objet aux termes d'une délibération du Conseil municipal en date du 23 octobre 1857. »

---

51. — Rue du Faubourg-Saint-Antoine, 19, 21.

Vente par l'Administration des Hospices du 10 mai 1811. — Champet, adjudicataire. — M. Pinatel, propriétaire en 1881.

Clause. — Art. 15. — L'adjudicataire sera tenu, lors des reconstructions ou reconfortations, de livrer le terrain nécessaire pour l'élargissement de la rue et de se conformer à tous alignements et retranchements qui pourront lui être prescrits par le Conseil des bâtiments civils, sans pouvoir prétendre aucune indemnité.

52. — Rue de Malte. (Anciennement rue du Haut-Moulin.) (Sol de l'ancienne ruelle des Marais.)

Vente nationale du 12 septembre 1807. — Leclerc, adjudicataire.

Clause. — L'acquéreur sera tenu de fournir sans indemnité, le terrain nécessaire pour le prolongement de la rue du Grand-Prieuré, lorsque la Ville de Paris fera exécuter ce prolongement ; il se soumettra sans pouvoir réclamer d'indemnité aux alignements qui lui seront prescrits du côté de la rue de Malte.

(Exproprié et démoli pour l'ouverture de l'avenue des Amandiers (aujourd'hui avenue de la République.)

---

53. — Rues de Malte, 6, 8, 10, 12, 14, de Crussol, 20, 22, 24 et du Grand-Prieuré, 3, 5, 7, 9, 11. (Provenant de l'Ordre de Malte.)

Vente nationale du 21 ventôse an VII. — Péclet, adjudicataire.

Clause. — L'acquéreur souffrira les alignements ou retranchements qui pourraient lui être donnés par la suite par la Commission des travaux publics et ce sans indemnité.

Ces immeubles ont été expropriés et démolis pour l'ouverture du boulevard Voltaire, à l'exception de la propriété rue de Malte, 10, appartenant actuellement à Mme Ve Husson, pour laquelle la clause a reçu son exécution.

---

54. — Rues du Grand-Prieuré, 14, 16, 18, 20, 22, 24 et d'Angoulême, 27, 29. (Provenant de l'Ordre de Malte.)

Vente nationale du 23 fructidor an VI. — Morel, adjudicataire. — MM. Christian (14), Garnier (16), Satori (18), Pijori (20), Tenaillon (22), Coutelier (24) et Billard (rue d'Angoulême, 29), propriétaires en 1892.

Clause. — Fournir sans indemnité le terrain nécessaire pour l'exécution des alignements.

Le Conseil municipal, par une délibération du 18 juin 1858, a classé cette clause dans la 6e catégorie, comme étant désormais sans objet.

---

55. — Boulevard du Temple et rue Amelot. (Provenant du domaine de la Ville.)

Vente nationale du 1er prairial an VII. — Delahoque, adjudicataire.

Clause. — L'acquéreur sera tenu de se conformer, s'il y a lieu, et ce sans indemnité aux alignements ou retranchements qui pourraient lui être donnés par les Travaux publics.

(Exproprié et démoli en 1847.)

---

56. — Rue Saint-Ambroise, 15, 19, 21, 23, 25, 27. (Bien d'émigré.)

Vente nationale du 29 frimaire an VI. Roard, adjudicataire. — MM. Geoffroy (15, 25, 27), Paulet (19), Blancher (21) et Bony (23), propriétaires en 1886.

Clause. — L'adjudicataire sera tenu, dès qu'il en sera requis, de se conformer aux alignements arrêtés par la Commission des travaux publics, et ce sans indemnité.

---

57. — Boulevard de Ménilmontant, 47, 49, 51 et 53. *(Partie.)* (Anciens numéros 15 et 17.) (Provenant de la Ferme générale.)

Vente nationale du 7 germinal an VI. — Mau, adjudicataire. — MM. de Baulny (47), Maimonac (49), Chambron (51) et Lardot (53), propriétaires en 1890.

Clause. — L'acquéreur sera tenu de ne point empiéter sur le chemin de ronde qui doit avoir 6 mètres de largeur à partir du mur de clôture des barrières et de laisser tout le terrain nécessaire à ce, et ce, sans indemnité.

(Clause exécutée.)

Le Conseil municipal, par une délibération du 23 février 1886, a classé cette clause dans la 6e catégorie, commme étant désormais sans objet en ce qui concerne la propriété sise boulevard de Ménilmontant, 15.

---

58. — Impasse Delaunay (15 ancien) et boulevard Voltaire, 149, 151, 158. — (Provenant des Religieuses anglaises.)

Vente nationale du 7 vendémiaire, an VIII. — Sollet, adjudicataire, MM. Guilbert frères, propriétaires en 1889.

Clause. — L'adjudicataire sera tenu de souffrir, tous retranchements et alignements qui seraient ou pourraient être projetés dans la suite pour l'embellissement et l'assainissement de cette commune, par la Commission des Travaux publics, lorsqu'il en sera requis et ce sans pouvoir prétendre aucune espèce d'indemnité.

Par une délibération du 11 mars 1889, approuvée par arrêté préfectoral du 25 avril suivant, le Conseil municipal a déclaré que cette clause a reçu son exécution et que l'immeuble doit en être désormais affranchi.

59. — Rue Saint-Bernard, nº 11. (Anciens 11 et 13.)

Vente par l'Administration des Hospices du 12 septembre 1807. — Delavaux (pour le nº 11), Fournier et Migault (pour le nº 13), adjudicataires. — M. Mirvaux, propriétaires en 1890.

Clause. — Art. 15. — L'adjudicataire sera tenu, lors, etc.,. *(Voir l'avertissement.)*

60. — Rue de Lappe nº 8. (Provenant des Religieuses anglaises.)

Vente nationale du 19 fructidor, an VII.— Bourson, adjudicataire.— M. Goulabd, propriétaire an 1888.

Clause. — L'adjudicataire sera tenu de se conformer, s'il y a lieu, et ce sans indemnité, à tous alignements ou retranchements qui pourraient être arrêtés par les Travaux publics.

61. — Rue d'Angoulême, nº 12 (en 1862). (Provenant de l'Ordre de Malte.)

Vente nationale du 17 ventose, an VIII. — Ract, adjudicataire. — Roy, propriétaire en 1862.

Clause. — L'adjudicataire sera tenu de se conformer, et ce sans indemnité, aux alignements et retranchements qui pourraient être arrêtés par la Commission des Travaux publics.

Exproprié suivant jugement du 28 mars 1862, et démoli pour le percement du boulevard Voltaire.

62. — Rue Saint-Maur, 15, 17, 19, 21, 23, 25 et passage Maurice, 17, 19, 21. — (2e lot du Couvent de la Roquette.)

Vente par l'Administration des Hospices du 16 septembre 1817. — Auguste-François Fontaine, adjudicataire. — MM. Jacquot, Mazaroz-Riballier et Ferdinand, Mmes veuves Roussel, Ferrand et veuve Bullard, propriétaires en 1886.

Clause. — Art. 15. — L'adjudicataire sera tenu, lors, etc... *(Voir l'avertissement.)*

63. — Rues Saint-Maur, 27, 29, 31, et du Chemin-Vert, 90, 92, 94. (3e lot du Couvent de la Roquette.)

Vente par l'Administration des Hospices du 16 septembre 1817. — Mme Charles Duveyrier, adjudicataire. — M. Lecoeuvre, Mme veuve Charpentier et la Compagnie générale des Voitures de Paris, propriétaires en 1896.

Clause. — Art. 15. — L'adjudicataire sera tenu, lors, etc... *(Voir l'avertissement.)*

64. — Rue du Chemin-Vert, 82 *(partie)*, **84, 86, 88 et passage Maurice, 2, 4, 6, 8, 8** *bis (partie)*, **1, 3 et 5** *(partie)*. (4e lot du Couvent de la Roquette.)

Vente par l'Administration des Hospices du 16 septembre 1817. — Charles-Gabriel-Hippolyte Fontaine, adjudicataire. — MM. Delaunay, Gaspard, Jacquet, Marteau, Schmidt, Deschoix Goutaillier et la Compagnie générale des Voitures de Paris, propriétaires en 1886.

Clause. — Art. 15. — L'adjudicataire sera tenu, lors, etc.,. *(Voir l'avertissement.)*

65. — Passage Maurice, 5 *(partie)*, **7, 11, 13, 15, 8** *bis (partie)*, **8** *ter*, **10, 12, 14, 16.** (5e lot du Couvent de la Roquette.)

Vente par l'Administration des Hospices du 16 septembre 1817. — Auguste-François Fontaine, adjudicataire. — MM. Goutaillier, Pringuet, Degaast, Mazaroz-Riballier, Schmidt, Génisson, Gayblier, de Saint-Clair, Fouret et Mme veuve Poignat, propriétaires en 1886.

Clause. — Art. 15. — L'adjudicataire sera tenu, lors, etc... *(Voir l'avertissement.)*

66. — Rues Oberkampf, 52, 54, 56, Jacquard, 1, 2, 3 et Ternaux, 15.

Traité du 6 avril 1830 entre la Ville de Paris et M. Testart. — MM. Guillaume et Planès, Mme veuve Trourat et veuve Rines, propriétaires en 1895.

Clause. — M. Testart s'est soumis pour les constructions à élever sur la rue de Ménilmontant, à l'alignement qui lui serait donné par l'Administration et aux règlements de voirie; toute la portion de terrain comprise dans cet alignement étant expressément réservée à la Ville de Paris pour être livrée à la voie publique.

Clause exécutée.

67. — Rue de la Folie-Méricourt, 65 (ancien 9), **et boulevard Richard-Lenoir, 122.** (Anciennement quai de Jemmapes, 94.)

Vente par la Ville de Paris du 11 février 1832. — Mesnard, adjudicataire.

Clause. — La superficie de ladite propriété est de 208 mètres, sur lesquels l'acquéreur devra livrer, sans indemnité, à la voie publique, pour l'alignement du quai 27 mètres. Il restera après le retranchement, 181 mètres.

Clause exécutée.

Les renseignements qui suivent, établis postérieurement au 1er janvier 1887, complètent les articles précédents, ayant le même numéro.

14. — Rue d'Angoulême, 8.

M. Lemerle, propriétaire en 1889.

Délibération du Conseil municipal du 23 décembre 1889, déclarant la réserve exécutée. Arrêté préfectoral du 15 février 1890, approuvant ladite délibération.

24. — Rues du Grand-Prieuré, d'Angoulême, de Crussol, de la Folie-Méricourt.

Clause. — Si l'adjudicataire venait à faire bâtir ou clore une partie ou la totalité de ce terrain, il sera tenu, lui ou ses ayants cause, de se renfermer dans les alignements des rues d'Angoulême, du Grand-Prieuré, de Crussol et de la Folie-Méricourt, et de souffrir tous autres alignements qui pourraient lui être donnés par les Travaux publics, et ce sans indemnité.

(Clause rappelée dans un acte de vente, des 16 et 17 décembre 1861, au profit de M. Prieur, propriétaire actuel de la maison boulevard Richard-Lenoir, 124.)

25. — Rue de la Roquette, 124, 126, 128, 130, 132, et Godefroy-Cavaignac nos 21 à 45 et 24 à 42.

M. Darte, adjudicataire.

La clause frappe encore les propriétés nos 124, 126, 128 de la rue de la Roquette, appartenant à MM. Pelin, Viallet et Mme Lesueur, mais elle est devenue sans objet pour toutes les autres.

31. — Rue des Boulets, 107 *(Partie)*.

Vente nationale du 21 floréal an VIII (au lieu de 16 floréal).

37. — Rues du Chemin-Vert, 34, 36, 38, et Saint-Sabin, 9.

Vente par l'Administration des Hospices du 15 octobre 1816 (au lieu de 25 juin 1813).

39. — Rue Popincourt, 25.

Clause. — L'adjudicataire sera tenu de se conformer, dès qu'il en sera requis, aux alignements arrêtés par la Commission des Travaux publics, et ce sans indemnité.

(Cette clause est rappelée dans la délibération du Conseil municipal du 8 décembre 1865.)

44. — Rue Rampon, 6 (Anciennement rue de la Tour 12).

Vente nationale du 8 fructidor an VIII. — Dufrayeu, adjudicataire. — M. Chandouillier, propriétaire en 1896.

Délibération du Conseil municipal du 24 juin 1896, qui déclare la réserve exécutée.

46. — Rue de la Roquette, 44, 46, 48.

M. Chauvin a exécuté les conditions de son engagement, en reconstruisant à l'alignement en vertu d'une permission du 30 avril 1894.

La maison nº 44, appartenant à M. Languereau, a été également reconstruite à l'alignement. — *Permission du 12 avril 1895.*

DOUZIÈME ARRONDISSEMENT

Voir pour la situation et l'étendue des propriétés, la dixième carte.

1. — Rue de Charenton, 46. (Provenant des Religieuses Anglaises.)

Vente nationale du 29 fructidor an VII. — Bourlon, adjudicataire. — M. André, propriétaire en 1878.

Clause. — Il (l'adjudicataire) sera tenu de souffrir, et ce sans diminution, tous alignements et retranchements arrêtés ou qui pourront l'être dans la suite par la Commission des travaux publics.

---

2. — Rue de Charenton, 44. (Provenant des Religieuses Anglaises.)

Vente nationale du 29 fructidor an VII. — Bourlon, adjudicataire. — M. Sarrazin, propriétaire en 1878.

Clause. — Il (l'adjudicataire) sera tenu aussi de souffrir, et ce sans diminution, tous alignements et retranchements arrêtés ou qui pourront l'être dans la suite par la Commission des travaux publics.

---

3. — Rue de Charenton, 42. (Provenant des Religieuses Anglaises.)

Vente nationale du 29 fructidor an VII. — Bourlon, adjudicataire. — M. Solvet, propriétaire en 1878.

Clause. — Il (l'adjudicataire) sera tenu aussi de souffrir, et ce sans diminution, tous alignements et retranchements arrêtés ou qui pourront l'être dans la suite par la Commission des travaux publics.

---

4. — Rue de Charenton. (Partie du n° 40, ancien 50.) (Provenant des Religieuses Anglaises.)

Vente nationale du 2 novembre 1810. — Garnier, adjudicataire. — Mme Moreau, propriétaire en 1886.

Clause. — Attendu que ladite maison n° 50 doit éprouver sur la rue de Charenton un retranchement d'environ trois mètres vingt-cinq centimètres de largeur parallèle, ainsi qu'il est indiqué par une ligne tracée en rouge au plan joint audit procès-verbal d'estimation, l'adjudicataire ne pourra, en cas de vétusté, faire à la façade de ladite maison aucune réparation ni reconfortation qui puissent la consolider, il sera au contraire tenu de se conformer à l'alignement prescrit, et ce sans pouvoir exiger aucune indemnité.

---

4 bis. — Rues Moreau nᵒˢ 14 à 24 et de Charenton. (Angle.) (Provenant des Religieuses Anglaises.)

Vente nationale du 14 juin 1808. — Lapotère, adjudicataire. — MM. les Héritiers Agnellat (14), Tronson du Coudray (18), Yungfleisch (20), Barille (22) et Mme Moreau (24), propriétaires en 1886.

Clause. — L'adjudicataire du présent domaine sera tenu de souffrir tous retranchements et alignements qui seraient ou pourraient être projetés dans la suite pour l'assainissement de cette commune par le Conseil des bâtiments civils, et ce sans pouvoir prétendre aucune indemnité.

(Clause exécutée.) — Une décision du Conseil municipal du 18 avril 1887, déclare spécialement la réserve exécutée en ce qui concerne l'immeuble n° 18.

---

5. — Rue de Reuilly, 6.

Vente par l'Administration des Hospices du 4 juillet 1807. — Dutoy, adjudicataire.

Clause. — Art. 15. — L'adjudicataire sera tenu, lors des reconstructions ou reconfortations, de livrer le terrain nécessaire pour l'élargissement de la rue et de se conformer à tous alignements et retranchements qui pourront lui être prescrits par le Conseil des bâtiments civils, sans pouvoir prétendre aucune indemnité.

(Exproprié et démoli pour l'ouverture de la rue de Chaligny.)

---

6. — Rue de Reuilly. (Provenant de la Ferme générale.)

Vente nationale du 15 brumaire an XI. — Gérardy, adjudicataire. — M. Dumont, propriétaire en 1879.

Clause. — L'acquéreur du présent premier lot sera tenu de se conformer, et ce sans indemnité, aux alignements arrêtés par le Conseil des bâtiments civils.

(Exproprié et démoli pour l'alignement de la place Daumesnil.)

---

7. — Rue de Reuilly. (Provenant de la Ferme générale.)

Vente nationale du 15 brumaire an XI. — Gérardy, adjudicataire.

Clause. — L'acquéreur du présent deuxième lot sera tenu de se conformer, et ce sans indemnité, aux alignements arrêtés par le Conseil des bâtiments civils.

(Exproprié en 1863 sur Josseaume et démoli.)

---

8. — Place de la Nation et avenue de Saint-Mandé.

Vente nationale du 8 thermidor an IV et 17 fructidor an XIII. — Floquet, adjudicataire. — La Société du Crédit Suisse de Zurich, propriétaire en 1886.

Clause. — Supporter la prolongation projetée de l'avenue des Ormeaux.

(Extrait de l'adjudication aux criées du 9 août 1823.)

(Cette clause n'a plus d'objet. — L'avenue est aujourd'hui exécutée en vertu d'un traité approuvé par le Conseil municipal le 16 avril 1886, passé entre la Ville et la Société du Crédit Suisse de Zurich, propriétaire actuelle.)

---

9. — Place de la Nation, 26, 26 bis. (Provenant de la Ferme générale.)

Vente nationale du 24 messidor an XIII. — Delville, adjudicataire. — Mme Lavalette, propriétaire en 1886.

Clause. — L'adjudicataire du terrain vendu sera tenu de se conformer aux alignements arrêtés ou qui pourront l'être par la Commission des travaux publics, et ce sans indemnité.

---

10. — Rue de Cîteaux. (Anciennement rue de l'Abbaye.)

Vente nationale du 29 messidor an VI. — Combaz, adjudicataire. — Béranger, propriétaire en 1875.

Clause. — Ouverture de la rue de l'Abbaye.

(Renonciation à la clause par suite d'échange. — Acte du 10 septembre 1875.)

---

11. — Rue de Cîteaux, 25 (*Partie*), **27, 29, 31, 33, 35, 37, 39, 41, 43.** (Provenant de l'Abbaye Saint-Antoine.)

Vente nationale du 29 messidor an VI. — Combaz, adjudicataire.

Clause. — L'acquéreur sera aussi tenu de se conformer aux charges d'usage, et à tous alignements et redressements, et de fournir tout le terrain nécessaire, s'il y a lieu, sans pouvoir prétendre à aucune indemnité.

(Délibération du Conseil municipal du 10 juin 1864, qui classe cette clause dans la 6ᵉ catégorie.)

---

12. — Rue de Charenton, 184.

Délibération du Conseil municipal du 7 décembre 1881. — M. Berson, propriétaire.

Analyse. — M. Berson est autorisé à consolider le mur de face de sa maison, à la condition de céder dès à présent, à la Ville, le terrain retranchable, dont moitié gratuitement, le prix de l'autre moitié devant lui être payé lors de sa livraison à la voie publique, soit le 1ᵉʳ mai 1885.

(Exécuté. — Permission du 27 juillet 1885.)

---

13. — Rue de Picpus, 46. (Ancien 34.)

Vente par l'Administration des Hospices du 4 juillet 1807. — Sallais, adjudicataire. — Les Dames des Sacrés-Cœurs, propriétaires en 1882.

Clause. — Art. 15. — L'adjudicataire sera tenu, lors des reconstructions ou reconfortations, de livrer le terrain nécessaire pour l'élargissement de la rue et de se conformer à tous alignements et retranchements qui pourront lui être prescrits par le Conseil des bâtiments civils, sans pouvoir prétendre aucune indemnité.

---

14. — Rues de Cîteaux, 17, 19, 21, 23, 25 (*Partie*), **et Crozatier, 44, 46, 43, 45, 47, 49, 51.** (Provenant de l'Abbaye Saint-Antoine.)

Vente nationale du 29 messidor an VI. — Delépine, adjudicataire.

Clause. — Se conformer aux alignements et redressements qui pourraient être faits, et fournir, s'il y a lieu, le terrain nécessaire.

15. — Boulevard de Picpus, 25.

Vente nationale du 16 nivôse an III. — Fortin, adjudicataire. — Lefenvre, propriétaire en 1850.

Clause. — Aussitôt que ledit terrain sera vendu, l'adjudicataire sera tenu de le clore, et à cet effet il prendra l'avis des Administrateurs des Travaux publics de la Commune de Paris et suivra l'alignement qui lui sera donné.
(Clause exécutée.)

16. — Rue du Faubourg-Saint-Antoine, 120 (Ancien 134.)

Vente par l'Administration des Hospices du 3 juillet 1812. — Ponnoche, adjudicataire. — Mme Vve Gilbert, propriétaire en 1886.

Clause. — Art. 15. — L'adjudicataire sera tenu, lors des reconstructions ou reconfortations, de livrer le terrain nécessaire pour l'élargissement de la rue et de se conformer à tous alignements et retranchements qui pourront lui être prescrits par le Conseil des bâtiments civils, sans pouvoir prétendre aucune indemnité.

17. — Rue de Citeaux, 30, 32, 34 et 36. *(Partie).*

Vente nationale du 29 messidor an VI. — Hémont et Mlle Paris, adjudicataires. — M. Mantin, propriétaire en 1877.

Clause. — La rue projetée aura 12 mètres de largeur à prendre du parement extérieur du mur du bâtiment en aile, en devant rejoindre le bâtiment objet de cette vente, et le terrain restant, d'après la largeur de la rue, appartiendra à l'acquéreur dudit objet, ainsi qu'il est désigné sur le plan. L'acquéreur sera tenu de se conformer aux charges d'usage et à tous alignements et redressements, et de fournir tout terrain nécessaire, s'il y a lieu, sans pouvoir prétendre à aucune indemnité.
(La propriété n°s 30, 32 est en saillie de 0^m,40 environ sur l'alignement, le surplus est aligné.)

18. — Boulevard de Bercy.

Vente nationale du 26 fructidor an IV. — Hébrard, adjudicataire. — La Compagnie du Chemin de fer de Lyon, propriétaire en 1886.

Clause. — ..... souffrir les retranchements que lesdits terrains pourront éprouver pour l'établissement du chemin de ronde de la barrière de Charenton à celle de Bercy.
(Clause exécutée.)

19. — Place de la Nation, 28, 30, avenue de la Nation, 2 à 10 et boulevard de Picpus, 83 à 89.

Vente nationale du 29 thermidor an V. — Besançon, acquéreur sur soumission. — MM. Passy, Reinbolt, Laprété, Laudière, Letellier, propriétaires en 1886.

Clause. — ..... Élargissement du chemin de ronde.
(Clause exécutée.)

20. — Rue de Citeaux, 4 à 18 et 7 à 21. (Provenant de l'Abbaye Saint-Antoine.)

Vente nationale du 29 Messidor an VI. — Jacquin, adjudicataire.

Clause. — Se conformer à tous alignements et redressements, fournir tout le terrain nécessaire, s'il y a lieu, sans pouvoir prétendre à aucune indemnité.

21. — Rue de Reuilly, 15, (Ancien 13.)

Vente par l'Administration des Hospices, du 4 juillet 1807. — Denain, adjudicataire. — M. Lamothe, propriétaire en 1887.

Clause. — Art. 15. — L'adjudicataire sera tenu, lors, etc. *(Voir l'avertissement).*

22. — Boulevard de Picpus, 67, 69, 71 (anciennement chemin de ronde de la barrière de Saint-Mandé) **et avenue de Saint-Mandé, 25** *(Partie)* **et 27.** (Provenant de la Sainte-Chapelle.)

Vente nationale du 11 vendémiaire an V. — Rochette, adjudicataire. — La Société civile de l'Asile Suisse (pour le n° 25, avenue de Saint-Mandé) et M. Petit (pour le surplus) propriétaires en 1893.

Clause. — L'adjudicataire sera tenu, lorsqu'il voudra se clore, de conserver le chemin de ronde qui est fixé à 18 pieds de large et qui doit exister entre la nouvelle clôture et les propriétés particulières.
(Clause exécutée.)

23. — Boulevard de Picpus, 55, 57, 59. (Anciennement chemin de ronde de la barrière de Saint-Mandé) **et avenue de Saint-Mandé, 35, 37.** (Provenant de la Sainte-Chapelle).

Vente nationale du 11 vendémiaire an V. — Rochette, adjudicataire. — MM. Druy et Lauweryns (avenue de Saint-Mandé, 35, et boulevard de Picpus, 57-59) et M. Grados (boulevard de Picpus, 55 et avenue de Saint-Mandé, 37), propriétaires en 1893.

Clause. — L'adjudicataire sera tenu, lorsqu'il voudra se clore, de conserver le chemin de ronde qui est fixé à 18 pieds de large et qui doit exister entre la nouvelle clôture et les propriétés particulières.
(Clause exécutée.)

24. — Boulevard de la Contrescarpe, 24. (Anciennement rue de la Contrescarpe, 46) (Domaine de la Ville.)

Vente nationale du 17 thermidor an IV. — Mussot adjudicataire. — M. Deroche, propriétaire en 1893.

Clause. — Fournir le terrain pour le quai qui doit exister aux abords du canal de Dieppe sans pouvoir, à raison de ce, exiger aucune indemnité.
(Clause devenue sans objet.) — (Arrêt de la Cour d'appel du 22 décembre 1837.)

25. — Rue Lenoir, 14. (En 1865.)

Vente nationale du 17 pluviôse an VII. — Beauvils, adjudicataire. — M. Velay, propriétaire en 1865.

Clause. — L'adjudicataire sera tenu de se conformer, sans indemnité, aux alignements arrêtés ou qui pourront l'être par la Commission des travaux publics. Acquis par la Ville de Paris suivant contrat du 7 décembre 1865, et démoli pour l'ouverture de la rue Crozatier.

26. — Boulevard de Reuilly, 31, 33, 35, 37, 39, 41, 43, 45, 49, 51 (Ancien chemin de ronde de la barrière de Charenton. (Provenant de la Ferme générale.)

Vente nationale du 29 vendémiaire an V. — Lejemptel, adjudicataire. — MM. Thizary (n° 33), Jolibois (37-39), Arrachart (n° 41), Girard (n° 43), Rochefort (n° 45), Mullet (n° 49), Guibert (n° 51) et Mme Ve Delépine (n° 31) et Ve Chantreau (n° 35) propriétaires.

Clause. — Laquelle vente est faite sous la réserve du chemin de ronde le long du mur de la nouvelle clôture.
(Clause exécutée.)
Par une délibération du 7 août 1868, le Conseil municipal a classé cette clause dans la 6e catégorie comme étant désormais sans objet en ce qui concerne les immeubles 41, 43, 45, 49, 51.

27. — Rue du Faubourg-Saint-Antoine, 186 et *partie* du **188.** (Ancienne chapelle Saint-Pierre.)

Vente nationale du 3 vendémiaire an V. — Saubert, adjudicataire. — MM. Deniau (186) et Quint (188), propriétaires en 1895.

Clause. — Livrer sans indemnité un passage de 48 pieds de large sur toute la profondeur du terrain.
(Clause exécutée.)

28. — Boulevard de Picpus, 72 à 94. — (Anciennement boulevard de Saint-Mandé. (Provenant de la Ferme générale.)

Vente nationale du 8 vendémiaire an V. — Ousselle, adjudicataire. — MM. Angerard (72-74), Follot (76-78), Bertrand (80-82), Dardat (84), Courjean (86), Heudebert, Leroy (94) et l'Assistance Publique (88 à 92), propriétaires en 1893.

Clause. — L'adjudicataire était tenu de ne pouvoir bâtir qu'à 4 mètres de distance des arbres.
(Clause exécutée.)

Les renseignements qui suivent, établis postérieurement au 1er janvier 1887, complètent les articles précédents, ayant le même numéro.

4 *bis*. — Rue Moreau, 14 à 24.

Une délibération du Conseil municipal du 18 avril 1887 déclare spécialement la clause exécutée en ce qui concerne l'immeuble n° 18, rue Moreau.

10. — Rue de Citeaux.

Vente nationale du 26 fructidor an IV (au lieu du 29 messidor). — Béranger et Beaufils, adjudicataires.

11. — Rue de Citeaux, 29 à 43.

Voir, pour l'origine des immeubles numéros 25 et 27, la vente à Delépine, du 29 messidor an VI, reportée n° 14 ci-dessous.

14. — Rues de Citeaux, 23, 25, 27, et Crozatier, 44 à 50 et 43 à 59.

Voir pour l'origine des immeubles numéros 17, 19 et 21 de la rue de Citeaux, la vente à Jacquin, du 29 messidor an VI, reportée n° 20.

TREIZIÈME ARRONDISSEMENT

Voir pour la situation et l'étendue des propriétés, la troisième carte.

1. — **Rue Lebrun.** (Anciennement rue des Fossés-Saint-Marcel et rue du Banquier.) (Provenant du Collège des Dix-Huit.)

Vente nationale du 7 thermidor an IV. — BOULARD, adjudicataire. — LA COMPAGNIE DES OMNIBUS, propriétaire en 1878.

CLAUSE. — M. Vimont reconnaît avoir pris connaissance de la clause domaniale relatée en l'acte sus énoncé du 7 thermidor an IV, contenant délivrance, au profit du sieur Boulard, d'après laquelle celui-ci a consenti, sans pouvoir faire aucune répétition à titre d'indemnité contre la République, au retranchement du terrain qui pourrait être indiqué pour percement de rue, ou alignement d'icelle par le Gouvernement ou par le bureau de voirie, et ce pour l'embellissement et l'assainissement de la Ville de Paris. (Extrait d'un acte de vente du 30 janvier 1866. — Mme de la Neuville, à Vimont. — Me Fovard, notaire.)

2. — **Rues Croulebarbe, Corvisart** (anciennement rue du Champ-de-l'Alouette) **et boulevard d'Italie.** (Provenant des Religieuses Cordelières.)

Vente nationale du 18 prairial an VIII. — ALYON, adjudicataire.

CLAUSE. — L'adjudicataire sera tenu de se conformer, et ce sans indemnité, à tous alignements et retranchements qui pourront être arrêtés par les Travaux publics.

Par une délibération du 24 avril 1808, le Conseil municipal a classé cette clause dans la sixième catégorie comme étant désormais sans objet en ce qui concerne la propriété sise à l'angle de la rue du Champ-de-l'Alouette et du boulevard d'Italie.

3. — **Rue Pascal.** (Provenant des Religieuses Cordelières.)

Vente nationale du 24 vendémiaire an V. — LALLEMAND, adjudicataire.

CLAUSE. — Le citoyen Lallemand ne pourra en aucun cas, ni sous aucun prétexte, répéter d'indemnité contre le Gouvernement, pour raison de retranchement de terrain nécessaire pour le percement et ouverture de deux nouvelles rues, telles qu'elles sont sur le plan annexé au procès-verbal de description des biens claustraux, ci-dessus décrits, dans l'avis de la Commission des Artistes du 7 brumaire de l'an IV, ci-dessus-visé, et dont les alignements seront au surplus donnés par la Commission exécutoire des travaux publics. En conséquence, ledit citoyen Lallemand sera tenu de démolir à ses frais, lorsqu'il en sera requis, les bâtiments, édifices et murs de clôture qui se trouveront dans la direction desdites deux rues, et fera également à ses frais les restaurations, raccordement et clôture nécessaires aux bâtiments, édifices et terrain restant.

Une délibération du Conseil municipal du 6 février 1846 a classé cette clause dans la sixième catégorie.

4. — **Rue Pascal.** (Provenant des Religieuses Cordelières.)

Vente nationale du 12 fructidor an VII. — DELFONT, adjudicataire.

CLAUSE. — Ledit adjudicataire sera tenu de se conformer à toutes les charges actives et passives, s'il en existe, ainsi qu'aux alignements qui pourraient lui être donnés par la suite par les Travaux publics, et ce, sans indemnité.

Une délibération du Conseil municipal du 6 février 1846 a classé cette clause dans la sixième catégorie. En ce qui concerne spécialement la propriété Antoine, rue Pascal, 67, un arrêté préfectoral du 9 janvier 1880 a déclaré que la nouvelle rue Pascal satisfait aux conditions de l'acte de vente du 13 fructidor.

5. — **Boulevard de Port-Royal.** (Anciennement champ des Capucins et rue des Bourguignons.)

Vente nationale du 15 août 1806. — LACROIX, adjudicataire.

CLAUSE. — Ledit adjudicataire sera tenu de se reculer à 2 mètres 26 centimètres de l'angle de mur formant celui de la rue des Bourguignons, le tout conformément à l'alignement qui lui sera donné.

6. — **Rues de la Glacière, des Tanneries et du Champ-de-l'Alouette.** (Provenant des Dames Anglaises.)

Vente nationale du 1er brumaire an VIII. — BOTVEAU LAFFECTEUR, adjudicataire.

CLAUSE. — L'acquéreur sera tenu . . . comme aussi de se conformer à tous alignements ou retranchements qui pourront être arrêtés par les Travaux publics, le tout sans indemnité.

Délibération du Conseil municipal du 23 octobre 1875 déclarant la clause exécutée en ce qui concerne la propriété Lecerf seulement.

7. — **Rues de la Reine-Blanche, 12, 14, 16 et des Francs-Bourgeois Saint-Marcel.** (Provenant du chapitre de Saint-Marcel.)

Vente nationale du 13 avril 1793. — LÉCUYER, adjudicataire.

CLAUSE. — L'adjudicataire sera obligé d'abandonner tout le terrain nécessaire à l'élargissement de la rue des Francs-Bourgeois, qui, dans son état actuel, expose la vie des citoyens aux plus grands dangers, sauf au dit adjudicataire à réclamer vis-à-vis de la commune de Paris, telle indemnité que de droit.

(Exproprié en partie pour l'ouverture du boulevard Saint-Marcel.)

8. — **Rue des Trois-Couronnes, 30.** (Provenant du Prytanée de Saint-Cyr.)

Vente nationale du 16 août 1806. — BOUNON, adjudicataire.

CLAUSE. — La largeur de la rue des Trois-Couronnes étant fixée à dix mètres sur les plans arrêtés pour l'alignement des rues de Paris, la maison présentement mise en vente sera dans le cas d'un reculement de 4^m,22. En conséquence, l'adjudicataire ne pourra, en cas de vétusté, faire à la face sur ladite rue des Trois-Couronnes, aucune reconstruction ni reconfortation qui puissent consolider ladite maison, mais il sera tenu de fournir le terrain nécessaire à l'alignement de ladite rue, et ce sans pouvoir exiger aucune indemnité.

(Démoli pour l'ouverture du boulevard de Port-Royal.)

9. — **Rues Saint-Hippolyte et des Marmouzets.** (Provenant de l'Église Saint-Hippolyte.)

Vente nationale du 3 août 1793. — BELNOUX, adjudicataire.

CLAUSE. — Dans le cas de constructions, reconstructions, changement de disposition de ladite église, ou autrement, l'adjudicataire s'entendra avec les commissaires de la Voyerie de Paris pour raison de reculement dont ladite église est susceptible, lequel reculement est marqué sur le plan par une ligne ponctuée, et indiquée par les lettres H, J, 1, sans cependant pouvoir dans aucun cas exiger aucune indemnité, ni diminution sur le prix de l'adjudication, la portion de terrain sujette au reculement n'étant pas comprise dans l'estimation, et ne faisant point partie de la présente vente.

(Exproprié et démoli.)

10. — **Rue des Marmouzets.** (Provenant de la Fabrique de Saint-Hippolyte.)

Vente nationale du 3 août 1793. — BELNOUX, adjudicataire.

CLAUSE. — Dans le cas de constructions, reconstructions, augmentations ou autrement, l'adjudicataire s'entendra avec les commissaires de la Voyerie de la commune de Paris, pour raison de reculement dont la maison est susceptible, lequel reculement est marqué sur le plan par une ligne ponctuée et indiquée par les lettres F, G, sans cependant pouvoir, dans aucun cas, exiger aucune indemnité ni diminution, sur le prix de l'adjudication, la portion de terrain sujette au reculement n'étant pas comprise dans l'estimation, et ne faisant point partie de la présente vente.

(Exproprié et démoli.)

11. — **Rue des Marmouzets.** (Fabrique de Saint-Hippolyte.)

Vente nationale du 3 août 1793. — BOUAU, adjudicataire.

CLAUSE. — Dans le cas de construction, reconstructions, augmentations ou autrement, l'adjudicataire s'entendra avec les commissaires à la Voyerie de la commune de Paris, pour raison du reculement dont ladite maison est susceptible, lequel reculement est marqué sur ledit plan par une ligne ponctuée, et indiquée par les lettres D, E, sans cependant pouvoir, dans aucun cas, exiger aucune indemnité ni diminution sur le prix de son adjudication, la portion de terrain sujette au reculement n'étant pas comprise dans l'estimation, et ne faisant point partie de la présente vente.

(Exproprié et démoli.)

12. — **Rues Mouffetard et Pierre-Assis.** (Provenant de l'émigré Ruault.)

Vente nationale du 9 germinal an XIII. — BOUNSON, adjudicataire.

CLAUSE. — Lors de la reconstruction de la maison présentement vendue, l'acquéreur sera tenu de livrer le terrain nécessaire pour le redressement et l'élargissement des rues, suivant les alignements qui lui seront donnés par les commissaires-voyers, ainsi qu'il est indiqué au plan par une grosse ligne rouge, le tout sera livré par ledit acquéreur, lorsqu'il en sera requis, sans pouvoir pour ce réclamer aucune indemnité.

(Exproprié et démoli.)

13. — Rues Lebrun (Anciennement rue des Fossés-Saint-Marcel), **et du Banquier.**
(Provenant du collège des Dix-Huit.)

Vente nationale du 7 thermidor an IV. — BEAUVAIS, adjudicataire. — M. BOURUET-AUBERTOT, propriétaire en 1881.

CLAUSE. — . . . . . Souffrir sans pouvoir répéter aucune indemnité contre la République, les retranchements indiqués sur le plan annexé à la minute du procès-verbal ci-dessus transcrit, pour le percement des rues projetées sur la perpendiculaire de la Méridienne de Paris, laquelle rue doit avoir 16 mètres, équivalant à 49 pieds 3 pouces environ de largeur.

---

14. — Rue des Cornes. (Provenant du collège des Dix-Huit.)

Vente nationale du 23 fructidor an IV. — MOUROUX, adjudicataire. — MM. CLÉMENT, COURTOIS et BLANDINIÈRE, propriétaires en 1882.

CLAUSE. — M. Mouroux père a pris l'engagement de souffrir tous retranchements de terrain et percements des rues exigés par le Gouvernement, sans pouvoir répéter aucune restitution ni indemnité de l'État.

---

15. — Rues de la Glacière et de Lourcine. (Angle.)

Vente par l'administration des Hospices du 16 août 1811. — HELLIOT, adjudicataire. — M. DE-ROUSSEAU, propriétaire en 1881.

CLAUSE. — Art. 15. — L'adjudicataire sera tenu, lors des reconstructions ou reconfortations, de livrer le terrain nécessaire pour l'élargissement de la rue et de se conformer à tous alignements et retranchements qui pourront lui être prescrits par le Conseil des bâtiments civils, sans pouvoir prétendre aucune indemnité.

---

16. — Rue Saint-Hippolyte, 8.

Vente par l'administration des Hospices du 2 mars 1810. — GOUGEROT, adjudicataire. — M. DIETZ, exproprié suivant jugement du 29 décembre 1866.

CLAUSE. — Art. 15. — L'adjudicataire sera tenu, lors des reconstructions ou reconfortations, de livrer le terrain nécessaire pour l'élargissement de la rue et de se conformer à tous alignements et retranchements qui pourront lui être prescrits par le Conseil des bâtiments civils, sans pouvoir prétendre aucune indemnité.
(Démoli.)

---

17. — Rue de la Santé, 47, 49, 51, 53, 55. (Angle du boulevard Arago.)

Vente par l'administration des Hospices du 8 octobre 1813. — BOULARD, adjudicataire.

CLAUSE. — Art. 15. — L'adjudicataire sera tenu, lors des reconfortations, de livrer le terrain nécessaire pour l'élargissement de la rue et de se conformer à tous alignements et retranchements qui pourront lui être prescrits par le Conseil des bâtiments civils, sans pouvoir prétendre aucune indemnité.
(Clause exécutée, la propriété est alignée.)

---

18. — Rues de la Santé, 57, 59, 61 et Broca, 158.

Vente par l'administration des Hospices du 21 mai 1813. — Mlle LENORMAND, adjudicataire. — MM. FOURNIER, propriétaires en 1885.

CLAUSE. — Art. 15. — L'adjudicataire sera tenu, lors des reconstructions ou reconfortations, de livrer le terrain nécessaire pour l'élargissement de la rue et de se conformer à tous alignements et retranchements qui pourront lui être prescrits par le Conseil des bâtiments civils, sans pouvoir prétendre aucune indemnité.
(Aligné sur la rue de Lourcine et dans une longueur de huit mètres sur la rue de la Santé.)

---

19. — Rue de Lourcine. 152, 154, 156

Vente par l'administration des Hospices du 2 octobre 1812. — Mlle LENORMAND, adjudicataire. — MM. ZOELLER (pour les n° 152, 154) et BICHET (pour le n° 156), propriétaires en 1885.

CLAUSE. — Art. 15. — L'adjudicataire sera tenu, lors des reconstructions ou reconfortations, de livrer le terrain nécessaire pour l'élargissement de la rue et de se conformer à tous alignements et retranchements qui pourront lui être prescrits par le Conseil des bâtiments civils, sans pouvoir prétendre aucune indemnité.
(La propriété n° 156 est alignée.)

20. — Rue de Lourcine, 130, 132.

Vente par l'administration des Hospices des 30 octobre et 13 novembre 1812. — SCHNETZ, adjudicataire.

CLAUSE. — Art. 15. — L'adjudicataire sera tenu, lors des reconstructions ou reconfortations de livrer le terrain nécessaire pour l'élargissement de la rue et de se conformer à tous alignements et retranchements qui pourront lui être prescrits par le Conseil des bâtiments civils, sans pouvoir prétendre aucune indemnité.
(Aligné.)

---

21. — Quai de l'Hôpital, 23.

Vente par l'administration des Hospices du 6 novembre 1812. — DIDIOT, adjudicataire.

CLAUSE. — Art. 15. — L'adjudicataire sera tenu, lors des reconstructions ou reconfortations, de livrer le terrain nécessaire pour l'élargissement de la rue et de se conformer à tous alignements et retranchements qui pourront lui être prescrits par le Conseil des bâtiments civils, sans pouvoir prétendre aucune indemnité.
(Démoli.)

---

22. — Rue de Poliveau, 4.

Vente par l'administration des Hospices du 20 novembre 1812. — DIDIOT, adjudicataire.

CLAUSE. — Art. 15. — L'adjudicataire sera tenu, lors des reconstructions ou reconfortations, de livrer le terrain nécessaire pour l'élargissement de la rue et de se conformer à tous alignements et retranchements, qui pourront lui être prescrits par le Conseil des bâtiments civils, sans pouvoir prétendre aucune indemnité.
(Démoli.)

---

23. — Rue Mouffetard, 255, 257 et rue de la Reine-Blanche, 25.

Vente par l'administration des Hospices du 2 mars 1810. — PELTIER, adjudicataire. — BEREN-DORF, exproprié suivant jugement du 29 juin 1867.

CLAUSE. — Art. 15. — L'adjudicataire sera tenu, etc.. . . . .
(Démoli pour l'ouverture de l'avenue des Gobelins.)

---

24. — Rue Julienne, 12. (Provenant des Cordeliers.)

Vente nationale du 21 pluviôse an VI. — GOBERT, adjudicataire. — LAUZEROY, exproprié suivant jugement du 29 décembre 1866.

CLAUSE. — L'adjudicataire sera tenu de se conformer lorsqu'il en sera requis, et ce sans indemnité, aux alignements arrêtés par la Commission des travaux publics.
(Démoli pour l'ouverture du boulevard Arago.)

---

25. — Rue de la Reine-Blanche, 26, 28, 30. (Ancien 20.) (Ancien cimetière de l'église Saint-Marcel.)

Vente nationale du 11 frimaire an VI. — TINANCOURT, adjudicataire. — M. le prince RUSPOLI, propriétaire en 1895.

CLAUSE. — L'adjudicataire sera tenu de se conformer aux alignements arrêtés par la Commission des travaux publics, et de livrer, quand il en sera requis, et ce sans indemnité, le terrain nécessaire pour le percement d'une rue.
Par une délibération du 18 mars 1864, le Conseil municipal a décidé d'accepter l'abandon gratuit du terrain de 181m, 80 de superficie, à retrancher de la propriété pour l'exécution de l'alignement, en échange du terrain nécessaire au percement de la rue projetée.
(Exécuté.)

---

26. — Rues Duméril, 12 à 22, et du Banquier, 2 et 4. (Provenant du collège des Dix-Huit.)

Vente nationale du 16 messidor an IV. — BOULARD, adjudicataire. — MM. THOMAS et BOURSS, propriétaires en 1886.

CLAUSE. — . . . .
Ce domaine, dans la partie appartenant à M. Bourse, devait être traversé par la rue perpendiculaire à la Méridienne, projetée par la Commission des artistes.

---

27. — Rues des Cornes, 12 et 14, et du Banquier, 6, 8, 10, 12. (Provenant du collège Louis-le-Grand.)

Vente nationale du 16 messidor an IV. — NOEL, adjudicataire. — MM. LEROUSSEAU et MORANE, propriétaires en 1883.

CLAUSE. — . . . .
Ce domaine, dans la partie appartenant à M. Morane, devait être traversé par la rue perpendiculaire à la Méridienne, projetée par la Commission des artistes.

28. — Rue Duméril, 2, 4. (Anciennement rues du Marché-aux-Chevaux, 22, 24, et du Cendrier, 1.) (Provenant du collège Louis-le-Grand.)

Vente nationale du 7 thermidor an IV. — BOULARD, adjudicataire. — M. GENTY, propriétaire en 1896.

CLAUSE. — L'adjudicataire du 3ᵉ lot sera tenu de supporter sans répétition, la clause imposée au sieur Boulard, lors de l'adjudication qui lui en a été faite par les membres du bureau du Domaine national, dudit immeuble relative au retranchement qui pourrait être opéré sur ladite propriété, par suite du nouveau plan, pour l'embellissement et l'assainissement de la Ville de Paris, et d'exécuter à cet égard la disposition portée par le procès-verbal de mise en possession dudit sieur Boulard, en date du 7 thermidor an IV, ci-devant relaté. (Extrait de l'acte d'adjudication à Laurent Boulard, sur la faillite de Jean-Denis Boulard, du 14 novembre 1812.)

(Aligné.)

29. — Quai de l'Hôpital et rue de Poliveau. (Angle.)

Vente par l'administration des Hospices du 6 novembre 1812. — LAURENT, adjudicataire.

CLAUSE. — Art. 15. — L'adjudicataire sera tenu, lors, etc. . . . .
(Démoli.)

30. — Rue des Trois-Couronnes, 8.

Vente par l'administration des Hospices du 15 octobre 1822. — PELLERIN, adjudicataire.

CLAUSE. — Art. 15. — L'adjudicataire sera tenu, lors, etc. . . . .
(Exproprié et démoli pour l'ouverture du boulevard de Port-Royal.)

Les renseignements qui suivent, établis postérieurement au 1ᵉʳ janvier 1887, complètent les articles précédents, ayant le même numéro.

7. — Rue des Francs-Bourgeois-Saint-Marcel, 11, 13, 15, et rue de la Reine-Blanche.

La rue des Francs-Bourgeois-Saint-Marcel a été supprimée par le percement du boulevard Saint-Marcel.

18. — Rues de la Santé, 57 à 61, et Broca, 158. (Anciennement rue de Lourcine.)

19. — Rue Broca, 152, 154, 156. (Anciennement rue de Lourcine.)

20. — Rue Broca, 130, 132. (Anciennement rue de Lourcine).

QUATORZIÈME ARRONDISSEMENT

Voir pour la situation et l'étendue des propriétés, la quatrième carte.

1. — Boulevard du Montparnasse et ruelle des Olivettes.

Vente par l'Administration des Hospices du 13 novembre 1812. — Schnetz, adjudicataire.

Clause. — Art. 15. — L'adjudicataire sera tenu, lors des reconstructions ou reconfortations, de livrer le terrain nécessaire pour l'élargissement de la rue et de se conformer à tous alignements et retranchements qui pourront lui être prescrits par le Conseil des bâtiments civils, sans pouvoir prétendre aucune indemnité.

(Démoli.)

2. — Rue Denfert-Rochereau. (Anciennement rue d'Enfer.) (Provenant de l'Institution de l'Oratoire.)

Échange du 21 nivôse an VI entre le Ministre des Finances et Guillaume Corancez.

Clause. — Enfin lesdits citoyen et citoyenne Corancez seront tenus de fournir, sans indemnité, sur l'emplacement dudit jardin, le terrain qui sera nécessaire pour l'ouverture d'une avenue qui doit correspondre du milieu du Palais Directorial au monument de l'Observatoire, et de se clore ensuite à leurs frais, suivant l'alignement tracé en rouge sur le plan joint au procès-verbal du 9 germinal an V, et annexé à ces présentes, alignement qui sera au surplus tracé sur le terrain par l'Administration des travaux publics du Ministère de l'Intérieur.

(Clause exécutée.)

3. — Boulevards Edgar-Quinet, 2, 4, 6 (anciennement boulevard de Montrouge). **et d'Enfer, 228, 230.** (Provenant de la Ferme générale.)

Vente nationale du 10 thermidor an IV. — Poirrier, adjudicataire. — MM. Chabin, Bertholdt et Hynaux, propriétaires en 1885.

Clause. — Étant observé que, par le contrat de vente ci-après énoncé, ledit Poirrier a été chargé de prendre la limite du terrain présentement vendu le long du Chemin de Ronde, sur une ligne parallèle au mur de clôture de la ville, à 18 pieds de distance à partir dudit mur.

(Exécutée.)

4. — Boulevard Edgar-Quinet, 62 à 76. *(Partie.)*

Vente nationale du 7 thermidor an VIII. — V᷍ Osouf, adjudicataire. — MM. Frémy (62 à 66). Peignot (68 à 74) et Bardel (76), propriétaires en 1885.

Clause. — L'adjudicataire sera tenu de se conformer, et ce sans indemnité, à tous alignements et retranchements qui pourraient être arrêtés par les Travaux publics.

Une délibération du Conseil municipal du 1er mars 1867, a classé cette clause dans la 6e catégorie, comme étant désormais sans objet, en ce qui concerne les immeubles 68, 70, 72 et 74.

5. — Avenue de l'Observatoire, 49, 51 et 14 à 20. (Provenant de la Chartreuse de Paris.)

Vente nationale du 5 pluviôse an VI. — Mlle Annout, adjudicataire.

Clause. — ..... Supporter un retranchement occasionné par une rue projetée et dirigée du Palais du Directoire à l'Observatoire, et ce sans indemnité, laquelle rue devant traverser la totalité du terrain vendu du nord au midi, et occuper toute la partie ayant face sur la rue d'Enfer.

Un arrêté du 30 septembre 1872 reconnaît spécialement la clause comme exécutée, en ce qui concerne la propriété rue Denfert-Rochereau, 94 ancien, et avenue de l'Observatoire, Mme Gosselin, propriétaire.

(Clause exécutée.)

6. — Rues Méchain, 19, 21, 23, et du Faubourg-Saint-Jacques, 57.

Vente par l'Administration des Hospices du 2 avril 1813. — Noisette, adjudicataire. — Les Dames de Saint-Joseph de Cluny, propriétaires en 1885.

Clause. — Art. 15. — L'adjudicataire sera tenu, lors des reconstructions ou reconfortations, de livrer le terrain nécessaire pour l'élargissement de la rue et de se conformer à tous alignements et retranchements qui pourront lui être prescrits par le Conseil des bâtiments civils, sans pouvoir prétendre aucune indemnité.

7. — Boulevard d'Enfer, 92, 94, et rue Lacaille supprimée.

Vente nationale du 19 floréal an VI. — Bouchard, adjudicataire.

Clause. — L'adjudicataire sera tenu de se conformer, lorsqu'il en sera requis, aux alignements arrêtés par la Commission des travaux publics, et ce sans aucune indemnité.

La propriété est alignée sur le boulevard ; la rue Lacaille est supprimée.

8. — Rues Méchain, 2, 4, 6, 8, 10, et de la Santé, 32, 34. (Angle.) (Remise par l'État à la Commune de Paris. — Loi du 17 novembre 1790.)

Adjudication par la Ville de Paris du 23 mars 1847. — Bibert, adjudicataire. Mme Ve Bibert, propriétaire en 1888.

Clause. — L'adjudicataire sera tenu, lors de la reconstruction du mur de face sur les rues Méchain et de la Santé, soit de sa propre volonté, soit pour cause de vétusté, de se conformer à l'alignement qui lui sera délivré par l'Administration, et ce sans aucune indemnité de la part de la Ville.

(Clause exécutée sur la rue Méchain. — Permissions de voirie des 28 octobre 1883, 1er septembre 1885 et .... 1858.)

9. — Rue Denfert-Rochereau, 92. (Anciennement rue d'Enfer, 86, et rue Lacaille.) (Provenant de l'Institution de l'Oratoire.)

Vente nationale du 29 pluviôse an VI. — M. Gorneau, adjudicataire. — L'Infirmerie Marie-Thérèse, propriétaire en 1895.

Clause. — L'adjudicataire sera tenu de souffrir, comme les vendeurs y seraient obligés eux-mêmes, aux termes du procès-verbal de l'Administration centrale du département de la Seine dudit jour 25 pluviôse an VI (cahier des charges) s'ils restaient propriétaires desdites maisons et dépendances, le percement, dans une portion dudit domaine, d'une rue projetée de la manière figurée au plan annexé à la vente, et de la largeur qui sera déterminée par l'autorité supérieure, et le tout sans pouvoir répéter à ce sujet des vendeurs aucune indemnité ni compensation. (Extrait de l'acte d'adjudication à Jacta, sur les héritiers Gorneau, du 26 juin 1811.)

10. — Rue d'Enfer, 133, et boulevard Saint-Jacques, 92. (Angle.)

Vente par les Hospices du 24 octobre 1813. — Bove, adjudicataire.

Clause. — Art. 15. — L'adjudicataire sera tenu, lors, etc.

Exproprié suivant jugement du 29 décembre 1866, et démoli pour l'ouverture du boulevard Arago.

11. — Boulevard Raspail, 243 à 259. Rues Campagne-Première, 21 à 35, Boissonnade, 1 à 15, 2 à 18, et passage d'Enfer. (Provenant des Oratoriens.)

Vente nationale du 18 pluviôse an VI. — Charier, acquéreur sur soumission en vertu de la loi du 28 ventôse an IV.

Clause. — . . . .

Ce domaine, soumissionné par Charier, le 18 floréal an IV, devait être traversé par une rue projetée entre l'Observatoire et le boulevard d'Enfer.

12. — Rue Campagne-Première, 3 à 19. (Provenant des Religieux Oratoriens).

Vente nationale du 9 nivôse an V. — Mme Jomard, adjudicataire.

Clause. — L'acquéreur sera tenu de donner le terrain nécessaire pour l'ouverture des nouvelles rues, à la première réquisition du Gouvernement, et lors de l'exécution de l'ouverture desdites rues, le tout sans pouvoir prétendre à aucune indemnité ni diminution sur le prix de la présente vente.

Le Conseil municipal, par une délibération du 15 mars 1850, a classé la clause dans la sixième catégorie, en ce qui concerne la propriété n° 15 actuel, ancien 11.

Les renseignements qui suivent, établis postérieurement au 1er janvier 1887, complètent les articles précédents, ayant le même numéro.

3.   **Boulevards Edgar-Quinet, 2, 4, 6, et Raspail, 228, 230.** (Anciennement boulevard d'Enfer.)

7. — **Boulevard Raspail** (anciennement boulevard d'Enfer, 92, 94) **et rue Lacaille supprimée.**

QUINZIÈME ARRONDISSEMENT

Voir pour la situation et l'étendue des propriétés, la onzième carte.

1. — **Boulevard de Grenelle, 83 à 111, et ruelle Dupleix.** (Provenant de la Ferme générale.)

Vente nationale du 29 nivôse an VI. — GAUTHIER et MOUSSET, adjudicataires. — M·· Vve BERTRAND (83), GRIPON (85 à 91) MM. FÉAUT (93), WÉBER (95), LECLOUD (97), FONTANET (99 à 101), MAILLEBUAN (103), M·· Vve BORNE (105), M. DUMONT (107) et M·· Vve FRANCASTEL (109, 111), propriétaires en 1834.

CLAUSE. — L'acquéreur sera tenu de se conformer aux alignements qui lui seront donnés, tant pour le chemin de ronde, si l'on voulait par la suite lui donner plus de dix-huit pieds, que pour l'alignement d'après les arbres de l'avenue au midi du grand terrain.

Il ne pourra dans aucun cas avoir recours contre la Nation.

(Clause exécutée.)

2. — **Boulevard de Grenelle, 113, 115, 117 et avenue de la Motte-Picquet.** (Provenant de l'École militaire.)

Vente nationale du 1er nivôse an VI. — LANGLOIS, adjudicataire. — M. VIÉJO (113), M·· Vve DELAPIERRE (115) et M. OLOMOT (117), propriétaires en 1884.

CLAUSE. — Ladite adjudication avait été faite sous la condition imposée à M. Langlois de laisser, à partir des barrières neuves, un intervalle d'environ 5m,83 (18 pieds), pris dans ledit terrain, pour faciliter le chemin de ronde sans pouvoir prétendre aucune indemnité à ce sujet.

(Clause exécutée.)

3. — **Boulevard de Vaugirard, 14, 16, 18, 20.**

Vente par l'Administration des Hospices du 6 novembre 1812. — SAUTIER, adjudicataire. — MM. MIGEON (14), JOURDE (16), GROSMILLER (18) et MORSANT (20) propriétaires en 1882.

CLAUSE. — Art. 13. — L'adjudicataire sera tenu, lors des reconstructions ou reconfortations, de livrer le terrain nécessaire pour l'élargissement de la rue et de se conformer à tous alignements et retranchements qui pourront lui être prescrits par le Conseil des bâtiments civils, sans pouvoir prétendre aucune indemnité.

4. — **Boulevard et quai de Grenelle.**

Vente nationale du 13 pluviôse an II. — Vve RAVET, adjudicataire. — LA SOCIÉTÉ CAIL, propriétaire en 1882.

CLAUSE. — § 3. — L'adjudicataire sera tenu de se conformer au plan et à la manière dont il est figuré, sans cependant pour ce prétendre déroger aux alignements que les Ponts et Chaussées pourraient donner de telle manière que ce soit, comme aussi de faire à ses frais la démolition de deux petites constructions hors dudit alignement, le terrain n'étant pas compris dans ce lot, les démolitions qui proviendront desdites constructions seront au profit de l'adjudicataire.

(Clause exécutée.)

5. — **Quai de Grenelle.**

Vente nationale du 17 pluviôse an VIII. — DACOY HERBIXIÈNE, adjudicataire. — LA SOCIÉTÉ CAIL, propriétaire en 1882.

CLAUSE. — . . . .

(Propriété alignée, clause exécutée.)

6. — **Avenue de Suffren, 42, rues Desaix, 9 à 15, et de la Fédération.**

Vente nationale du 2 frimaire an IX. — MAILLY, adjudicataire. — LA SOCIÉTÉ LYONNAISE D CONSTRUCTIONS MÉCANIQUES, propriétaire en 1881.

CLAUSE. — Ledit acquéreur sera tenu, dans le cas où le Gouvernement voudrait donner plus de largeur aux chemins actuellement existants, de céder, fournir ou abandonner le terrain nécessaire à cet élargissement, sans pouvoir demander à la République aucune indemnité ni récompense. (Extrait d'un acte du 5 mai 1881, cession par la Société Flaud et Cohendet à la Société lyonnaise.) (Me Surault, notaire.)

7. — **Avenue de Suffren, rues Hoche et de la Fédération.**

Vente nationale du 2 frimaire an IX. — MAILLY, adjudicataire. — M. THIERRY-DELANOUE, propriétaire en 1880.

CLAUSE. — Fournir le terrain qui serait jugé nécessaire par la Commission des travaux publics et ce sans indemnité.

Cession gratuite à la Ville en vertu de cette clause du prolongement de la rue Hoche, — 27 juin 1879. — Me Mahot, notaire.

8. — **Avenue de Lowendal, 27.** (Ancien 21.)

Vente nationale du 2 novembre 1810. — DANIEL, adjudicataire. — Peanne, propriétaire en 1886.

CLAUSE. — L'acquéreur de la présente maison sera en outre tenu de se conformer aux alignements qui lui seront donnés par la grande voirie.

9. — **Boulevard Garibaldi, 9 à 19** *(Partie)*. Anciennement boulevard de Grenelle, 70 à 58 (partie).

Vente nationale du 5 floréa an VI. — SEJEAN, adjudicataire. — MM. BACHELLERIE (9, 11 JACQUES (13), MUNKEL (15), POYET (17) et M·· CHANUOET (19), propriétaires en 1885.

CLAUSE. — L'acquéreur sera tenu... de se soumettre aux alignements qui pourraient lui être donnés par les Travaux publics, et ce sans indemnité.

(Exécuté avant 1845.)

10. — **Boulevard Garibaldi, 19** *(Partie)* **à 27,** anciennement boulevard de Grenelle, 58 (partie) à 50.

Vente nationale nationale du 29 nivôse an VI. — DE SAINT-MARTIN, adjudicataire. — M·· CHANUOET (19), MM. JOUELOT (21) GOBLEY (23), BAUDOUIN (25) et FRÉBÉ (27), propriétaires en 1885.

CLAUSE. — L'acquéreur sera tenu de se conformer aux alignements qui lui seraient donnés, tant pour le chemin de ronde si l'on voulait par la suite lui donner plus de 18 pieds, que pour l'alignement d'après les arbres de l'avenue.

(Exécuté avant 1845.)

11. — **Boulevard Garibaldi, 31, 33, 35,** anciennement boulevard de Grenelle, 44, 42, 40, 38. (Angle de l'avenue de Ségur et de la rue Pérignon.)

Vente nationale des 25 et 27 prairial an VI. — CHAMAR, adjudicataire. — M. DUPONT, propriétaire en 1884.

CLAUSE. — ..... Se conformer au procès-verbal d'adjudication dressé par les membres représentant l'Administration du Domaine national du département de la Seine, les 25 et 27 prairial an VI, pour l'alignement qui pourrait être donné au chemin de ronde.

(Exécuté.)

12. — **Boulevard de Grenelle, 14, angle de la rue Barthélemy, 7 et 9.**

Vente par la Ville de Paris du 18 juillet 1820. — BARRIER, adjudicataire. — M. PARROT propriétaire en 1884.

CLAUSE. — Dans les deux mois à partir du jour de l'adjudication, l'adjudicataire sera tenu de livrer le terrain nécessaire tant pour former la rue Barthélemy, que pour donner au chemin de ronde la largeur assignée par les règlements. Ces largeurs sont, pour la rue Barthélemy, 10m mesurés parallèlement à partir du parement extérieur du mur d'enceinte de l'abattoir, au-dessus de la retraite, et pour le chemin de ronde 11m70 (36 pieds) mesurés parallèlement à partir du parement extérieur du mur d'enceinte.

(Clause exécutée.)

13. — **Rue de Vaugirard, 115 à 129.**

Vente par l'Administration des Hospices du 6 novembre 1812. — AUBERT, adjudicataire. — MM. BERTRAND, CLERGET, M·· Vve LEBRETON, MM. TEIGNY, LECHARTIER et GERVOISE, propriétaires en 1884.

CLAUSE. — Art. 15. — L'adjudicataire sera tenu, lors des reconstructions ou reconfortations, de livrer le terrain nécessaire pour l'élargissement de la rue et de se conformer à tous alignements et retranchements qui pourront lui être prescrits par le Conseil des bâtiments civils, sans pouvoir prétendre aucune indemnité.

14. — **Rue Pérignon, 26, 28, 30,** anciennement ruelle des Paillassons.

Vente nationale du 29 messidor an VII. — HÉBRARD, adjudicataire. — MM. ROUSSELIN (26), DELOOST FRÈRES (28), AGGABY et DERVILLÉ (30), propriétaires en 1880.

CLAUSE. — L'adjudicataire... sera tenu de souffrir sans aucun recours contre lesdits vendeurs, et sans aucune garantie ni diminution de prix, les alignements et retranchements qui lui seront donnés par les Travaux publics, ainsi que M. Hébrard était tenu de les souffrir, aux termes du procès-verbal d'adjudication.

15. — Quai d'Orsay, 113 (Ancien 73) **et avenue de Suffren, 12, 14, 16.**
(Provenant de l'École militaire.)

Vente nationale du 21 ventôse an VI. — JOULET, adjudicataire. — MM. DE COSSÉ-BRISSAC (quai d'Orsay, 113), LA CAISSE DES RETRAITES DU CHEMIN DE FER DE L'OUEST (avenue de Suffren, 12-14) et M. THIERRY-DELANOUE (avenue de Suffren, 16), propriétaires en 1892.

CLAUSE. — L'adjudicataire sera tenu de se conformer, s'il en est requis, et ce sans indemnité, aux alignements arrêtés ou qui pourront l'être par la Commission des travaux publics.

---

16. — Quai d'Orsay, 119, 121. (Ancien 77.) (Provenant de l'École militaire.)

Vente nationale du 19 pluviôse an VI. — JOULET, adjudicataire. — LA COMPAGNIE DU CHEMIN DE FER DE L'OUEST (119) et M. CAMBUZAT (121), propriétaires en 1892.

CLAUSE. — L'acquéreur sera tenu de se conformer, quand il en sera requis, et ce sans indemnité, aux alignements, tant pour la charrière au levant, que pour le chemin de Javelle, arrêtés ou qui pourront l'être par la Commission des travaux publics.

---

17. — Rue de la Fédération, 56, 58, 60. (Anciennement rue Kléber.)

Vente nationale du 17 pluviôse an VIII. — Vᵉ GUISON, adjudicataire. — MM. MONIEUX (56), DARTIGEAS (58) et FOHIN (60), propriétaires en 1893.

CLAUSE. — L'adjudicataire sera tenu de se conformer aux alignements et retranchements qui pourraient être arrêtés par les Travaux publics, et ce sans indemnité.

(Clause exécutée.)

---

18. — Boulevard de Vaugirard, 45, 47, 49, 51, 53, 55, 57, 59, 61, 63.
(Provenant de la Ferme générale.)

Vente nationale du 24 messidor an XIII. — SOI., adjudicataire. — MM. PÉAN (45-47), GENOIS (49), MALBEC (51), GIRAULT (53), DECREUSE (55), LAVILLE (57), LAFMEROUX (59-63) et JAMET (61), propriétaires en 1892.

CLAUSE. — L'adjudicataire sera tenu de se conformer aux alignements et retranchements qui lui seront donnés par le Conseiller d'État Préfet, sur le rapport de l'Ingénieur en chef des Ponts et Chaussées.

(Clause exécutée.)

---

19. — Rue des Fourneaux, 25, 27. (Ancien 17.)

Vente par l'Administration des Hospices du 2 avril 1813. — CLÉMENT, adjudicataire. — M. DUCROCQ, propriétaire en 1893.

CLAUSE. — Art. 15. — L'adjudicataire sera tenu, lors des reconstructions ou réconfortations, de livrer le terrain nécessaire pour l'élargissement de la rue, et de se conformer à tous alignements et retranchements qui pourront lui être prescrits par le Conseil des bâtiments civils, sans pouvoir prétendre aucune indemnité.

---

20. — Avenue du Maine, 16, 18, 20, 22, 24, 26, 28, 30.

Vente par l'Administration des Hospices du 6 novembre 1812. — DARBLAY, adjudicataire. — MM. OGIER (16), POULIN (22), JACQUIN (24), MILLET (26-28), STRESSER (30) et Mᵐᵉ Vᵉ DUSSEAUX (18-20), propriétaires en 1895.

CLAUSE. — Art. 15. — L'adjudicataire sera tenu, lors, etc. *(Voir l'avertissement).*
(Aligné.)

---

21. — Rues de Vaugirard, 131 et des Fourneaux, 1, 3, 5, 7 *et partie du* **9.**

Vente par l'Administration des Hospices civils du 23 juillet 1813. — BAUDOUIN, adjudicataire. — MM. GARNIER, ROUSSEL et DUCRÉ, propriétaires.

CLAUSE. — Art. 15. — L'adjudicataire sera tenu, lors, etc. *(Voir l'avertissement).*
(Aligné.)

---

22. — Avenue de Lowendal, 33 et 35. (Ancien 67.) (Provenant des Invalides.)

Vente nationale du 12 nivôse an V. — GRISEL, adjudicataire.

CLAUSE. — L'acquéreur sera tenu de se conformer aux alignements sur la voie publique qui lui seront donnés par les Travaux publics, et ce sans indemnité.
(Déclaration faite par Grisel dans un acte du 10 novembre 1853. Mᵉ Trépagne, notaire.)
(Aligné.)

---

23. — Avenue de Lowendal, 37 et rue Cabanel, 1, 3, 5. (Ancien chemin de ronde de la barrière des Paillasson.) (Provenant des Invalides.)

Vente nationale du 19 pluviôse an VI. — GRISEL, adjudicataire.

CLAUSE. — L'acquéreur sera tenu de se conformer aux alignements sur la voie publique qui lui seront donnés par les Travaux publics, et ce sans indemnité.
(Déclaration faite par Grisel dans un acte du 10 novembre 1853, Mᵉ Trépagne, notaire.)

---

24. — Rue Cabanel, 7. (Ancien chemin de ronde de la barrière des Paillassons.)

Vente nationale du 5 floréal an VI. — GRISEL, adjudicataire.

CLAUSE. — L'acquéreur sera tenu de se conformer aux alignements sur la voie publique qui lui seront donnés par les Travaux publics, et ce sans indemnité.
(Déclaration faite par Grisel dans un acte du 10 novembre 1853, Mᵉ Trépagne, notaire.)

---

25. — Passage entre les nᵒˢ 27 et 29 de l'avenue de Lowendal. (Terrain provenant des Invalides, tenant à l'ancien chemin de l'École militaire à Vaugirard.)

Vente nationale du 29 nivôse an VI — GRISEL, adjudicataire.

CLAUSE. — L'acquéreur sera tenu de se conformer aux alignements sur la voie publique qui lui seront donnés par les Travaux publics, et ce sans indemnité.
(Déclaration faite par Grisel dans un acte du 10 novembre 1853, Mᵉ Trépagne, notaire.)
(Clause sans objet.)

---

26. — Boulevard Garibaldi, 1, 3, 5, 7 et rue Cabanel, 9. (Anciennement chemin de ronde de la barrière des Paillassons.) (Provenant des Invalides.)

Vente nationale du 29 nivôse an VI. — LEBRET DE SAINT-MARTIN, adjudicataire.

CLAUSE. — L'acquéreur sera tenu de se conformer aux alignements sur la voie publique qui lui seront donnés par les Travaux publics, et ce sans indemnité.
(Déclaration faite par Grisel, acquéreur de Lebret de Saint-Martin, dans un acte du 10 novembre 1853, Mᵉ Trépagne, notaire.)

---

27. — Rues de la Fédération (anciennement rue Kléber) **et de Presle.** (Angle.

Contrat du 27 mars 1879, entre la Ville de Paris et Mᵐᵉ THIERRY-DELANOUE.

EXTRAIT. — « Enfin la Ville de Paris ne pourra exiger l'exécution du pan coupé de cinq mètres à l'angle de la rue Kléber, aujourd'hui couvert de constructions, et cette portion de terrain ne pourra être ultérieurement incorporée à la voie publique que par mesure ordinaire de voirie ; mais, dans ce cas, la Ville de Paris ne devra aucune indemnité à ce sujet à Mᵐᵉ Thierry-Delanoue. »

---

28. — Boulevard de Grenelle du nᵒ 127 à la rue Cabanel. (Anciennement chemin de ronde de l'École militaire.)

Vente nationale du 3 floréal an V. — PIRELET, adjudicataire.

CLAUSE. — Le long des murs de clôture il doit être pris un chemin, sur ledit terrain, de 18 pieds de large, lequel sera à la charge de l'acquéreur pour la fermeture du terrain seulement dont la déduction est faite.
(Clause exécutée.)

Les renseignements qui suivent, établis postérieurement au 1er janvier 1887, complètent les articles précédents ayant le même numéro.

5. — Quai et boulevard de Grenelle.

Herbinière, adjudicataire.

Clause. — Il (l'adjudicataire) sera tenu de se conformer, et sans indemnité, aux alignements ou retranchements qui pourraient être arrêtés par les Travaux publics. (Extrait de l'acte domanial.)

(Clause exécutée.) (Permission du 27 mars 1869.)

---

7. — Avenue de Suffren, rues de la Fédération et de Presles. (Anciennement rue Hoche.)

Contrat du 27 juin 1879, entre la Ville de Paris et M. Thierry-Delanoue, pour l'ouverture de la rue de Presles.

---

9. — Boulevard Garibaldi, 9 à 19 *(partie).* (Anciennement boulevard de Grenelle, 70 à 58) *(partie).*

Vente nationale du 29 nivôse, an VI (au lieu du 5 floréal). — Lebret de Saint-Martin adjudicataire.

Clause. — L'acquéreur sera tenu de se conformer aux alignements qui lui seraient donnés tant pour le chemin de ronde, si l'on voulait par la suite lui donner plus de 18 pieds, que pour l'alignement d'après les arbres de l'avenue.

(Exécutée avant 1845.)

---

10. — Boulevard Garibaldi, 19 *(partie)* **à 27.** (Anciennement boulevard de Grenelle, 58 *(partie)* à 50.)

Vente nationale du 5 floréal, an VI (au lieu de 29 nivôse). — Vᵛᵉ Sejean, adjudicataire.

Clause. — L'acquéreur sera tenu...... de se soumettre aux alignements qui pourraient lui être donnés par les Travaux publics, et ce sans indemnité.

(Exécutée avant 1845.)

---

12. — Boulevard Garibaldi, 89. (Anciennement boulevard de Grenelle, 14.) (Angle de la rue Barthélemy, 7 et 9.)

---

13. — Rue de Vaugirard, 115 à 129.

Délibération du Conseil municipal du 7 novembre 1888, approuvée par arrêté préfectoral du 6 décembre suivant, déclarant la réserve exécutée en ce qui concerne l'immeuble de M. Le Boulanger, rue de Vaugirard, 121.

---

14. — Rue Pérignon, 30.

MM. Accary et Derville, propriétaires en 1880.

Clause. — L'adjudicataire sera tenu de se conformer à l'alignement déterminé pour la ruelle des Paillassons, de ne pas obstruer le petit chemin bordant ledit terrain et de se soumettre, et ce sans indemnité, à tous alignement et retranchement qui pourraient lui être donnés par les Travaux publics. (Clause rappelée dans un acte de vente du 22 juillet 1862 par Baudouin aux dames Carmélites.)

(Voir pour l'origine des immeubles 26 et 28, appartenant aujourd'hui aux dames Carmélites, le n° 76 du VIIe arrondissement.)

SEIZIÈME ARRONDISSEMENT

Voir pour la situation et l'étendue des propriétés, la onzième carte.

1. — Rue de Longchamp. (Provenant de la Ferme générale.)

Vente nationale du 23 nivôse an III. — Lenoy, adjudicataire.

Clause. — Il (l'adjudicataire) sera tenu de clore ledit terrain, dans le mois qui suivra l'adjudication, et il prendra l'avis des administrateurs des Travaux publics de la Commune de Paris, et suivra l'alignement qui lui sera donné. Il ne pourra planter son mur qu'à 18 pieds des murs de la ci-devant Ferme générale, et du bureau servant ci-devant aux commis de la barrière dite de Longchamp.

(Clause sans objet).

2. — Rue et chemin de ronde de Longchamp. (Provenant de la Ferme générale.)

Vente nationale du 25 prairial an VIII. — Tixteoir, adjudicataire.

Clause. — L'alignement de la face de ce terrain, sur le chemin de ronde intérieur, sera à 5^m,85 du nud du grand mur de clôture de Paris, ce qui correspond à 18 pieds (V. S.) que ce chemin devra avoir de largeur, du dessus de la retraite dudit grand mur de clôture, ainsi qu'il est marqué au plan.

L'acquéreur sera tenu de ne point empiéter sur la voie publique, ni sur ledit chemin de ronde, et de se conformer, sans indemnité, à tous alignements ou retranchements qui pourront être arrêtés par les Travaux publics.

(Clause sans objet.)

3. — Rue Beethoven, 9, 11, 13. (Anciennement rue de la Montagne.) (Provenant des Bons-Hommes.)

Vente nationale du 13 prairial an XII. — Bocage, adjudicataire. — M. Balltêt, propriétaire en 1896.

Clause. — L'adjudicataire sera tenu de se conformer aux alignements et retranchements qui pourront lui être donnés par le Conseil des bâtiments civils, et ce sans indemnité.

4. — Rues de Lubeck et des Batailles, et chemin de ronde de la barrière de Sainte-Marie. (Provenant du Couvent de la Visitation de Sainte-Marie.)

Vente nationale du 12 brumaire an V. — Sauvage, adjudicataire.

Clause. — . . . .

(Exproprié et démoli.)

5. — Chemin de ronde de la barrière de Sainte-Marie. (Provenant du Couvent de la Visitation de Sainte-Marie.)

Vente nationale du 11 prairial an V. — Lafontaine, adjudicataire.

Clause. — L'adjudicataire des immeubles ci-dessus décrits et présentement mis en vente fournira, conformément au titre d'acquisition dudit Lafontaine, et ce à la première réquisition et sans indemnité, la moitié des 14 mètres en largeur du terrain qu'il faudra pour former le chemin projeté, dont a été ci-devant parlé montant à Passy, et souffrira tout travail que ce chemin exigera; il se clora à ses frais, à sa face sur le même chemin, et, en attendant que ce chemin se fasse, il jouira sans frais de location de ladite moitié de chemin, comme le citoyen Gaucher en jouit de la sienne vis-à-vis, le tout, sauf ce qui a pu être légalement décidé, réglé et déterminé depuis l'acquisition dudit Lafontaine, par tous corps administratifs ou autorités compétentes, auxquelles décisions l'adjudicataire des immeubles présentement mis en vente sera tenu de se conformer comme ledit Lafontaine en est ou pourrait être tenu et sauf à l'adjudicataire à répéter contre qui de droit toute indemnité à cet égard s'il en est dû, mais à ses risques et sans aucune répétition ni recours quelconques.

(Exproprié et démoli.)

6. — Rue Raynouard, 28.

Contrat du 19 octobre 1889, entre M. Goy et la Ville de Paris.

Aux termes de ce contrat, M. Goy s'est engagé à céder gratuitement la portion de terrain de son immeuble, située en dehors de l'alignement de la rue Raynouard, en échange de l'autorisation qui lui est accordée de maintenir la clôture dudit immeuble sur la limite actuelle, jusqu'à la mise à l'alignement des deux immeubles voisins.

7. — Chemin de ronde Franklin. (Provenant du Couvent de la Visitation de Sainte-Marie.)

Vente nationale du 23 frimaire, an V. — Gauthier, adjudicataire.

Clause. — L'adjudicataire sera tenu de livrer le terrain nécessaire à la rue projetée au prix de son contrat.

(Acquis par l'État en 1811 et démoli.)

8. — Quai Debilly et rue des Batailles. (Provenant du Couvent de la Visitation de Sainte-Marie.)

Vente nationale du 4 vendémiaire, an V. — Gauthier, adjudicataire.

Clause. — L'adjudicataire sera tenu de livrer le terrain nécessaire à la rue projetée au prix de son contrat.

(Acquis par l'État en 1811 et démoli.)

9. — Rue des Batailles. (Provenant du Couvent de la Visitation de Sainte-Marie.)

Vente nationale du 19 novembre 1792. — Leroux de la Ville, adjudicataire.

Clause. — Ledit adjudicataire jouira de toute la profondeur de la carrière, même de la partie qui est sous la ruelle, tant que cette ruelle ne sera pas employée comme voie publique, et que la partie du ci-devant couvent, à laquelle elle est utile, ne sera pas aliénée; et dans l'un de ces deux cas, soit à la première réquisition des commissaires à la voyerie, soit à celle des propriétaires dudit couvent, l'adjudicataire sera tenu de se fermer au fond de cette carrière, à l'aplomb du mur de face, sous ladite ruelle, par un bon mur en maçonnerie, pour ne plus jouir alors que de la partie qui se trouvera faire portion du terrain présentement vendu.

(Acquis par l'État en 1811 et démoli.)

10. — Rue de la Montagne des Bons-Hommes et chemin de ronde Franklin. (Couvent des Bons-Hommes.)

Vente nationale du 9 prairial, an IV. — Molin et Mlles Boné et Lanné, adjudicataires.

Clause. — L'acquéreur devra fournir, sans aucune répétition et indemnité, le terrain nécessaire pour opérer et effectuer le percement de la rue projetée d'après le plan de la Commission des artistes préposés pour l'embellissement et assainissement de Paris, si ledit percement peut recevoir son exécution.

(Démoli.)

11. — Rue Beethoven, n° 16. (Provenant des Religieux Minimes de Passy.)

Vente nationale du 16 frimaire, an XIV. — Frabier et Heurtaux, adjudicataires. — M. Mail, exproprié suivant jugement du 13 juillet 1876.

Clause. — Il (l'adjudicataire), sera en outre tenu de se conformer aux alignements qui pourront lui être donnés par le Conseil des travaux publics, et ce sans indemnité.

(Démoli pour l'ouverture du boulevard Delessert.)

12. — Rue Le Marois, 15, (anciennement route de Sèvres), et **rue de Billancourt, 18 et 25.** (*Partie.*)

Vente nationale du 18 septembre 1821. — Langlois, adjudicataire. — M. Lescure et Mme Rendu, propriétaires en 1895.

Clause. — Il (l'adjudicataire) sera également tenu de se conformer à tous alignements et retranchements qui pourraient être arrêtés pour les Travaux publics, et ce sans indemnité.

(Clause exécutée.)

VINGTIÈME ARRONDISSEMENT

Voir pour la situation et l'étendue des propriétés, la neuvième carte.

1. — Boulevard de Charonne, 38 à 44. (Angles des rues Auger et d'Avron.)

Vente nationale du 1er prairial an VI. — Hérault, adjudicataire. — MM. Lhérault (38, 40) et Sendrier (42, 44), propriétaires en 1881.

Clause. — Le boulevard devant recevoir sa prolongation jusqu'à la voie publique allant à Montreuil, l'acquéreur du présent domaine sera tenu de fournir le terrain nécessaire, pour raison de quoi se retirer à 2 mètres, d'après la ligne extérieure du rang d'arbres bordant les terres labourables, ce qui formera un retranchement de 6 mètres, à partir de l'angle du bâtiment jusqu'à la ligne rouge indiquée sur le plan. et ce sans indemnité. . . . . et de se conformer aux alignements sur le grand chemin. . . . . . le tout sans indemnité.

(Clause exécutée.)

2. — Boulevard de Charonne, 136 à 148 et rue de Bagnolet, 2, 4, 6. (Provenant de la Ferme générale.)

Vente nationale du 24 mai 1793. — Frère, adjudicataire. — MM. Declomesnil, Moins Giraud Dapoigny, Firino, Aucamus, propriétaires en 1890.

Clause. — Fournir le terrain nécessaire pour l'exécution du boulevard.
(Clause exécutée.)

3. — Boulevard de Belleville, 68 et partie des numéros **70, 72.** (Provenant de l'Ordre de Malte.)

Vente nationale du 21 février 1807. — Hervé, adjudicataire. — MM. Ledoux (68), Collée (70) et Mme Vve Prévot (72), propriétaires en 1895.

Clause. — L'adjudicataire sera tenu de se conformer, sans pouvoir réclamer d'indemnité, aux règlements concernant les alignements des propriétés attenantes aux boulevards extérieurs de Paris et les distances fixées pour y bâtir.

Le petit morceau de terre ayant 49 pieds 7 pouces de long sur le boulevard, marqué au plan par une teinte bleue ne fait pas partie de la présente vente.
(Clause exécutée.)

IMPRIMERIE CENTRALE DES CHEMINS DE FER. — IMPRIMERIE CHAIX, RUE BERGÈRE, 20, PARIS. — 2639-3-97.

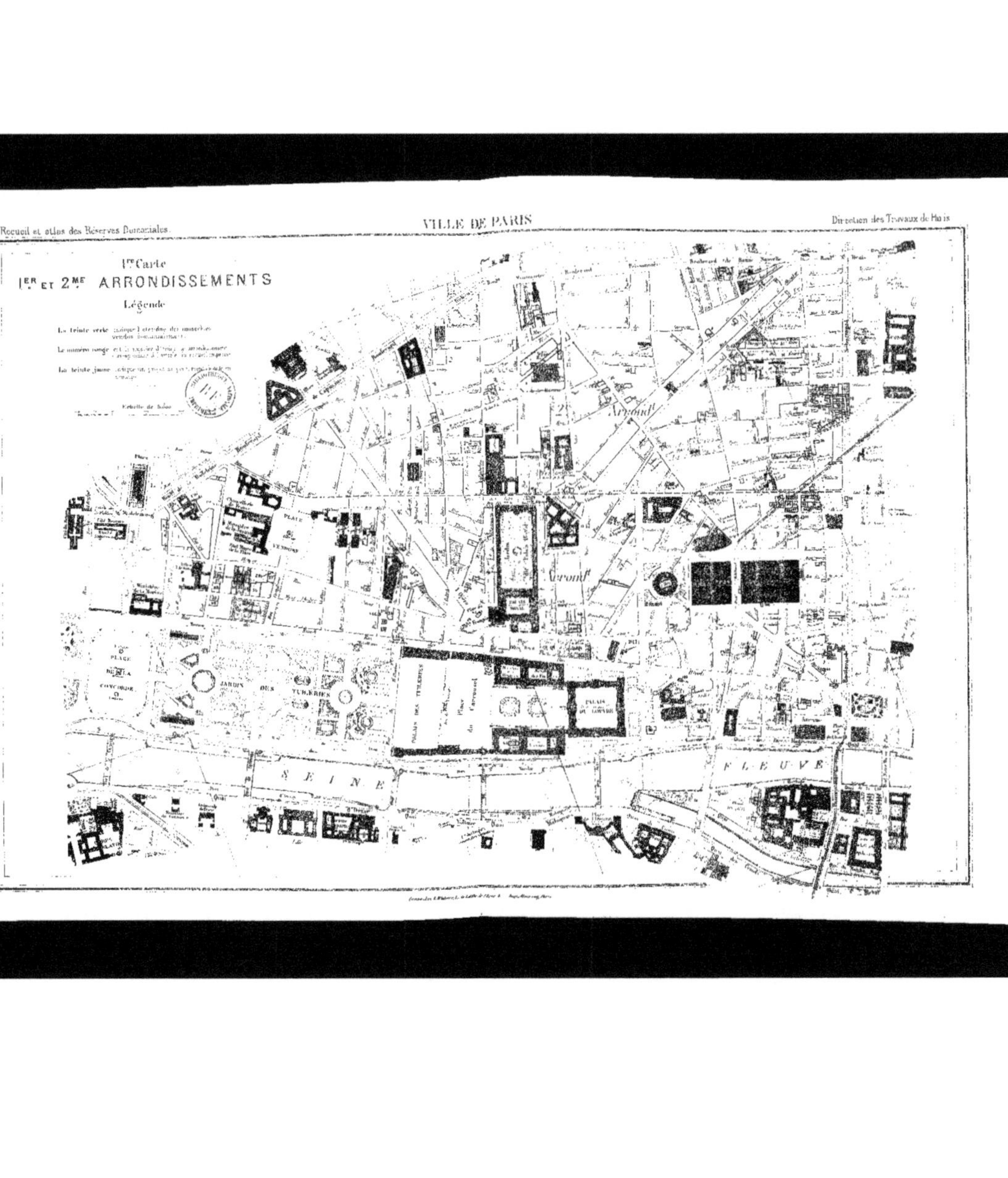
1re Carte
1er ET 2me ARRONDISSEMENTS
Légende
La teinte verte indique l'étendue des immeubles vendus domanialement.
Le numéro rouge est le numéro d'ordre de l'arrondissement correspondant à l'ordre du récolement général.
La teinte jaune indique un projet de percée régularisé en teinte.
Échelle de 5.000
2e Arrondt
1er Arrondt
PLACE VENDOME
PLACE DE LA CONCORDE
JARDIN DES TUILERIES
PALAIS DES TUILERIES
PALAIS DU LOUVRE
SEINE
FLEUVE

2.º Carte
3.ME ET 4.ME ARRONDISSEMENTS
Légende
3.º Arrond.ᵗ
4.º Arrond.ᵗ
SEINE

3.e Carte
5ME ET 13ME ARRONDISSEMENTS
Légende
Arrond.t
13e Arrond.t
Échelle de

Recueil et atlas des Réserves Domaniales.
VILLE DE PARIS
Direction des Travaux de Paris
4.e Carte
6.me ET 14.me ARRONDISSEMENTS
Légende
La teinte verte indique l'étendue des terrains vendus à constituer.
Le numéro rouge est le numéro d'ordre du terrain dans l'arrondissement.
La teinte jaune indique les propriétés réservées.
Place d'Arrond.t
JARDIN
CIMETIÈRE DU SUD
14.e Arrond.t
Boulevard
Échelle de 5000

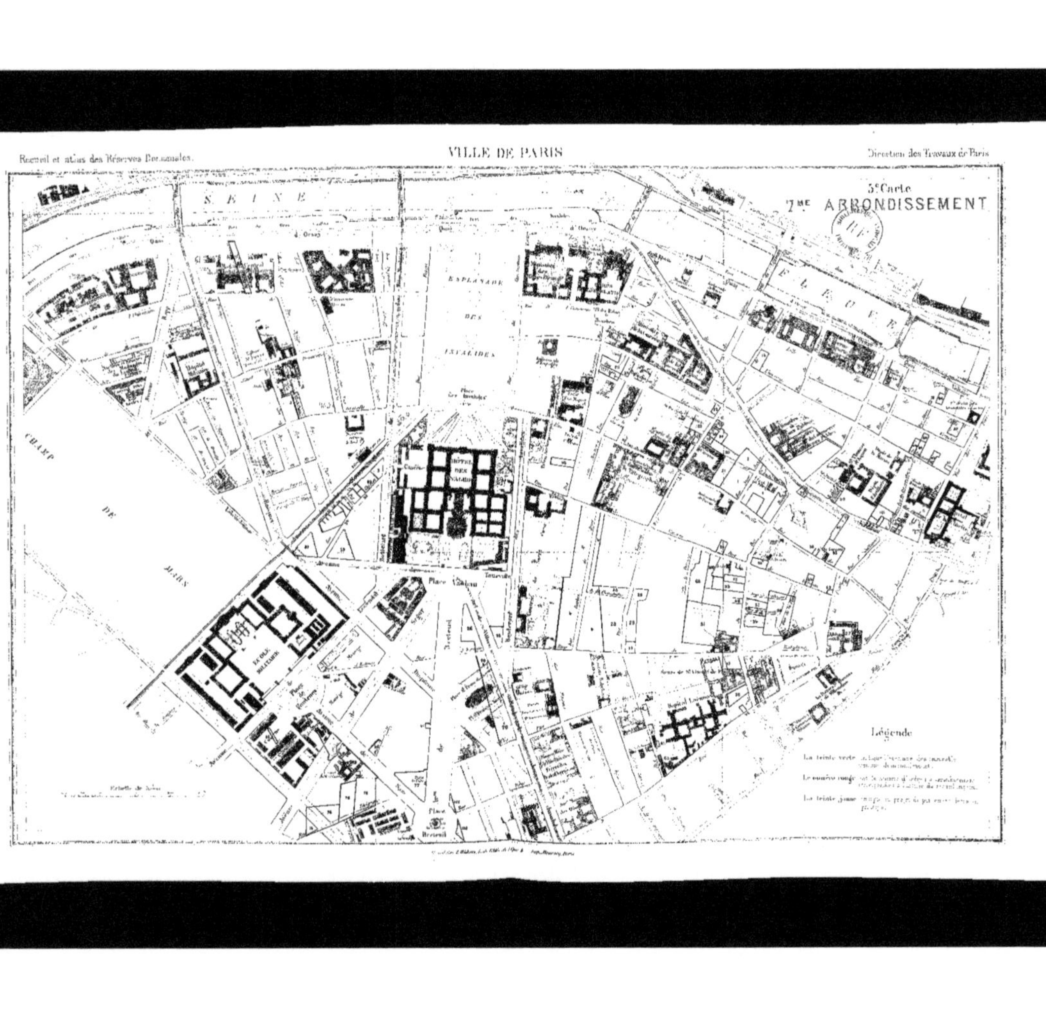
5e Carte
7ME ARRONDISSEMENT
SEINE
ESPLANADE
DES
INVALIDES
CHAMP
DE
MARS
HOTEL
DES
INVALIDES
ECOLE
Place
des Invalides
ECOLE
MILITAIRE
Place Vauban
Place
de Fontenoy
Place
Breteuil
Légende
La teinte verte indique l'état des immeubles
soumis à servitudes.
Le numéro rouge est le numéro d'ordre de l'arrondissement
correspondant à la table de récapitulation.
La teinte jaune indique la partie qui n'est pas encore bâtie ou
plantée.
Echelle de 5m
Imp. Monrocq, Paris

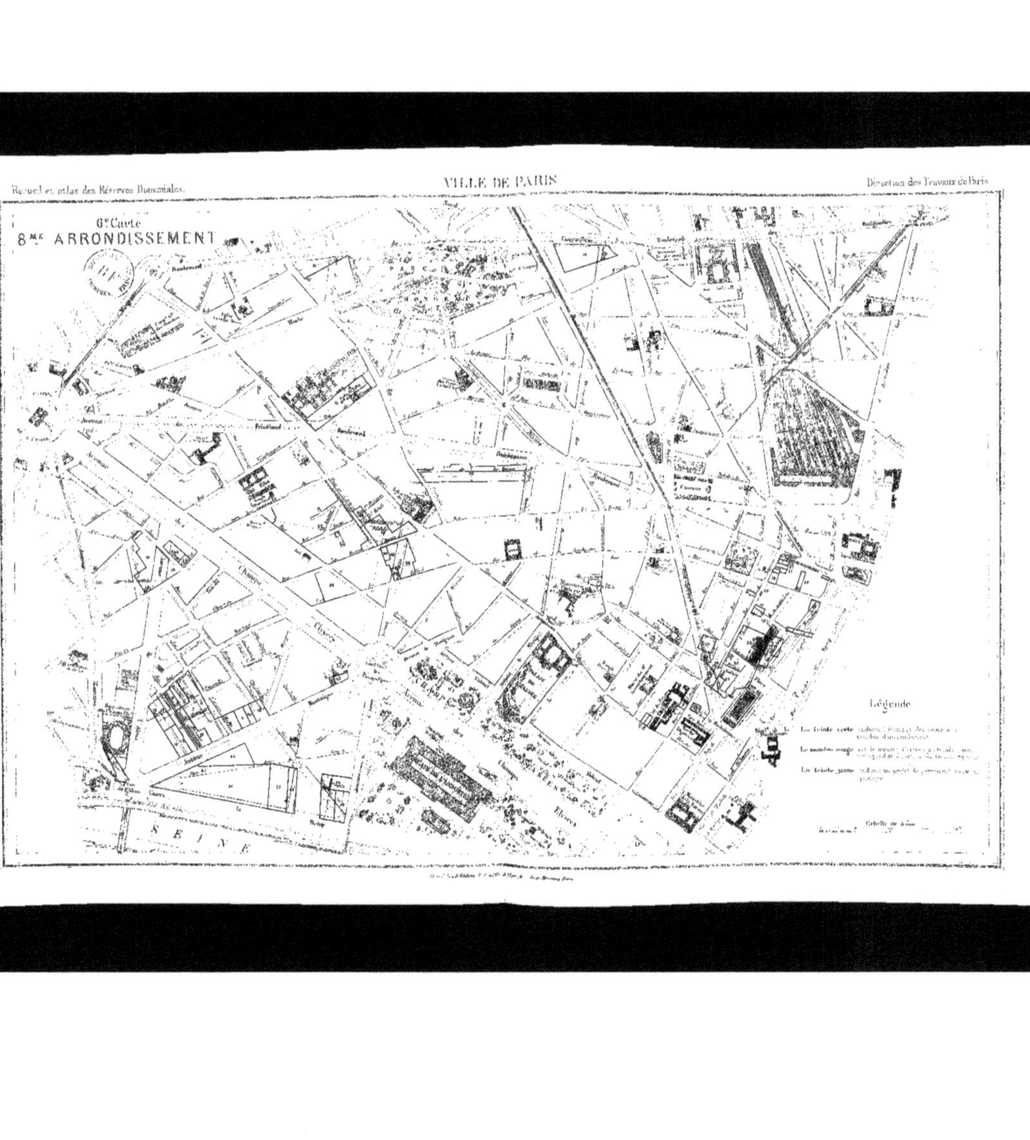
6ᵉ Carte
8ᵐᵉ ARRONDISSEMENT
Légende
SEINE

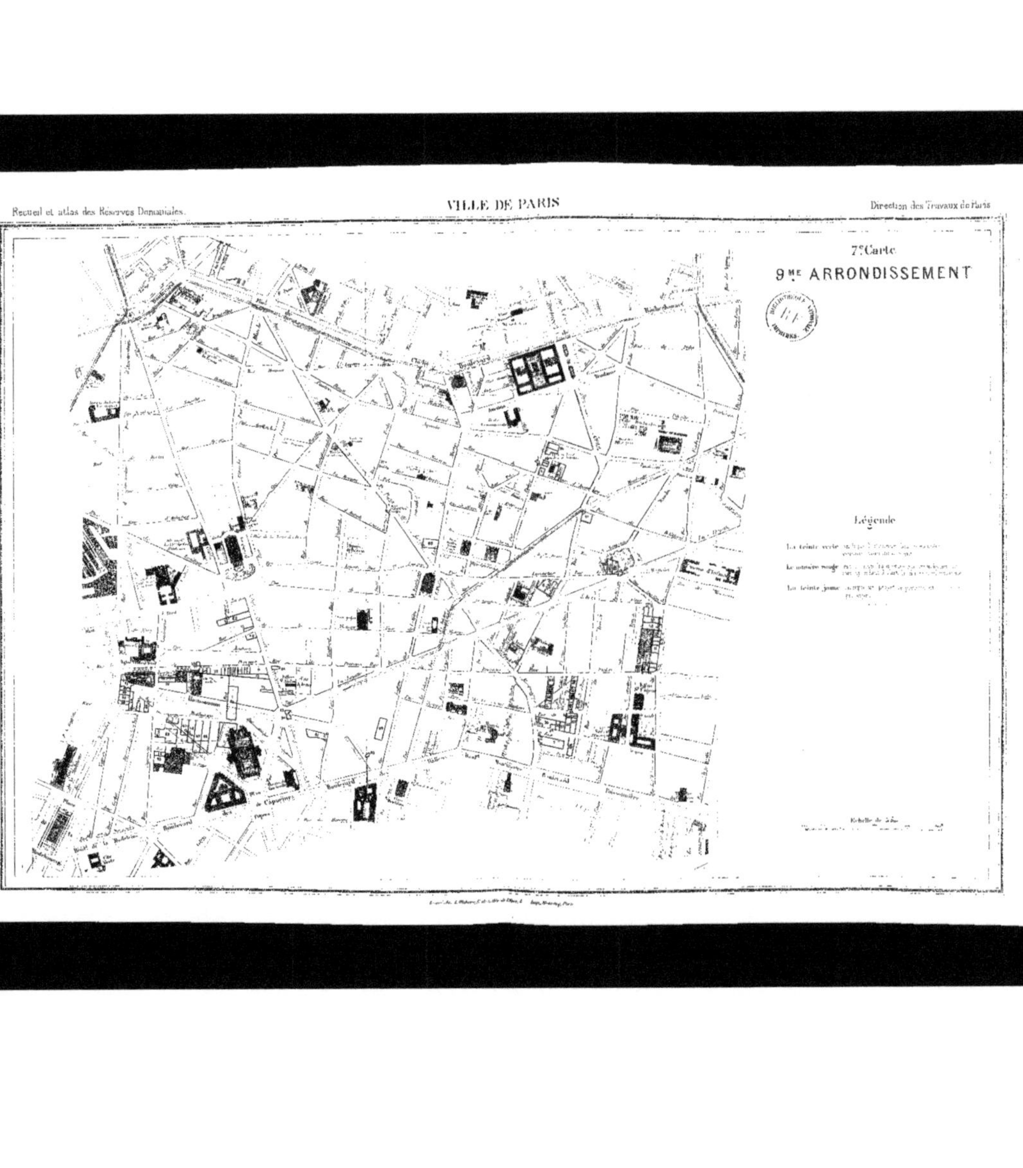
7.ᵉ Carte
9ᴹᴱ ARRONDISSEMENT
Légende
Echelle de 5.

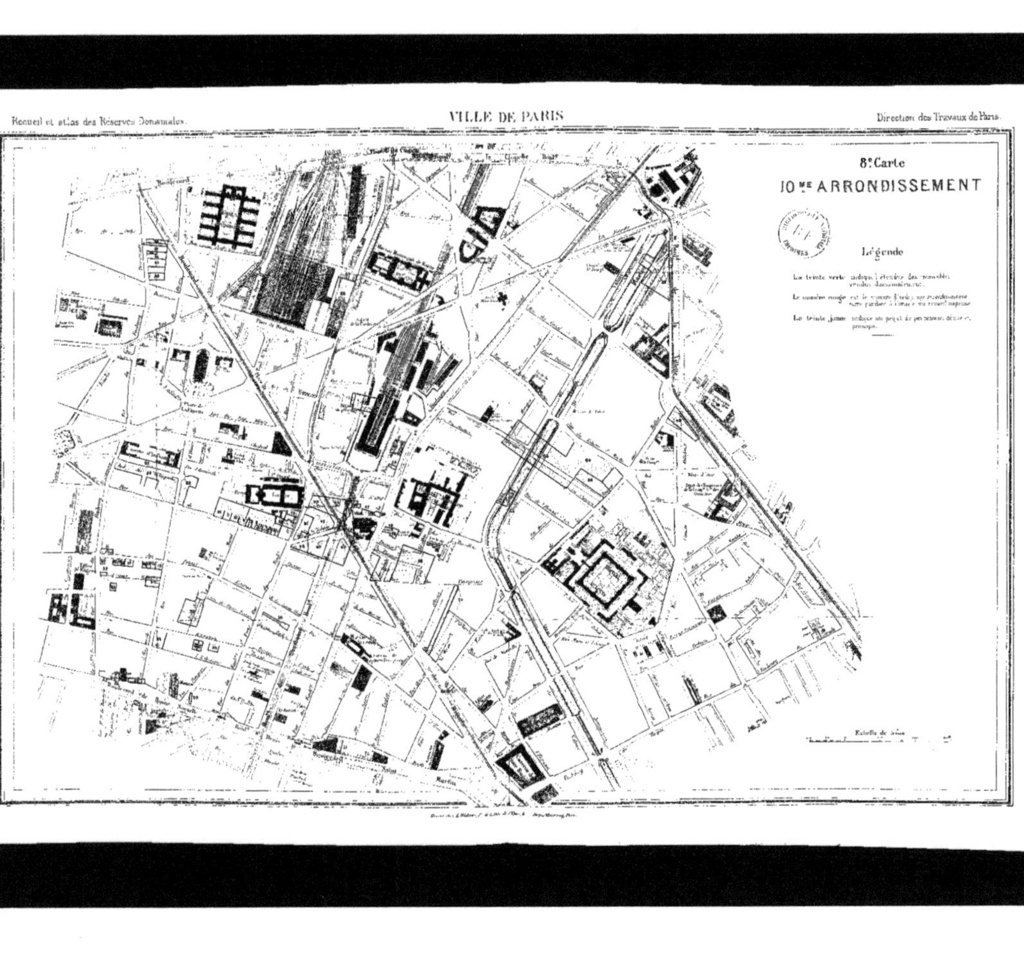

Recueil et atlas des Réserves Domaniales.
VILLE DE PARIS
Direction des Travaux de Paris.
8e Carte
10me ARRONDISSEMENT
Légende
La teinte verte indique l'étendue des immeubles vendus domanialement.
Le numéro rouge est le numéro d'ordre sur arrondissement sous lequel à l'image du recueil imprimé.
La teinte jaune indique un projet de percement décrété en principe.
Échelle de 5000

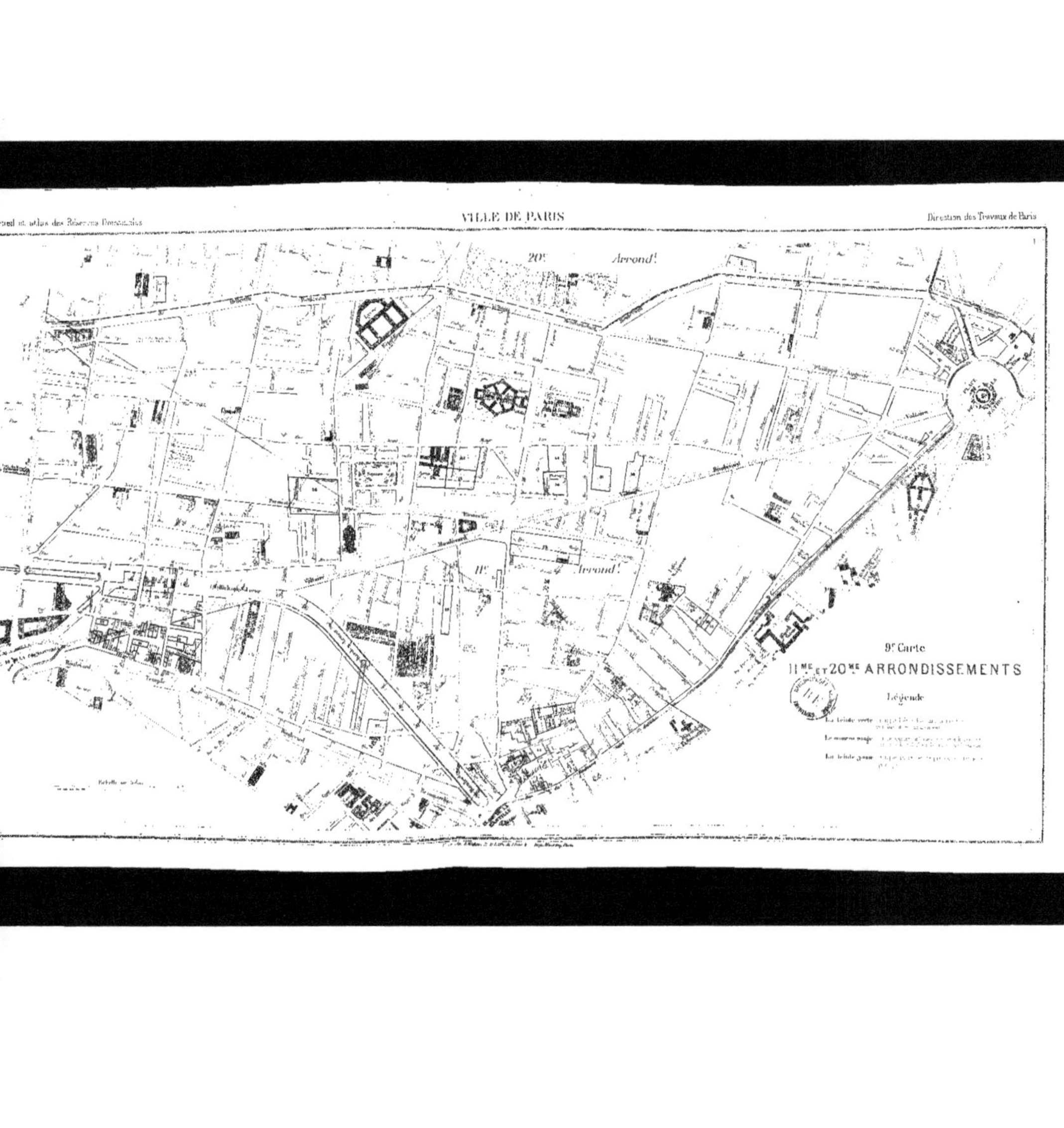

VILLE DE PARIS
Direction des Travaux de Paris
20ᵉ Arrondᵗ
IIᵉ Arrondᵗ
9ᵉ Carte
11ᵐᵉ ET 20ᵐᵉ ARRONDISSEMENTS
Légende

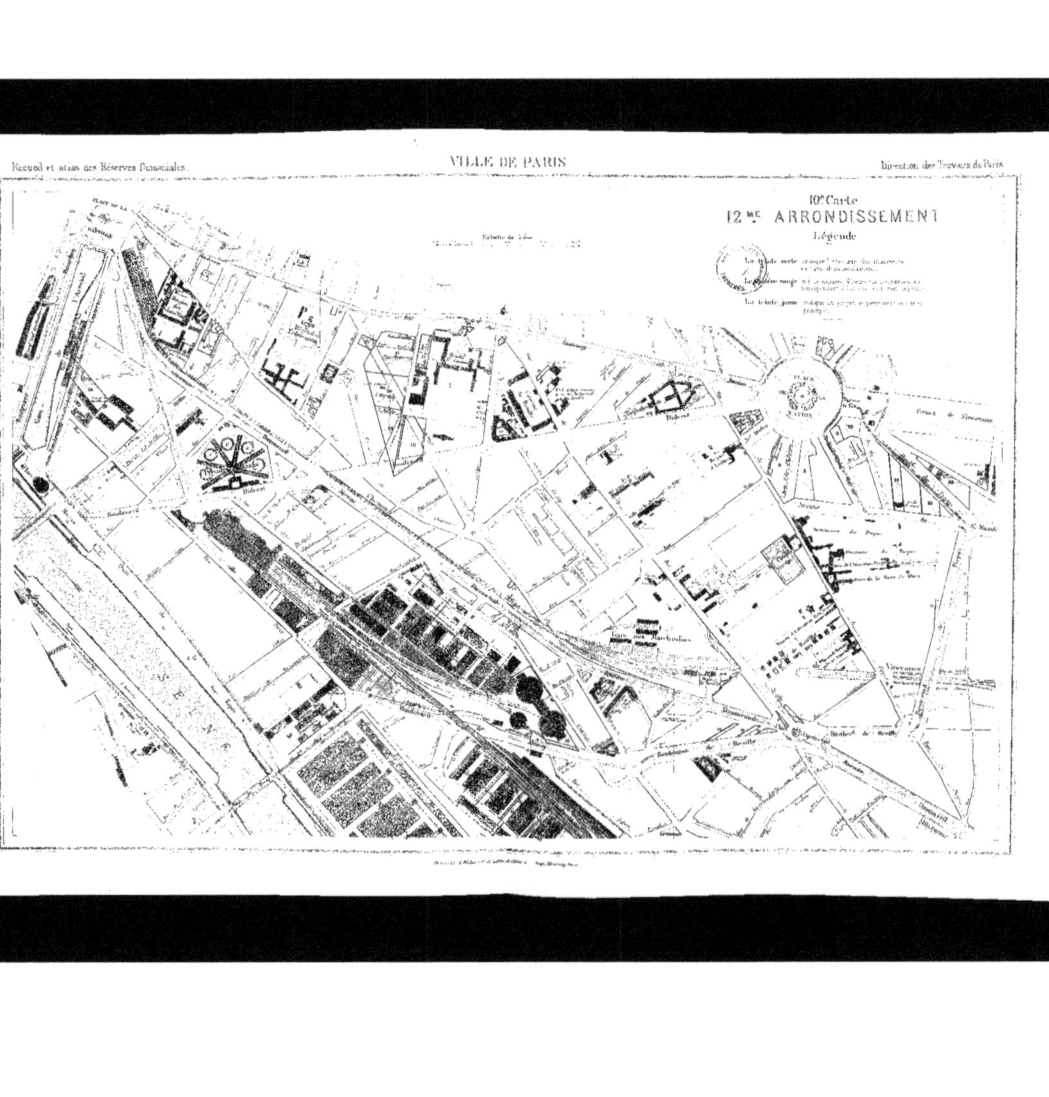

Recueil et atlas des Réserves Domaniales.
VILLE DE PARIS
Direction des Travaux de Paris
10e Carte
12ME ARRONDISSEMENT
Légende
PLACE
NATION

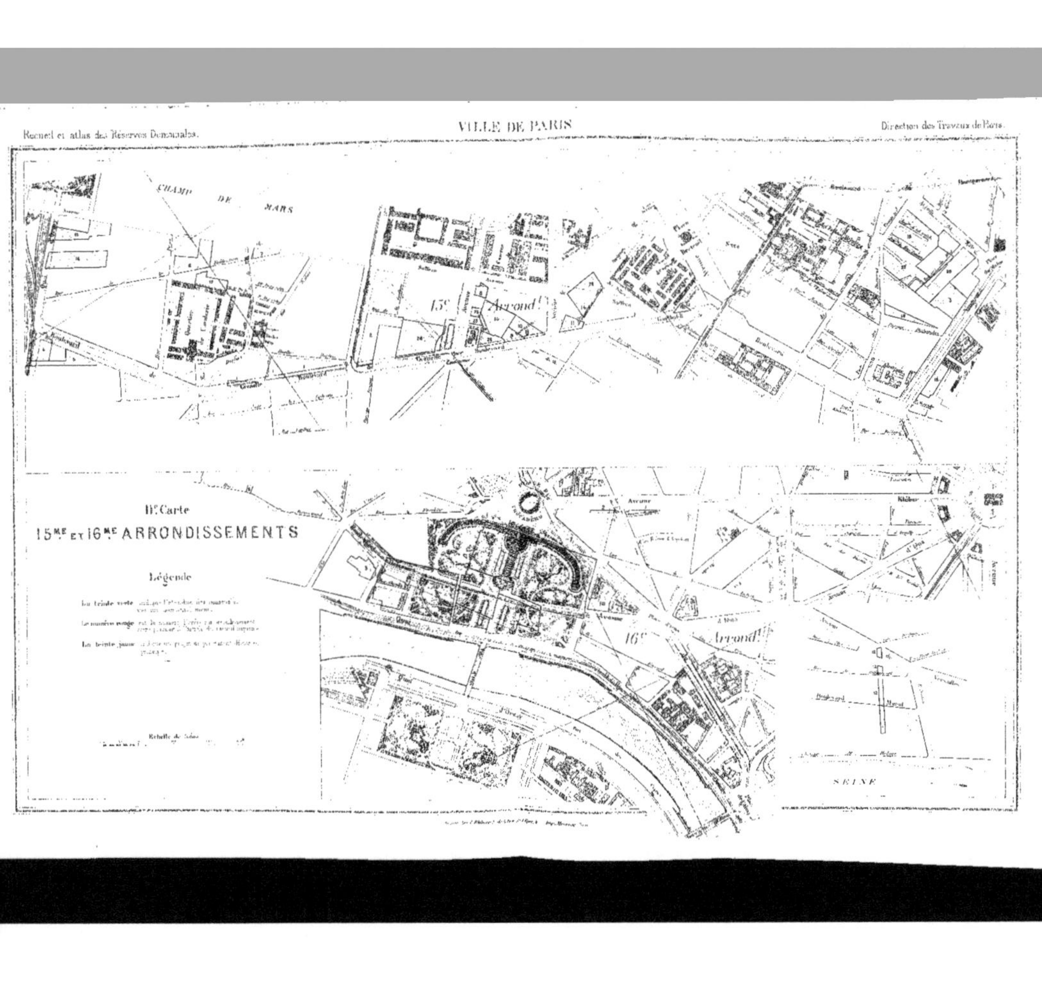
CHAMP DE MARS
15e Arrond.t
II.e Carte
15.ME ET 16.ME ARRONDISSEMENTS
Légende
16e Arrond.t
SEINE
Echelle de ...

www.ingramcontent.com/pod-product-compliance
Ingram Content Group UK Ltd.
Pitfield, Milton Keynes, MK11 3LW, UK
UKHW020306180726
13839UKWH00001B/386